편저 · 원영

조계종 교수아사리 계율과 불교윤리 분야. 운문사승가대학을 졸업하고 선원 안거 후 유학하여 일본 하나조노花園대학 대학원에서 「대승계와 남산율종 大乘戒と 南山律宗」으로 박사학위를 취득하였다. 저서로 『부처님과 제자들은 어떻게 살았을까』 『계율과 불교윤리(공저)』 『불교개론(공저)』과 역서 『출가, 세속의 번뇌를 놓다』 『일일시수행』이 있으며, 논문으로 「범망경 자서수계에 관하여」 「계단축조에 관한 소고」 등이 있다. 최근에는 '실천불교윤리' 분야에 관심을 기울이고 있다.

대승계의 세계

대승계의 세계

편저. 원영

일러두기

◦ 본서에 수록된 경전의 내용은 동국역경원에서 발행한 〈한글대장경〉을 저본으로 하였다.

◦ 고어투의 문장이나 번역이 원활하지 못한 부분은 〈신수대장경〉과 대조하여 편저자가 현대적 언어로 윤문 윤색하였다.

차례

서문		8
총론		15

1장   보살이 수행하는 열 가지 착한 행 — 75
  —『화엄경』「십지품」'이구지'

2장   일상에서 마음 쓰는 법 — 93
  —『화엄경』「정행품」

3장   대승보살의 포살 — 125
  —『보살내계경』

4장   보살의 계바라밀 — 137
  —『대보적경』「보살장회」'시라바라밀품'

5장   이익을 위한 계 & 바른 법을 위한 계 — 235
  —『대반열반경』「사자후보살품」
  — 부록 : 남전『대반열반경』「성행품」

6장	계는 깨달음으로 가는 사다리 — 『해심밀경』	259
7장	대승계의 체계적 완성, 삼취정계 — 『유가론』「보살지」'지유가처계품'	265
8장	보살의 마음가짐과 계의 실천 — 『유마경』	341
9장	보살계와 성문계의 차이 — 『섭대승론』「의계학승상」	353
10장	보살계를 받으려면 — 『보살선계경』「우바리문보살수계법」	359
11장	공동체를 위한 계 & 개인을 위한 계 — 『보살지지경』「보살지지방편처계품」	393
12장	식단에서 빠져야 할 육식 — 『입능가경』「차식육품」	427

13장 계를 지키지 않으면 깨달아도 소용없다   455
     — 『능엄경』

14장 내 안의 불성, 대승계   469
     — 『범망경』

15장 한번 얻으면 영원히 잃지 않는 계   509
     — 『보살영락본업경』「대중수학품」

16장 참회할 수 있는 죄 & 참회할 수 없는 죄   521
     — 『불설우바새오계상경』

17장 재가보살을 위한 계   559
     — 『우바새계경』「수계품」

18장 한순간도 계를 잊지 말아야   573
     — 『불설계소재경』

서문

언제부터일까?

불교가 이 땅의 역사와 함께하기 시작한 것이. 그리고 이 땅의 사회문제와 함께한 것이.

모든 종교가 그렇듯 불교 또한 수많은 이들의 행복과 불행에 관심을 둬왔다. 불교는 괴로움의 원인이 존재 양태에 대한 잘못된 이해에 있다고 지적하고, 존재에 대해 올바로 이해할 때 비로소 괴로움에서 벗어나 진정한 행복을 이룰 수 있다고 강조해왔다. 그러나 중생의 괴로움에 대한 이러한 불교의 치유방식은 의료적·경제적·사회정치적 처방과는 거리가 있었다.

존재에 대한 통찰과 분석을 통해 올바른 이해에 도달하라는 불교의 가르침은 세계관에 관한 것으로써 불교가 사유하고 분석하는 종교라는 평가를 이끌어낸다. 하지만 현실적으로 올바른 존재관과 세계관을 갖추는 노력은 출가승단의 전문적인 노력에 주로 맡겨졌다. 일반대중은 부처님과 그분의 가르침, 그리고 그 제자들에 귀의하여 자비실천을 통해 공덕을 쌓고, 기본적인 계를 잘 준수하면서 신행활동을 이어갔던 것이다.

그런데 부처님이 열반하신 후 새로운 불교시대가 열리면서 사정이 달라졌다. 기원전후(B.C. 1C ~ A.D. 1C)가 되면 자비실천을 중심에 놓는 불교, 존재와 역사에 대한 적극적인 관심과 참여를 독려하는 불교가 나타나게 되었다. 이를 우리는 대승불교라고 일컫는다. 이 대승불교의 형성 배경을 살펴보면 '자비실천을 통해 공덕을 쌓고, 기본적인 계를 잘 준수한다'는 기존의 일반대중이 믿고 행했던 불교가 곧 대승불교의 정신을 이루는 원동력이 되었음을 알 수 있다.

대승불교는 출가승단이 번쇄한 존재론적 불교 해석에 골몰하고 논쟁하면서 학문불교로 나아갈 때, 일반대중이 이해하고 실천할 수 있는 불교를 표방하며, 모두가 필요로 하는 내용을 충족해주는 불교로 발전하였다. 즉 대승불교는 초기불교의 큰 흐름이 존재론의 범주를 벗어나지 못하고 있을 때, 실천론을 앞세워 새로운 불교로 정립한 것이다.

물론, 초기불교 또한 다양한 실천이 있었지만, 그것은 어디까지나 존재론의 범위를 벗어나지 못한 것이었다. 초기 출가승단의 수행은 올바른 존재관을 확립하고자 하는 내적 실천에 머물러 대외적으로 기능하는 실천이 아니었기 때문이다. 대승불교의 실천은 한마디로 자비정신을 바탕으로 다른 중생을 돕는 것을 뜻한다. 이런 점에서 대승불교 시대에 와서야 비로소 불교가 이 땅의 중생과 역사에 관심을 두고 참여하게 된 것이라고 말할 수 있다.

이제 불교는 존재론에 침잠한 불교에서 실천을 강조하는 불교로 바뀌었다. 그리고 그 실천의 내용은 변함없이 '자비실천'에 있다. 이 실천은 하지 않아도 그만인 것이 아니라, 하지 않으면 계를 어기게 되는, 그야말로 적극적인 행위규범으로 규정된 것이다. 우리는 이를 가리켜 '보살이 실천해야 할 계, 즉 대승계(大乘戒) 또는 보살계(菩薩戒)'라고 한다. 이로써 초기불교 이후로 출가자가 지켜야 할 규범인 율과는 별도로, 보살들이 행해야 할 실천으로써의 '대승계'가 탄생하게 되었다.

이번에 편찬한 『대승계의 세계』는 대승경전과 논서에 나타나 있는 이러한 '대승계'와 관련된 내용을 추출하여 정리한 것이다. 대승계는 기원전후에 편찬된 각종 대승경전에 광범위하게 나타나고 있는데, 그 내용은 크게 세 가지로 정리되고 있다.

첫째 율의계(律儀戒), 이것은 살생하거나 훔치는 일, 잘못된 이성 관계, 거짓말, 음주행위 등 금계(禁戒)의 측면이 강한 것을 말한다.

둘째 선법계(善法戒), 이것은 올바른 깨달음을 얻기 위한 각종 수행과 종교의식 등을 행하는 것을 말한다.

셋째 중생계(衆生戒), 이것은 도움이 필요한 다른 중생을 위하여 자비한 마음을 가지고 적극적으로 돕는 것을 말한다.

일명 삼취정계(三聚淨戒), 또는 삼정계라고 불리는 이 세 가지 유형의 대승계는 대승불교에서 말하는 보살의 실천행위를 총망라하고 있으며 '자비실천을 통해 공덕을 쌓고, 기본적인 계를 준수하는 일'로 구성되어 있다. 이외에도 대승경전에서는 육바라밀, 십바라밀 등 보살의 각종 바라밀행도 대승계의 일환으로 강조되고 있다. 즉, 지계바라밀만 대승계가 아니라 보시바라밀도 대승계요, 정진 내지 선정바라밀도 다 대승계의 정신으로 실천해야 함을 말한다.

즉, 대승불교에서는 '계(戒)'라는 것이 출가자들이 준수해야 할 규범인 율장(律藏)의 의미가 아니라, 대승을 지향하는 보살이 행해야 할 각종 실천규범으로 제시되고 있다. 따라서 대승계는 금지조항을 준수하는 데 그치지 않고 적극적인 윤리적 실천을 뜻하게 되었다. 보살은 이러한 대승계를 적극 실천함으로써 중생들에게 괴로움을 그치게 하고, 행복을 이루게 하고자 한 것이다.

이번에 『대승계의 세계』라는 이름으로 한 권의 책을 편찬하는 과정에서 참으로 많은 어려움을 겪었다. 왜냐하면 보살이 행하는 각종 바라밀과 실천을 살펴보면 대승계 아닌 것이 없었으므로 그 양이 너무도 방대했기 때문이다.

그래서 발췌하는 데 있어 나름 두 가지 기준을 세웠다. 하나는 경전에서 '계(戒)'라고 구체적으로 명시된 내용, 즉 '시라(계)바라밀'을 설명하는 단락, '계품', '삼취정계', '보살계'를 표현하는 내용을 우선적으로 선정했다. 또 하나는 남을 돕는 윤리적 실천과 관련된 내용으로 '대승계'의 영역이라 말할 수 있는 것을 추출했다. 이 작업은 편저자의 주관적 판단이 많이 개입될 수밖에 없는 작업이지만, 이 부분이야말로 대승계의 진면목을 드러내는 것이라 생각한다.

이러한 기준을 적용하여 각종 경전에서 대승계에 해당하는 내용을 상당 부분 추출했지만, 한 권의 책으로 담아내야 하는 편집 사정으로 다 수록하지 못하고 일부만 엮게 되어 빙산의 일각만 드러낸 것 같아 안타깝다. 게다가, 추출된 각 경전의 단락에는 편저자의 해설을 붙였지만, 이 또한 미흡한 점이 많다. 추후 증보할 것을 약속한다.

이 책은 본인이 대한불교조계종교육원 불학연구소에서 교재 편찬을 담당하던 연구원 시절, 승가대학 교과과정 개편과 더불어 대승계 관련 교재의 필요성을 절실히 느껴 기획했던 것이다. 그래서인지 이번에 편찬한 『대승계의 세계』에는 각별한 애정과 함께 기대하는 뜻이 있다.

첫째, '불교에서 말하는 계(戒)란 무엇이며, 계율학 공부를 한다는 것이 무엇인가? 그리고 진정한 계의 실천은 어떻게 하는 것일까?' 라는 물음에 많은 분들이 관심을 두고 성찰해 주셨으면 하는 바람이다.

둘째, 오늘날 한국불교에서 계율학을 연구할 때 각종 율의계(律儀戒, 금계)와 2600년 전 출가승단의 운영 규범인 율장에 대해서만 배우고 익힐 것이 아니라, 대승불교 시대에 제시된 대승계에 대해서 더 많이 공부하고, 그 실천이 활성화되었으면 하는 바람이다.

셋째, 현대사회에 드러나는 각종 윤리적 과제(생명·생태윤리, 의료윤리, 사회윤리 등)에 적용할 수 있는 '현대불교윤리'의 정초를 다지고자 한다면, 부디 이 책에서 보이고 있는 대승계의 사상을 꼭 참고했으면 하는 바람이다.

마지막으로 감사를 드리고 싶은 분들을 거명하는 점에 양해를 바란다. 출가에서부터 지금까지 자비롭게 이끌어주시는 은사 스님과 늘 고달픈(?) 율학자인 나의 응원자들에게도 감사드린다. 또한 무엇보다도 오늘날 불교 현실에서 계율정신의 제고와 현대불교윤리의 정립이라는 시대적 필요성을 감안하여 어려운 출판 여건에도 불구하고 『대승계의 세계』를 출판해주신 조계종출판사에 경의와 감사의 말씀을 드리고 싶다.

"모두 감사합니다."

불기 2556(2012)년 가을 끝자락에
원영

> 총론

대승계의 탐구
현대불교윤리의 정초를 위하여

승가, 깨달은 자와 그 제자들이 모이다
율장, 출가승단을 위한 질서를 세우다
대승불교, 일반대중을 위한 불교가 출현하다
대승계, 자비정신으로 생명과 이웃에 나아가다
대승계의 자비정신, 동아시아인의 마음에 기본윤리관으로 자리 잡다
현대불교윤리로 새롭게 정립되어야 할 대승계의 자비정신

승가, 깨달은 자와 그 제자들이 모이다

"나를 붓다(Buddha, 깨달은 자)라 불러 주십시오."

한 브라만이 고요한 가운데 생명 있는 모든 존재들과 평화롭게 어우러져 있는 부처님의 모습을 보고, 경외감에 사로잡혀 그를 어떻게 표현해야 할지 몰라 망설이고 있을 때, 부처님께서 하신 말씀이다.

스스로를 붓다, 즉 '깨달은 사람, 깨어있는 사람'으로 불리기 원했던 부처님!

많은 이들이 자신을 다스리고 세상을 평화롭게 만드는 그분의 아름다운 힘에 가슴 울리며, 따뜻하고도 차분한 가르침에 목말라했다. 그래서 부처님은 지금과 다를 바 없는 힘하고도 슬픈 세상에 살던 그 시대 사람들에게 고통에서 벗어나는 안식의 법문을 전파하기 시작했다.

그러자 그분의 고귀한 삶을 모방하고, 제자가 되어 자기 존재의 깊은 내면을 들여다보고 싶은 이들이 빠른 속도로 생겨났다. 바로 깨달은 자의 제자들이다. 우리는 부처님을 포함한 그들의 성스러운 모임을 가리켜 '승가(Saṃgha, 僧伽)'라고 부른다. 승가는 부처님과 그분의 가르침에 의지하여 화합하면서 살아가는 좋은 벗들의 모임이다.

불교승가는 초전법륜(初轉法輪)이라 불리는 부처님의 첫 번째 설법자리에서 이루어졌다. 부처님은 보리수 밑에서 깨달음을 얻은 뒤 바라나시(Bārānasi, 波羅奈城)의 녹야원(Migadāya, 鹿野苑)에서 다섯 명의 고행자에게 최초로 설법하고, 그들에게 '잘 왔다. 비구여[善來比丘]'라고 말하며 처음으로 출가제자를 받아들였다. 이로 인해 최초의 불교승가가 성립되었다.

승가가 형성된 지 얼마 되지 않았을 때만 하더라도 출가의식이나 출가자가 지켜야 할 규칙 또한 간명하고 소박한 것이었다. 그 이유는 부처님을 비롯한 승가 구성원 모두가 평등한 입장에서 서로 존경하며 생활하고 있었기 때문이다. 그러나 점차 불교교단이 확장되자, 승가는 출가자의 목적의식을 명확하게 할 필요가 있었다. 부처님이 계시지 않은 곳에서나 지역적으로 멀리 떨어져 있는 곳에서도 출가자를 받아들여야 했기에 그 필요성은 더욱 강조되었다. 그래서 입문 의지를 다짐하거나 여러 사람 앞에서 자신의 의지를 확인하는 절차와 의식을 갖게 되었던 것이다.

우리가 잘 아는 삼귀의(三歸依)가 대표적이다.

저 ○○는 부처님[佛]께 귀의합니다.
저 ○○는 부처님의 가르침[法]에 귀의합니다.
저 ○○는 승가[僧]에 귀의합니다.

출가자가 되어 승가의 일원이 되기 위해서는 부처님과 부처님의 가르침과 먼저 출가하신 많은 스님들의 모임인 승가에 귀의한다는 다짐을 세 번 외워야 한다. 그리고 나면 모두에게서 승가의 일원이 되었다는 것을 인정받는다. 물론 승가가 형성되기 전에는 부처님과 부처님의 가르침에만 의지하는 이귀의(二歸依)가 이루어졌다는 기록도 있다. 그러나 삼귀의로 서약하기까지 그리 오랜 시간이 걸리지는 않았다.

그 어떤 역경에도 우리 삶 속에는 소중한 가치가 있다며 자신감을 채워주는 부처님의 가르침에 사람들은 환호했다. 그래서 그들은 평범한 사람들이 걸어가는 그 길을 아무렇지도 않게 뿌리치고 멀리 떠나버린 출가자들에게 특별한 감정을 일으키고 존경하며 따랐다.

그렇게 교단은 더욱 커져만 갔고, 승가 또한 그들을 위해 활짝 열려 있었다. 그러니 출가자가 급증하는 것은 어쩌면 당연한 결과였다. 그러자 출가자를 받는 데에도 좀더 복잡한 절차가 필요하게 되었다. 일명 삼사칠증(三師七證)이라고 불리는 존경받는 스님들의 증명하에 출가희망자들은 일생 부처님과 그분의 가르침에 의지하며 살겠다는 서약을 했다. 그렇게 완전한 의식을 거쳐야만 승가 입단이 허락되었던 것이다.

승가 내부에서는 나름대로 출가자의 일상생활과 승가 운영을 원만히 하기 위해 의식과 규칙을 정비해갔다. 거기에는 불교 발생지인 인도 내의 전통과 관습, 문화 등이 적절하게 융합해가면서 자신들의 땅에 불교가 뿌리내릴 수 있도록 하는 노력이 더해졌다.

예를 들어 부처님은 계율을 암송하고 그 준수 여부를 점검하면서 계율의식을 고취하는 포살을 매우 중시했는데, 그 이유는 포살이 승가를 결속하는 좋은 수단이었기 때문이다. 그런 '포살'도 실은 인도의 많은 수행자들 사이에서 일반적으로 행해지던 의식이었다. 그렇게 일반사회에서 행해지던 의식과 유사한 형식을 취한 것을 보면, 불교는 새로운 사상과 실천을 내세운 혁신적인 사상운동이면서도 동시에 인도의 전통적인 수행 문화에도 많은 영향을 받았다고 볼 수 있다. 더욱이 계율 중에서 가장 먼저 제정된 5계의 성립도 출·재가 공통의 규범으로 당시 자이나교와 똑같은 규정을 제시했던 것으로 확인할 수 있다.

이러한 과정을 거쳐 초기 승가는 형성되고 변화해갔다. 무엇보다도 승가는 자발적 의지에 의해 불교에 귀의하고 승가가 정한 규정(rule)을 지키며 생활하던 이들이었다. 그렇기에 승가는 자발적 의지에 기초한 제도 가운데 인류 역사상 가장 오래된 것으로 손꼽을 수 있다. 무려 2600년 동안이나 수행공동체로서 존속됐으니 말이다. 그동안 수많은 전쟁이 있었고, 수많은 제국이 무너져갔으며, 역사는 아랑곳하지 않고 흘러갔다. 그럼에도 한번 형성되기 시작한 승가는 국경을 넘고, 시간을 초월하여 인도, 중국을 거쳐 지금 21세기의 한국 땅에 이르러 우리 곁에 생생히 살아 있다. 그것은 승가가 그만큼 오랜 세월 동안 우리 삶의 가까이에서 인간 생활에 꼭 필요한 부처님의 가르침을 전해 왔기 때문이다. 이처럼 불교 승가는 우리 삶의 역사와 함께한다.

율장, 출가승단을 위한 질서를 세우다

그럼, 이렇게 장구한 역사를 자랑하는 불교가 과연 어떻게 지금까지 유지 전승해 올 수 있었던 것일까?

앞에서 언급한 대로 가장 핵심 역할을 했던 것은 승가이다. 승가는 겉으로 드러나는 삶의 형태 자체가 외면적인 요소가 아니라, 열반이라고 하는 내면 상태를 만드는 것에 궁극의 목표를 두었다. 출가자들은 결혼하지 않고 살아갈 것을 다짐했으며, 이미 결혼한 이들은 가족과 헤어져 돌아오지 않겠다며 떠나갔다. 뿐만 아니라, 자신이 소유하고 있던 모든 것과 결별을 선언해야 했고 자신이 연관되어 있던 모든 인연과 소유에서 벗어나야 했다. 그야말로 애욕과 욕망이 깃들 만한 것들은 다 버리고 떠나야만

했다.

그러면서 그들은 소박하게 입고 묵묵하게 걸식했으며, 오로지 남이 주는 것에만 의존하여 살아갔다. 최소한의 생계유지만으로도 만족하며 행복해지는 법을 부처님의 가르침으로부터 배웠다. 그 어떤 생산 활동도 하지 않았으며, 타인의 보시에 의존하면서 세속과 연결의 끈을 놓아버리고, 자기중심주의의 뿌리를 잘라내고자 노력했다.

그러한 출가자의 생활방식으로 승가는 오히려 세상으로부터 존경받을 수 있었다. 생활이 보장된 그들은 바라는 대로 스스로를 다스릴 줄 아는 삶을 영위할 수 있었고, 수행을 통해 흔들림 없는 내면의 평온을 유지하면서 고양된 인간성을 성취하는 길로 한 걸음 한 걸음 차분하게 나아가고 있었다. 그러한 승가공동체 안에서의 생활은 곧 내가 아닌 다른 사람들을 위해 살아가는 삶으로 바꾸는 계기를 마련해 주었다.

하지만 제아무리 정신적으로 깨어있는 훈련을 하고 인간 본성의 덧없음을 인식하며 수행하더라도, 인간의 욕망에는 끝이 없으니 그 속에서도 갈등은 일어나게 마련이다. 인생을 불만족스럽게 만드는 것은 세상에서의 삶만이 아니었다. 고결한 인성을 가진 이들이 모인 승가라 하더라도 그들 안에 오랫동안 억눌렸던 욕망과 노여움은 승가 안에서 그들이 원치 않았던 또 다른 세상을 만들게 했다. 그들은 때때로 마음속에서 솟아오르는 욕망을 절제하지 못했다. 이성을 짓누르며 표출되는 분노로 서로 충

돌이 발생하기도 했고, 서로에게 씻을 수 없는 상처를 안기기도 했다.

원만한 승가 운영을 위해 부처님은 제자들이 자신의 정신과 마음을 제어하지 못하는 것을 지켜보면서 그들의 욕망을 단속할 규범을 사건이 생길 때마다 계(śīla, 戒)와 율(vinaya, 律)로써 하나씩 제정해가기 시작했다[隨犯隨制]. 그리고 그 내용을 기록한 것을 '율장(律藏)'이라고 한다.

먼저 '계(戒)'라는 것은 √śīl(명상하다, 실천하다)이라는 동사의 파생어인 실라(śīla)에서 온 것으로, 여기에는 '성질·습관·행위' 등의 의미가 포함되어 있었다. 그러던 것이 점차 불교용어로 확정되어 사용하면서 '좋은 습관·선한 행위·도덕적 행위' 등을 의미하게 되었다. 즉, 자발적 의지에 의해 선한 행위나 좋은 습관을 쌓도록 하는 것을 '계'라고 한다.

계는 올바른 행동을 지속적으로 실천하여 몸에 좋은 습관이 물들게 함으로써 깨달음의 세계로 이끈다. 따라서 출가와 재가를 불문하고 모든 이들이 기본적으로 지녀야 할 윤리적 규범이 여기에 해당한다.

'율'은 본래 '제거하다·훈련하다·교육하다'라고 하는 의미를 지니는 동사로부터 파생된 명사다. 그 안에는 '제거, 규칙, 행위규범'의 의미가 담겨 있다. 심신을 잘 다스려 번뇌와 악행을 저지르지 않도록 하고, 나쁜 습관을 버려서 올바른 방향으로 이끌어나간다는 의도가 내재해 있다. 이것을 불교에서는 승가 운영의 규칙을 일컫는 단어로 쓰이게 되었다.

따라서 『율장』은 일종의 '승가규칙 모음집' 이다. 여기에는 출가자들이 개인적으로 지켜야 할 규칙과 공동으로 시행해야 할 규칙으로 나뉘어 있다. 개인적으로 지켜야 할 규칙을 '학처(學處)'라고 하고, 이를 모은 것을 바라제목차(波羅提木叉)라 부른다. 이 바라제목차는 승가 규정에 대한 위반사항을 무거운 죄에서 가벼운 죄까지 나누어 정리하고 있다.

一 바라이(pārājikā, 波羅夷) : 출가자로서의 자격을 상실하고 추방되는 규정

二 승잔(sanghādisesa, 僧殘) : 자격 정지, 승가에 남아있을 수 있는 죄 가운데 가장 무거운 규정

三 부정(aniyata, 不定) : 비구가 여성과 자리를 함께한 경우의 규정, 비구니에게는 없음

四 사타(nissaggiya-pācittiya, 捨墮) : 소유가 금지된 물건을 소유했을 경우의 규정

五 바일제(pācittiya, 波逸提) : 언어, 행동 등 생활규범으로 생긴 규정

六 바라제제사니(pātidesanīya, 波羅提提舍尼) : 타인에게 고백하고 참회하는 규정

七 중학(sekhiya, 衆學) : 받아서는 안 되는 음식물을 받은 경우의 규정

八   멸쟁(adhikarana-samatha, 滅諍): 승가 내 분쟁 해결 규정

　공동으로 시행해야 할 규칙에는 출가자의 입단의식인 수계(受戒)와 3개월간 한곳에 머물러 수행하는 안거(安居), 율장을 암송하는 포살(uposatha, 布薩)과 같은 의식이 있다. 이러한 승가의 운영법규를 '건도(khandhaka, 犍度)'라고 한다. 이는 모두 승가 질서를 유지하고 출가자들이 수행에 전념할 수 있도록 하기 위함이며, 보다 나은 종교단체로 나아가기 위해 제정된 승가의 행동규범이다.
　승가에 율이 제정되게 된 최초의 사건을 살펴보겠다. 율 제정의 시작은 음욕(淫慾)에서 비롯된다. 더 자세하게는 흉년이 들어 어쩔 수 없이 찾아간 속가(俗家) 집에서 대 이을 자식 하나만 얻게 해달라는 어머니의 간곡한 당부로 출가 전 아내와 성행위를 하고 돌아와 자책하는 제자 때문에 제정된 규정이다. 부처님은 자책하며 부끄러워하는 제자를 꾸짖으셨다. 부처님의 마음도 편치는 않았겠지만, 욕망의 끝없는 흐름 속에서 벌어진 일이 아니라 어머니의 청을 거절하기 어려워 인정으로 생긴 일이라 할지라도 부처님의 결정은 단호했다. 그런 잘못을 저지른 출가자는 더는 승가에 머물 수 없다는 결정을 내리고 모두에게 흔들림 없는 수행을 강조하셨다.
　부처님은 음행(淫行)이, 잘못을 저지른 당사자의 수행 균형을 깰 뿐만 아니라, 승가 전체의 청정성을 깨는 일로 인식했던 것이

다. 물론 이는 승가 전체구성원이 욕망에 사로잡히지 않게 하려고 시행한 경계의 조치였으리라 짐작이 된다. 바로 이것이 율장에 나오는 첫 번째 중죄(바라이)이다. 이것을 시작으로 해서 생긴 율이 율장에는 무려 250계(사분률, 비구) 내지 348계(사분률, 비구니)나 수록되어 있으니, 외우는 데만 해도 많은 시간과 공을 들이지 않을 수 없었을 것이다.

　승가가 형성된 초창기에는 이렇게 율장에 정해진 것 같은 번쇄한 규정은 없었다. 하지만 교단이 발전하고 출가자가 급증하는 과정에서 또 하나의 출가사회를 이룬 그곳에서는 새로운 문제점들이 드러나고 있었다. 출가라고 하는 종교적 행위를 통해 한동안 사그라졌던 욕망과 분노 그리고 번뇌가 서서히 고개를 들기 시작했던 것이다. 모두가 깨달음을 향해 가는 과정에서 다시금 뭔가를 갈망하고, 자기에게 없는 그 무언가를 얻기 위해 몸부림치는 과정에서 벌어진 일들이다. 그래서 율장에는 소소한 문제들까지 지나치다 싶을 정도로 수두룩하게 나열되어 있음을 볼 수 있다.

　하지만 이렇게 율장이 자세하고 금지조항이 많은 데에는 더 크고 중요한 이유가 있다. 바로 승가의 사회적 입지를 높이고자 한 탓이다. 출가자는 걸식하며 수행에만 전념함으로써 사회적 존경을 이끌어내게 되었고, 별도로 생산 활동을 하지 않고 재가자들이 존경의 마음으로 올리는 공양에 의지해 살 수 있었다. 그러다 보니 출가자는 자연스럽게 공양을 올리는 재가자에 비해 점점 더 우위를 차지하게 되었고, 교단의 분위기도 점차 출가자 중심으로 바뀌게 되었다. 즉, 출가자는 걸식하며 수행에 전념하고, 재가자는 출가자를 보호하고 교단을 지탱해주는 사람으로서 교단 안에 자리 잡게 된 것이다. 이와 같은 구성과 위치로 남녀출가자인 비구·비구니와 남녀 재가자인 우바새·우바이로 구성되는 사중(四衆)의 분류가 성립되었고, 그 후 예비출가자인 사미(남)·사미니(여)·식차마나니(여)까지 포함하여 모두 일곱 부류의 교단구성원[七衆]이 성립되었다.

출가자들은 사회로부터 받는 보시와 공양으로 생활을 유지하고 수행에 몰두하면 되었다. 그리고 그것은 불교 내부는 물론, 당시 인도의 전 사회적으로도 용인되는 상황에 이른다. 그러나 누구도 세상에 공짜는 없는 법, 사람들은 더 훌륭하고 행위가 바른 존경할 만한 출가자에게 보시하고 싶어했다. 자기를 다스릴 줄 모르고, 마음을 훈련시키지 않는 흐트러진 출가자에게는 누구도 선뜻 보시할 마음을 내지 않았다.

이러한 사정은 점차 출가승단으로 하여금 사회적 비난을 살 수 있는 행위를 하지 말아야 한다는 규율을 정하는 결과로 나타났다. 재가자의 보시와 공양에 의존해야만 살아갈 수 있는 출가자 집단이 만약 욕심과 이기심에 찌들어있거나 재가자로부터 비난받을 일을 한다면 출가승단의 생존 가능성, 즉 불교의 존속 가능성은 희박해질 수밖에 없다. 어쩌면 그것은 당연한 일일지도 모른다.

그래서 부처님은 그런 일들이 발생하지 않도록 계율을 제정했던 것이고, 율장에서는 다양한 사례를 상세히 기록하고 있는 것이다. 율장 안에는 살생과 도둑질, 음행, 거짓말 등 기본적인 윤리적 지침도 있지만 일상적 행동거지에 대해서도 지나칠 정도로 세세하게 규정하고 있는데, 그 이유도 다 출가자가 사회적 존경을 받기 위해 좀더 조심하여 살아가도록 경계하기 위함이었다.

율장이란 이러한 역사적 과정을 거쳐 출가승단이 신도들과 일반재가자 그리고 당시 사회와 국가와의 관계 속에서 준수해야 할 갖가지 규율과 규범을 집대성한 것이다. 이러한 율장이 형성되고 출가승단은 보름마다 율장을 암송하며 계율 정신을 고취함으로써 승가는 인도사회에서 사회적 존경을 이끌어냈고 불교는 점차 인도 전역과 주변국으로 퍼져 나갔다.

대승불교, 일반대중을 위한 불교가 출현하다

> 내 나이는 익을 대로 익었고
> 내 목숨은 얼마 남지 않았기에
> 그대들을 두고
> 나는 떠나야 하리니
> 나는 오직 나를 따르노라.
> 그대들은 애쓰고 힘써서

생각을 바로잡고 계를 지켜가라.
사색으로 마음을 가라앉히고
마음을 잘 지키라.
법과 율에 따라 정진하는 사람은
생의 유전(流轉)을 넘어 고(苦)의 끝을 알리라.

생명이 닳아 없어지는 상황에서 부처님이 남기신 말씀 중 한 대목이다. 부처님은 깨달음을 얻은 후 45년간, 판단을 흐리고 왜곡하는 수많은 어리석은 중생들에게 전혀 다른 관점에서 현실을 직시할 수 있도록 가르쳐왔다. 찬란했던 생의 마지막 순간까지 오직 사람들의 행복을 위하여, 온 세상에 대한 따뜻한 연민의 마음으로 최선을 다하고 열반에 들었던 것이다.

그러나 위대한 스승이신 부처님의 열반은 인간이 지닌 조건의 한계를 그 누구보다도 명확하게 보여주는 사건이기도 했다. 특히 제자들에게 '스승의 열반'은 교조 없는 승단 운영이라고 하는 냉혹한 현실로 다가올 수밖에 없었다. 스승이 계시지 않는 승가, 그 속에서도 흔들림 없이 지금까지 그래왔던 것처럼, 그들은 깨달음을 향한 외로운 탐구를 계속해야만 했다.

그리고 그 노력은

자기 자신을 등불로 삼고, 자신을 의지하라.
진리를 등불로 삼고 진리에 의지하라.

모든 것은 덧없으니

게으르지 말고 부지런히 정진하라.

는 부처님의 마지막 말씀처럼 성실하게 살아가는 것으로 대신할 수밖에 없었다.

  그러한 노력 끝에 승가는 부처님이 계시지 않을 때에도 교단을 확대할 수 있었고, 발상지인 인도로부터 각지에 전래되었다. 그렇게 적극적으로 부처님의 메시지를 전하기 위해 지역으로 전파하다 보니, 그 과정에서 각 지역의 특성과 환경에 따라 교리적인 대립이나 율에 대한 충돌이 발생하는 일도 생기게 되었다. 그것이 단적으로 드러난 것이 부처님 열반 후 100년경에 시작된 승가 최초의 분열이다. 이는 인도 동부의 상업도시인 웨살리(Vesali)에서 한 비구가 율 규정에 어긋나는 행위, 곧 재가자에게서 보시로 금전을 직접 받은 사실에서 비롯되었다.

  처음 승가가 서로 다투게 된 것은 이처럼 화폐 사용과 관련한 인도사회의 사회경제상을 배경으로 하고 있다. 하지만 이 논쟁으로 부처님 생존 당시에 제정되었던 율 조항이 그 유연성을 잃는 계기가 되었다. 오히려 앞으로 율장에서 더 이상의 예외조항은 절대로 인정하지 않겠다는 뜻을 다시 한 번 확인시키는 결정적 사건이 되고 말았다. 그렇지만, 이것은 결국 승가를 화합으로 이끌지 못하였고 분열만을 초래하는 결과를 낳았다. 이후로 불교승가는 각자가 지지하는 주장에 따라 부파를 나누어 대립하는 양상을 보였고, 불교는 새로운 시대로 접어들게 되었다. 이것을 우리는 '근본분열'이라고 한다.

승가는 크게 전통 입장을 고수하는 상좌부 계통과 율 조항의 유연성을 인정한 대중부 계통으로 나누어졌다. 이후 100여 년 사이에 더 많은 분열을 거듭하면서 발전했고, 불교사는 그를 가리켜 '지말분열'이라고 칭하고 있다. 이러한 부파들 또한 크고 작은 세력이 있어 불교사에 끼친 영향에도 상당한 차이가 생겨났으며, 많은 부파들이 존재하던 시대를 '부파불교 시대'라고 일컫게 되었다.

부파가 나누어지게 된 발단은 승가가 요구하는 올바른 행동규칙을 옛것 그대로 지킬 것인가, 그렇지 않으면 더 많은 사람과 공감할 수 있는 현실적 측면의 공동체 규정을 적용할 것인가 하는 문제였다. 그러나 시간이 흐르면서 부파불교의 각 승단은 계율적 해석에 대한 입장으로 더욱 형식화되었고, 교리적 해석이나 수행 문제에서도 학문적 연구나 해석에 몰두하는 양상을 띰으로써 끝없는 갈등으로 치달아 대개가 쇠약해져 있었다.

이러한 당시 인교불교 상황에서 새로운 불교를 만들어 가는 움직임이 나타났다. 무상, 무아, 모든 존재를 변화와 관계성으로 보는 연기적 세계관으로 대표하는 불교의 존재관을 보다 긍정적이고 적극적으로 해석하는 일이 그것이었다. 그리고 그 방법도 부파불교식의 분석적 해석으로 도달하는 결론이 아니라, 그것이 물질적이든 정신적이든 즉각적 통찰로써 존재성을 곧바로 연기

성(緣起性=空性)으로 파악하였고, 그것은 곧 반야(般若) 불교를 표방하는 것으로 드러났다.

그리고 이러한 반야의 지혜를 바탕으로 각종 사회적 실천(6바라밀, 10바라밀, 10선행, 4섭법, 사무량심, 삼취정계 등)을 적극 행하도록 강조하기 시작했으며, 그러한 불교를 실천하는 사람을 보살(Bodhisattva)이라 불렀다.

바야흐로 비구 스님이 중심이 되는 불교에서 보살이 주인공이 되는 불교 시대가 펼쳐진 것이다. 이러한 불교를 '대승불교'라고 한다. 대승불교는 출가승단의 입장에 머물러 있었던 불교를 일반대중으로 확산한 것으로 볼 수 있지만, 더 정확히는 일반대중을 위한 불교라고 해야 옳을지도 모른다.

불교가 이렇게 일반인을 위한 대승불교로 변모하게 된 것은 여러 가지 요인이 있지만, 그중에서도 불교의 가르침이 지닌 인류 보편적 측면을 꼽을 수 있다. 불교는 모든 인간과 중생들의 문제를 다루고 그에 대한 가르침을 주는 것인데, 언젠가부터 출가승단의 사정으로 출가승단을 위한 특수한 공부방법과 실천체계만이 강조되는 쪽으로 흘렀다. 그래서 출가승단의 울타리에 갇힌 이러한 불교를 무너뜨리고 일반대중이 이해하고 실천할 수 있는 보편적 불교를 만들어 나가야 했던 것이다.

대승불교도들은 불교를 더 이상 승가라고 하는 은밀한 영역에 가두어 끼리끼리 속삭이게 두지 않았다. 그들은 사회 일상에서 살아가는 수많은 사람과 더불어 진리를 나눌 수 있도록 문을 활짝 열고 맞이해주는 불교를 추구했다. 사람들은 관대한 불교를 원했고, 그러한 불교를 만들어가고자 하는 것을 환영했다.

이때가 기원전 150년에서 기원후 100년 사이였다. 이 시기에 형성된 대승불교는 수많은 대승경전의 편찬과 논서의 제작으로 이어졌고 왕성한 포교 의욕을 앞세워 인도 전역으로 단기간에 확산되었다. 또한 승가라는 특수한 집단을 넘어 모든 인간의 보편적 가르침을 표방하는 대승불교는 서쪽으로는 당시 페르시아를 거쳐 지중해 연안의 그리스까지 전파되었고, 북쪽으로는 중앙아시아, 그리고 동쪽으로는 중국과 한국, 일본에까지 전파되었다.

그러나 서쪽으로 간 대승불교는 큰 꽃을 피워내지는 못했고 다만 헤브라이즘의 후기현상인 기독교 교리와 여러 종교의식에 일정한 영향을 미친 것으로 학자들은 이야기하고 있다. 대신 동쪽으로 간 대승불교는 그야말로 동아시아의 세계관을 온통 뒤흔들 정도의 매력적 가르침으로 존중받아 지배 계층은 물론이고 일반 민중에까지 불심으로 귀의하였다. 동아시아에 와서 이렇게 활짝 피어난 대승불교의 가르침은 동양문화의 핵심을 이루는 정신이 되어 21세기인 오늘날에까지 이어지고 있다.

대승계, 자비정신으로 생명과 이웃에 나아가다

대승불교의 출현으로 불교는 그 해석과 실천의 새로운 지평을 열었다. 그중에서 가장 중요하게 대두한 것은 계율에 대한 새로운 해석과 계율의 실천이었다. 특히 계율 문제는 대승불교의 본질적이고도 전반적인 실천체계로 확대되면서 대승불교를 이해하는 기본적인 열쇠가 되었다.

본래 계율이란 출가승단의 규율문제로 시작됐다는 점은 앞서 밝힌 바와 같다. 그리고 계율에 대한 해석 차이로 승단이 분열되고 다양한 부파불교로 전개됐지만 그것 또한 출가승단 내부의 일로써 신도들이나 일반대중과는 무관한 문제였다. 왜냐하면 율장이란 계율과 승단 운영에 필요한 각종 규범으로 구성된 것으로 출가승단에만 해당하는 특수한 문제들을 담고 있기 때문이다.

그런데 대승불교 시대가 되면서 출가승단의 중심 문제로만 머물러 있던 불교 계율이 일반대중의 윤리적 실천규범으로 점차 확대되었다. 이른바 대승적 계율 해석이다. 이것은 적어도 계율이라는 것이 출가승단의 규범이라는 성격을 넘어 보편적 윤리문제로 나아가고 있음을 잘 보여준다.

이러한 시도는 갑자기 이루어진 것이 아니다. 초기불교 이래로 재가신도들에게 제시되고 권유된 각종 자비의 실천이 대승적 계율관의 정립에 유입됨으로써 가능하게 되었다. 또한 이 점은 대승불교라는 것이 일반대중을 위한 불교를 지향하고 있다는 점과도 무관하지 않을 것이다.

초기불교 시대에는 재가신도들을 위해서 시(施, 보시)·계(戒, 계율)·천(天, 생천)에 대한 가르침을 강조했다. 즉, 출가수행자와 어려운 이웃에게 보시를 베풀어야 하며 절제 있는 생활을 함으로써 천상의 행복을 이루도록 해야 한다는 가르침이다. 특히 출가수행자에 대한 공양뿐만 아니라 어려운 사람들을 돕는 일이 재가신도의 주요 덕목임을 강조하는 내용이 경전 곳곳에 나타나 있다.

예를 들어, 급고독장자(Anāthapiṇḍika)는 꼬살라 국의 수도인 사위성에 거주했던 유명한 상인으로 무의탁자들에게 많은 자선을 베풀었기 때문에 급고독(給孤獨, 어려운 자를 잘 돕는 이)이라는 이름을 갖게 되었다고 한다. 경전에 의하면, 부처님은 기원정사를 건립하여 시주한 그에게 다음과 같이 말씀하셨다.

> 장자여, 그러면 어떤 것이 보시에 대해 관대함을 구족함인가? 장자여, 여기 성스러운 제자는 인색함의 때가 없는 마음으로 재가에 살고, 아낌없이 보시하고 손은 깨끗하며 주는 것을 좋아하고, 다른 사람의 요구에 반드시 부응하고, 보시하고 나누어 가지는 것을 좋아한다. 장자여 이를 일러 보시에 대해 관대함을 구족함이라 한다.
>
> 『앙굿다라니까야』(AN4:61)

이외에도 재가신도들은 경전(敬田, 삼보에 공양 올리기 위한 농지)과 비전(悲田, 어려운 이웃을 돕기 위한 농지)을 두어 공덕을 쌓으라는 등 어려운 주변 사람을 도와야 한다는 다양한 가르침이 초기경전 곳곳에 산재해 있다.

어려운 이웃을 돕는 초기불교 이래의 자비행은 인도 마우리아 왕조의 아소까왕 시대에는 국책으로까지 추진되었다. 아소까왕은 불교의 자비를 실현하기 위한 노력으로 노인, 가난한 이, 도움이 필요한 여성, 고아 등이 생활할 수 있는 시설을 만들어 빈민구제 사업을 대대적으로 전개하기도 했다.

초기불교 시대부터 시작된 재가자들의 이러한 자비행은 그 후 일반대중을 위한 불교로 새롭게 정립되는 대승불교의 가르침으로 고스란히 옮겨와서 보살들이 행해야 할 대승계의 중심으로 자리 잡게 되었다.

그 형태가 최초에 체계적으로 드러나는 것이 초기대승경전 중에서도 성립연도가 매우 빠르다고 하는 『반야경』이다. 『반야경』에서는 대승보살의 실천덕목으로 육바라밀을 강조한다. 대승불교 성립 이전의 수행법이 '8정도'로 대표된다면, 대승불교의 수행법은 '6바라밀'을 강조하고 있는 것이다. 내용을 살펴보면 이러하다.

> 잘 버리는 것이 보시바라밀이고 번뇌가 없는 것이 지계바라밀이며 변함이 없는 것이 인욕바라밀이고 물러남이 없는 것이

정진바라밀이며 마음을 잘 다스리는 것이 선정바라밀이고 모든 것을 버리고 벗어나는 것이 반야바라밀이다.

『반야경』(T 8, p.325c)

이 육바라밀 가운데 계를 가리키는 항목인 지계바라밀이 초기 대승불교도가 중시했던 계율이다. 그럼 이 지계바라밀은 무엇을 말하는 것일까?

> 무엇을 시라(계)바라밀이라고 하는가. 수보리여, 보살은 살바야(깨달음의 지혜)에 응하는 마음으로 스스로 십선도를 행하며, 타인에게도 십선도를 행하게 한다. 얻을 바가 없는 연고로 이것을 보살의 시라(계)바라밀이라고 한다.
>
> 『반야경』(T 8, pp.248a-250a)

지계바라밀의 동일한 표현인 '시라바라밀'은 곧 '십선도(十善道)'를 가리킨다. '십선도'라고 하는 것은 선악의 결과를 불러오는 인간의 주된 행위를 육체적 행위의 측면에서 세 가지, 언어로써 표현되는 것으로부터 네 가지, 마음가짐의 문제로부터 세 가지로 나누어 총 열 가지 일상의 실천덕목을 규정한 것이다. 이것은 원시불교 시대로부터 이미 확정되어 있었던 것인데, 재가자의 오계에서 출가계가 정비되는 과정에서 보다 엄격한 율이 등장함으로써 계로서의 성격을 잃어버리게 된 것이다. 그로 인해 부파불교 시대에는 계로써 인정받지 못하고 도덕적 측면의 권유 정도로 인식되는 게 고작이었다.

구체적으로는 '살생, 도둑질, 삿된 음행, 거짓말, 꾸밈말, 험담, 이간질, 탐욕, 성냄, 그릇된 견해'를 말하는데, 이러한 행위를 보살은 스스로도 하지 않고, 동시에 타인에게도 행하지 않도록 권해야 한다. 나아가 자기 내면의 깊은 곳에서 우러나는 자비의 마음으로 나와 남의 벽을 허물고자 했다. '자리이타(自利利他)'를 목표로 하는 대승보살의 고유한 성격을 엿볼 수 있는 대목이다.

초기의 대승불교도들은 이러한 열 가지 선한 행위의 실천을 통해 참다운 자비윤리의 이치를 밝히고, 그 윤리적 근거로써 이타적 삶을 행동양식으로 강조했다. 이를 보살들이 행해야 할 계, 십선계라 불렀다.

반야부 계통의 십선계의 내용과 별도로 비슷한 시기에 편찬되었던 『화엄경(華嚴經)』에는 삼종정계(三種淨戒)라는 세 가지 유형의 대승계가 제시되고 있다. 이 삼종정계는 그 후 『해심밀경』, 『유가사지론』 등의 체계화된 대승경론에서 삼취정계(三聚淨戒)라는 이름으로도 표현되고 있다.

이 삼취정계는 통상 삼정계로 약칭하여 불리는데, 대승계의 세계가 체계적으로 완성되어 제시된 것이라 하겠다. 삼정계는 간단하게 정리하면 '율의계(律儀戒), 선법계(善法戒), 중생계(衆生戒)'로 설명된다.

율의계란, 모든 보살이 받는 7중의 별해탈율의이다. 즉, 7중에 해당하는 비구계, 비구니계, 식차마나계, 사미계, 사미니계, 우바새계, 우바이계이다. 이와 같은 7종의 출가와 재가가 지켜야 할 계의 항목을 보살의 율의계라고 한다.

선법계란, 모든 보살이 율의계를 받은 뒤, 큰 깨달음을 위해 신어의(身語意)에 의해 선행을 쌓는 것을 섭선법계라고 한다. 윗사람에 대해서는 공경하는 일을 부지런히 하며, 병든 이를 가엾이 여겨 정성스레 보살피고 공양하며, 말을 잘할 때에는 '훌륭합니다' 라고 너그럽게 말하며, 공덕 있는 중생에 대해서는 참되고 정성스레 칭찬하여 모든 이들에게 복된 일이 이루어지게 하려는 뜻으로 말하고 함께 기뻐한다.

중생계에는 11가지 모습이 있다.

一　　모든 보살은, 모든 이의 옳음과 이익을 이끌며, 여러 가지 일에 대하여 돕는 벗이 되어주고, 모든 이에게 생기는 질병 등의 괴로움에 따라 병을 보살피며, 또한 돕는 벗이 되어준다.

二　　모든 보살은, 세간과 출세간의 갖가지 옳음과 이익에 의해 유정들에게 모든 법요(法要)를 말하되, 먼저는 방편을 말하고 이치대로 말한 뒤에, 여러 가지 옳음과 이익을 얻게 한다.

三　　모든 보살은, 먼저 은혜 있는 유정을 잘 지키어 은혜를 알며, 그에 알맞게 그의 앞에서 갚는다.

| 四 | 모든 보살은, 두려움에 떠는 모든 유정을 구하여 모든 두려운 곳에서 멀어지게 한다.
| 五 | 모든 보살은, 모든 재산과 친속을 잃게 되는 유정들을 위해 깨우쳐 알리면서 근심 걱정을 멀리하게 한다.
| 六 | 모든 보살은, 살림을 돕는 도구들이 모자라는 유정들을 위해 온갖 살림 돕는 도구들을 베풀어준다.
| 七 | 모든 보살은, 도리에 따라 바르게 의지(依止)가 되어 주면서 법대로 대중을 다스린다.
| 八 | 모든 보살은, 세간에 따르면서 일하고 말하고, 부르고 가고 오고, 의논하고 경하하며, 때에 따라 나아가서 다른 이로부터 음식 등의 일을 받아 가진다.
| 九 | 모든 보살은, 숨거나 드러나거나 간에 진실한 공덕을 나타내어 모든 이들로 하여금 기뻐하면서 배우게 한다.
| 十 | 모든 보살은, 허물 있는 이에게는 안으로 친하고 이롭게 하며, 안락하게 하려는 왕성한 뜻을 품고서 조복하고 꾸짖고 벌을 다스리고 내쫓는 것이니, 그로 하여금 착하지 않은 곳에서 나와 착한 곳에 편안히 두려고 하기 위함이다.
| 十一 | 모든 보살은, 모든 유정으로 하여금 착하지 않은 것을 싫어하여 멀리하게 하며, 방편으로 이끌어 부처님의 거룩한 가르침에 들어와 기뻐하며 믿고 즐기며, 내기 어려운 마음을 내며 바른 행을 부지런히 닦게 한다.

『유가사지론』(T30, P.511a-c)

그 내용을 살펴보면, 먼저 율의계란 기존의 출가승단의 율장을 포함해서 재가신도들이 수지했던 5계, 8계, 10계 등을 망라하고 있다. 즉 대승계라 하더라도 기존 승단의 율장을 부정한 것이 아니라, 오히려 대승계의 일부분으로 포함하여 재가신도들이 수지하는 계와 병렬적인 차원으로 이해했다.

두 번째 선법계는 기존 율의계의 측면을 좀더 확대한 계율의 세계라 할 수 있다.

선법계는 몸과 입과 뜻으로 짓는 삼업(三業)에 의해 모든 선을 쌓는 행위를 계율이라 정의한다. 인간을 고통으로 몰아가는 탐냄과 성냄과 어리석음에서 벗어나 깨달음을 이루기 위한 행위 전체를 가리킨다. 자신의 욕망을 내려놓기 위해 절을 하고, 어리석음을 일깨우기 위해 법회에 참석하여 법문을 듣고, 참회를 위해 포살하며, 깨어있는 상태를 유지하기 위해 경을 독송하고 참선을 하거나 명상을 하는 등 자신의 선업을 쌓기 위해 노력하는 모든 종교적 행위가 바로 선법계에 포함된다.

이러한 선법계의 등장은 불교윤리가 규칙들의 체계라고 생각하는 우리의 인식을 확연히 바꾸어주었다. 자신의 선업(善業)을 위해 노력하는 태도야말로 소승율과 대승계 사이에 충돌할 수 있는 것을 해결할 수 있도록 하는 특별한 대안이 되었다. 앞의 율의계가 엄격한 고상함을 추구했다면, 선법계는 인과(因果)라고 하는 보편적 법칙에 근거한 자발적 노력을 강조한다고 볼 수 있다.

마지막으로 중생계는 '다른 중생들에게 도움이 되도록 하는 실천'을 뜻한다. 이러한 실천을 '구속력을 가지는 보살의 계'로서 정의하는 것은 대승계의 이름으로 대승불교의 정신을 적극 구현하고자 하는 취지이다.

중생을 이롭게 한다는 목적 아래 제시된 중생계는, 대승불교 흥기 이래 줄곧 실천적 보살정신으로 대승불교의 핵심사상이 되었다. 특히 내가 갖게 될 이익이 다른 사람의 이익보다 더 중요하다고 생각하는 우리의 자연스러운 판단을 완전히 부정하고, 나의 이익이 남의 이익보다 우선시 되어서는 안 된다는 윤리적 결정을 내리고 있다.

즉, 대승불교도라면 모든 행위의 가치판단을 '그것이 과연 중생을 위한 일인가'에 둔다. 옳은 일인가 그른 일인가, 좋은 일인가 나쁜 일인가, 의무로써 행할 일인가 하지 말아야 할 일인가, 하는 모든 판단이 그것이 과연 진정으로 다른 중생을 돕는 행위인가를 기준으로 하고 있다. 이것은 나 자신의 이익 대신 나에게서 영향받을 모든 사람의 이익을 먼저 고려하기 때문에 할 수 있는 행동인 것이다.

'고통이나 불행에 빠진 다른 중생을 돕고자 하는 마음', 이것이야말로 대승불교에서 말하는 '자비'이다. 따라서 자비의 마음으로 행하는 갖가지 보살행(바라밀)을 중생계라고 말하는 것이니, 중생계야말로 대승계의 꽃이 되는 것이다.

삼정계라는 세 가지 유형의 대승계를 다시 한 번 정리하자면,

율의계는 출가한 승려나 불교신도들의 규범이다.

선법계는 출가자이거나 재가자이거나 관계없이 모든 불교도가 행하는 각종 불교수행이다.

중생계는 불교라는 특정 종교색까지 탈피한 보편적인 사회윤리의 세계로 나가는 '자비의 사회윤리를 실천' 하는 것이다.

이러한 입장에서 보면 십선계는 물론이요, 『반야경』에서 말하는 6바라밀도 온전히 율의계와 선법계와 중생계라는 삼정계의 내용으로 수렴됨을 알 수 있다. 나아가 『화엄경』 등에서 말하는 10바라밀(기존의 6바라밀에다 방편바라밀, 원바라밀, 역바라밀, 지바라밀을 추가함)과 사무량심(자, 비, 희, 사)과 사섭법(보시, 애어, 이행, 동사) 등 대승불교의 각종 실천과 바라밀이 모두 삼정계라는 대승계의 세계이다.

이러한 자비의 윤리를 내세운 대승계의 실천으로 대승불교는 아시아 전역으로 확산되어 일반 민중에까지 깊은 영향을 끼치며 '불교' 하면 '자비의 종교' 라는 등식으로 생각하게 되었다. 그 배경은 계율을 출가승단의 규범을 뛰어넘는 것으로 적용하여 보살의 각종 바라밀조차 반드시 실천해야 할 '자비의 대승계' 로서 받아들였기에 가능한 일이었다.

대승계의 자비정신, 동아시아인의 마음에 기본 윤리관으로 자리 잡다

　중국으로 전래된 불교는 경전 번역 및 편찬 등 다양한 내용과 방법으로 한국, 일본, 베트남 등 동아시아 전역으로 확대되었다. 특히, 많은 불경들이 한문으로 번역되어 중국 전역에 유통되는 과정에서 불교 문헌에 대한 새로운 해석과 분류가 왕성하게 이루어졌다.

　화엄종, 천태종, 법상종, 정토종, 삼론종 등 각기 다른 특색을 가진 불교학파가 거듭 성립되었던 것이다. 그런데 대다수 불교학파는 대승경전과 논서들을 근간으로 새롭게 해석되어 형성된 중국적 대승불교였다. 이로써 새로운 중국불교가 탄생하였다.

　대승불교는 기원전 1세기경부터 인도에서 일반대중을 위해 형성되기 시작한 불교라는 점과, 분석적 해석을 기본으로 하는 부파불교 각 승단의 번쇄한 이론불교를 탈피하여 반야지혜를 앞세운 자비불교라는 점은 앞에서도 언급한 바 있다. 하지만 이러한 대승불교는 정작 중국에 전래되면서 본격적으로 일반대중에까지 확산되었다.

　중국인들이 대승불교에 특히 관심을 둔 것은 대승불교 특유의 세계관 때문이었다. 삼황오제의 소박한 중화주의적 신화의 세계관에 살았던 중국인들은 대승불교의 각종 문헌을 접함으로써 생명이 존재하는 다양한 세계와 드넓은 우주관으로 시야를 넓힐 수 있었다. 그리고 삼라만상을 물질, 정신, 개념 등으로 분류하여 그것들의 상관관계와 변화성을 설명하는 유식(唯識) 관련 문헌이나 『화엄경』의 중중무진한 연기(緣起) 세계와의 만남은 중국인들에게 존재와 세계를 체계적으로 분석하고 종합해내는 안목을 이끌어냈다.

이러한 대승불교의 세계관은 중국인의 의식지평을 크게 격상시킴으로써 중국의 유학(儒學)과 노장사상에까지 영향을 주어 그들을 변모시켰다. 그러나 이러한 일들은 어쩌면 출가자와 중국의 지식인 사회에 한해서 끼친 영향일 것이다. 보다 중요한 것은 자비정신을 앞세워 일반 민중에게 다가간 대승계의 사회 윤리적 가르침이야말로 중국사회를 밑바탕에서부터 변화시킨 원동력이 되었다. 즉, 대승불교는 중국의 존재관과 세계관을 크게 일깨우기도 했지만, 보다 중요한 것은 대승계를 앞세운 자비의 윤리관을 중국인들의 마음속에 뿌리내리게 한 것에 더 큰 의미가 있다.

중국은 상고시대와 춘추전국시대를 거치며 경쟁과 실용, 그리고 가족과 사회에 대한 관리적 필요에 입각한 윤리관이 일찍부터 생성되어 있었다. 그러나 대승계에서 말하는 모든 생명을 존중하고 그들의 불행과 고통을 도와준다는 보편적 가치로서의 자비정신은 제대로 반영되지 못했다.

이때에 등장한 인도의 대승불교는 거대한 규모와 정교한 이론으로 중국인을 사로잡았고, 자비정신을 내세운 대승계는 중국인의 가슴속에 새로운 윤리관으로 자리 잡았다.

이와 같이 경전과 논서의 내용에 머물러 있었던 대승불교가 현실사회 속에서 따뜻한 자비로서 구체적으로 실천되기 시작한 것은 중국에 와서부터였다. 그것도 대승계의 정신으로 중국의 사회현실 속에 꽃피기 시작한 것이다.

인도에서도 대승계가 제창되었지만 대승불교의 사상을 정립해갔던 선진적 불교인들의 이론적 노력에 머물렀을 뿐, 인도사회의 일반대중에게까지 확산되지 못했다. 쿠샨왕조의 카니시카왕 이후부터는 바라문교가 부활한 듯 힌두교가 다시 인도 전역을 풍미하게 된 탓이다. 그 후, 굽타왕조 시대에는 대승불교의 각종 이론적 작업과 경전 제작이 이루어졌고 벽화나 불보살 상을 조성하는 등 아름다운 대승불교문화도 활발하게 펼쳐졌지만 다양한 신을 내세우며 희생을 바치는 제의를 생활화하는 힌두교 신앙과 습합됨으로써 생명존중과 자비를 내세우는 대승계의 불교윤리는 일반화되지 못했다.

중국에서 피어난 대승계는 두 가지 측면의 자비행으로 강조되었다.

첫째, 생명존중 사상에 입각한 불살생.

둘째, 타인을 돕는 적극적인 구제행위.

다른 생명을 해치거나 죽이지 않는다는 불살생계는 출가승단의 율장의 계목으로부터 시작된다. 하지만 초기의 불살생계는 백골관, 부정관을 닦던 수행자가 자살에 이르는 경우들이 생기자 자살을 금하는 계에서 시작되었다. 그리하여 타인에 대한 살인을 금하는 것으로 정립되었고, 마침내 일반적인 살생을 금하는 계율로까지 점차 확대되었다.

그런데 인도사회에서 출가승단의 불살생계는 상당히 절충되어 시행된 것으로 보인다. 출가자는 불살생을 표방했지만 걸식을 생활의 원칙으로 삼았기 때문에 육류와 생선 등을 포함해서 공양받은 음식을 가릴 수가 없었다. 따라서 육식으로 간접 살생을 용인하는 문제로부터 자유로울 수 없었다.

이때 제정된 규율이 3정육, 5정육 등에 관한 규정이다.

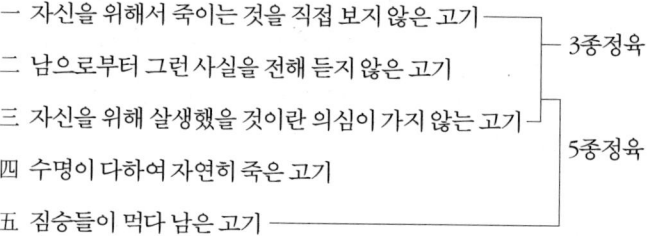

비록 '초계비구'의 설화에서 보듯이 당시의 출가자 중에는 초목 등 식물까지도 함부로 손상하지 않으려는 생명존중의 모습이 보인다. 그러나 대다수 출가자에게 불살생계는 불살인계와 다른 동물들을 직접 살생하지 않는 수준에서 수용되었다.

그런데 불살생계가 중국에 전해지면서 『능가경』, 『능엄경』, 『열반경』, 『범망경』 등 대승경전의 유포로 불교도들이 불살생계를 적극 실천하는 계기가 되었다.

예컨대 『능가경』의 육식을 금하는 다음과 같은 구절은 중국인들에게 깊은 감명을 준 것으로 보인다.

> 보살은 마땅히 모든 고기를 부모의 피와 살로 생각하고, 그와 같이 관찰해야 한다. 세상의 모든 고기 중에는 생명 아닌 것이 없으니 죽이지 말아야 한다.

이런 대승경전의 구절에 감화된 중국인들은 살인은 물론이고, 동물에 대한 직접적인 살생을 금하는 것이 올바른 윤리적 태도라고 생각하기에 이르렀다. 출가자와 신심 깊은 불교신자는 육식을 철저하게 금하였고, 평범한 불자나 일반인들도 육식을 삼가는 날을 정해 불살생계를 생활 속에서 실천하는 사회적 풍토를 마련했다.

오늘날까지 한국을 포함한 동아시아에서 나이 든 어른들이 뜨거운 물을 마당이나 하수구에 함부로 버리지 못하게 하는 이유도 이러한 생명존중의 자비사상에 기인하는 것이다. 이렇듯 불살생계의 적극적 실천은 중국에서 편찬한 것으로 보이는 『범망경』의 유포로 일반사회에 널리 퍼져갔다.

『범망경』은 대승을 지향하며 보살도를 수행하는 이들이 받아 지니는 계율로 10중계(重戒)와 48경계(輕戒)를 설한다. 10중계만 보더라도 대승계의 실천 정신이 잘 나타나 있다.

一   보살은 항상 자비심과 효순하는 마음으로 중생을 구호할 것이니, 결코 일체중생을 살해하지 말며, 또 남에게도 살해하게 하지 말라.

二   보살은 마땅히 중생을 도와 복과 낙을 얻게 할 것이니, 결코 남의 재물을 훔치지 말며, 또 남에게도 훔치게 하지 말라.

三   보살은 항상 효순하는 마음을 내어 일체중생을 제도하고 정법을 일러주어야 할 것이니, 결코 일체 여인이나 축생에게 삿된 음행을 하지 말며, 또 남에게도 음행하게 하지 말라.

四   보살은 정어, 정견으로 온 중생에게도 정어, 정견을 갖게 해야 할 것이니, 결코 거짓말을 하지 말며, 또 남에게도 사견, 삿된 업을 일으키게 하지 말라.

五   보살은 항상 중생에게 밝고 빛난 지혜를 내게 할 것이니 술을 팔지 말며, 또 남에게도 팔게 하지 말라.

六   보살은 설사 어떤 이가 불법에 대하여 비법이요, 비율이라고 말하는 것을 들으면 그도 마땅히 제도해야 할 것이니 스스로 사부대중의 허물을 말하지 말며, 또 남에게도 말하게 하지 말라.

七   보살은 중생을 대신하여 오히려 훼욕을 받을 것이니 자기를 칭찬하고 남을 헐뜯지 말며, 또 남에게도 그렇게 하게 하지 말라.

八   보살은 빈궁한 사람이 와서 요구하는 바가 있으면 오히려 내주어야 할 것이니, 남의 재물을 아껴 탐내어 욕하지 말며,

　　　　또 남에게도 그렇게 하게 하지 말라.

九　　보살은 끝없는 자비심으로 중생을 평화롭게 해야 할 것이니, 스스로 성내지 말고 또 남에게도 성내게 하지 말라.

十　　보살은 혹 외도가 있어 삼보를 비방하는 소리만 들어도 삼백 개의 창으로 가슴을 찌르는 듯 여겨야 할 것이니, 스스로 삼보를 비방하지 말며, 또 남에게도 비방하게 하지 말라.

『범망경』에서 말하는 보살계는 십중계의 제일계로 불살생을 꼽았다. 대승을 지향하는 모든 이들에게 다른 생명을 대함에 자애심과 아낌없는 마음으로 행동할 것을 요구한다. 자신의 고통보다는 타인의 고통에 더 민감하게 반응하는 삶을 강조하는 『범망경』은 사람들에게 보다 의미 있는 삶과 개인적인 만족, 그리고 훗날 반드시 좋은 과보를 받을 수 있을 것이라는 희망을 주면서 점점 더 깊이 민중 속으로 스며들었다. 그 영향은 동북아시아 불교윤리사상의 흐름을 주도할 만큼 확고한 것이었다.

무엇보다 『범망경』은 수·당 시대부터 보살계 수계법회가 활발하게 개최됨으로써 매우 존중되었다. 보살계가 불교도들의 수계법회라는 종교의식으로 유포됨에 따라 중국인의 생활 속에 빠른 속도로 파고들었다. 일반 민중뿐만 아니라 왕족들이나 고위 관료들까지 보살계 수계의식에 동참하기도 했다.

당·송 시대가 되면 불교 신도들은 단순히 살생과 식육을 하지 않는 것에 그치지 않고, 죽음에 처한 생명을 직접 찾아서 살려내는 '방생'까지도 적극 권장하며 행했다. 그리고 '불살생' 정신의 자비윤리는 한국과 일본 등 동아시아 전체로 퍼져 나가 사회 일반적인 윤리관으로 자리 잡았다.

그렇다면, 인도불교에서의 불살생계와 중국에서의 불살생계는 어떤 차이가 있을까?

인도불교에서의 불살생계는 율장의 주요 항목 중 하나로 그 제정 취지와 준수 동기가 일반인들의 비방으로부터 승단을 보호하고자 하는 뜻이 많았다. 반면, 중국에서의 불살생계는 생명존중이라는 자비정신을 구현하고자 하는 대승불교 본연의 취지를 담고 있다. 불살생이라는 일차적 행위뿐만 아니라 식육을 금하는 채식생활과 자발적인 방생정신을 펼치고자 한 것이다.

이와 같이 대승계의 불살생계는 중국에서 보살계를 수지하는 수계법회를 통해 생명존중의 자비사상으로 널리 일반에 확산되었고, 소극적인 율의계의 성격을 넘어 방생의식과 참회의식(참법)으로까지 발전하였다. 중국불교는 가히 대승계의 정신으로 민중에 자리 잡았다고 할만하다.

두 번째 자비행은 타인을 돕는 적극적인 구제행위이다. 이 또한 대승경전에서 하나같이 강조하는 내용이다. 『반야경』, 『화엄경』, 『법화경』, 『열반경』, 『승만경』, 『범망경』 등이 모두 보살의 바라밀행을 강조하고 있다.

불교에 감화된 중국인들은 대승경전에서 말하는 각종 바라밀을 '삼정계(율의계, 선법계, 중생계)'의 정신으로 실천했으며, 특히 '중생계'를 실천하는 주된 내용은 '자비정신에 입각한 불우이웃돕기'였다. 누가 시켜서도 아니요, 사회적 이익을 위해 나선 것도 아니다. 자비정신을 바탕으로 한 순수하고도 자발적인 이웃돕기였다.

조용히 이웃을 돕는 개인적 선행만이 아니다. 많은 사찰에서도 사회구호활동을 했으며, 국가적 차원에서도 사찰과 연계하여 사회복지시설을 설치 운용하였다.

수나라 때 삼계교 사찰들에 설치됐던 무진장원(無盡藏院), 당나라 때 왕조의 지시로 각 사찰에 설립된 비전양병방(悲田養病坊), 송나라때 각 사찰에 설치된 안제방(安濟坊)과 우리나라 고려시대에 사찰과 연계하여 운영한 제위보(濟危寶), 동서대비원(東西大悲院), 혜민국(惠民局)이 모두 질병을 치료하거나 고아를 돌보고 배고픈 이들을 먹여주는 사회구호 시설들이었다. 우리나라는 조선 세종조 때까지만 해도 국가에서 시행하는 빈민구제와 의료사업 대부분을 사찰에서 담당하였다.

이렇게 개인과 사회, 국가적 차원에서 진행된 대다수 구호활동이 불교의 자비정신으로 펼쳐지다 보니 일반대중의 마음에 '자비' 정신이 사회적 윤리관으로 자리 잡게 되었던 것이다.

이상, 대승계가 가진 두 가지 측면의 자비행과, 중국 등 동아시아에서의 영향에 대해 언급하였다.

한편, 대승계를 말함에 빠뜨릴 수 없는 또 하나의 측면이 있다. 그것은 일반적인 선악 개념에 얽매이지 않고 사유하며 행하라는 가르침으로써 대승불교의 중요한 특질이기도 하다.

'선(善)은 행하고 악(惡)은 행하지 않는다'는 일반적인 윤리 지침과는 내용상으로 다른 차원의 입장을 내세우는 것이다. 즉, '선'이라는 측면과 '악'이라는 측면에 원천적으로 얽매이지 않으면서 선을 행하고 악을 그친다는 입장이다. 얼핏 보면 '초탈의 윤리관'이라 생각할 법하지만 '초탈'이나 '초월'은 윤리적 상대주의와는 전혀 다르다.

초월적 입장에서는 선을 행하거나 악을 멈추는 일을 중요하게 생각하지 않지만, 대승불교적 입장에서 '선과 악에 원천적으로 매이지 않는다'는 것은 선과 악에 구속받지 않으면서도 선을 행하고 악을 그치는 일을 능동적으로 할 수 있다는 점이 다르다. 이른바 제3의 윤리적 관점이라 할만한 이러한 태도는 대승불교의 기본적 세계관과 실천적 태도와도 깊이 연관된다고 생각한다.

대승불교가 말하는 반야공관(般若空觀)의 세계관은 존재를 공(空, 변화와 관계성)으로 보고, 가설(假設, 임시적이고 잠정적인 것들)로 본다. 그리고 이러한 태도를 중도(中道)적 관점이라 부른다.

『금강경』에서는 문학적인 표현으로 존재들을 꿈, 환상, 물거품, 그림자, 이슬, 번갯불 등이라고도 했다. 『금강경』의 유명한 구절 '머물지 않으면서 마음을 내어 행한다[應無所住而生其心]'

는 보살의 자비행은 바로 존재를 '공·가·중(空·假·中)'으로 보는 관점을 바탕으로 한 것이다. 『화엄경』의 10바라밀(6바라밀+방편, 원, 역, 지바라밀) 또한 이러한 반야바라밀을 기반으로 행하는 것이다.

이러한 존재관을 바탕으로 행하는 자비실천을 『반야경』과 『대지도론』에서는 '여환자비(如幻慈悲, 환상과 같은 자비)'라 하여 자비행조차도 환상으로 보며 '매이지 않는 능동적인 선행'으로 본다.

이러한 입장으로 보면 설령 대승계의 입장에서 선행을 하고 악행을 그치더라도 그 '선'과 '악'에 원천적으로 매이지 않고 행한다는 것이다. 이러한 태도는 자칫 선과 악에 대한 윤리적 태도를 거부하는 것으로 오해하기 쉬운 것도 사실이다. 대승불교의 이러한 태도를 두고 중국과 한국의 유학자(儒學者)들은 불교를 비윤리적이라고 맹공한 바 있다.

그러나 얼핏 보기에는 이해하기 힘든 이러한 태도가 현대 윤리학의 관점으로 보면 훨씬 더 합리적으로 다가온다. 즉 우리 사회가 선이다, 악이다 라고 규정하는 것은 상황윤리의 입장에 서 있다는 것이다. 현실적으로 보더라도 선과 악, 아름다움과 추함 등의 각종 가치관은 시대와 상황, 위치에 따라 다를 수 있으며 변화한다. '매이지 않는 마음으로 선을 행하고 악행을 그친다' 라는 대승불교의 자세는 어쩌면 가장 현대적이고도 합리적일지 모른다. 또한 사실에 부합하는 것으로써 최선의 입장을 도출해 내는 결과로 나타나는 것이 아닐까?

한편, 대승불교의 이러한 기본 입장은 반야불교에 깊은 영향을 받아 탄생한 중국의 선불교(禪佛敎)에 고스란히 전수된다.

육조 혜능선사의 초기 일화에 "선도 생각하지 말고 악도 생각하지 말라[不思善, 不思惡]. 이럴 때 그대의 본모습은 무엇인가?"라는 설법으로 상대를 감화시키는 장면이 나온다. 이는 현실에 사로잡혀 생성된 선이니 악이니 하는 기존 가치관을 벗어나도록 하는 선불교 특유의 가르침이다.

그리고 혜능스님의 수계법회 때의 설법을 기록하여 편집한 『육조단경』에도 '모든 관념[相]을 벗어나 매이지 않는다'는 『금강경』의 가르침을 원용하여 삼귀의, 사홍서원, 계율 등 '무상계(無相戒)'의 관점으로 설하는 것이 나온다. 대승계의 세 번째 측면인 '매이지 않고 행한다'는 가르침은 이렇게 선불교에 와서도 선(禪) 특유의 표현으로 '선과 악에 얽매이지는 않되 능동적으로 행한다'는 입장으로 나타난다. 우리나라 고려 후기에 중국에서 온 지공스님에 의해 전국에 유포된 무생계(無生戒)에도 이같은 내용이 담겨 있다.

> 이 계법은 본래 일정함이 없어서 범부도 없고 성인도 없으며, 선도 악도 없다. 저 비구 비구니 우바새 우바이가 이를 의지하여 수행함에 모두 받아 지닐지라.

一 　네 가지 귀의계(歸依戒)를 받아 맑은 마음으로 믿어라.
　　　형상 없는[無形] 부처님께 귀의합니다.
　　　남이 없는[無生] 법에 귀의합니다.
　　　다툼 없는[無諍] 스님들께 귀의합니다.
　　　최상의 무생계(無生戒)에 귀의합니다.

二 　모든 세 가지 업의 죄를 참회하여 없애라.
　　　도는 본래 청정하나 미혹하여 아는 바가 없으니
　　　한량없는 죄를 짓고 번뇌의 몸을 받게 되었습니다.
　　　제가 이제 슬피 참회하고 어서 빨리 부처님의 보리를 증득하고자 합니다.

三 　여섯 가지 서원을 세워라.
　　　첫째, 일체중생이 모두 성불하지 않으면 저 또한 정각에 오르지 않겠습니다. 둘째, 일체중생의 모든 번뇌를 제가 대신하겠습니다. 셋째, 일체중생의 모든 어리석음을 밝혀 주겠습니다. 넷째, 일체중생의 모든 재난을 안온하게 하겠습니다. 다섯째, 일체중생의 모든 탐욕과 성냄과 어리석음을 계정혜로 바꾸겠습니다. 여섯째, 일체중생이 모두 나와 함께 깨달음의 경지[正等覺]에 오르게 하겠습니다.

四 　이것이 최상승의 무생계이다.

"선도 짓지 말고, 악도 짓지 말라."

무생계의 내용도 '온갖 선행을 자주적으로 실천하지만, 궁극에는 선악 관념에 사로잡혀서는 안 된다' 는 대승계의 정신을 내재하고 있다.

대승계의 이러한 제3의 측면은 현실적으로 안 좋게 나타난 사례도 많다. 선불교의 일부 선사와 대승불교의 반야사상을 잘못 이해한 불교도들이 선악관념 자체를 의식하지 않고 소위 '무애행(無碍行, 걸림없는 행위)' 이라 하여 막행막식—모든 일을 거리낌 없이 함부로 행하며, 음주식육 등에 개방적인 태도—을 함으로써 승단 내부의 질책과 사회적 비난을 초래한 적도 많다. 대승계에 대한 올바른 이해가 필요한 대목이다.

이상과 같이 대승불교 특유의 대승계 정신은 반야사상을 바탕으로 자비를 실천하는 윤리관으로 중국에 자리 잡게 되었고, 나아가 점차 동아시아 전체로 확산되어 동아시아인들의 생명윤리와 사회윤리의 기본정신으로 기능하였다.

현대불교윤리로 새롭게 정립되어야 할 대승계의 자비정신

불교의 대승계는 동아시아인들에게 자비의 윤리관으로 자리 잡아 근대에까지 이르렀다. 그런데 서구 열강의 동아시아 침탈

이 본격화되는 19세기 중반부터 동아시아인들에게 자리 잡았던 불교적 윤리관은 서서히 무너져 갔다.

폭력과 전쟁을 앞세운 서구의 문물과 제도가 물밀 듯이 동양을 덮쳤기 때문이다. 이로 인해 불교적 윤리관뿐만 아니라 유(儒), 불(佛), 선(仙)을 근거로 한 동양의 제반 가치관들은 급격히 무너졌고, 왕조체제의 전근대적인 봉건사회 질서도 붕괴하였다.

동양을 덮친 서양의 문물과 제도는 르네상스 이후 비약적인 발전을 이룬 서구사회의 자연과학, 사회과학적 성취에 기반을 둔 것이다. 서양이 이룩한 과학·기술의 발전은 산업시대, 기술정보시대, 첨단과학시대를 열었으며, 이성과 합리주의를 바탕으로 한 법학, 정치학, 사회학, 경제학 등의 발전을 이루었고, 민주적 사회정치시대와 범지구적 자본주의 경제시대를 만들었다.

이제 동양은 사실상 서구화되었으며, 19세기를 지나면서 동서양을 막론하고 세계는 서구적 가치관과 문화, 제도를 수용하면서 21세기에 이르렀다. 서양의 정치, 경제, 사회제도와 생활문화가 전 지구적으로 확산된 것을 뜻하는 이것이 바로 현대화이다.

이러한 현대사회에서 동아시아의 대표적 윤리관인 대승계의 자비윤리관은 현대사회의 각종 윤리적 상황에서 구체적으로 작용하지 못하고 있다. 대승계의 내용이 이천 년 전 또는 천오백 년 전의 봉건 왕조사회를 배경으로 한 탓도 있고, 현대사회의 문제에 적용하기에는 단순 소박한 종교적인 이론 범주를 벗어나지 못할 뿐만 아니라, 구체성이 없기 때문이다.

현대의 대표적인 실천윤리학자 피터 싱어(Peter Singer)는 그의 대표적 저서인 『실천윤리학』에서 과거에는 윤리의 영역이었지만 현대사회에 와서는 윤리의 영역이 아닌 것으로 다음과 같은 네 가지 유형이 있다고 설명한다.

一 성(性)에 관한 금지조항이다.
二 이론적으로는 고상하나 현실을 반영하는 구체성이 없는 도덕적 규범들이다. 예컨대 거짓말하지 말라, 훔치지 말라, 죽이지 말라 등의 짧고 간단한 규칙의 체계들이다.
三 종교적 권위를 업은 도덕적 지침들이다.
四 상대주의적 윤리관이다.

이 네 가지 유형이 윤리의 영역이 아니라는 것을 여러 가지 논증을 통해 설명하는 싱어의 주장은 한때 동아시아에서 풍미했던 대승계의 정신이 왜 현대사회에서 기능하지 못하는지에 대해 시사해주는 점이 많다. 특히 네 가지 중에 셋째를 제외한 첫째, 둘째, 넷째의 내용은 대승계의 내용과 밀접한 관련이 있다. 따라서 싱어의 주장은 기존의 현실성과 구체성이 결여된 대승계가 현대윤리로 재정립하기 위해서는 반드시 주목해야 할 것이다.
그렇다면 오늘날 현대사회의 윤리적 문제란 어떠한 것들인가?
현대사회에서 윤리적 문제는 그야말로 개인과 사회, 국가의 제반 사항에 연관되지 않은 점이 없을 정도이다. 개인의 생활과 각종 선택은 매순간 윤리적 판단과 선택이 필요하며, 사회와 국가의 정책 수립과 집행 또한 그러하기 때문이다.

근년에 한국뿐만 아니라 전 세계적으로 큰 독서 열풍을 일으켰던 『정의란 무엇인가』라는 책은 이런 현실적 정황을 잘 드러내 준다. 하버드대 교수 마이클 샌델이 저술한 이 책은 정치학과 학생들을 대상으로 강의한 내용을 정리한 것이다. 하지만 그 속에 나타나는 많은 사례(딜레마)들과 그것들이 제기하고 있는 것은 각종 윤리적 문제들이다. 이 책에서 거론하는 자유, 평등, 분배, 공정, 정의, 옳음, 좋음, 공동선 등의 문제는 전통적으로 정치학, 법학, 경제학 등의 개념이기도 하지만 20세기 후반에 오면서부터 윤리학의 기본문제가 되었다. 이런 점에서 윤리학은 현대사회에서 종교— '근본적 가르침'이라는 한자적 표현이 이 경우보다 적합하다—를 대체하여 모든 학문과 이론의 근본이 되고 있다.

이외에도 의학, 유전공학, 생물학, 환경학 등의 발전은 의료 생명문제, 동물권의 문제, 생태환경의 문제를 현대윤리학의 중요한 쟁점으로 부각시켰다.

하지만 현대사회의 여러 문제를 복합적으로 담아내고 있는 서양 현대윤리학도 기나긴 역사를 거치며 오늘에 이르렀다. 그리스철학에서 나타난 정치학과 도덕에 관한 담론이 시원이 되었고, 르네상스를 지나 17, 18세기부터는 사회계약, 인권, 자유, 평등, 개인과 국가의 관계 등에 대한 각종 저술이 윤리학의 영역을 넓혀갔다.

영국과 미국의 권리장전, 프랑스혁명, 러시아혁명, 두 번의 세계대전과 이데올로기 냉전은 정치, 경제, 사회문제에 대한 패러다임을 근본적으로 뒤바꾸었으며, 정치제도는 왕조사회에서 민주주의 사회로 바뀌었고, 경제제도는 봉건적 농경사회에서 소규모 상공시대를 거쳐 글로벌 자본주의 시장경제시대로 변천하였다. 그리고 이러한 사회 환경의 변화는 윤리적 적용과 판단을 요구하는 수많은 과제를 낳았다.

오늘날 서양에서 정립된 현대윤리는 이러한 정치, 경제, 사회문제에 대응하는 과정에서 새롭게 정립된 것이다. 벤담과 밀의 공리주의, 칸트의 도덕규범, 롤스의 차등원리를 도입한 자유주의, 싱어의 실천윤리(의료윤리, 동물권, 사회윤리, 생태환경윤리, 경제윤리 등) 등은 이러한 과정에서 나타난 대표적인 이론들이다. 오늘날 현대사회윤리는 이러한 이론들이 여러 가지 형태로 나타나고 있는 경우이다. 국가에서는 입법의 원리로 삼고 있으며, 각 사회와 개인들은 자신들의 입장에 맞추어 이들을 수용하고 있는 것이다.

그러나 오늘날의 사회는 어느 국가나 할 것 없이 많은 분쟁과 갈등에 시달리고 있다. 과거보다 엄청난 생산력을 이루고, 효율적인 제도를 갖추고 있는데도 말이다. 그건 다름 아닌 개인과 개인, 개인과 사회, 사회와 사회와의 관계에서 해결되지 않은 윤리적 문제가 크기 때문이다.

그리고 발전한 생물학과 의학, 유전공학으로 생명체의 문제가 상당 부분 규명되면서 기존의 생명관을 수정하고, 그에 따른 윤리적 입장을 정해야 할 때가 되었다. 하지만 그 어느 나라도 아직 뚜렷한 결론을 내리지 못하고 있다.

인간의 생명은 어느 시점부터 시작되며, 언제부터 인간의 고유한 권리를 보장받아야 하는가? 배아에서 줄기세포를 추출하는 것은 생명을 파괴하는 일인가? 아니면 생명파괴라고는 볼 수 없지만 제한된 목적과 제한된 절차를 통해 이용 가능한 것인가? 심장이 멈춘 것을 죽음으로 볼 것인가, 아니면 뇌사를 죽음으로 볼 것인가? 낙태와 관련한 제반문제는 어떻게 볼 것이며, 배아와 관련된 생식용 복제와 생의학연구용 복제는 또 어떻게 볼 것인가?

이상과 같은 현대사회 윤리영역의 다양한 문제에 대해 과거 동아시아 윤리관을 대표했던 대승계는 과연 어떻게 설명할 수 있으며, 어떤 해답을 내놓을 수 있는가? 그 해답을 밝히기 위해 과거의 대승계는 그럼 어떠한 모습으로 새롭게 태어나야 하는가?

먼저 현대사회를 잘 알아야 할 것이다. 그리고 현대사회를 이루는 중심축인 자연과학과 사회과학에 대해서도 잘 알아야 할 것이다. 거기서부터 출발해야 한다. 출가승단에게 하라는 것이 아니다. 대승불교 정신을 공감하는 일반대중과 전문인들이 해야 한다. 왜냐하면 그들이 바로 이 시대의 대승보살이기 때문이다.

그리고 발전한 생물학과 의학, 유전공학으로 생명체의 문제가 상당 부분 규명되면서 기존의 생명관을 수정하고, 그에 따른 윤리적 입장을 정해야 할 때가 되었다. 하지만 그 어느 나라도 아직 뚜렷한 결론을 내리지 못하고 있다.

인간의 생명은 어느 시점부터 시작되며, 언제부터 인간의 고유한 권리를 보장받아야 하는가? 배아에서 줄기세포를 추출하는 것은 생명을 파괴하는 일인가? 아니면 생명파괴라고는 볼 수 없지만 제한된 목적과 제한된 절차를 통해 이용 가능한 것인가? 심장이 멈춘 것을 죽음으로 볼 것인가, 아니면 뇌사를 죽음으로 볼 것인가? 낙태와 관련한 제반문제는 어떻게 볼 것이며, 배아와 관련된 생식용 복제와 생의학연구용 복제는 또 어떻게 볼 것인가?

이상과 같은 현대사회 윤리영역의 다양한 문제에 대해 과거 동아시아 윤리관을 대표했던 대승계는 과연 어떻게 설명할 수 있으며, 어떤 해답을 내놓을 수 있는가? 그 해답을 밝히기 위해 과거의 대승계는 그럼 어떠한 모습으로 새롭게 태어나야 하는가?

먼저 현대사회를 잘 알아야 할 것이다. 그리고 현대사회를 이루는 중심축인 자연과학과 사회과학에 대해서도 잘 알아야 할 것이다. 거기서부터 출발해야 한다. 출가승단에게 하라는 것이 아니다. 대승불교 정신을 공감하는 일반대중과 전문인들이 해야 한다. 왜냐하면 그들이 바로 이 시대의 대승보살이기 때문이다.

불교는 그동안 '악을 짓지 말고, 모든 선을 받들어 행하라[諸惡莫作, 衆善奉行]' '괴로움을 없애고 즐거움을 얻는다[離苦得樂]'를 주제로 하여 이천 년을 넘게 설법하고 있다. 그러나 이러한 설법은 앞서 피터 싱어의 두 번째 지적처럼 공허한 철학적 동어반복[tautology]에 가깝다. 과거 농경시대처럼 단순한 사회에서는 사람의 심성에 직관적으로 다가서는 가르침이 효과적이었을지는 모르지만, 오늘날 현대사회에서는 구체적인 교훈이 되지 못한다.

무엇을 선이라 하고, 어떤 것을 악이라 하는지 특정하지 않았기 때문이다. 예를 들어 한 나라의 진보당과 보수당이 하나의 정책을 놓고, 양쪽 다 선한 동기에서 전혀 반대되는 입장을 내세울 때, 어떤 쪽 정책을 선하다 할 것인가?

정책 내용에 비추어 판단해야 하는데 사람마다 집단마다 처지가 다를 수 있나. 그럴 때는 어떻게 선악을 판단할 것인가? 이런 점은 개인과의 관계에서도 마찬가지다. 아무리 선한 동기가 있다 해도 그것이 선한 것인지 나쁜 것인지 알 수 있는 기준은 없다. 그 동기와 과정, 그리고 결과까지 고려하면 선악의 문제는 가변적이고 상황적으로 나타날 수밖에 없다.

경전의 선과 악은 '옳음과 그름'에 해당하는지, '좋음과 나쁨'에 해당하는지도 뚜렷한 설명 없이 그때마다 다르다. 이에 비해 현대윤리학에서는 '좋음'과 '옳음'은 엄격히 구분된다.

'옳음'과 관련해서는 정치학과 윤리학에서 말하는 '정의

(Justice, 正義)논쟁'에 잘 나타나고 있다. 한국에서는 정의 관련 담론이 근년에 와서 일반에까지 알려졌지만, 서양에서는 존 롤스의 『정의론』이 출간된 20세기 중후반부터 40년 넘게 정의에 대한 담론이 정치, 경제, 사회, 윤리학 전반에까지 활발하게 진행되면서 그 논의의 양도 산더미처럼 이루어져 있다.

'정의(옳음)란 무엇인가' 또는 '무엇이 정의(옳음)인가?' 이 두 개의 문장은 같은 듯하지만 다른 내용을 말하고 있으며 다른 결론을 이끌어낸다.

'옳음이 좋은 것이다'는 입장은 칸트의 선험적 도덕규범을 이어받아 이성과 자유를 앞세워 차등원칙을 적용한 롤스의 입장이다. 반면에 '좋은 것이 옳은 것이다'는 아리스토텔레스의 '좋은 삶의 목적론적 관점[Telos]'과 연결되는 샌델의 입장이다. 이러한 관점의 차이는 내용상으로 전혀 다른 이론적 세계를 연출해내며 현대윤리학의 양대 산맥을 이룬다.

한편 불교가 '괴로움을 없애고 즐거움을 얻는다'라는 교훈을 주제로 내걸고 종교적이고도 원론적인 수준으로 이천 년 가까이 사용했을 때, 도덕철학가이자 법 개혁가인 18세기 벤담은 이고득락의 이론을 사회학적으로 발전시켜 공리주의(Utilitarianism) 이론으로 만들었다. 공리주의의 핵심사상은 '고통을 최소화하고 즐거움을 극대화한다'는 것으로 '최대 다수의 최대 행복'이라는 구호로 표현된다.

자본주의 발달과 동시에 대두한 공리주의는 이를 맹렬히 반대한 칸트에서부터 수정적으로 공리주의를 적극 발전시킨 밀과 롤스 그리고 샌델에 이르기까지 현대윤리의 이론적 논쟁의 중심에 서 있다. 그리고 현대사회의 대다수 국가에서 입법과 정책입안 과정에서 공리주의는 기본원리로 작동되고 있다.

왜 '이고득락'의 가르침이 동양에서는 종교적 교훈에 그쳤으며, 유사한 개념에서 출발한 서양의 '공리주의'는 근현대를 거치며 사회정치적 윤리로 발전할 수 있었을까? 벤담은 불교의 '이고득락'에 대해 들어본 적이 없었을 것 같다. 또한 벤담의 공리주의 이론은 단순한 '이고득락' 이라는 교훈과는 전혀 다른, 그러면서 구체적 논리 구조로 되어 있다.

이를 보면 대승계를 말하는 이들이 자신의 이론과 실천을 현실에 구체적으로 적용하려는 노력을 게을리했다고 밖에 볼 수 없을 것이다. 이와 같이 대승계 사상이 이론에만 그칠 뿐 현실감이 없다는 것은 불교인들이 자비를 말하면서도 정작 구체적인 현실문제에는 등한한 탓이다.

한국사회에서도 2000년도 이후만 해도 윤리적 문제를 생각하게 하는 여러 가지 사건이 발생했지만, 불교인들은 이에 대해 소홀하게 생각했다.

#사건 1
2000년 이후에 들어서 한국에도 구제역, 조류독감 등 가축병이 매년 대량으로 발생했다. 이런 질병은 현재까지 치료 백신이 발명되지 못하고 있고, 한번 감염되면 엄청난 속도로 주위에 확산된다. 소와 돼지와 닭을 주요 음식으로 삼는 인간은 인간중심의 이기적 목적으로 이러한 병에 걸린 가축들을 무자비한 방법으로 '도살 처분' 한다.

지난 2010년 말과 2011년 초 사이에 구제역에 걸렸다는 이유로 도살 처분한 소와 돼지의 숫자는 500만 마리가 넘었다. 조류인플루엔자에 걸린 닭 등 가금류가 매년 주기적으로 도살 처분 되는 일도 반복되고 있다. 이런 살생행위를 어떻게 봐야 하며, 더 나은 해결 방법은 없는 것인가?

사회적으로 뜻있는 사람들이 이름조차 끔찍한 생매장 형식의 도살 처분 방식을 문제 삼으면서 동물보호법의 준수를 주장하지만 관련당국은 관심을 기울이지 않는다. 몇몇 사회단체와 종교인들이 나서 뒤늦게 동물분향소를 차린다, 동물 사십구재를 지내준다 등이 고작이다.

매년 주기적으로 반복되는 이러한 무자비한 대량 도살 처분에 대해 불교인들은 어떻게 생각하고 발언해야 할까? 해결 대안을 찾기 위해 어떤 노력을 해야 할까?

사건 2
2008년 한국사회에 휘몰아친 '광우병 사태'는 수백만 명의 촛불집회로까지 이어지며 국민적 관심이 제고된 사건이지만 이때도 불교도들이 이를 윤리적 측면에서 사고한 흔적은 별로 보이지 않는다. 미국과의 자유무역협정 과정에서 발생한 것이니 식육용 소를 수입하는 공정무역의 거래조건에만 관심을 두면 되는 것일까? 많은 불교인도 광우병 감염 의심대상의 소를 수입해서는 안 된다는 시위에 동참했지만, 불살생을 말하고 채식을 권하는 불교인들의 입장에서 '병들지 않은 건강한 소의 고기를 먹고 싶다'는 주장을 하는 꼴이 되지는 않았을까?

'잔인한 사육환경' '엄청난 환경훼손' '생명존중'의 이유를 들어 채식을 생활화하자는 주장을 촛불집회 과정에서나 그 이후에 불교인들이 제기하지 못하고 있는 점은 깊이 생각해보아야 할 것이다.

사건 3

2007년에 국방부가 특전사와 기무부대를 경기도 이천 지역으로 이전하려는 과정에서 이전을 반대하는 이천 시민들이 시내 한복판에서 새끼돼지를 여러 대의 트럭에 밧줄로 묶어 능지처참하여 죽이는 퍼포먼스를 벌였다.

집회에 참여한 시민들은 박수와 환호를 했고 아무도 이를 문제 삼는 사람들이 없었다. 2천 명이 넘는 이 집회자리에는 이천시장, 하남시장, 국회의원들도 참석했다. 그 후 동물보호단체에서 이 잔인한 엽기적 동물살생 행위에 항의하는 집회가 한 번 열렸고, 이를 지지하는 신문 기고가 몇 차례 있었다. 이천지역의 불교인과 전국의 불교인들이 이 사건에 대해 언급하거나 문제 삼았다는 이야기는 알려진 바가 없다.

사건 4

2005년 5월 서울대 황우석 교수는 맞춤형 인간배아복제 줄기세포에 대한 연구논문을 발표하여 엄청난 사회적 관심과 성원을 이끌어냈다. 그러나 그해 연말 방송으로 논문조작 의혹이 제기되었고, 서울대는 자체 진상조사를 하고 검찰에서도 위법 여부를 수사했다. 연구내용 일부에 조작이 있었음이 드러났고, 연구 과정과 연구비를 지원받는 과정에서도 일부 법률위반 행위가 확인되었다.

이 과정에서 불교인들이 보인 태도는 황우석 교수가 불자임을 들어 지지하는 분위기를 조성했고, 일부는 연구의 조작 행위와 불법이 드러난 점을 들어 그를 감싸면 안 된다는 차가운 주장을 하기도 했다.

과연 '황우석 사태'는 이런 정도의 시각으로 생각하고 말 일인가? 오히려 천주교 등 여타종교에서 황 교수의 줄기세포 연구가 생명을 파괴하는 문제를 낳는다고 반대하고 나서면서 많은 생명윤리적 토론이 이어졌다. 이러한 과정에서 불교인들이 본격적인 사회적 토론에 참여하지 못했음은 이미 알려진 사실이다.

의료적 필요에서 시작한 유전공학의 발달은 바이오산업이 국가 간 경쟁으로 치달으면서 줄기세포 연구가 본격화되고 있다. 오늘날 줄기세포와 관련된 연구는 생명윤리와 관련한 것으로써

의학자, 유전공학자, 윤리학자, 종교인들과 국가의 생명 관련 위원회에서 많은 논쟁과 토론이 이루어지고 있다. 특히 가톨릭은 초기 배아에서 줄기세포를 추출하는 일은 인간생명이라 볼 수 있는 포배—생명의 초기발생 1단계로 아직 분화되지 않은 세포—를 파괴하는 일이라 하여 강하게 반대하면서 그 대안으로 성체줄기—성인의 골수나 혈액 등에서 추출해낸 것으로 뼈와 간 등 구체적 장기세포로 분화되기 직전의 원시세포—를 활용하는 방안을 제시하고 있다.

생명문제와 관련된 이 모든 논쟁과 토론에서 정작 생사(生死) 문제에 대한 전문가로 자처하는 불교는 이러한 문제에 관심도 이해도 없어 보인다.

배아와 관련한 생명과학과 윤리문제의 기준과 원칙을 정하기 위해 우리나라도 2005년부터 "생명윤리 및 안전에 관한 법률"을 제정하여 '생명윤리심의위원회'를 운영하고 있다. 하지만 3년을 임기로 하는 이 위원회가 3기째 진행되도록 스님과 불교 윤리 전문가들은 위원으로 추대받지 못하고 있다. 열성적으로 의견을 내고 사회적 주장을 하는 천주교 인사들은 매번 참여하고 있는 것과는 대조적이다.

천주교는 이밖에 낙태문제와 관련해서도 살인이라는 이유로 강하게 반대하여 법률제정에 영향을 미쳤다. 최근에는 응급(사후)피임약에 대해 일반의약품(처방전 불필요)과 전문의약품(처방전 필요) 중 어느 쪽으로 분류할 것인가에 대한 사회적 논쟁에서도 '수정된 인간배아의 생명에 직접적이고도 심대한 영향을 끼친다'며 강하게 반대하여 결국 전문의약품으로 지정하는 데 결정적 역할을 했다.

그나마 황우석 교수의 줄기세포 연구에 촉발 받은 조계종 총무원이 2004년도부터 '불교생명윤리정립연구위원회'를 구성하여 여러 차례 세미나와 워크숍을 가진 결과로 2006년에 『현대사회와 불교생명윤리』와 2007년에 『불교생명윤리-이론과 실천』이라는 연구 결과보고서를 발간해낸 것이 의미 있는 시작이라 하겠으나, 그 후의 활동은 미진하다.

이외에도 무수한 사례를 들 수 있지만 생략한다.

다만 제레미 리프킨의 『육식의 종말』과 피터 싱어의 『동물해방』에 공감하는 많은 사람들이 육식문제를 생명윤리의 차원에서 반대하며 동물권의 문제를 전면 부각시켰음에도 불구하고 여전히 불교인들의 호응이 부족하다. 하다못해 웰빙과 다이어트 차원에서 유행처럼 일고 있는 채식운동에라도 편승해야 하지 않을까 싶다.

아리스토텔레스 이래로 서양에서는 정치학과 윤리학이 분리되어 설해지지 않았다. 따라서 현대에 서양윤리학이 도덕적 품성을 말하는 개인윤리의 영역에서 나아가 정치, 경제, 사회문제를 윤리적 영역으로 삼는 것은 자연스러운 일이다.

그러나 사실 대승계의 정신이야말로 본래 그런 것이 아니었던가?

대승불교 초기의 보시, 지계 등 육바라밀은 『화엄경』에서 10바라밀로 확대되었다. 기존의 여섯 가지 바라밀행에다 '방편, 원(願), 역(力), 지(智)'라는 네 가지 바라밀을 추가한 것이다. 이 가운데 열 번째 '지(智)바라밀'은 다양한 현실사회에 대한 구체적인 이해를 뜻한다. 존재들의 연기성(緣起性, 변화와 관계성)을 이해하는 여섯 번째의 '지혜(반야)바라밀'과 구별된다.

결국 추가된 네 가지 바라밀은 육바라밀의 구체적인 현실 문제에 연결되지 않는 원론적인 행위에 구체적인 현실성을 가미한 것이다. 모든 현실 존재가 무상, 무아라는 연기적 이해를 기본으로 하되, 그들의 역사성과 다양한 현실 상황을 구체적으로 이해하는 것이 '지(智)바라밀'이다.

이러한 지바라밀은 개인과 사회가 지향하고자 하는 목적의식인 '원(願)바라밀', 그것을 이루기 위한 구체적 방법론인 '방편바라밀', 이를 현실화하는 강력한 추동력인 '역(力)바라밀'과 결합하여 현실 속에서 유용하게 작동하는 것이다.

대승계 또한 이론상으로는 분명히 개인적 윤리를 넘어서는 사회윤리를 지향하고 있다. 문제는 이론상으로는 분명히 제시되어 있으나 현실에서는 종교적 이론으로 그칠 뿐, 실천되지는 못했다. 대승계가 현대사회의 윤리관으로 새로 정립되기 위해서는 십바라밀의 정신을 현대사회에서 구체적으로 실천한다는 각오로 새롭게 출발하지 않으면 안 된다.

제일 먼저 시작해야 할 일은 '자비(慈悲)에 대한 현대적 연구'

이다. 자비와 관련된 논의는 경전 등 불교문헌에 많은 담론이 펼쳐져 있지만, 길어야 서기 5세기면 끝난다. 그 후로 천오백 년 넘게 자비에 관한 연구와 논의는 잠자고 있었고, 오직 반복적으로 주석하는 일에 머물렀을 뿐 시대마다 새로운 이론으로 발전되지 못하고 오늘에까지 이어져 왔다.

이천 년 전에 대승계의 정신으로 화려하게 꽃피웠던 '자비!' 그러나 그 후 천오백 년을 무심한 종교적 언어로 이어오며 구체적 현실에 구현되지 못하고 있는 '자비'를 현대에 다시 호명하는 것은 왜인가?

그것은 대승계의 정신이 자비를 중심테마로 삼고 있기 때문이다. 잠자고 있는 자비정신을 현대적으로 가공하기 위해 가장 먼저 주목해야 할 점은 경전에서 말하는 자비에 대한 이론일 것이다. 이것을 바탕으로 시대적 상황을 반영하는 현대윤리로 가공하는 일이 중요하다.

대승계의 현대화 작업이 시작돼야 한다는 것은 현대윤리의 쟁점이 '선(善)과 정의(正義), 공정(公正) 등의 가치와 기준이 어떻게 마련될 수 있으며, 그 동기와 이유는 무엇인가' 라는 근본적 물음에서 시작하기 때문이다.

머지않아 선(善)의 문제와 정의(正義)의 문제를 다룰 때 현대적 윤리관으로 정립된 자비정신으로 설명할 때가 올 것을 기대해 마지않는다. 이런 뜻이 혹여 종교적 교의로 모든 것을 설명할 수 있다는 원리주의로 오인될 수도 있겠다. 하지만 적어도 대승계와 관련해서는 일반적 의미에서 말하는 종교적 도그마라기보다 종교와 관계없이 일반적으로 받아들여질 수 있는 보편적 내용을 담고 있다고 생각한다.

어쨌든 현대사회의 복잡다단한 윤리문제를 종교적인 문제로 환원할 수 없다는 피터 싱어의 앞서 말한 주장은 대단히 일리 있는 말이다. 하지만 마이클 샌델의 경우에는―『정의란 무엇인가』라는 책에서 정의에 대한 딜레마가 정리되지 않으면 공동체는 분열될 수도 있다며 경고하고 있으며, 그에 대한 대안으로 '탈레반뿐만 아니라 노예제 폐지론자와 마틴 루터 킹 목사도 도덕적·종교적 이상을 바탕으로 정의에 대한 시각을 정립했다'고 소개―정의에 대한 올바른 시각이 '도덕적·종교적 이상'에 의해 확립되어야 한다고 주장한다.

이런 주장은 여전히 종교적 담론이 현대윤리문제의 주류 중 하나임을 드러내는 것이다. 물론 샌델의 이런 주장에 대해서도 많은 비판이 제기되고 있다. 복잡하고 다양한 현실 문제를 일면적인 종교 교리로 재단할 수 없다는 점에서도 그렇고, 그가 염두에 둔 종교가 서구적 유일신 종교임이 분명하다는 점에서 더욱 그러하다.

그러나 현실에서는 종교적 이상과 도덕이 공정과 정의문제 그리고 각종 윤리문제에 개입하고 있음이 미국이나 중동의 이슬람권 국가에서 많이 드러나고 있고, 우리나라도 그러한 점에서는 자유롭지 못하다. 여러 논란에도 종교가 윤리와 정치와 입법에 개입하고 있는 것이 사실이다.

그러나 불교인들은 윤리문제에 관한 한 종교간 경쟁심을 뛰어넘어도 될 것이다. 불교 교리라는 것이 유일신의 교조적 입장을 거부하면서 삶과 사회문제에 합리적으로 접근하는 것이기 때문이다. 유일신에 대한 맹목적 믿음을 전제로 하는 서구적 종교와는 다르다.

그동안 한국불교에서도 불교윤리를 새롭게 정립하고자 했던 많은 노력이 있었음을 알아야 하고, 향후 대승계의 현대화를 위한 노력에서 그러한 성과들 또한 소중히 이어가야 하기에 여기서 잠깐 소개하고자 한다.

우선 1970년도 초에 발간된 김동화 박사님의 『불교윤리학개론』을 비롯해서 앞서 언급한 '불교생명윤리연구위원회'가 발간한 두 권의 보고서, 초기불교 경전을 토대로 정리한 안옥선 교수님의 『불교윤리의 현대적 이해』, 그리고 한국불교인의 저술은 아니지만 허남결 교수님이 번역한 피터 하비의 『불교윤리학입문』 다미엔 키온의 『불교응용윤리학입문』 등이 그것이다.

이외도 틱낫한 스님의 제창으로 1970년대부터 시작되어 세계적으로 알려진 '참여불교' 또한 불교윤리가 현대적으로 적용된 중요한 성과이다. 불교의 공동자산으로서 소중하게 담아가야 할 것이다.

이제 불교인들은 '자비'의 정신을 현대적 사회이론으로 발전시킴은 물론, 대승계를 현대사회의 윤리관으로 새롭게 정립해야 할 때다. 특히 윤리학, 법학, 정치학, 경제학, 사회학, 의학 등을 전공으로 하는 재가불자 전문인들이 적극 나서주기를 바란다.

그래서 머지않은 미래에 '자비의 대승계'가 공리주의를 보완하는 정의롭고도 자유로운 기준이 되어 모든 국가에서 도덕과 입법의 원리가 되기를, 현대사회를 괴로움에서 벗어나 행복하게 이끌어가는 윤리관으로 작동하여 공정하고도 정의로운 사회가 구현되기를, 도덕적인 경제가 이끄는 사회책임자본주의가 현실로 이루어지기를 꿈꾸어본다.

1장

보살이 수행하는 열 가지 착한 행

독각이나 성문이나 부처 되는 길
모두가 열 가지 착한 행으로 성취하는 것이니
이런 일 생각하고 방일하지 않으며
스스로도 계행 지키고 남에게도 권하며
고통 받는 중생 보면 자비로운 마음은 점점 더 커지나니

『화엄경』은 중앙아시아와 서역 지역을 중심으로 유포되어 읽히던 것을 모아서 편찬한 경전으로 불교사상을 아우르는 심오함과 탁월한 문학성으로 불교경전의 꽃이라고 일컬어져 왔다. 이러한 『화엄경』 가운데서 가장 중요한 위치를 차지하는 것이 보살 수행의 경지를 단계적으로 설명한 「십지품(十地品)」이다.

십지에 대해 간략히 설명하자면, 먼저 초지(환희지)는 보시섭(布施攝)과 보시바라밀행에 의해 깨달음의 눈이 열려 기쁨이 넘치는 단계로, 여기에서는 큰 서원을 발하는 것이 중요하다. 제2지(이구지)에서는 십선업도(十善業道)를 행하여 기본적으로 도덕적 훈련이 되어 있고, 사섭법(四攝法) 가운데 애어섭(愛語攝)과 지계바라밀행을 함으로써 모든 번뇌가 사라진 단계라고 말한다. 제3지(발광지)에서는 삼법인을 관찰하고 이행섭(利行攝)과 인욕바라밀행에 의해 지혜의 광명이 나타나는 단계로 선(禪)을 닦을 것을 강조한다.

『화엄경』「십지품」'이구지'

제4지(염혜지)에서는 오로지 37조도품(三十七助道品)을 닦고 동사섭(同事攝)과 정진바라밀행으로 지혜를 얻는 단계로써 도를 닦기 권하며, 제5지(난승지)에서는 방편의 지혜를 연마할 것을 강조한다. 특히 난승지에서는 "일체중생을 구제하기 위함이고, 일체중생을 위해 안락함을 구하기 위함이며, 일체중생을 이롭게 하기 위함이다. 일체중생의 고통을 덜어주고 해탈시키기 위해 선근을 쌓는 이가 난승지에 머무는 보살이다"라고 보살을 정의하며, 이 보살의 서원으로써 "나는 모든 중생의 머리가 되고 뛰어난 이가 되며, 모두가 의지하는 사람이 되리라"라고 말하는 대목이 인상적이다.

제6지(현전지)에서는 깊고 깊은 인연을 알며, 제7지(원행지)에서는 넓고 큰마음을 닦고, 제8지(부동지)에서는 원(願)바라밀을 수행한다. 이 부동지는 수행이 완성되어 더 이상 흔들림 없이 저절로 보살행을 하는 단계를 말한다. 제9지(선혜지)에서는 지혜의 빛으로 세상을 비춘다고 설하며, 보살은 법사(法師)로서 중생의 마음과 능력과 욕망을 잘 알고, 가르침에 관해 막히는 일이 없어야 한다고 강조한다. 제10지(법운지)는 지혜바라밀이 가장 수승한 경지이다.

　이와 같이 『화엄경』 십지 중에서도 이구지(離垢地)가 계를 설하는 부분에 해당한다. 이구지에서는 출가·재가의 구분 없이 지켜야 할 윤리적이고도 실천적인 계로써 십선업도를 강조하고 있으며, 이것은 몸과 입과 생각으로 우리가 저지를 수 있는 모든 악업을 짓지 않도록 하여 선업을 지을 수 있도록 이끄는 것이다. 『화엄경』에서는 이 십선업도를 '보살이 수행하기에 가장 좋은 법'이라고 설한다.

키워드＼십선업도, 지계바라밀

『화엄경』「십지품」'이구지'

그때 금강장보살이 해탈월보살에게 말하였다.

"불자여, 보살 마하살이 초지를 이미 닦고서, 제2지에 들어가려거든 열 가지 깊은 마음을 일으켜야 하니 무엇을 열 가지라 하는가.

이른바 정직한 마음·부드러운 마음·참을성 있는 마음·조복시키는 마음·고요한 마음·순일하게 선한 마음·혼란스럽지 않는 마음·그리움이 없는 마음·넓은 마음·큰마음이니, 보살이 이 열 가지 마음으로 제2지인 이구지(離垢地)에 들어가는 것이다.

불자여, 보살이 이구지에 머물면, 성품이 저절로 일체 살생을 멀리 여의어서, 칼이나 몽둥이를 두지 아니하고, 원한을 품지 아니하고, 부끄럽고 수줍음이 있어 인자하고 용서함이 구족하며, 일체중생으로 생명 있는 자에게는 항상 이익하고 사랑하는 마음을 내나니, 보살이 오히려 나쁜 마음으로 중생을 시끄럽게 하지도 않거늘, 하물며 중생이란 생각을 내어 거친 마음으로 생명을 해치겠는가.

성품이 훔치지 않으니, 보살이 자기의 재산에는 만족함을 알고 다른 이에게는 인자하고 사랑하여 침해하지 않으며, 다른 이의 물건에 대해서는 남의 것이라는 생각으로 훔치려는 마음이 없고, 풀잎 하나라도 주지 않는 것은 가지지 않거늘, 하물며 생활에 필요한 물건이겠는가.

성품이 사음하지 않으니, 보살이 자기의 아내에 만족함을 알고 다른 아내를 구하지 않으며, 다른 이의 아내나 첩, 다른 이가 수호하는 여자나 친족이 보호하는 여자, 약혼했거나 법으로 보호하는 여인에게 탐하는 마음도 내지 않거늘, 하물며 제 사람이 아닌 이를 말하겠는가.

성품이 거짓말을 하지 않나니, 보살이 항상 진실한 말과 참된 말과 시기에 맞는 말을 하고, 꿈에도 감추는 말을 하지 못하고, 하려는 마음조차 없거늘, 하물며 범하겠는가.

성품이 이간하는 말을 하지 않으니, 보살이 이간하는 마음도 없고 해치려는 마음도 없으며, 이 말로써 저를 깨뜨리기 위해 저에게 말하지 아니하고, 저 말로써 이를 깨뜨리기 위하여 이에게 말하지 않으며, 아직 파하지 않은 것을 파하게 하지 않고, 이미 깨뜨린 것을 더 깨지 않으며, 이간하는 것을 기뻐하지도 않고, 이간하기를 좋아하지도 않으며, 이간할 말을 만들지도 않고, 이간하는 말은 사실이거나 사실이 아니거나 말하지 않는다.

성품이 나쁜 말을 하지 않으니 이른바 해롭게 하는 말·거친 말

· 남을 괴롭히는 말· 남을 성내게 하는 말· 앞에 대한 말· 앞에 대하지 않은 말· 불공한 말· 버릇없는 말· 듣기 싫은 말· 듣는 이에게 기쁘지 않은 말· 분노한 말· 속을 태우는 말· 원한 맺는 말· 시끄러운 말· 좋지 않은 말· 달갑지 않은 말· 나와 남을 해롭게 하는 말은 모두 버리고, 윤택한 말· 부드러운 말· 뜻에 맞는 말· 듣기 좋은 말· 듣는 이 기뻐하는 말· 남의 마음에 잘 들어가는 말· 운치 있고 적당한 말· 여러 사람이 좋아하는 말· 여러 사람이 기뻐하는 말· 몸과 마음에 기뻐하는 말을 항상 하도록 한다.

성품이 꾸밈말을 하지 않으니 보살은 언제나 잘 생각하고 하는 말· 시기에 맞는 말· 진실한 말· 이치에 맞는 말· 법다운 말· 도리에 맞는 말· 설득하는 말· 때에 맞게 결정한 말을 좋아한다. 보살은 우스갯소리도 항상 생각하고 말하거늘, 어찌 어지러운 말을 하겠는가.

성품이 탐내지 않으니, 보살은 남의 재물이나 다른 이의 물건을 탐하지도 않고 원하지도 않으며 구하지도 않는다.

성품이 성내지 않으니, 보살이 일체중생에게 항상 자비로운 마음· 이롭게 하려는 마음· 가엾이 여기는 마음· 환희한 마음· 평온한 마음· 포섭하는 마음을 내어, 미워하고 원망하고 해치고 시끄럽게 하는 마음을 버리고, 항상 인자하고 도와주며 이로운 일을 생각하여 행한다.

또 삿된 소견이 없으니, 보살은 바른 도리에 머물러서 점치지 않고, 나쁜 계율을 지니지 않고, 마음과 소견이 정직하여 속이거나 아첨하지 않으며, 불·법·승 삼보에 대한 신심을 낸다.

불자여, 보살이 이와 같이 열 가지 선한 법을 행함에 항상 끊임이 없다. 일체중생이 나쁜 갈래에 떨어짐은 모두 열 가지 나쁜 업을 행하는 까닭이니, 나는 마땅히 스스로 바른 행을 닦고, 다른 이에게도 바른 행을 닦으라고 권할 것이다. 왜냐하면 스스로 바른 행을 하지 못하면서 다른 이로 하여금 바른 행을 닦게 함은 옳지 않기 때문이다.

불자여, 이 보살 마하살이 또 생각하기를 '열 가지 나쁜 업은 지옥이나 아귀나 축생에 태어나는 원인이며, 열 가지 선한 업은 인간에나 천상, 색계나 무색계에 태어나는 원인이다.

또 이 상품 십선업을 지혜로 닦아도 마음이 졸렬하여 삼계를 두려워하여 대비심이 없어서 다른 이의 말에 따라 성문승(聲聞乘)이 될 것이다.

또 상품 십선업을 청정하게 닦아 남의 가르침을 받지 않고 스스로 깨달아도 대비 방편은 갖추지 못하니, 깊은 인연법을 깨달아 독각승(獨覺乘)이 될 것이다.

또 상품 십선업을 청정하게 닦아 마음이 한량없이 광대하고 자비를 구족하여 방편에 포섭되고 큰 서원을 내어 중생을 버리지 아니하고 부처님의 지혜를 구하고 보살의 여러 지(地)를 깨끗이 다스리고 모든 바라밀다를 닦아 보살의 광대한 행을 이룰 것이다.

또 상품 십선업으로는 온갖 것이 청정한 까닭이며, 내지 열 가지 힘과 네 가지 두려움 없음을 증득하는 까닭이며, 일체 부처님을 모두 성취하리니, 그러므로 내가 이제 열 가지 선행을 평등하게 행하며 온갖 것을 구족하여 청정하게 할 것이니, 보살이 이런 방편을 마땅히 배워야 할 것이다'라고 한다.

불자여, 이 보살 마하살이 또 생각하기를 '열 가지 나쁜 업은 상품은 지옥의 인(因)이 되고, 중품은 축생의 인이 되고 하품은 아귀의 인이 되는데, 그중에서 살생한 죄로는 중생이 지옥·축생·아귀에 떨어질 것이며, 인간에 태어나더라도 두 가지 과보를 받으리니, 하나는 단명하고, 둘은 병이 많을 것이다.

훔친 죄로는 중생이 세 나쁜 갈래에 떨어질 것이며, 인간에 태어나더라도 두 가지 과보를 받으리니, 하나는 빈궁하고, 둘은 재물을 함께 가지게 되어 마음대로 하지 못할 것이다.

사음한 죄로는 중생이 세 나쁜 갈래에 떨어질 것이며, 인간에 태어나더라도 두 가지 과보를 받으리니, 하나는 배우자의 행실이 부정하고, 둘은 마음에 드는 권속을 얻지 못할 것이다.

거짓말한 죄로는 중생들이 세 나쁜 갈래에 떨어질 것이며, 인간에 태어나더라도 두 가지 과보를 받으리니, 하나는 비방을 많이 받고, 둘은 남에게 속게 될 것이다.

이간한 죄로는 중생이 세 나쁜 갈래에 떨어질 것이며, 인간에 태어나더라도 두 가지 과보를 받으리니, 하나는 권속이 뿔뿔이 흩어지고, 둘은 친족이 험악하게 될 것이다.

나쁜 말을 한 죄로는 중생이 세 나쁜 갈래에 떨어질 것이며, 인간에 태어나더라도 두 가지 과보를 받으리니, 하나는 항상 나쁜 소리를 듣고, 둘은 다투는 일이 많을 것이다.

번드르르한 말을 한 죄로는 중생이 세 나쁜 갈래에 떨어질 것이며, 인간에 태어나더라도 두 가지 과보를 받으리니, 첫째는 사람들이 내 말을 곧이듣지 않을 것이고, 둘째는 발음이 분명치 못할 것이다.

탐낸 죄로는 중생이 세 나쁜 갈래에 떨어질 것이며, 인간에 태어나더라도 두 가지 과보를 받으리니, 하나는 만족한 줄을 모르고, 둘은 욕심이 끝이 없을 것이다.

성낸 죄로는 중생이 세 나쁜 갈래에 떨어질 것이며, 인간에 태어나더라도 두 가지 과보를 받으리니, 하나는 항상 남들에게 시비를 받게 되고, 둘은 남이 괴롭히는 해를 받을 것이다.

또 삿된 소견을 가진 죄로는 중생이 세 나쁜 갈래에 떨어질 것이며, 인간에 태어나더라도 두 가지 과보를 받으리니, 하나는 삿된 소견을 가진 집에 나게 되고, 둘은 마음이 아첨하고 굽을 것이다.

불자여, 열 가지 나쁜 업은 이렇게 한량없고 그지없는 큰 고통을 내는 것이니, 그러므로 보살은 이렇게 생각한다. '나는 열 가지 나쁜 길을 멀리 여의고, 열 가지 선한 길로 법의 동산을 삼아 편안히 있으면서, 나도 그 속에 머무르고 다른 이도 거기 머물도록 권하리라.'

불자여, 이 보살 마하살이 또 중생에게 대하여 이롭게 하려는 마음, 안락케 하려는 마음, 인자한 마음, 가엾이 여기는 마음, 딱하게 여기는 마음, 거두어주려는 마음, 수호하려는 마음, 자기와 같다는 마음, 스승이라는 마음, 대사(大師)라는 마음을 내는 것이다.

생각하기를 '중생이 가엾게도 삿된 소견에 떨어졌으니, 나쁜 지혜와 나쁜 욕망과 나쁜 도(道)의 숲이라. 내가 그로 하여금 바른 소견에 머물러 진실한 도를 행하게 하리라' 한다.

또 생각하기를 '일체중생이 남이다 나다 분별하여, 서로 파괴하고 다투어서 미워함이 멈추지 않으니, 내가 마땅히 그로 하여금 한없는 인자함에 머물게 하리라' 한다.

또 생각하기를 '일체중생이 탐하는데 만족한 줄 모르고, 재물만을 구하며 잘못되게 살아가려 하니, 내가 마땅히 그로 하여금 몸과 말과 뜻으로 짓는 일이 바르게 살게 하리라' 한다.

또 생각하기를 '일체중생이 세 가지 독한 것만 따르므로 여러 가지 번뇌가 치성하고, 벗어날 방편을 구할 줄을 모르니, 내가 마땅히 그로 하여금 모든 번뇌의 불을 없애고, 청량한 열반의 자리에 머물게 하리라' 한다.

또 생각하기를 '일체중생이 어리석어 어둡고 허망한 소견에 덮여 답답하게 막힌 숲 속에 들어가서 지혜의 빛을 잃고, 거친 벌판 험한 길에서 나쁜 소견을 일으키니, 내가 마땅히 그로 하여금 장애 없이 청정한 지혜의 눈을 얻어 일체 법의 실상을 알고 다른 이의 가르침을 따르지 않게 하리라' 한다.

또 생각하기를 '일체중생이 나고 죽는 험한 길에 있으면서, 장차 지옥·아귀에 떨어지거나 나쁜 소견에 들어가서, 어리석은 숲 속에서 길을 잃고 삿된 길을 따라가며 뒤바뀐 짓을 행하리니, 마치 눈먼 사람이 인도하는 사람도 없이, 빠져나갈 길이 아닌데 나갈 길인 줄만 알고, 나쁜 무리의 경계에 들어가 도둑에게 붙들리고, 나쁜 무리의 마음을 따르고 부처님의 뜻과는 멀어지니, 내가 마땅히 험난한 곳에서 구제해서 두려움이 없는 온갖 지혜의 성중에 머물게 하리라' 한다.

또 생각하기를 '일체중생이 빨리 흐르는 폭류(瀑流)에 휩쓸려서 욕계의 폭류, 색계의 폭류, 무명의 폭류, 소견의 폭류[見流]에 들어가 생사에서 소용 돌고 애욕에 헤매면서 빠르게 솟구치고 심하게 부딪치느라고 살펴볼 겨를도 없이 탐내는 생각, 성내는 생각 해치려는 생각을 따라서 버리지 못하고, 내 몸이라고 고집하는 나찰[身見羅刹]에게 붙들려서 애욕의 숲 속으로 끌려 들어가, 탐욕과 애정에 집착하여 아만의 언덕에 머물며, 육처(六處)에 있게 되어 구원할 이도 없고 제도할 이도 없으니, 내가 마땅히 그에게 대비심을 일으키고 여러 선근으로 구제하여 근심과 재난이 없게 하고, 모든 물든 것을 떠나 고요하게 온갖 지혜의 섬에 머물게 하리라' 한다.

또 생각하기를 '일체중생이 세간의 옥중에 있으면서 고통이 많고, 사랑하고 미워하는 생각을 품어 스스로 공포하며, 탐욕이란 고랑에 얽매이고 무명의 숲 속에 가렸으므로, 삼계(三戒)에서 벗어나지 못하나니, 내가 마땅히 그로 하여금 삼유(三有)를 길이 여의고 장애가 없는 대열반에 머물게 하리라' 한다.

또 생각하기를 '일체중생이 〈나〉라는 데 집착하여 오온(五蘊)에서 벗어나지 못하고, 육처(六處)에 의지해 네 가지 뒤바뀐 행을 일으키며, 네 마리 독사에게 시달리고 오온이란 원수에게 살해를 당하면서 한량없는 고통을 받나니, 내가 마땅히 그를 가장 훌륭하고 집착 없는 곳에 머물게 하리니, 곧 모든 장애가 없어진 위 없는 열반'이라 한다.

또 생각하기를 '일체중생의 마음이 용렬하여 가장 좋은 온갖 지혜의 도를 행하지 못하므로, 비록 벗어나려 하면서도 성문승과 벽지불승만 좋아하나니, 내가 마땅히 광대한 부처님 법과 광대한 지혜에 머물게 하리라' 한다.

불자여, 보살이 이렇게 계율을 보호하여 지니며 자비한 마음을 증장케 한다. 불자여, 보살이 이 이구지에 머물고는 서원하는 힘으로 많은 부처님을 보게 되나니, 이른바 여러 백 부처님, 여러 천 부처님, 여러 백천 부처님, 여러 억 부처님, 여러 백억 부처님, 여러 천억 부처님, 여러 백천억 부처님을 보며, 내지 여러 백천억 나유타 부처님을 본다.

여러 부처님 계신 데서 광대한 마음과 깊은 마음으로 공경하고 존중하고 받들어 섬기고 공양하며, 의복과 음식과 좌복과 의약과 모든 필수품으로 보시하며, 또한 모든 스님들에게도 공양하나니, 이 선근으로써 아누다라삼먁삼보리에 회향한다. 또 여러 부처님 계신 데서 존중하는 마음으로 다시 십선도법(十善道法)을 받아 행하며, 받은 것을 따르고, 보리를 잊지 않는다.

이 보살이 한량없는 백천억 나유타 겁 동안에 아끼고 미워하고 파계한 허물을 멀리 여의었으므로 보시하고 계행 가지는 일이 청정하고 만족하나니, 마치 진금을 명반[礬石] 가운데 넣고 법대로 연단하면 모든 쇠똥이 없어지고 점점 더 밝고 깨끗해지는 것과 같다. 보살이 이구지에 머무는 것도 그와 같이, 한량없는 백천억 나유타 겁 동안에 아끼고 미워하고 파계한 허물을 멀리 여의었으므로 보시와 계행을 가지는 일이 청정하고 만족스럽다.

불자여, 이 보살이 네 가지로 거두어주는 법[四攝法] 중에서는 사랑스런 말이 매우 많고 십바라밀다 중에서는 지계(持戒)바라밀다가 매우 많으니, 다른 것을 행하지 않는 것은 아니지마는 힘에 따르고 분수를 따를 뿐이다.

불자여, 이것을 '보살 마하살의 제2지인 이구지를 간략히 말한다'고 한다.

보살이 이 이구지에 머물러서는 흔히 전륜성왕이 되고, 큰 법주[大法主]가 되어 칠보(七寶)가 구족하고 자재한 힘이 있어, 능히 일체중생의 아끼고 탐하고 파계한 허물을 없애고, 좋은 방편으로 그들을 십선도에 머물게 하며, 큰 시주가 되어 널리 주는 일이 끝나지 않는다. 보시하고 좋은 말을 하고 이롭게 하고 일을 같이 하나니, 이와 같이 하는 일이 모두 부처님을 생각하고 법을 생각하고 스님을 생각함에서 떠나지 않고, 온갖 지혜와 그 지혜를 구족하려는 생각에서 떠나지 않는다.

　또 생각하기를 '내가 일체중생 가운데서 우두머리가 되어 뛰어난 이가 되고, 묘하고 미묘하며, 위없는 이가 되고, 온갖 지혜에 의지함이 되리라' 한다.

　보살이 만일 집을 버리고 불법 가운데서 부지런히 정진하려면, 문득 집과 처자와 다섯 가지 욕락을 버려야 한다. 이미 출가하고는 부지런히 정진하여 잠깐 사이에 천 삼매를 얻고, 천 부처님을 뵙고, 천 부처님의 신통력을 알고, 천 가지 세계를 진동하며, 천 가지 몸을 나타내고, 몸마다 천 명의 보살을 나타내어 권속으로 삼는다. 만일 보살이 훌륭한 원력으로 자재하게 나타내게 되면 백겁 천겁 내지 백천억 나유타 겁에도 능히 세어서 알 수 없다.

　그때 금강장보살이 이 뜻을 다시 펴려고 게송으로 말하였다.

질직하고 부드럽고 참을성 있고
조복하는 마음 고요한 마음 순일한 마음
생사를 뛰어넘는 광대한 마음
열 가지 마음으로 2지에 든다.

여기 있어 계행 공덕 성취하면
살생과 해치는 일 멀리 여의고
도둑질과 사음, 거친 말이며
이간하고 뜻 없는 말 또한 여의리라.

재물을 탐하지 않고 늘 자애로우며
바른 도와 곧은 마음에 아첨이 없고
혐오와 교만을 버리고 조화로워지면
교법대로 수행하고 방일하지 않네.

지옥과 축생에서 고통 받고
아귀는 불에 타고 불길은 맹렬한 것
모든 것이 다 죄로 인해 생기니
내 이제 모두 떠나 법에 머물리.

인간에 태어나거나
색 무색계에 태어나는 선정의 낙
독각이나 성문이나 부처 되는 길
모두가 십선으로 성취하는 것이니

이런 일 생각하고 방일하지 않으며
자기도 계행 지키고 남도 권하며
고통 받는 중생을 보면
자비로운 마음이 점점 더 커지네.

범부의 삿된 지혜 정견(正見)이 없어
분노 품고 투쟁 잘하고

육진(六塵) 경계 탐하느라 만족 모르니
저들로 하여금 세 가지 독(毒) 덜게 하리라.

캄캄한 어리석음에 덮여
험한 길과 삿된 소견 그물에 들고
생사의 난간 속에 구속되니
저들에게 나쁜 무리를 이기게 하네.

사해(四海)에 표류하며 마음 잠기고
삼계(三戒)가 불타는 듯 고통이 무량한데
오온(五蘊)으로 된 집에 내가 있으니
저들을 제도하고자 도를 행하네.

벗어날 길을 구하여도 마음이 용렬하여
부처님의 높은 지혜 모두 버리네.
그들을 대승에 머물게 하고자
부지런히 정진해도 만족을 몰라

보살이 여기 머물며 공덕 모아
한량없는 부처님 뵙고 공양 올리네.
억겁 동안 선을 닦아 밝고 깨끗해지는 것이
명반으로 진금을 단련하는 것과 같네.

불자가 여기에 머물며 전륜왕 되어
중생을 교화하여 십선 행하며
여러 가지 선근을 모두 닦아
십력 이루어 세상을 구제하리.

국왕이나 재물을 다 버리고
집을 떠나 불교에 귀의하여
용맹하게 정진하며 잠깐 동안
일천 삼매를 얻어 천 불을 보나니

가지가지 신통력으로
이 지(地)의 모든 보살이 다 나타낼 수 있으며
원력으로 짓는 일이 이보다 더해
한없이 자재한 힘으로 중생을 건지네.

온 세상을 이롭게 하는 이
보살들이 수행하는 가장 좋은 법
이와 같은 제2지의 모든 공덕을
불자들을 위하여 설하노라.

2장

일상에서 마음 쓰는 법

집에 있을 때에 마음 쓰는 법
출가하여 계를 받을 때 마음 쓰는 법
좌선(坐禪)할 때 마음 쓰는 법
행하고자 할 때 마음 쓰는 법
대소변을 보고 세수할 때 마음 쓰는 법
걸식하러 나갈 때 마음 쓰는 법
자연을 보았을 때 마음 쓰는 법
사람들을 만났을 때 마음 쓰는 법
마을에 이르러 걸식을 할 때 마음 쓰는 법
돌아와서 씻고 목욕할 때 마음 쓰는 법
경을 읽고 부처님께 예배할 때 마음 쓰는 법
누워 자고 쉴 때 마음 쓰는 법

『화엄경』「정행품」에서는 지수(智首)보살이 몸과 입과 생각으로 짓는 세 가지 업[三業]을 순화시켜서 청정하게 살아가는 방법을 묻고, 이에 대해 문수보살이 보살이 세워야 할 서원에 대해 설한 내용을 바탕으로 한다. 다음과 같은 내용으로 되어 있다.

◎ 집에 있을 때(재가자로 있을 때) 마음 쓰는 법 ○ 출가하여 계를 받을 때 마음 쓰는 법 ○ 좌선(坐禪)할 때 마음 쓰는 법 ○ 행하고자 할 때 마음 쓰는 법 ○ 대소변을 보고 세수할 때 마음 쓰는 법 ○ 걸식하러 나갈 때 마음 쓰는 법 ○ 자연을 보았을 때 마음 쓰는 법 ○ 사람들을 만났을 때 마음 쓰는 법 ○ 마을에 이르러 걸식을 할 때 마음 쓰는 법 ○ 돌아와서 씻고 목욕할 때 마음 쓰는 법 ○ 경을 읽고 부처님께 예배할 때 마음 쓰는 법 ○ 누워 자고 쉴 때 마음 쓰는 법

『화엄경』「정행품」

  출·재가를 막론하고, 대승불교를 지향하는 보살이라면 누구나 이렇듯 일상의 모든 행위를 다스릴 수 있도록 마음 쓰는 법을 익혀야 한다. 맑은 행위는 계를 지키고 금하는 것만을 의미하는 것이 아니다. 내 삶의 구석구석에서 자비의 서원을 세우고 타인을 배려하면서 친절하게 대하는 소박한 태도가 다 맑은 행위이다.
  모든 생명 있는 존재는 똑같은 본성을 지니고 있다. 그러니 내가 원하는 만큼 똑같은 수준의 예의와 존중하는 자세로 상대를 대해야만 한다. 이러한 일상의 태도가 바로 정갈하고 단아한 행위, 곧 정행(淨行)이 되는 것이다. 보살은 서원과 자비의 마음으로 수많은 사람들과 공감하고자 하므로, 이 부분을 독송해보면 분명 마음이 유연해질 것이다.

키워드 \ 마음 쓰는 법

『화엄경』「정행품」

마음을 잘 써서 수승하고 큰 공덕 얻음을 게송으로 답하다
"불자여, 어떻게 마음을 써야만 온갖 수승하고 묘한 공덕을 얻을 수 있겠는가."

집에 있을 때 마음 쓰는 법

불자여
보살이 집에 있을 때
중생은 집의 성품이 공한 줄을 알아
핍박 면하고자 해야 한다.

부모를 효성으로 섬길 때
중생은 부처님을 잘 섬겨서

온갖 것을 보호하고 공양하기를 원해야 한다.

처자가 모일 때
중생은 원수이거나 친하거나
평등하여 영원히 탐착을 여의고자 해야 한다.

만약 오욕을 얻었을 때
중생은 욕심의 화살을 빼내고
구경에 안온하게 들기를 원해야 한다.

즐거운 놀이에 모일 때
중생은 법으로써 스스로 즐기고
놀이가 진실이 아님을 알고자 해야 한다.

만약 궁에 있을 때
중생은 성인의 지위에 들어가
영원히 더러운 욕망이 사라지기를 원해야 한다.

영락을 걸칠 때
중생은 모든 헛된 장식을 버리고
진실한 곳에 이르고자 해야 한다.

누각에 오를 때
중생은 정법의 누각에 올라
모든 것을 철저히 보고자 해야 한다.

만약 보시하는 일이 있을 때
중생은 온갖 것을 버리고
마음에 애착하는 바가 없고자 해야 한다.

여러 대중이 모일 때
중생은 여러 가지 모인 법을 버리고
온갖 지혜를 이루고자 해야 한다.

만약 액난을 만났을 때
중생은 뜻에 따라 자재하여
행하는 것에 걸림이 없고자 해야 한다.

출가해서 계를 받을 때 마음 쓰는 법

살던 집을 버릴 때
중생은 출가하여 걸림이 없고
마음에 해탈을 얻고자 해야 한다.

스님이 절에 들어갈 때
중생은 갖가지 어기거나
다툼이 없는 법을 연설하고자 해야 한다.

크고 작은 스승께 나아갈 때
중생은 스승을 잘 섬겨서
선법(善法)을 행하고자 해야 한다.

출가하기를 구하여 청할 때
중생은 물러나지 않는 법을 얻어
마음에 장애가 없기를 원해야 한다.

세속의 옷을 벗을 때
중생은 선근을 부지런히 닦아
모든 죄의 멍에를 벗어내고자 해야 한다.

수염과 머리털을 깎을 때
중생은 마음이 물들지 아니하고
큰 도(道)를 갖추고자 원해야 한다.

바르게 출가할 때
중생은 부처님같이 출가하여

온갖 것을 수호하고자 해야 한다.

스스로 부처님께 귀의할 때
중생은 불종자[佛種]를 이어 융성하게 하고
위없는 뜻을 펴고자 원해야 한다.

스스로 법에 귀의할 때
중생은 경장(經藏)에 깊이 들어가
지혜가 바다와 같아지기를 원해야 한다.

스스로 승보(僧寶)에 귀의할 때
중생은 대중을 통솔하고 다스리되
어느 것에도 걸림 없기를 원해야 한다.

계율을 받아 배울 때
중생은 계율을 잘 배워서
어떤 악도 짓지 않기를 원해야 한다.

아사리의 가르침을 받을 때
중생은 위의(威儀)를 갖추어서
행하는 것이 진실하기를 원해야 한다.

화상(和尙)의 가르침을 받을 때
중생은 남[生]이 없는 지혜에 들어가
의지함이 없는 곳에 이르기를 원해야 한다.

구족계를 받을 때
중생은 모든 방편을 갖추어
가장 수승한 법을 얻게 되기를 원해야 한다.

좌선할 때 마음 쓰는 법

만약 당우(堂宇)에 들어갈 때
중생은 위없는 당에 올라가서
편안히 머물러 움직이지 않기를 원해야 한다.

만약 앉을 자리를 펼 때
중생은 선법을 열어 펼쳐서
진실한 모양 보기를 원해야 한다.

가부좌를 하고 맺어 앉을 때
중생은 선근(善根)이 견고해
흔들리지 않는 지위 얻기를 원해야 한다.

선정(禪定)을 닦아 행할 때
중생은 정(定)으로 마음을 조복하여
구경(究竟)에 남은 것이 없기를 원해야 한다.

만약 관(觀)을 닦을 때
중생은 실상(實相)과 같은 이치를 보아서
영원히 어기거나 다툼이 없기를 원해야 한다.

가부좌를 풀고 앉을 때
중생은 모든 행법이 다 흩어져
멸함으로 돌아가는 것 보기를 원해야 한다.

행하고자 할 때 마음 쓰는 법

발을 내려 머무를 때
중생은 마음에 해탈을 얻어서
편안히 머물러 움직이지 않기를 원해야 한다.

만약 발을 들 때
중생은 생사 바다를 벗어나
선법 갖추기를 원해야 한다.

여래 옷을 입을 때
중생은 모든 선근을 입어서
부끄러움을 갖추기 원해야 한다.

옷을 정돈하고 띠를 맬 때
중생은 선근을 살피고 단속하여
흩어지거나 잃어버리지 않기를 원해야 한다.

만약 윗옷을 입을 때
중생은 수승한 선근을 얻어서
법의 저 언덕에 이르기를 원해야 한다.

승가리(僧伽梨)를 걸칠 때
중생은 수승한 곳에 들어가서
움직이지 않는 법 얻기를 원해야 한다.

대소변을 보고 세수할 때 마음 쓰는 법

손으로 양칫대를 잡을 때
중생은 모두 묘한 법을 얻어서
구경에 청정하기를 원해야 한다.

양칫대를 씹을 때
중생은 그 마음이 고르고 깨끗하여
모든 번뇌 씹기를 원해야 한다.

대소변을 볼 때
중생은 탐진치를 버려서
죄업(罪業)을 깨끗이 없애기를 원해야 한다.

일을 마치고 물에 나아갈 때
중생은 출세하는 법 가운데
빨리 가기를 원해야 한다.

몸의 더러운 것을 씻을 때
중생은 깨끗하고 부드러워
필경에 때가 없기를 원해야 한다.

물로 손을 씻을 때
중생은 깨끗한 손을 얻어서
불법(佛法)을 받아 지니기를 원해야 한다.

물로 얼굴을 씻을 때
중생은 청정한 법문을 얻어서

영원히 더러움에 물듦이 없기를 원해야 한다.

걸식하러 나갈 때 마음 쓰는 법

손으로 석장(錫杖)을 잡을 때
중생은 크게 보시하는 모임을 베풀어서
실상의 도를 보이기 원해야 한다.

응기(應器)를 집어 가질 때
중생은 법의 그릇을 성취하여
하늘과 사람에게 공양 받기를 원해야 한다.

발을 내딛어 길을 향할 때
중생은 부처님이 행하시던 데로 나아가
의지할 데 없는 곳 들어가기를 원해야 한다.

만약 길에 있을 때
중생은 능히 불도를 행하여
남이 없는 법 행하기를 원해야 한다.

길을 걸을 때

중생은 청정한 법계를 밟아서
마음에 장애 없기를 원해야 한다.

높은 길에 올라감을 볼 때
중생은 영원히 삼계에서 벗어나
마음에 겁약(怯弱)함이 없기를 원해야 한다.

낮은 길에 나아가는 것을 볼 때
중생은 겸손하고 낮추는 마음으로
부처님의 선근 기르기를 원해야 한다.

비탈지고 굽은 길을 볼 때
중생은 바르지 않은 길을 버리고
영원히 악견(惡見) 없애기를 원해야 한다.

만약 곧은길을 볼 때
중생은 그 마음이 바르고 곧아서
아첨하거나 속이는 일이 없기를 원해야 한다.

길에 티끌이 많음을 볼 때
중생은 멀리 티끌을 여의어서
청정한 법 얻기를 원해야 한다.

길에 티끌이 없음을 볼 때
중생은 항상 큰 자비를 행하여
그 마음이 윤택해지기를 원해야 한다.

만약 험한 길을 볼 때
중생은 바른 법계에 머물러서
모든 죄와 어려움이 사라지기를 원해야 한다.

자연을 보았을 때 마음 쓰는 법

만약 대중이 모인 것을 볼 때
중생은 깊고 깊은 법을 설하여
온갖 것이 화합하기를 원해야 한다.

만약 큰 불기둥을 볼 때
중생은 다투는 마음을 버리고
분한 마음이 없기를 원해야 한다.

만약 총림(叢林)을 볼 때
중생은 모든 하늘과 사람들에게
공경하고 예배하는 바가 되기를 원해야 한다.

만약 높은 산을 볼 때
중생은 선근이 뛰어나서
정상에 이르러도 만족함이 없기를 원해야 한다.

가시나무를 볼 때
중생은 빨리 삼독의 가시를
제거할 수 있기를 원해야 한다.

나무의 잎이 무성함을 볼 때
중생은 선정과 해탈로써
그늘이 비치게 되기를 원해야 한다.

만약 꽃이 피는 것을 볼 때
중생은 신통과 여러 법이
꽃과 같이 피기를 원해야 한다.

만약 꽃이 핀 나무를 볼 때
중생은 여러 상호가 꽃과 같아서
32상이 구족하기를 원해야 한다.

만약 열매를 볼 때
중생은 가장 수승한 법을 얻어서

보리도 증득하기를 원해야 한다.

만약 큰 강을 볼 때
중생은 법의 흐름에 참예(參預)하여
부처님의 지혜바다에 들어가기를 원해야 한다.

만약 늪을 볼 때
중생은 모든 부처님의 일미(一味)법을
빨리 깨닫기 원해야 한다.

만약 연못을 볼 때
중생은 어업(語業)이 만족하여
미묘하게 연설하기를 원해야 한다.

만약 물 긷는 우물을 볼 때
중생은 변재를 갖추어서
온갖 법 설하기를 원해야 한다.

만약 솟아오르는 샘을 볼 때
중생은 방편을 증장(增長)하여
선근이 다함없기를 원해야 한다.

만약 다리 놓인 길을 볼 때
중생은 널리 온갖 것을 제도함에
마치 다리처럼 하기를 원해야 한다.

만약 흘러가는 물을 볼 때
중생은 좋은 의욕을 얻어서
의혹의 때를 씻어 제거하기를 원해야 한다.

원두밭 매는 것을 볼 때
중생은 오욕의 원두밭 가운데
애욕의 풀을 뽑아 제거하기를 원해야 한다.

근심 없는 숲을 볼 때
중생은 영원히 탐욕과 애정을 여의고
근심과 두려움이 생기지 않기를 원해야 한다.

만약 동산을 볼 때
중생은 모든 행을 부지런히 닦아서
부처님 보리에 나아가기를 원해야 한다.

사람을 만났을 때 마음 쓰는 법

장엄으로 장식한 사람을 볼 때
중생은 32상으로써
장엄함을 좋아해야 한다.

장엄으로 장식하지 않음을 볼 때
중생은 모든 장식하기 좋아함을 버리고
두타행 갖추기를 원해야 한다.

즐거움에 집착하는 사람을 볼 때
중생은 법으로써 스스로 즐겨하여
기뻐하고 사랑해서 버리지 않기를 원해야 한다.

즐거움에 집착하지 않는 사람을 볼 때
중생은 함이 있는 일 가운데서
마음에 즐거함이 없기를 원해야 한다.

기뻐하고 즐기는 사람을 볼 때
중생은 항상 안락을 얻어서
즐거이 부처님께 공양하기를 원해야 한다.

고뇌하는 사람을 볼 때
중생은 근본지를 얻어서
온갖 고통이 사라지기를 원해야 한다.

병이 없는 사람을 볼 때
중생은 진실한 지혜에 들어가서
영원히 병이 없기를 원해야 한다.

병든 사람을 볼 때
중생은 몸이 공적함을 알아서
어기고 다투는 법을 떠나고자 해야 한다.

단정한 사람을 볼 때
중생은 부처님과 보살에게
항상 깨끗한 믿음을 내고자 해야 한다.

단정치 못한 사람을 볼 때
중생은 좋지 못한 일에 즐겨
집착하지 않기를 원해야 한다.

은혜 갚는 사람을 볼 때
중생은 부처님과 보살에게

은덕 알기를 원해야 한다.

은혜를 배반하는 사람을 볼 때
중생은 악한 사람에게
그 앙갚음을 하지 않기를 원해야 한다.

만약 사문을 볼 때
중생은 순조롭고 부드럽고 고요해서
필경에 제일이 되기를 원해야 한다.

바라문을 볼 때
중생은 영원히 범행(梵行)을 지녀서
모든 악(惡) 떠나기를 원해야 한다.

고행하는 사람을 볼 때
중생은 고행에 의지해
구경(究竟)에 이르기를 원해야 한다.

조행(操行)이 있는 사람을 볼 때
중생은 뜻있는 행을 굳게 가져서
불도(佛道)를 버리지 않기를 원해야 한다.

갑옷 입은 사람을 볼 때
중생은 항상 선행(善行)의 갑옷을 입고
스승 없는 법에 나아가기를 원해야 한다.

갑옷을 입지 않은 사람을 볼 때
중생은 온갖 착하지 못한 업(業)에서
영원히 떠나기를 원해야 한다.

논의하는 사람을 볼 때
중생은 온갖 착하지 못한 업에서
영원히 떠나기를 원해야 한다.

논의하는 사람을 볼 때
중생은 모든 논의를 다 꺾어
항복받기를 원해야 한다.

바르게 사는 사람을 볼 때
중생은 청정한 목숨을 얻어서
거짓 위의(威儀)가 없기를 원해야 한다.

만약 왕을 볼 때
중생은 법왕이 되어서

항상 정법 굴리기를 원해야 한다.

만약 왕자를 볼 때
중생은 법으로부터 화생(化生)해서
불자가 되기를 원해야 한다.

만약 장자를 볼 때
중생은 선(善)을 능히 밝게 판단해서
악법(惡法) 행하지 않기를 원해야 한다.

만약 대신을 볼 때
중생은 항상 바른 생각을 지켜서
온갖 선을 익히고 행하기를 원해야 한다.

마을에 이르러 걸식할 때 마음 쓰는 법

만약 성곽을 볼 때
중생은 견고한 몸을 얻어서
마음에 굽히는 것이 없기를 원해야 한다.

만약 왕의 도성(都城)을 볼 때

중생은 공덕을 함께 모아서
마음에 항상 기뻐하고 즐기기를 원해야 한다.

숲 속에 있음을 볼 때
중생은 응당히 하늘이나 사람이
우러러 찬탄하는 바가 되고자 해야 한다.

마을에 들어가서 걸식할 때
중생은 깊은 법계에 들어가서
마음에 장애 없기를 원해야 한다.

남의 문 앞에 이르렀을 때
중생은 모든 불법의 문에
들어가기를 원해야 한다.

그 집에 들어가고 나서는
중생은 불승(佛乘)에 들어가서
삼세가 평등하기를 원해야 한다.

버리지 못하는 사람을 볼 때
중생은 항상 훌륭한 공덕의
법을 버리지 않기를 원해야 한다.

능히 버리는 사람을 볼 때
중생은 삼악도의 고통을
영원히 버리도록 원해야 한다.

만약 빈 발우를 볼 때
중생은 그 마음이 청정하여
텅 비어서 번뇌가 없기를 원해야 한다.

만약 가득 찬 발우를 볼 때
중생은 온갖 선법을 구족하여
가득하기를 원해야 한다.

만약 공경을 받을 때
중생은 모든 불법을
공경히 수행하기를 원해야 한다.

공경을 받지 못할 때
중생은 모든 착하지 못한 법을
행하지 않기를 원해야 한다.

부끄러워하는 사람을 볼 때
중생은 부끄러워하는 행을 갖추어

모든 근(根)을 감추고 보호하기를 원해야 한다.

부끄러움이 없는 사람을 볼 때
중생은 부끄러움 없음을 떠나
큰 자비의 길에 머물기를 원해야 한다.

만약 좋은 음식을 얻거든
중생은 그 원(願)을 만족해서
마음에 하고자 함이 없기를 원해야 한다.

좋지 못한 음식을 얻었을 때
중생은 모든 삼매(三昧)의 맛을
다 얻기를 원해야 한다.

부드러운 음식을 얻었을 때
중생은 큰 자비로써 훈습하여
마음이 유연하기를 원해야 한다.

거친 음식을 얻었을 때
중생은 마음에 물들고 집착함이 없어서
세속의 탐착을 끊고자 해야 한다.

만약 밥을 먹을 때
중생은 선열(禪悅)로써 밥을 삼아서
법희(法喜)가 충만하기를 원해야 한다.

만약 맛을 볼 때
중생은 부처님의 상품을 맛보아서
감로(甘露)가 만족하기를 원해야 한다.

밥을 다 먹고 나서는
중생은 하는 일을 다 마치고
모든 불법 구족하기를 원해야 한다.

만약 법을 설(說)할 때
중생은 다함이 없는 변재를 얻어서
법요를 널리 베풀기 원해야 한다.

돌아와서 씻고 목욕할 때 마음 쓰는 법

집에서 나갈 때
중생은 부처님 지혜에 깊이 들어가
삼계를 영원히 벗어나기 원해야 한다.

만약 물에 들어갈 때
중생은 온갖 지혜에 들어가
삼세가 평등함을 알기 원해야 한다.

몸을 씻을 때
중생은 몸과 마음에 때가 없어
안팎이 빛나고 깨끗하기를 원해야 한다.

무더운 여름 지극히 더울 때
중생은 온갖 번뇌를 떠나서
모두 다하여 끝내기를 원해야 한다.

더움이 물러가고 서늘함이 올 때
중생은 위없는 법을 증득해
구경(究竟)에 청량함 얻기를 원해야 한다.

경을 읽고 부처님께 예배할 때에 마음 쓰는 법

경을 읽을 때
중생은 부처님의 설하신 바를 따라서

모두 가져 잊어버리지 않기를 원해야 한다.

만약 부처님을 볼 때
중생은 걸림 없는 눈을 얻어서
모든 부처님 보기를 원해야 한다.

부처님을 자세히 살펴볼 때
중생은 모두 보현보살과 같이
단정하고 엄숙하기를 원해야 한다.

부처님의 탑을 볼 때
중생은 탑과 같이 존중해서
하늘과 사람의 공양 받기를 원해야 한다.

공경하는 마음으로 탑을 볼 때
중생은 모든 하늘과 사람들의
함께 우러러보는 바가 되기를 원해야 한다.

탑에 정례할 때
중생은 모든 하늘과 사람들에게
이마가 보이지 않기를 원해야 한다.

탑을 오른쪽으로 돌 때
중생은 행동에 거슬림 없어서
온갖 지혜 이루기를 원해야 한다.

탑을 세 바퀴 돌 때
중생은 불도를 부지런히 구해서
마음에 게으르고 쉼이 없기를 원해야 한다.

부처님 공덕을 찬탄할 때
중생은 온갖 덕 갖추어
끝없이 찬탄하기를 원해야 한다.

부처님 상호를 찬탄할 때
중생은 부처 몸을 성취해서
형상 없는 법 증득하기를 원해야 한다.

누워 자고 쉴 때에 마음 쓰는 법

만약 발을 씻을 때
중생은 신통한 힘을 구족해서
행에 걸림 없기를 원해야 한다.

잠자고 쉴 때
중생은 몸이 편안함을 얻어서
마음에 움직이고 어지러움 없기를 원해야 한다.

잠자다가 막 깨었을 때
중생은 모든 지혜를 깨달아서
시방을 두루 살피기 원해야 한다.

3장

대승보살의 포살

내 반드시 부처가 되리라.
내 반드시 아미타부처님 전에 왕생하리라.
세세생생
항상 부처님 만나 뵙고 수기를 받으리라.

'내 반드시 부처가 되리라. 내 반드시 아미타부처님 전에 왕생하리라. 세세생생 항상 부처님 만나 뵙고 수기를 받으리라.'

포살의 형식이면서도, 이 경전에서는 유독 이 세 가지 서원이 눈에 띈다. 어찌 보면 이것은 자기 수행의 완성을 위한 서원에 머물러 있는 듯 보이지만, 이 서원을 세우기에 앞서 보살도(菩薩道) 수행을 먼저 다짐하고 있기 때문에, 부처가 되리라는 서원은 곧 중생을 위한 서원이다.

『보살내계경』은 처음 보리심을 발한 보살이 닦아야 할 육바라밀과 보살이 갖춘 모습을 설하고 있다. 전체적으로는 보살이 자신의 마음을 들여다보고 스스로 점검하면서 다스리기 위한 보살계경이다. 내용을 살펴보면, 우선 문수보살이 처음 발심한 보살이 닦아야 할 수행에 대해 부처님께 물으면, 부처님이 삼보에 귀의하여 악을 없애고 선을 닦아 육바라밀을 수행하는 것이 보살의 실천이라고 말씀하신다. 그 후에 지계바라밀에 대해 설하며,

『보살내계경』

47가지 지켜야 할 계 조항을 나열하여 특별히 지도하고 있다.

이 계경은 계바라밀뿐만 아니라, 육바라밀 전체를 보살이 지켜야 할 계로써 강조하고 있으며, 특히 포살(布薩, uposatha)의 형식을 빌려 계를 설하는 것이 특징이다.

포살은 원래 불교 이전부터 인도에서 행해지던 종교 행사 중 하나로, 재 지내기 전날, 밤새 정진하는 것을 말한다. 이 행사에 참여하는 이들은 몸을 깨끗이 하고, 단식을 하며, 고기와 같은 음식물을 섭취하지 않고, 성적 욕망을 절제하며, 장신구나 향료를 써서 몸을 아름답게 장식하지 않는다. 포살은 이러한 인도 내의 종교적 관습이 불교에 유입되어 정착한 형태이다.

포살에는 재가포살과 출가포살이 있다. 재가포살은 한 달에 4회 내지 6회 이루어지는데, 이 날은 일을 하지 않고 사찰에 가서 스님들의 가르침을 듣고 법담을 나누거나 명상을 한다. 또 이 날 하루 동안 팔재계를 받아 지키기로 약속하며, 이것을 스님들

앞에서 다짐한다. 이렇게 밤을 새우며 만 하루 동안의 수행이 이루어진다.

한편, 출가포살은 재가포살과 달리 보름마다 한 번씩 예비승인 사미·사미니를 제외한 모든 승가대중의 참석하에 열린다. 출가자들이 보름 동안 자신의 행동을 돌아보며 반성하고, 율장을 암송함으로써 자신이 지켜야 할 율 항목을 점검하는 모임이다.

이러한 출·재가의 포살이 엄연히 구별되어 있음에도 『보살내계경』에서는 대승보살을 위한 포살을 행한다. 대승보살은 먼저 삼보에 귀의하고, 세 가지 서원을 하며, 47계를 받아 10악을 행하지 않을 것을 다짐한다. 세간과 출세간을 넘나드는 보살의 포살을 이 계경을 통해 확인할 수 있다.

키워드\보살의 포살

『보살내계경』

부처님께서 15일에 포살할 때 문수사리(文殊師利)가 의복을 바르게 하고 머리를 부처님 발에 대어 절하고 나서 장궤합장하고 부처님께 아뢰었다.

"만약 초발의(初發意)보살이 도(道)에서나 세속에서나 어떠한 공덕을 사용해야 일체중생을 개화(開化)하고 각기 공덕을 이루게 할 수 있습니까? 부처님이시여, 마땅히 방편으로 저희를 위해 말씀해 주십시오."

부처님께서 말씀하셨다.

"훌륭하구나, 문수사리여. 그대가 묻는 바가 깊고 깊어서 제도하는 것이 많을 것이며, 안온한 것이 많을 것이다. 그대는 자세히 듣고 받아라. 내 마땅히 그대를 위해 그 요점을 설하리니, 각자 스스로 뜻으로 삼아 그것을 시행해야 한다."

모임에 있던 모든 이와 문수사리가 함께 아뢰었다.

"가르침을 받겠습니다."

부처님께서 말씀하셨다.

"먼저 세 번 스스로 삼보께 귀의하여 말하기를 '저 아무개는 스스로 부처님께 귀의합니다. 스스로 법에 귀의합니다. 스스로 스님들께 귀의합니다. 스스로 보살님께 귀의합니다. 스스로 마하살께 귀의합니다. 스스로 문수사리 보살께 귀의합니다. 스스로 마하반야바라밀에 귀의합니다. 저 아무개는 몸[身]으로 나쁜 일을 짓지 않을 것이며, 입[口]으로 나쁜 말을 하지 않을 것이며, 뜻[意]으로 나쁜 일을 생각하지 않겠습니다. 알지 못하여 어쩌다 지었으니 앞으로 다시는 짓지 않겠습니다.

보살도(菩薩道)는 십만 겁 동안 항상 네 가지 평등한 마음[慈·悲·喜·捨]을 행하는 것이니, 저 아무개는 십만 겁으로부터 그 이래로 몸으로 나쁜 일을 짓고 입으로 나쁜 말을 하고 뜻으로 나쁜 일을 생각했으나 알지를 못하고서 지었으니, 이후로 다시는 짓지 않겠습니다. 저 아무개는 지난 세상에 보살도를 행하지 않았으나, 이제 보살도를 행하여 악을 버렸으므로 앞으로는 밤낮으로 선을 지어 다시는 온갖 나쁜 짓을 범하지 않겠습니다' 라고 해야 한다.

초발의(初發意) 보살은 마땅히 육바라밀을 행해야 한다. 무엇을 여섯 가지라 하는가? 첫째 단바라밀(檀波羅蜜)은 보시(布施)의 의행(意行)이며, 둘째 시바라밀(尸波羅蜜)은 지계(持戒)의 의행이며, 셋째 찬제바라밀(羼提波羅蜜)은 인욕(忍辱)의 의행이며, 넷째 유체바라밀(惟逮波羅蜜)은 정진의 의행이며, 다섯째 선바라밀(禪波羅蜜)은 일심(一心)의 의행이며, 여섯째 반야바라밀(般若波羅蜜)은 지혜의 의행이다.

만약 단월이 보시(布施)하는 것을 보면 바른 마음으로 그를 대신하여 기뻐하며, 만약 다른 사람이 계를 지키는 것을 보면 바른 마음으로 그를 대신하여 환희하며, 만약 다른 사람이 인욕하는 것을 보면 바른 마음으로 그를 대신하여 기뻐하며, 만약 다른 사람이 정진하는 것을 보면 바른 마음으로 그를 대신하여 기뻐하며, 만약 다른 사람이 좌선하는 것을 보면 바른 마음으로 그를 대신하여 기뻐하며, 만약 다른 사람이 지혜로써 경을 설하는 것을 보면 바른 마음으로 그를 대신하여 기뻐하는 것이다.

보살이 마땅히 세 가지 서원을 알면 이에 보살이라고 하니, 무엇이 세 가지인가?

첫째는 '나는 마땅히 부처가 되리라. 내가 부처가 될 때 그 국토 가운데에 삼악도(三惡道)란 없으며, 모두 금·은·수정·유리 등의 일곱 가지 보배가 있고, 사람의 수명이 다함이 없으며, 모두에게 저절로 음식과 의복이 갖춰지고, 다섯 가지 즐거움[五樂]과 창기(倡伎)와 궁전(宮殿)이 있게 하소서' 라고 원하는 것이다.

둘째는 '나는 아미타불 전에 왕생하기를 원하는 것이며, 셋째는 '나는 세세생생 항상 부처님을 만나 부처님께서 수기 주시기를 원합니다' 라고 하는 것이다. 이것을 세 가지 서원이라고 한다. 모두 합해서 열다섯 가지 계로 삼으니, 보살은 다 함께 받들어 행해야 한다.

화상(惒闍:和尙)은 명사(明師)라 하고, 아사리(阿祇利:阿闍利)는 문수사리(文殊師利)라고도 말한다. 앞서 과거에 보살이었을 때 모두 처음 뜻을 발하여 보살도를 행하고 스스로 부처가 되기에 이르렀으니, 보살도가 없으면 또한 부처가 되지 못한다. 그러므로 마땅히 보살도를 행하여 부처가 되는 것이다.

보살이 송사(松寺)에 들어갈 때 지켜야 할 다섯 가지가 있다. 신을 신고 들어가지 못하며, 일산과 덮개를 가지고 들어가지 못하며, 마땅히 부처님께 예배하고 탑을 세 번 돌고 나서 들어가야 하며, 만약 부정하고 더러운 것을 보면 쓸어버린 뒤에 들어가야 하며, 사문을 보면 모두 예를 올려야 한다.

보살이 길을 행함에는 두 가지가 있다. 만약 뜨거운 햇볕이 내리쬐거나 비가 내릴 때 나무나 집이 있는 것이 보이면 다른 사람에게 먼저 앉을 것을 양보해야 하고, 만약 우물이나 냇물을 보거나 다른 사람에게 물이 있는 것을 보면 먼저 마실 것을 양보해야 한다. 만약 큰 계곡에 물이 가득한 것을 보면 자기가 마셔도 되니, 이것을 두 가지라고 한다.

보살이 음식을 얻음에는 세 가지가 있다. 위아래를 보고 모두 평등하게 해야 한다. 만약 평등하게 얻지 못했으면 나누어서 평등하게 해야 하고, 밥을 먹고 나서 물을 마실 때에도 상좌가 먼저 마시도록 양보해야 한다. 만약 물을 다 마셨어도 먼저 일어나지 말고 대중과 함께 일어나야 한다. 이것을 열 가지 법칙이라고 한다."

부처님께 귀의합니다.

이제 계(戒)를 받음에 47가지 계가 있으니, 무엇을 '47가지' 라고 하는가?

1. 보살은 살생을 하지 말고, 신·구·의로 살생을 생각지도 말라. 살생을 생각하는 이는 보살이 될 수 없다.
2. 보살은 다른 사람의 재물을 훔치지 말라.
3. 보살은 다른 사람의 아내를 간음하지 말라.
4. 보살은 사람을 속이거나 업신여기지 말라.
5. 보살은 술을 마시지 말라.
6. 보살은 이간하는 말[兩舌]을 하지 말라.
7. 보살은 욕설[惡口]을 하지 말라.
8. 보살은 거짓말[妄言]을 하지 말라.
9. 보살은 꾸미는 말[綺語]을 하지 말라.
10. 보살은 질투하는 일을 하지 말라.
11. 화내지 말라.
12. 보살은 어리석어서도 안 되고, 의심하지도 말라.
13. 보살은 삿된 무리의 도[邪魔道]를 믿지 말라.
14. 보살은 악행(惡行)으로 다른 사람을 가르치지 말라.
15. 보살은 널리 방편으로 이롭게 하고 보시하라.
16. 보살은 간탐(慳貪)하지 말라.
17. 보살은 다른 이의 재물을 탐내지 말라.
18. 보살은 삿된 마음으로 다른 사람을 해치지 말라.

19 보살은 다른 사람을 중상모략[譏擊] 하지 말라.
20 보살은 다른 사람을 때리지[搊捶] 말라.
21 보살은 양민(良民)을 납치하여 노비로 만들지 말라.
22 보살은 노비를 매매하지 말라.
23 보살은 처자를 팔거나 다른 사람에게 주지 말라.
24 보살은 남녀 간에 서로 음란한 놀이를 하지 말라.
25 보살은 창녀의 집에 가지 말라.
26 보살은 황문(黃門, 성불구자)의 집에 가지 말라.
27 보살은 서로 속이고 사기 치지 말라.
28 보살은 저울추를 무겁게 해 다른 사람을 손해나게 하지 말라.
29 보살은 저울추를 가볍게 해 다른 사람을 속이지 말라.
30 보살은 큰 되[大斗]를 가지고 다른 사람을 속이지 말라.
31 보살은 작은 되를 가지고 다른 사람을 속이지 말라.
32 보살은 긴 자[長尺]로 다른 사람을 해하지 말라.
33 보살은 짧은 자[短尺]로 다른 사람을 속이지 말라.
34 보살은 소나 말의 오음(五陰)을 끊어 버리지 말라.
35 보살은 소나 말을 팔지 말라.
36 보살은 코끼리나 낙타를 팔지 말라.
37 보살은 노새나 당나귀를 팔지 말라.
38 보살은 돼지나 양을 팔지 말라.
39 보살은 닭이나 개 등의 축생을 팔지 말라.
40 보살은 경법(經法)을 팔지 말라.

41 보살은 삿된 무리[邪魔道]의 집에 가지 말라.

42 보살은 죽은 사람을 장사 지내는 장의사의 집에 가지 말라.

43 보살은 초상집에 들어가지 말라.

44 보살은 술집에 들어가지 말라.

45 보살은 음식[羹飯]을 파는 집에 들어가지 말라.

46 보살은 다른 사람에게 음식을 얻었을 때 마음속으로 생각하기를 '내가 어느 땐가 다른 사람에게 보시하여 배부르게 하기를 지금의 나와 같게 하소서' 라고 해야 한다.

47 보살은 서로 보게 되면 기뻐하는 마음을 내어 부모·형제를 보는 것과 같이 하고, 다른 사람을 보아도 또한 그렇게 하여 다름없게 해야 한다. 만약 다른 사람이 보살의 도를 행하는 것을 보면 마땅히 평등한 마음으로 그것을 보아야 하며, '아무개는 잘하고 아무개는 잘못한다' 고 말해서는 안 된다.

이것을 마흔일곱 가지 계라고 한다. 보살은 더불어 신·구·의로 10악(十惡)을 범하지 말며, 다른 사람으로 하여금 범하게 하지 말고, 또한 다른 사람에게 타이르고 권하여 그것을 범하게 하지 말라.

그리고 밤낮으로 '내가 이 계를 굳게 지켜 움직이지 않으면 반드시 세 가지 이익을 얻으리니, 첫째는 불퇴전(不退轉)의 지위를 얻고, 둘째는 관정(灌頂)을 얻고, 셋째는 마땅히 부처가 됨을 얻으리라' 고 생각해야 한다.

4장

보살의 계바라밀

사람 몸 얻기는 심히 어렵고
오래 사는 수명을 얻기 또한 어렵다.
바른 법 듣는 것도 만나기 어렵고
부처님께서 세상에 나기도 어렵다.

그런데도 나는 이미 사람 몸을 얻었고
이 위태로운 생명을 얻었으며
부처님이 세상에 오심도 만났고
여래의 바른 가르침에 참여하게 되었다.

그러므로 나는 ······

◉

'큰 바다 이쪽 언덕에 살고 있는 / 모든 중생에게 하나도 빠짐없이 / 음식을 보시하여 만족스럽게 한다 해도 / 복을 불러오지는 않는다고 (나는) 여겼다. // 큰 바다 저쪽 언덕에 살고 있는 / 모든 중생을 하나도 빠짐없이 / 내가 죽인다 해도 / 악업을 불러오지는 않는다고 (나는) 여겼다. // 세상의 착한 벗이라는 명칭은 / 그 소리조차도 듣기 어려웠는데 / (내) 다행히 인간계의 복을 받았으니 / 어질고 참된 업을 닦아야겠다.'

잘못된 생각으로 살아온 날들을 후회하는 대목에 이런 게송이 나온다. 자신의 어리석음을 반성하는 이 대목이 마음에 와 닿아, 잊고 있었던 육신에 대한 고마움과 부처님 법을 만난 인연에 대한 감사로 가슴이 축축해지는 것을 느낀다. 이 경전에는 이런 내용의 게송들이 즐비하다. 그래서 전체를 한 번 쭉 읽어내려 가는 것만으로도 지금껏 돌아보지 않았던 우리 삶의 신성한 질서를

『대보적경』「보살장회」'시라바라밀품'

다시금 들여다볼 수 있게 한다.

'보배로운 법을 쌓는다'는 의미의 『대보적경』은 49종(49회 120권)의 독립된 경전을 집대성하여 성립한 것으로, 각종 교설을 한데 모은 것이다. 따라서 각 품이 가진 특성은 있으나, 전체적으로는 일관된 사상을 드러내지는 않는다. 예를 들면, 제5회에 해당하는 경전은 『무량수경』이며, 제48회는 『승만경』에 해당한다. 이와 같이 독립된 경전으로 알려져 있기는 하나, 반야·화엄·열반·법화 등으로 분류되지 않은 경전이 이 『대보적경』과 보적부 안에 담겨 있는 경우가 대부분이다.

그럼에도, 총 49개의 경전에 이르는 방대한 내용에서 거듭 강조하고 있는 것을 찾는다면, 아마도 대승 보살이 닦아야 할 다양한 수행법을 통해서 대승의 불법을 터득해 깨달음을 얻으라는 내용일 것이다. 그 수행법 중의 하나로 시라바라밀, 곧 지계바라밀을 들 수 있으며, 『대보적경』에서는 보살장회(菩薩藏會)에서 설하는「시라바라밀품」이 계(戒)를 가장 자세하게 설하고 있다.

「시라바라밀품」은 열 가지 착한 행을 강조하며, 몸과 말과 뜻으로 짓는 선업을 중시한다. 또 육바라밀 수행을 중심으로 보편적으로 적용될 수 있는 착한 마음, 착한 행위의 원리들을 정리해 놓았다. 따라서 '~하지 마라'라고 하는 금계의 형식을 갖지 않으며, 자발적 참여로 독려하는 성향을 드러낸다. 따라서 읽다 보면 마음이 차분해지고 침착한 태도를 유지할 수 있는 장점이 있다.

이 경전은「시라바라밀품」하나가 42권에서 44권까지 3편으로 나누어질 만큼 매우 많은 양을 차지한다. 하지만, 가급적이면 내용을 생략하지 않고 계에 관한 내용은 그대로 다 넣었다. 왜냐하면 이 안에는 보살이 행해야 할 계바라밀이 총망라되어 우리가 파악할 수 있는 범위 내에서 가장 많은 계바라밀 수행을 담고 있기 때문이다.

키워드\시라바라밀, 육바라밀

『대보적경』「보살장회」

시라바라밀품 ①

그때 부처님께서 사리자에게 말씀하셨다.

"어떤 것을 보살의 시라(尸羅)바라밀다라 하는가, 보살이 아누다라삼먁삼보리를 위하여 이것에 의지해 부지런히 보살행을 수행하는 것을 말한다. 사리자야, 보살은 시라바라밀다를 행하는 까닭에 세 가지 묘한 행이 있으니, 어떤 것이 세 가지인가, 첫째는 몸의 묘한 행[身妙行]이요, 둘째는 말의 묘한 행[言妙行]이요, 셋째는 뜻의 묘한 행[意妙行]이다.

사리자야, 이른바 보살은 산목숨 죽이는 것[殺生]을 멀리하고, 도둑질[不與取]을 멀리하고, 음욕의 삿된 행[欲邪行]을 멀리하는 것이니, 이것을 몸의 묘한 행[身妙行]이라 한다.

사리자야, 보살은 거짓말[妄語]을 멀리하고, 이간하는 말[離間語]을 멀리하고, 추악한 말[麁惡語]을 멀리하고, 꾸미는 말[綺語]

을 멀리하는 것이니, 이것을 말의 묘한 행[言妙行]이라 한다.

사리자야, 보살은 모든 탐착과 성냄과 삿된 소견이 없으니 이것을 뜻의 묘한 행[意妙行]이라 한다.

보살이 이와 같은 세 가지 묘한 행을 두루 갖추기 때문에 이것을 시라바라밀다라 한다. 또 사리자야, 보살은 시라바라밀다를 수행할 때에 '어떤 것이 몸의 묘한 행이고 말의 묘한 행이며 뜻의 묘한 행일까' 하고 생각한다.

사리자야, 보살은 '만일 몸으로써 산목숨을 죽이는 일과 도둑질과 음욕의 삿된 행을 하는 등의 업(業)을 짓지 않으면 이것이 몸의 묘한 행이겠지' 하고 생각할 것이며, 보살은 '만일 말로써 거짓말과 이간하는 말과 추악한 말과 꾸미는 말의 업을 짓지 않으면 이것이 말의 묘한 행이겠지' 하고 생각할 것이며, 보살은 '만일 뜻으로써 탐냄과 성냄과 삿된 소견의 업을 짓지 않으면 이것이 뜻의 묘한 행이겠지' 하고 생각할 것이다. 이와 같이 바른 생각을 갖추는 까닭에 이것을 보살이 시라바라밀다를 행한다고 한다.

또 사리자야, 이와 같이 보살이 시라바라밀다를 행할 때에 생각하기를 '만일 업이 몸과 말과 뜻으로 지어지지 않는다면 이 업이 생길 수 있는 것일까'라고 한다. 보살은 이와 같이 이치대로 관찰하는 것이니, 만일 업이 몸과 말과 뜻으로 지어지지 않는다면 이 업은 생길 수 없다.

만일 청색·황색·백색·홍색과 또는 섞인 색[頗胝色]이라서 이

업을 눈으로 알 수 있는 것도 아니요, 귀로 들을 수 있는 것도 아니며, 코·혀·몸·뜻으로도 알 것이 아니다. 왜냐하면, 사리자야, 이 업은 내는 것[能生]도 아니요, 낼 것[所生]도 아니며 이미 있는 것도 아니어서 모을 수도 없고 도무지 이 업을 분명히 알 수 있는 것이 없기 때문이다.

보살이 이와 같이 분명히 알면 시라[戒]의 성품은 만들 수 없다. 만일 만들 수 없다면 세울 수도 없다. 세울 수 없다면 우리는 그것에 집착하지 말아야 한다. 이와 같이 보살은 보고 이해하는 힘으로 묘행과 시라를 보지 않고, 시라를 갖춘 이도 보지 않으며 시라의 회향할 곳도 보지 않는다.

보살이 이와 같이 관찰하고 나면 마침내는 헛되이 존재하는 몸에 대한 소견[身見]을 일으키지 않으니, 왜냐하면 사리자야, 몸에 대한 소견이 있어서 관찰하게 되어 '이것이 계율을 지니는 것이요, 이것이 계율을 범하는 것이다'고 하기 때문이다. 이와 같이 관찰하고 나면 저 수호함과 의칙(儀則)에 있어서 행(行)과 경계[境]가 모두 다 구족해져서 바르게 깨달아 행하게 된다. 바르게 알아 행하기 때문에 지계자(持戒者)라고 하는 것이다.

보살은 자신을 취하거나 집착하지도 않고 남을 취하거나 집착하지도 않고 행하는 것이요, 시라를 무너뜨리지도 않고 시라를 취하지도 않으며 행하는 것이다. 그러므로 만일 〈나〉를 취하거나 집착하면 곧 시라를 취하는 것이 되고, 〈나〉에 집착하지 않으면 시라를 취하지 않는 것이 된다.

만일 시라를 얻을 수 없음을 알면 곧 일체 율의(律儀)도 범하지 않을 것이요, 율의를 범하지 않으면 곧 시라도 범하지 않는 것이다. 또 시라에 집착하거나 취한다고 말하지도 않는다.

사리자야, 무슨 인연으로 시라에 집착하거나 취하지 않는가. 일체법의 모양을 알기 때문이다. 만일 상(相)에서 비롯된다면 〈나〉도 없는 것이니, 만일 〈나〉가 없다면 어디를 집착하고 취하겠는가."

그때 세존께서는 이 뜻을 거듭 펴시려고 게송으로 말씀하셨다.

어떤 이가 몸과 말과 뜻이 청정하여
수행할 때 온갖 청정함을 항상 닦으면
언제나 청정한 모든 금계(禁戒)에 머무르게 되니
이것을 보살이 계를 갖춘 것이라 한다.

성현이요, 총명한 모든 보살은
십업도(十業道)를 잘 보호하고 지니니
몸과 말과 뜻으로 짓지 않는지라
이렇게 지혜 있는 이에게 시라를 말한다.

만일 만드는 것도 아니고 생기는 것도 아니라면
집착함도 형상도 드러남도 없으니

형상과 드러남이 없는 까닭에
일찍이 세울 수 있는 것도 아니다.

시라는 만들거나 짓는 것도 아니요
눈으로 보거나 귀로 듣는 것도 아니며
코도 혀도 또한 몸도 아니요
마음과 뜻으로 아는 것도 아니다.

만일 육근(六根)으로 아는 것이 아니라면
곧 갖출 수 있는 이도 없으니
이와 같이 관찰하여 시라가 청정하면
일찍이 시라에 의지하고 집착하고 머무를 일이 없다.

계율을 지닌다고 교만하지 말고
〈나〉라는 생각으로 시라를 수호하지 말라.
시라를 잘 지키며 계라는 생각 없으면
계행(戒行)과 각행(覺行)이 두루 갖추어진다.

헛되이 지니는 신견(身見)을 없애버리면
보는 것과 보는 이가 일찍이 없으니
보는 이도 없고 보이는 것도 없어
계율 지닌 이와 계율 범한 이를 보지 못한다.

수호함이 없는 법의 이치에 잘 들어가면
위의가 구족하여 불가사의해지며
묘하게 바로 알고 수호하게 되니
이를 제외하고는 달리 계를 갖춘 이[具戒者]가 없다.

〈나〉라는 생각 없으면 시라도 없고
〈나〉에 의지할 것 없이 계에 의지하니
나는 늘 두려움 없이
몸과 〈나〉와 시라에 집착하지 않는 이라 말한다.

〈나〉 없음을 말하는 이는 계를 취하지 않고
〈나〉 없음을 말하는 이는 계에 의지함이 없으며
〈나〉 없음을 말하는 이는 계를 바라지 않고
〈나〉 없음을 말하는 이는 계에 마음이 없다.

시라를 깨지 않고 계율에 집착하지 않으며
또한 〈나〉라 헤아려서 계율을 일으키지 않고
의지할 대상인 〈나〉와 계율이란 생각이 없으면
심히 깊은 지혜의 행[慧行]이요, 보리의 행[菩提行]이다.

이와 같은 시라는 두려울 것 없으므로
이 사람은 항상 시라를 범하지 않으니

만일 모든 법에 집착하지 않게 되면
이러한 시라야말로 성인께서 칭찬한다.

〈나〉라는 소견 지닌 모든 범부는
〈나〉와 계율 갖춤을 헤아려 계율을 지니므로
그가 호계(護戒)의 과보를 받은 뒤에는
삼악취(三惡趣)에 항상 얽매인다.

만일 〈나〉라는 소견을 끊어 없애면
그에게는 〈나〉와 내 것[我所]이 없다.
진실하게 계율을 지닌 자요, 소견이 없는 자이니
두려움과 악취에 떨어짐이 없다.

만일 이렇게 계행(戒行)을 알면
시라 범함을 볼 일도 없고
오히려 〈나〉와 삼유(三有)*도 보지 않거늘
하물며 지계와 파계를 보겠는가.

"또 사리자야, 이와 같이 시라바라밀다를 행하는 보살이 보살행의 청정한 계율을 행할 때에 열 가지 매우 중요한 마음이 있으

---

* 중생의 세 가지 생존 상태. 욕유(欲有), 색유(色有), 무색유(無色有).

니, 어떤 것이 열 가지인가.

一　깊은 마음을 일으켜 모든 행을 믿고 받들며
二　깊은 마음을 일으켜 더욱 힘써 정진하며
三　맹렬히 격려하면서 모든 부처님의 바른 법을 즐기며
四　숭상하고 존중할 온갖 업을 널리 갖추며
五　깊은 생각으로 온갖 과보를 믿고 받들며
六　모든 성현께 공경하는 마음을 깊이 내며
七　존중할 모든 스승과 아사리를 청정하게 모시고 받들며
八　성현들께 공양할 뜻을 일으키며
九　모든 바른 법의 뜻을 구하고 청하며
十　보리를 구할 때에 신명(身命)을 돌보지 않는 것이다.

사리자야, 이와 같이 시라를 수행하는 보살은 이러한 열 가지 깊은 마음의 법이 있다. 보살은 깊은 마음에 편히 머물러서 모든 착한 법을 닦는 것이니, 어떤 것을 모든 착한 법이라 하는가. 이른바 세 가지 묘한 행이니 몸의 묘한 행이요, 말의 묘한 행이며 뜻의 묘한 행이다.

모든 보살은 이러한 세 가지 묘한 행에 편히 머물면서 힘써 대보살장(大菩薩藏)의 미묘한 법문을 구하려 한다. 왜냐하면, 모든 보살은 이 법문에 의지하여 아누다라삼먁삼보리에 나아갈 수 있기 때문이다."

그때 세존께서 이 뜻을 거듭 펴시려고 게송으로 말씀하셨다.

몸으로 부처님께서 칭찬하신
착한 법을 일으키니
이 법을 얻어 듣기 위하여
모든 성현께 공양하는 것이다.

법과 성인에 대하여
뜨거운 마음으로 공경심을 일으키되
모든 중생을 이익되게 하기 위해
인자한 마음으로 질투하지 않는다.

지혜 있는 사람은 말을 할 때마다
사랑스러운 말[愛語]을 하니
말하는 것에 기뻐하고 좋아하는 모습이라
하는 말에 거칠거나 비루함이 없다.

뜻의 업은 언제나 선(善)에 있어서
일찍이 모든 악을 좋아함이 없으며
항상 법의 성품[法性]을 관찰하므로
공경하며 인자한 마음에 머문다.

여래의 거룩한 가르침에 대하여
공경하는 마음으로 법을 들으며
법에 대하여 공경하고 나면
속히 큰 보리를 깨치게 되는 것이다.

"사리자야, 모든 보살이 시라바라밀다를 수행할 때에 이와 같은 열 가지 가장 훌륭한 법에 머물면 부지런히 보살장 법문을 구하는 까닭에 모든 성현과 온갖 스승(師長)에게 더욱 힘써 공경하고 받들어 섬기고 공양하며, 나아가 물을 담는 그릇까지도 보시한다.

또 사리자야, 보살이 시라바라밀다를 행할 때에는 마땅히 이와 같은 열 가지 발심(發心)을 갖추어야 한다. 어떤 것이 열 가지인가.

사리자야, 보살은 관찰하기를 '이 병든 몸은 모든 요소[界]의 독사가 항상 서로 어기고 해치는지라 모든 고뇌와 우환이 많으며 미친 증세와 악성 종기 등 여러 가지 병의 무더기이다'라고 하고, 또 '이 몸은 마치 병(病)과 같고 상처와 같고 화살에 맞은 것과 같고 난폭한 물의 흐름과 같고 미친 이와 같아서 요동치고 쉬지 않아서 갑자기 생겼다가 불현듯 사라진다'라고 관찰한다. 또 '이 몸은 거짓으로 만들어져 파리하고 허약하고 노후(老朽)하고 속히 파괴되는 것이라 잠시 동안 머무르는 것이므로 좋아하기도 어렵고, 그 상태는 마치 무덤 사이와 같다'고 관찰한다.

그때 보살이 생각하기를 '나는 이 병든 몸으로 이런 고통을 겪으면서도 일찍이 이러한 복전(福田)을 만난 일이 없었는데, 이제야 만나게 되었고 또 이와 같은 몸을 받게 되었으니, 나는 마땅히 모든 복전에 의지하여 지혜의 수명을 기르고 견고하지 않은 몸을 버리고 견고한 몸을 얻어야겠다'고 하며, 부지런히 대보살장의 미묘한 법문을 구하기 위해 저 어질고 거룩한 스승과 아사리 등 존경하는 스승들을 받들어 섬기고 공양하며 물 담는 그릇까지도 보시한다. 사리자야, 이것이 보살이 첫 번째로 내는 마음이다."

그때 세존께서 이 뜻을 거듭 펴시려고 게송으로 말씀하셨다.

모든 요소[界]의 난폭한 독사가
차츰차츰 서로 의지하고 달라붙어
어느 하나가 더하여 움직이고 일어나면
큰 우환에 이르게 된다.

이른바 눈과 귀와 코며
혀와 이와 뱃속의 장부에서 생기는
이러한 모든 병환과 괴로움은
모두 다 몸에 의지하여 생긴다.

악성 종기와 미친 증세와

옴과 큰 역질 등
갖가지 모든 병들은
몸에 의지하여 생긴다.

이 몸은 마치 병환과 같고
종기와 화살에 맞은 것 같으니
이와 같은 독으로 상한 몸인지라
속히 파괴되고

잠시동안 머묾은
마치 무덤 사이로
나아감과 같아서
모두가 다 덧없는 모습이다.

너불거리면서 문드러질 몸이라
여러 가지 병으로 속히 나고 없어지니
나는 부처님의 몸이 될
어질고 착한 업을 닦아야 하리.

저 썩고 파괴되고 문드러지며
쇠퇴하고 늙고 덧없는 몸을 바꾸어
부처님의 몸을 이루고

생각하기 어려운 법신(法身)을 이루리라.

이와 같이 노후하고 파괴되며
항상 흘러내리는 더러운 몸이
장차 이와 같이
흐름이 없고 더러움 없는 몸을 증득하리라.

설령 사람이 추위와 더위가 두려워서
막고 가리며 굳게 지킨다 해도
마침내는 늙고 병들어 죽으니
모든 고통을 당하는 것 같다.

만일 사람이 춥고 더운 몸에 대해
잘 견디고 참으면서
장부의 업을 장엄하게 된다면
속히 위없는 몸을 이루리라.

나는 마땅히 세상에서 존중받는 이에게
부지런히 힘써 공양하며
견실하지 않는 몸으로
저 견실한 몸을 갖게 되리라.

"사리자야, 모든 보살이 시라바라밀다를 행할 때, 이와 같이 첫 번째 마음을 일으킨 뒤에는 부지런히 힘써 대보살장의 미묘한 법문을 구하기 위해서는 설법하는 법사를 더욱 받들어 섬기고 공양에 힘쓸 것이며, 물 담는 그릇까지도 보시한다.

또 사리자야, 보살은 시라바라밀다를 행할 때 생각하기를 '몸은 견고하지 않은 성질이어서 단단하지 않으니, 임시로 덮어 가리고 씻고 두드리거나 주물러 준다 하더라도 마침내는 파괴되고 흩어지고 닳아 없어지는 법으로 돌아간다'고 해야 한다.

사리자야, 비유하면 옹기장이가 찰흙을 이겨서 만든 그릇이 크건 작건 간에 끝내 파괴되고 마는 것처럼 사리자야, 몸은 견고하지 않아 끝내 파괴되고 마는 것이 마치 저 그릇과 같다.

또 사리자야, 비유하면 나뭇가지에 달려 있는 꽃과 잎과 열매가 끝내 떨어지고 마는 것처럼, 사리자야 몸은 견고하지 않아서 반드시 떨어지는 법이요, 그 세력이 오래 머무르지 않는 것도 저 익은 열매와 같다.

또 사리자야, 비유하면 풀끝에 맺힌 서리와 이슬방울에 햇빛이 비치면 더 머무르지 못하는 것처럼, 사리자야, 몸이 견고하지 않은 것도 저 서리와 이슬방울 같아서 또한 오래 머무르지는 않는다.

또 사리자야, 비유하면 큰 바다와 여러 흐름에 거품이 생기되 모두 견고하지 않고 그 성질이 허약하여 힘껏 손댈 수도 없는 것처럼 사리자야, 이 몸의 견고하지 않음도 마치 물거품과 같고, 본성이 허약한 것도 물거품의 본성이 허약한 조각과 마찬가지다.

또 사리자야, 마치 하늘에서 큰 비가 올 때 빗물 위에 거품이 어지러이 떠다니되 천천히 생겼다가 천천히 사라지는 것처럼 사리자야, 이 몸이 견고하지 못한 것도 물 위의 거품과 같아서 그 성품의 경박함 또한 그와 같다.

사리자야, 보살이 깊이 자기 자신을 관찰하여 이런 일을 안 뒤에 다시 생각하기를 '나는 오랜 세월 동안 이렇게 견고하지 못한 몸을 받았고, 일찍이 이러한 복전을 만난 일이 없었는데 이제 만나게 되었다. 또다시 이와 같은 몸을 잘 받았으니, 나는 마땅히 모든 복전에 의지해 지혜의 생명을 이으면서 견고하지 않은 몸을 견고한 몸으로 바꾸어야겠다' 하고, 부지런히 힘써 대보살장의 미묘한 법문을 구하기 위하여 설법하는 법사를 받들어 섬기고 공양하되 물 담는 그릇까지도 보시한다.

사리자야, 이것이 보살이 두 번째로 내는 마음이다."

그때 세존께서 이 뜻을 거듭 펴시려고 게송으로 말씀하셨다.

마치 세상의 모든 옹기장이가
찰흙으로 이겨 만든 그릇은
모두가 파괴되고 마는 것처럼
중생의 목숨 또한 그와 같다.

비유하면 나뭇가지에 의지해 있는

온갖 잎과 꽃과 열매가
모두 다 떨어지고 마는 것처럼
사람의 목숨 또한 그와 같다.

마치 풀끝에 이슬이 맺혔다가
햇빛이 나와서 비추게 되면
잠시도 더 머무르지 못하는 것처럼
사람의 목숨 또한 그와 같다.

마치 강물이나 바다의 거품들은
그 성질이 본디 허약한 것처럼
이와 같이 견고하지 않은 몸은
허약하여 덧없음 또한 그와 같다.

비유하면 하늘에서 큰 비가 올 때에
빗물에서 생겨 떠다니는 거품은
찰나에 속히 소멸되는 것처럼
견고하지 않은 몸 또한 그와 같다.

견고하지 않은데도 견고하다는 생각을 내고
견고한 데서는 견고하지 않다고 하면서
삿되게 분별하며 행하는 것은

견고하고 진실함을 증득하지 못한다.

견고한 데서는 견고하다는 지혜를 내고
견고하지 않는 데서는 견고하지 않음을 알아
바르게 분별하며 행하는 것은
견고하고 진실함을 증득할 수 있다.

견고하고 진실한 생각을 닦기 위해
작게는 물그릇을 보시하니
그 때문에 견고하지 않은 이 몸을
견고하고 진실한 몸으로 바꾼다.

"사리자야, 모든 보살이 시라바라밀다를 수행할 때에 이와 같은 두 번째 마음을 일으킨 뒤에는 부지런히 힘쓰며 대보살장의 미묘한 법문을 구하기 위하여 설법하는 법사를 갑절 더 받들어 섬기고 더욱더 공양에 힘쓰되 물 담는 그릇까지도 보시한다.

또 사리자야, 보살은 시라바라밀다를 행할 때에는 이와 같은 마음을 일으킨다. '나는 오랜 세월 동안 착한 벗을 멀리하고 악한 벗들에게 붙잡혀서 그 성품이 게을러져 정진을 닦지 않았으며 하열하고 우둔하며 삿되고 악한 소견이 많았다. 이렇듯 어리석고 착하지 않은 마음을 헛되이 일으킨지라 보시도 없었고 사랑도 없었고 복도 짓지 않았으며 좋은 일이 없었을 뿐더러 나쁜

일만 더욱 자라게 할 모든 업의 과보만 늘어났다.'

보살은 이어 생각하기를 '나는 탐욕에 미혹되고 어지럽혀져 오랜 세월 동안 헤매며 갖가지 악한 업을 지었다. 이 업의 힘 때문에 더럽고 악한 제 몸의 과보를 받아 귀신 세계에 태어나서 구차한 삶으로 고통을 당했고 가장 훌륭한 복전도 없었다. 또 나는 일찍이 아귀 세계에 태어나서 항상 숯불을 먹으면서 한량없는 세월을 지내기도 하였고, 또 몇백 천 년 동안 물이란 이름조차 듣지 못했거늘 하물며 몸에 닿기나 해보았겠느냐'고 한다.

또 생각하기를 '그러나 나는 이제 이와 같은 가장 뛰어난 복전을 만나게 되었고, 또 좋은 몸의 과보를 얻어서 많은 살림을 이룩하게 되었으니, 나는 마땅히 모든 복전에 의지하여 착한 업을 널리 닦으면서 몸과 목숨을 돌보지 않고 스승과 아사리를 받들어 섬기리라'고 하고, 부지런히 힘쓰면서 대보살장의 미묘한 법문을 구하기 위하여 설법하는 법사를 받들어 섬기고 공양하되 물 담는 그릇까지도 보시한다. 사리자야, 이것이 보살이 세 번째로 내는 마음이다."

그때 세존께서 이 뜻을 거듭 펴시려고 게송으로 말씀하셨다.

이와 같은 선지식(善知識)을
항상 가까이하고 공손히 받들면
곧 이런 성품이 이루어지니
그러므로 자주 가까이해야 한다.

악한 벗에게 붙들려 있으면서
어질고 착한 벗을 멀리하고
게으름을 피우며 비루한 정진으로
탐내고 질투하며 아첨함이 많았다.

보시할 것 없다는 삿된 소견으로
모든 악견을 뽑아내려 하지 않았기에
나는 일찍이 아귀 세계에 나서
못되고 나쁜 몸을 받게 되었다.

나고 죽고 하는 오랜 세월 동안에
두려울 만한 어둠 가운데서
배고픔과 목마름에 두루 시달리며
갖은 고통을 많이 받았다.

오랜 세월 동안
일찍이 물이라는 이름조차 못 들었고
청정한 복전을 뵙지도 못했으니
이런 재난이 없었다.

나는 이제
만나기 어려운 세간을 만났고

또 현명한 이름을 받들게 되었으니
어려움이 없고 두루 갖추었다.

또 악한 벗을 여의었고
어질고 착한 벗을 만났으니
맹세코 몸과 목숨 돌보지 않는 것은
장차 보리를 증득하기 위해서다.

청정하고 착한 마음으로
존경스런 스승들을 공손히 모시며
또한 모든 부처님께 공양하리니
보리를 증득하기 위해서다.

"사리자야, 모든 보살은 시라바라밀다를 수행할 때에 이와 같이 세 번째 마음을 일으킨 뒤에는 부지런히 힘쓰면서 대보살장의 미묘한 법문을 구하기 위하여 설법하는 법사를 갑절이나 더 받들어 공경하고 더욱더 공양에 힘쓰되 물 담는 그릇까지도 보시한다.

또 사리자야, 보살은 시라바라밀다를 수행할 때에 이와 같은 마음을 일으킨다. '나는 오랜 세월 동안 착한 벗을 멀리하고 악한 벗에 붙들려서 게으름을 피우며 정진이 부족하여 지혜가 없고 어리석었다. 이러한 소견과 지식으로 어떤 중생이 여러 가지 고통을 받으면서 그렇게도 슬피 울고 통곡할 적에 도리어 몸과 손으로 못되게 때리며 갖가지로 괴롭혔다.

이런 인연으로써 곧 이와 같이 한없는 악한 소견을 일으켰던 것이니, 악한 업도 없고 악한 업의 과보도 없는 줄 여겼다. 또 성을 내면서 마음을 덮었기 때문에 갖가지 악한 업을 지은 것이요, 이 업보 때문에 더럽고 나쁜 몸을 얻어 축생이 되어 구차한 삶으로 고통을 당했으며 온갖 뛰어난 복전이 없었다.'

보살은 이어 생각한다. '나는 그 세계에서 혹은 낙타가 되기도 하고 소와 당나귀 등이 되어서 꼴을 먹고 게우다가 매를 맞고 호통을 당하며 공포에 떨면서 지냈으며 마음으로 좋아하지 않는데도 억지로 짐을 졌다.'

다시 생각하기를 '나는 옛날에 이런 고통을 겪으면서도 일찍이 이와 같은 복전을 만나지 못했는데 나는 이제 만나게 되었고 또 다시 이렇게 훌륭한 몸을 받게 되었으니, 나는 마땅히 모든 복전에 의지하여 몸과 목숨을 돌보지 않고 이 견고하지 못한 몸을 견고한 몸으로 바꾸기 위하여 스승을 섬기며 공양하리라' 하고, 부지런히 힘쓰면서 대보살장의 미묘한 법문을 구하기 위하여 설법하는 법사를 받들어 섬기고 공양하되 물 담는 그릇까지도 보시한다.

사리자야, 이것이 보살이 네 번째로 내는 마음이다."

그때 세존께서 이 뜻을 거듭 펴시려고 게송으로 말씀하셨다.

나는 저 오랜 세월 동안에
거룩한 도[聖道]에 오를 줄은 모르고서
낙타와 소, 당나귀가 되어
갖은 고통을 한없이 받았다.

나 이제 사람 몸을 얻게 되었으니
어질고 착한 업을 닦아
보리를 증득하는 것이
총명하고 지혜로운 모습이다.

나는 마땅히 공경하는 마음 내어
모든 불법을 바로 세우고
설법하는 법사를 받들며 뵈오니
다 보리를 증득하기 위해서이다.

생각하기 어려운 과거 겁 동안
나고 죽음에 윤회하였으며
가고 오는 곳에 이익이 없는데도
복전도 없이 목숨만 연장시켰다.

선지식은 멀리하고
항상 악한 벗만 가까이하며

그의 가르침을 따라 움직여
자주 악한 세계에 떨어졌다.

나 일찍이 축생으로 있으면서
갇히고 몰리고 두들겨 맞았으니
이런 악한 업으로 인해
좋지 않은 고통의 과보를 받았다.

악한 세계에 떨어져 있을 때는
낙타와 소와 당나귀가 되었으며
짐이 무거운데다 채찍으로 맞았으니
착한 벗을 가까이하지 않은 까닭이다.

내 이제 얻기 어려운
사람의 몸과 착한 벗을 만났고
게다가 좋은 곳에 나게 되었다.

또 어려움이 없음을 만나게 되었음은
거북이 오랫동안 바다에 있다가
물 위에 떠 있는 나무 구멍 만나 기뻐함과 같다.

몸과 말을 잘 막고 수호하며

정진하는 마음이 강하고 성하며
아첨함이 없이 착한 벗을 섬기면
지혜의 수명과 몸이 자란다.

만일 어떤 존경하는 스승이
나에게 지혜 마음을 일으키면
훌륭하고 묘한 법을 널리 연설하는
보리 도를 깨달으신 큰 스승이다.

복과 지혜 구족하신 부처님께
바르는 향과 가루 향
갖가지 의복과 꽃다발로 공양하고
마땅히 공경하며 받들 것이다.

현재 시방에 계신 부처님은
훌륭한 이치를 늘 열어 보이시고
그지없는 금빛 해를 비추시니
마땅히 수행하며 공양해야 한다.

두루 모든 불국토에 노닐면서
조어사(調御士)께 널리 공양하며
보리도를 청정하게 하기 위해서는

대각(大覺)의 자리에 올라야 한다.

"사리자야, 모든 보살은 시라바라밀다를 수행할 때에 이와 같은 네 번째 마음을 일으키고 나서는 부지런히 힘써서 대보살장의 미묘한 법문을 구하기 위하여 설법하는 법사를 갑절 더 받들어 섬기고 더욱더 공양에 힘쓰되 물 담는 그릇까지도 보시한다.

또 사리자야, 보살이 시라바라밀다를 수행할 때에는 이와 같은 마음을 일으킨다. 나는 옛날 오랜 세월 동안 착한 벗을 멀리하고 악한 벗에 붙들려 게으름을 피우며 정진하지 않았으므로 지혜가 없고 어리석었다. 나쁜 소견을 일으켜 믿고 알며, 그와 같은 거짓 욕락에 빠져 생각하기를 '만일 온갖 유정인 중생을 몸과 살을 가져다 가마솥에 같이 삶거나 그 몸을 가져다 잘게 저며서 회를 치는 이런 일을 한다 해도 복이 안 된다고 말하지 않는다'고 하였다.

또 나쁜 소견을 일으키며 '이로 인해 악을 초래하지도 않고 악을 내지도 않는다'고 하였으며, 이런 허망한 소견 때문에 '또 큰 바다의 저 언덕에 있는 모든 중생에게 온갖 것을 보시하여 두루 충족하게 하는 일을 해도 죄가 아니라고 말하지 않는다'고 하였고, 거짓으로 다른 꾀를 내면서 '이로 인해 복을 초래하지도 않고 복을 짓지도 않는다'고 하였으며, 허망한 소견 때문에 '또 큰 바다의 저 언덕에 있는 모든 중생을 모두 다 베어 죽인다 해도 역시 이로 인해 악을 초래하지도 않고 악을 짓지도 않는다고 하였다'

고 한다.

보살은 이어 생각하기를 '나는 옛날에 이런 일을 한 뒤에 그것이 죄인가, 죄가 아닌가, 그것이 복인가, 복이 아닌가를 분명하게 몰랐으므로 악한 소견을 가까이 익혔고, 어리석음에 가려져 착하지 않은 여러 중한 악업을 많이 지었다. 이 업보로 인해 못나고 더러운 지옥의 몸을 받아 지옥 가운데서 철환을 먹기도 하고 톱으로 잘리기도 하였으며, 갖은 고통을 맛보았고 그 고통은 끊임없이 상속되어 그치지 않았다. 나아가 수천 년 동안이 지나도록 즐거운 소리조차 듣지 못했거늘 하물며 몸으로 접촉하였겠느냐'고 한다.

그때 보살이 다시 생각하기를 '내가 옛날에 이런 고통을 겪으면서도 일찍이 이와 같은 복전을 만난 일이 없다가 이제야 만나게 되었고, 또 다시 이와 같은 몸을 얻게 되었으니, 나는 마땅히 모든 복전에 의지하여 지혜의 수명을 기르면서 견고하지 않은 몸을 견고한 몸으로 바꾸고, 몸과 목숨을 돌보지 않고 스승을 받들어 섬기리라'고 하고, 부지런히 힘쓰면서 대보살장의 미묘한 법문을 구하기 위해 설법하는 법사를 받들어 섬기고 공양하면서 물 담는 그릇까지도 보시한다. 사리자야, 이것이 보살이 다섯 번째로 내는 마음이다."

그때 세존께서 이 뜻을 거듭 펴시려고 게송으로 말씀하셨다.

나는 일찍이 악한 벗과 친하면서

나쁜 마음의 속임수를 당하고
여러 악한 소견에 의지한지라
한갓 악업만을 일으켜 지었다.

큰 바다의 이 언덕에 살고 있는
모든 중생을 하나도 빠짐없이
음식을 보시하여 충만하게 한다 해도
복을 불러오지는 않는다고 여겼다.

큰 바다의 저 언덕에 살고 있는
모든 중생을 하나도 빠짐없이
내가 다 죽인다 해도
악업을 불러오지는 않는다고 여겼다.

이러한 모든 악한 소견을
자주 익히고 항상 가까이한지라
극히 고통 받는 지옥에 떨어져서
몸과 머리의 피를 짜냈다.

옛날에 세 가지 악한 세계에서
백 천 개의 몸이 다하여도
일찍이 모든 부처님과

세상의 지도자를 뵙지 못했다.

세상의 착한 벗이라는 명칭은
그 소리조차도 듣기 어려웠는데
다행히 인간계의 복을 받았으니
어질고 참된 업을 닦아야 할 것이다.

사람 몸 얻기는 심히 어렵고
오래 사는 수명을 얻기도 어렵다.
바른 법 듣는 것도 만나기 어렵고
모든 부처님께서 세상에 출현하심도 어렵다.

그런데도 나는 이미 사람 몸을 얻었고
이 위태로운 수명을 얻었으며
부처님이 세상에 나오심도 만났고
여래의 바른 교(敎)에 참여하게 되었다.

그러므로 나는 다시는
몸과 말과 마음의 악업을 짓지 말고
나로 하여금 미래 세상에서
좋지 않은 괴로움의 과보를 받지 않게 할 것이다.

나는 청정한 마음으로
마땅히 청정한 업을 닦고
몸과 말과 뜻으로
세상에서 어려운 행을 해야 한다.

나는 끝내 스승과 사람들의
허락된 가르침을 어기지 않고
또 공양을 일으켜야 하리니
부처님의 보리를 위해서다.

나는 속이거나 아첨하지 않고
요술 같은 거짓된 마음 없이
곧은길을 열고 닦아야 하리니
부처님의 보리도(菩提道)를 위해서다.

두려움 없는 큰 보살은
이미 이러한 마음을 일으키고
물 담는 그릇까지 보시하면서
지혜의 방편을 완전히 갖추게 된다.

"사리자야, 모든 보살이 시라바라밀다를 수행할 때 이와 같은 다섯 번째 마음을 일으키고 나서는 부지런히 힘쓰면서 대보살장의 미묘한 법문을 구하기 위하여 설법하는 법사를 갑절이나 더 받들어 섬기고 한층 더 공양에 힘쓰되 물 담는 그릇까지도 보시한다.

또 사리자야, 보살은 시라바라밀다를 수행할 때 이와 같은 마음을 일으키는 것이니 '나는 오랜 세월 동안 착한 벗을 멀리하고 악한 벗에 붙잡혀 게으름을 피우며 정진을 게을리하였으므로 지혜가 없고 어리석었다.'

이러한 소견으로 이렇게 믿고 알며 이와 같은 욕락으로 헛되이 생각하기를 '영접하고 전송하거나, 몸을 굽히거나 무릎 꿇고 예배하거나, 합장하고 문안하는 등 모든 착한 업보를 부정하였고, 교만한 마음에 가려 악업을 많이 지었으며, 그 악업의 과보로 인간세상[人趣]에 있으면서도 비루하고 더러운 형상을 받았고, 모든 복전에서 일찍이 청정한 지혜의 명을 기르지도 못하였다'고 한다.

보살이 이어 생각하기를 '나는 기억하건대, 옛날에 고독하고 빈궁하고 하천한 몸을 받아 남에게 매인 노비였고, 또 색욕(色欲)을 즐기는 중생으로 온갖 색욕에 탐착하여 평등하지 않은 나쁜 행을 하면서 갖가지 나쁘고 삿된 소견을 일으켜 계를 파하고 바른 소견을 훼손하였다.

그리하여 세 가지 착하지 않은 근기[三種不善根]에 머무르고, 네 가지 행하지 않아야 할 곳[四種不應處]에 머무르며, 다섯 가지 덮개[五種蓋]에 가려지고, 여섯 가지 존중할 이[六尊重]에게 공경하지 않으며, 일곱 가지 법[七種法]에 따라 실천하지 못하고, 여덟 가지 삿된 성품[八邪性] 가운데 삿된 행을 결정하며, 아홉 가지 괴로운 일[九惱害事]에 시달림을 받고, 열 가지 악업도[十惡業道]를 다니며 악한 일을 하곤 했다.

지옥이 원인이 되는 길에서는 늘 얼굴을 마주하면서도 천상이 원인이 되는 길에서는 저버리고 얼굴을 돌렸으며, 모든 착한 벗을 멀리하고 악한 벗들에게 붙잡혀 있었다. 악마와 원수를 따르고 자유롭게 행하며 모든 착한 법을 멀리하여 착하지 않은 법이 나타나게 하였다. 또 이러한 일을 위하여 멋대로 매를 들고 호통을 치며 두려움을 주면서 차마 하지 못할 일도 억지로 부리고 남을 못살게 굴었다'고 한다.

보살이 또 생각하기를 '나는 옛날에 아직 이와 같은 복전을 만나지 못했기 때문에 모든 악을 받았지만, 이제 나는 만나게 되었고 또 이와 같은 몸을 받게 되었으니, 나는 마땅히 모든 복전에 의지하여 견고하지 않은 몸을 견고한 몸으로 바꾸며, 스스로 지혜의 수명을 기르고 몸과 목숨을 돌보지 않으면서 스승을 받들고 섬겨야 한다' 하고, 부지런히 힘쓰면서 대보살장의 미묘한 법문을 구하기 위하여 설법하는 법사를 받들어 섬겨 공양하되 물 담는 그릇까지도 보시한다.

사리자야, 이것이 보살이 여섯 번째로 내는 마음이다."

그때 세존께서 이 뜻을 거듭 펴시려고 게송으로 말씀하셨다.

나쁜 벗을 가까이하여 교만을 더하면서
한량없는 여러 겁을 지난 지라
인간에 태어나도 노비의 몸이었고
모든 존재[有]에서 오래도록 헤매었다.

나는 이제 이미 얻기 어려운
제일 용맹한 사람 몸을 얻었고
또 묘한 국토에 태어났으며
부처님을 만나 청정하여 어려울 것이 없다.

어질고 착한 훌륭한 벗이라면
보살행의 도(道)를 펼 수 있는 이요
마음 보배가 자란 보살들인데
여러 구지(拘胝)* 겁 만에 이제야 만났다.

덧없고 허망하고 경박한 이 몸은
마치 물거품이나 거품덩어리 같고
또 요술이나 장난으로 만든 물건 같으며
꿈꿀 때 하는 잠꼬대와도 같다.

---

* 구치(俱致), 구리(拘梨)라고도 한다. 의역하여 억(億)이라고 한다. 인도에서 쓰던 수(數)의 단위로 셀 수 없는 장구한 수를 말한다.

목숨은 번개 같아 오래 있지 못하여
생각 생각마다 사라져 없어지며
목숨은 찰나에 떠나가고 말 것이니
하여 견고하지 못한 목숨을 견고하게 바꿔야 한다.

나는 기억하건대, 옛날 오랜 세월 동안
교만산(憍慢山)의 깊고 험한 곳에 있었고
일찍이 과거에 속아 살면서
부사의(不思議)한 백겁의 바다를 지나왔다.

나는 이제 몸의 탐애를 다 버리고
수명을 그리는 마음도 없애고
속히 교만을 버리고 여의어
존중하는 스승을 깊이 받들어야 한다.

세상에서 다 같이 높이는 어른은
부모와 형 등이니
어서 빨리 교만을 버리고
극진하게 숭앙하고 공경해야 한다.

보리에 가까운 보살들은
나와 함께 보리의 행을 받드니

견고하게 사랑하고 공경하는 마음을 내며
즐거이 공양하고 섬겨야 한다.

옛날에는 교만을 중히 여기는지라
그 교만이 더욱 자라서
조어사(調御士)*의 교만 끊는 법을 몰랐거니와
마땅히 위없는 지혜의 금강(金剛)으로
교만의 산은 영원히 무너뜨려야 한다.

보리의 묘한 행이 원만하게 이룩되면
가장 훌륭한 보리좌(菩提座)에 머물러서
다투는 마군(魔軍)들을 꺾어 조복하고
사류(四流)**의 중생을 제도해야 한다.

시방의 모든 병을 앓는 사람들이
똥 위에 누운 것을 모두 싫어하겠지만

---

* 말이나 소나 코끼리를 길들이는 조어사처럼, 부처님께서는 아무리 미혹하고 어두운 중생이라도 잘 교화하시는 분이라는 뜻이다.

** 사폭류(四暴流)라고도 한다. 폭류는 홍수가 나무·가옥 따위를 떠내려 보내는 것처럼, 선(善)을 떠내려 보내는 뜻으로 번뇌를 말한다. (1)욕폭류(欲暴流). 욕폭계에서 일으키는 번뇌. 중생은 이것 때문에 생사계에 바퀴처럼 돈다. (2)유폭류(有暴流). 색계·무색계의 번뇌이다. (3)견폭류(見暴流). 3계의 견혹(見惑) 중에 4제(諦)마다 각각 그 아래서 일어나는 신견(身見)·변견(邊見) 등의 그릇된 견해를 말한다. (4)무명폭류(無明暴流). 3계의 4제와 수행 과정에서 일어나는 번뇌. 모두 열다섯 가지가 있다

그에 대하여 자비의 뜻 일으켜
구제하고 나아갈 데가 되어준다.

큰 보시바라밀에 편히 머물고
부처님의 위덕으로 막아 보호하며
구족하여 인욕행 닦아 이루고
바른 노력[正勤] 일으켜 앞에 나타나게 한다.

모든 정려(正慮)바라밀*을 얻어
이때 조복되는 마음에 머물고
큰 지혜의 좋은 방편에 머물러서
온갖 높으신 복전을 위해야 한다.

더욱 왕성한 복의 힘은 이렇게
불가사의한 좋은 지혜이므로
얻게 되면 첫째가는 자재한 지혜이니
때로는 물그릇까지 바쳐야 한다.

"사리자야, 모든 보살이 시라바라밀다를 수행할 때에 이와 같은 여섯 번째 마음을 일으키고 나서는 부지런히 힘쓰면서 대보

---

* 정려(正慮)바라밀은 곧 선정바라밀(禪定波羅蜜)을 말한다.

살장의 미묘한 법문을 구하기 위해 설법하는 법사에게 갑절이나 더 받들어 섬기고 한층 더 공양에 힘쓰되 물 담는 그릇까지도 보시한다.

또 사리자야, 보살은 시라바라밀다를 수행할 때에 이와 같은 마음을 일으키는 것이니, '나는 오랜 세월 동안 착한 벗을 멀리하고 악한 벗에게 붙잡혀 게으름을 피우면서 하열하게 정진했으므로 지혜가 없고 어리석었다. 이 악한 소견으로 이와 같이 믿고 알며 이와 같은 욕락으로 헛되이 생각하기를 「흑업(黑業)은 없고 흑업의 과보[黑業報]도 없으며, 백업(白業)은 없고 백업의 과보도 없으며, 흑백업(黑白業)은 없고 흑백업의 과보도 없으며, 흑백이 아닌 업[非黑白業]도 없고 흑백이 아닌 업의 과보도 없다」고 하였다.'

또 사문과 바라문에게 '어느 것이 착한 것이고 어느 것이 착하지 않은 것인가. 어느 것이 죄가 있고 어느 것이 죄가 없는 것인가. 어느 것을 닦아야 하고 어느 것을 닦지 않아야 하는가. 어느 것을 지어야 하고 어느 것을 짓지 않아야 하는가' 라고 청해 묻지 않았고, 또 '어떠한 행을 닦으면 오래 세월 동안에 이치도 없고 이익도 없이 모든 고뇌만 받게 되는가' 또는 '어떠한 행을 지으면 오랜 세월 동안에 이치도 있고 이익도 있으며 모든 안락을 받게 되는가' 라고 청해 묻지도 않았다고 한다.

보살은 이어 생각하기를 '나는 옛날에 온갖 교만에 가려져서 착하지 못한 악업을 많이 지었다. 이 업보로 사람 몸을 얻게 되었으나 모든 감관이 결여되었고, 뛰어난 복전에서 아직 지혜의 수명을 기르지 못하였으며, 비록 인간 세상에 태어났다 해도 엎어 놓은 그릇[覆器]과 같고, 철없는 어린 아이였고, 어리석고 귀먹고 눈멀어서 좋고 나쁜 이치를 분명히 알거나 널리 펼 수 있는 힘도 없고 재능도 없었다' 라고 한다.

또 생각하기를 '나는 옛날에 이런 뛰어난 복전을 만나지 못했기에 모든 악을 지었으나, 내가 이제 만나게 되었고 또 다시 모든 감관을 갖춘 몸을 얻게 되었으니, 마땅히 모든 복전에 의지해 더욱 지혜의 수명을 자라게 하고, 또 몸과 목숨을 돌보지 않고 모든 힘과 재능을 구하며 좋은 말과 나쁜 말의 이치를 분명히 통달해야겠다.

또 설법하는 법사에게 "어느 것이 착한 것이고 어느 것이 착하지 않은 것인가. 어느 것은 죄가 있고 어느 것은 죄가 없는가. 어느 것은 닦아야 하고 어느 것은 닦지 않아야 하는가. 어느 것은 지어야 하고 어느 것은 짓지 않아야 하는가. 어떠한 행을 지어서 저 성문(聲聞)과 독각(獨覺)의 법을 눈앞에 나타나게 하고 어떠한 행을 지어서 모든 부처님의 법과 보살의 법을 눈앞에 나타나게 할 것인가" 라고 청해 물어야겠다' 고 한다.

사리자야, 보살은 부지런히 힘쓰면서 보살장을 구하기 위하여 시라바라밀다에 의지해 보살행을 행하면서 견고하지 않은 몸을 견고한 몸으로 바꾸며 설법하는 법사를 받들어 섬기고 공양하면서 물 담는 그릇까지도 보시한다.

사리자야, 이것이 보살이 일곱 번째로 내는 마음이다."
그때 세존께서 이 뜻을 거듭 펴시려고 게송으로 말씀하셨다.

옛날 과거 여러 백 겁 동안에
나에게 이익 되는 착한 벗을 멀리하고
착함과 착하지 않음과 죄 있음과 죄 없는
모든 업과(業果)를 청해 묻지 않았다.

증상만(增上慢)*의 자재한 힘으로
지옥과 아귀의 세계에 떨어졌고
나쁜 생각 익히는 벗들 때문에
여러 백 겁 동안 악도(惡道)에 떨어졌다.

혹은 인간세계에서 습을 익힌지라
다겁동안 윤회하며 받은 몸은 감관이 불구(不具)였고
어느 것이 착하고 착하지 않으며
어느 것이 죄가 있고 없는지
그조차도 모르면서 모든 업과 지었다.

지금 나는 용맹하고 건강한 사람의 몸을 얻어

---

* 최상의 교법과 깨달음을 얻지 못하고서 스스로 얻었다고 생각하여, 제가 잘난 체하는 거만으로 곧 자기 자신을 가치 이상으로 생각하는 교만함을 말한다.

모든 감관이 구족하고 청정하며
모든 어려움을 멀리하고
어려움이 없는 것은
마치 거북이가 목을 늘여
물 위의 나무 구멍을 만나는 것과 같다.

세상에 광명을 비추는 이를 만났고
욕심 여읜 모든 성스러운 가르침을 듣게 되었으니
그때 나는 세상의 높은 이에게
착함과 착하지 않은 모든 업과를 청해 물으리라.

어떻게 간탐하면 어느 세계[趣]에 떨어지고
어떻게 해야 간탐하지 않는 시주(施主)가 되며
어떻게 해야 아첨하여 시라를 더럽히고
어떻게 해야 계율(戒)로 모은 재산을 온전하게 지킵니까.

어떻게 성을 내야 남을 어지럽히고
어떤 것이 화내지 않는 인욕의 힘이며
얼마나 게으르면 마음이 산란하고
어떻게 힘쓰면 선정을 즐깁니까.

어떤 나쁜 인연으로 벙어리가 되고 어리석게 되었으며,

얼마나 지혜로우면 진실을 즐기며
어떻게 하면 외곬으로 보리를 수행하여
구족하게 성현의 행을 찾고 구합니까.

어떻게 자비를 세간에 두루 펴고
어떻게 모든 악취(惡趣)를 구제하며
어떻게 법을 즐겨 싫증냄이 없이
모든 보리행이 머물 곳을 구합니까.

어떻게 하면 시방세계 현재 계시는
모든 부처님 세존께 나아가고
어떻게 공경하면 공업(功業)을 닦게 되며
어떻게 보현행(普賢行)을 청해 묻습니까.

나는 이제 바로 법사와
존중할 이에게 청하며 묻노니
어떻게 스승을 공경하고 공양하며
어떻게 스승의 뜻을 기쁘게 합니까.

불자(佛子)는 이미 이러한 마음 내어
광대하고 미묘한 복의 힘을 쌓고
훌륭하고 자재한 지혜의 힘 쌓으니

기뻐하여 물그릇까지도 받들어 보시한다.

"사리자야, 모든 보살은 시라바라밀다를 수행할 때에 이와 같은 일곱 번째 마음을 일으키고 나서는 부지런히 힘쓰면서 대보살장의 미묘한 법문을 구하기 위해 설법하는 법사를 갑절 더 받들어 섬기고 한층 더 공양에 힘쓰되 물 담는 그릇까지도 보시한다.

또 사리자야, 보살은 시라바라밀다를 수행할 때에 이와 같은 마음을 일으키는 것이니 '나는 오랜 세월 동안에 착한 벗을 멀리하고 나쁜 벗에 붙잡혀 게으름을 피우며 하열하게 정진하였다. 그러므로, 어리석고 아둔하여 알지 못함이 마치 벙어리 염소와 같아서 온갖 바른 이치에 상응(相應)하는 문구와, 바른 법에 상응하는 문구와, 고요함에 상응하는 문구와, 멸하여 그침[滅止]에 상응하는 문구와, 바른 깨달음[正覺]에 상응하는 문구와, 모든 사문과 바라문을 여읜 뒤에는 도리어 다시 온갖 이치 아닌 것에 상응하는 문구를 받아 지니고, 읽고 외우고 생각하고 궁구하여 통달하였다.'

이러했기 때문에 헛되이 소견을 일으켜서 '힘도 없고 정진도 없고 장부의 지위도 없고 세력도 없고 용기도 없고 행도 없고 위엄도 없다'고 하였고, 혹은 한꺼번에 생각하면서 '행의 위엄도 없다'고 하였다.

또 생각하기를 '인(因)도 없고 연(緣)이 없어도 유정으로 하여금 물듦이 생길 수 있으므로 인연(因緣)으로 인해 유정이 물들게 되는 것이 아니다'고 하였고, 또 생각하기를 '인이 없고 연이 없어도 유정으로 하여금 청정함을 얻게 할 수 있으므로, 인연으로 인해 유정이 청정해지는 것이 아니다'라고 하였다.

보살은 또 생각하기를 '나는 오랜 세월 동안 이와 같은 평등하지 않은 원인에 의지하여 원인이 없다는 소견 때문에 갖가지 악한 업을 많이 지었다. 이 업보 때문에 나는 옛 사람의 몸으로 태어났을 때에도 모든 몸이 온전하지 못하였고 모든 복전에서 지혜의 수명을 기르지 못하였다.

비록 인간 세계에 있었기는 하나 엎어진 그릇과 같았고 철없는 어린아이였고 어리석고 귀먹고 눈멀어서 바른 이치에 상응하는 문구와, 나아가 열반에 상응하는 문구를 받아 지녀 읽고 외우고 생각하고 궁구하여 통달할 힘도 없었고 재능도 없었다'고 한다.

또 생각하기를 '나는 옛날에 이런 뛰어난 복전을 만나지 못했기 때문에 허망한 소견을 내었으나, 내가 이제 만났으니 나아가 몸과 목숨을 돌보지 않고 바른 이치에 상응하는 문구와, 바른 법에 상응하는 문구와, 고요함에 상응하는 문구와, 나아가 열반에 상응하는 문구를 대할 힘과 재능을 구해야 하며, 이와 같은 바른 법의 문구는 모두가 대보살장의 미묘 법문에 속한 것이므로, 내 이제 받아 지니고 읽고 외우고 생각하고 궁구하여 통달하기 위하여 반드시 최상의 바른 노력을 일으켜 목숨이 다하도록 설법하는 법사를 받들어 섬기겠다. 내 이제 시라바라밀다를 의지하여 보살행을 행함은 이 보살장의 법을 받고 지니고 읽고 외우면서 수행하여 공양하기 위함이다'라고 한다.

　또 생각하기를 '나는 마땅히 견고하지 않은 몸을 견고한 몸으로 바꾸어야 하며 또 복과 지혜의 두 가지 양식을 잘 짓고 쌓아서 이 두 가지 힘으로 항상 보살장의 법을 가까이할 것이다'라고 한다.

　보살은 이렇게 생각하고 나서 설법하는 법사를 받들어 섬기고 공양하되 물 담는 그릇까지도 보시한다.

　사리자야, 이것이 보살이 여덟 번째로 내는 마음이다."

　그때 세존께서 이 뜻을 거듭 펴시려고 게송으로 말씀하셨다.

만일 법의 진실한 이치에 상응하여
도의 갈래[道支] 길을 닦고 익혀
적멸한 법을 증득하려 하면
열반의 길로 흘러 통하게 된다.

내가 옛날 이와 같은 법을 멀리하고
오히려 모든 악에 물들어 익히고
법도 아니고 이치도 아니며 고요함도 아니고
나아가 열반과도 상응하지 않았다.

정진도 없고 세력도 없고
장부의 경지도 없고 위세도 없고

모든 행도 없고 용맹도 없어서
모두가 다 '공'하여 얻을 것이 없다고 부정하였다.

모든 부처님도 없고 법도 없으며
세간의 부모도 없고
흑법과 백법*도 없으며
과(果)와 보(報)가 모두 다 없다고 하였다.

이와 같은 모든 악한 소견을
끝없는 예로부터 항상 익혀 행한지라
이로 인해 지옥세계에 떨어져
갖은 고통 받으면서도 벗어나기 어려웠다.

이와 같이 헤매면서 축생세계 받았고
염마(焰魔)**의 악한 세계에도 떨어졌고
때로는 인간에 태어나게 되었어도
어리석고 지혜 없는 벙어리였다.

---

* 흑법(黑法)이란 청정하지 못한 일, 악한 행위를 말하며, 백법(白法)이란 청정한 일, 착한 행위를 말한다.
** 염마(焰魔, 閻魔)란, 명부(冥府)의 왕을 말하며, 지장보살과 습합해서 신앙대상도 되기도 하였다.

철없는 아이였고 귀먹고 눈멀어서
아둔하고 미련하여 앎이 없었으며
이로부터 다시 지옥에 떨어져
심한 고통 받은 뒤에는 더 어리석어졌다.

나는 한량없는 겁으로부터
이렇게 청정한 몸을 얻은 일이 없었는데
이제 만나 모든 감관을 갖추었으니
지금 빨리 정진해야 한다.

모든 법의 진실한 이치와 상응하면
고요함[寂靜]을 돕는 벗이 되어서
보리도(菩提道)와 보리에 나아가게 되니
나는 때맞추어 이 법을 구해야 한다.

모든 대보살장은 신비하고 깊어
진실한 이치에 상응하니
오랜 겁을 지나는 동안
만일 얻어 듣게 된다면 희유(希有)한 일이다.

그 밖의 모든 불법도
한량없고 셀 수 없어 불가사의하니

내가 힘써 받아 지님은
부처님의 보리를 증득하기 위함이다.

바른 노력으로 공경심을 일으켜
설법사(說法師)를 받들어 공양해야 하니
모든 부처님과 보살에게
위없는 법을 들어야 한다.

두려울 것 없는 큰 보살들은
이러한 용맹스런 마음을 일으키며
지혜의 방편을 잘 성취하니
물 담는 그릇까지 보시하기에 이른다.

"사리자야, 모든 보살이 시라바라밀다를 수행할 때에 이와 같은 여덟 번째 마음을 일으키고 나서는 부지런히 힘쓰면서 대보살장의 미묘한 법문을 구하기 위하여 설법하는 법사를 갑절 더 받들어 섬기고 한층 더 공양에 힘쓰되 물 담는 그릇까지도 보시한다.

또 사리자야, 보살은 시라바라밀다를 수행할 때에 이와 같은 마음을 일으키니 '일체중생은 의(義)없는 행에 붙잡혀 몸과 목숨을 돌보며, 의 없는 행에 집착하면서 뜻을 격려하고, 오직 의 있는 이익[義利]을 닦지 못하고 있다'고 한다.

사리자야, 어떻게 의 없는 행에 집착한다 하는가. 이를테면 몸과 목숨은 돌보면서 각분(覺分)*의 법에는 희망하는 뜻이 없고 〈나〉[我]와 내 것[我所]을 길잡이로 삼아 항상 그 몸을 방호하고 덮어 가리며 목욕하고 다스리고 장식하고 보배로이 수호하는 것이니, 이러면 곧 의 없는 행에 집착한다 한다.

사리자야, 또 의 없는 행에 집착함이 있으니, 이를테면 몸과 목숨은 돌보면서 각분의 법에는 희망하는 뜻이 없고 〈나〉와 내 것을 길잡이로 삼아 아내와 첩과 아들딸과 형제와 벗, 권속 친척들을 보호하고 가려서 모든 수용하는 기구에 이르기까지 보배로이 여기며 집착한다. 이것을 곧 의 없는 행에 집착한다 한다.

사리자야, 또 의 없는 행에 집착함이 있으니, 이를테면 몸과 목숨은 돌보면서 각분의 법에는 희망하는 뜻이 없고 〈나〉와 내 것을 길잡이로 삼아 노비와 어린 하인들을 거느리고 몰아쳐 부리고 몹시 구속한다. 이것을 곧 의 없는 행에 집착한다 한다.

사리자야, 어떻게 오직 의 있는 이익을 닦는다 하는가. 이를테면 몸과 목숨은 돌보지 않으면서 각분의 법에는 희망하는 것이 있고 묘한 보리심(菩提心)을 길잡이로 삼아 오직 훌륭하고 착한 몸의 업[身業]과 뜻의 업[意業]과 말의 업[語業]을 닦는 것이니 이러면 곧 오직 의 있는 이익을 닦는다 한다.

사리자야, 또 오직 의 있는 이익을 닦는 것이 있다. 이를테면

---

* 깨달음의 길에 이르게 하는 수행의 갈래를 말한다.

몸과 목숨은 돌보지 않으면서 각분의 법에는 희망하는 것이 있고 묘한 보리심을 길잡이로 삼아 오직 보시바라밀다와 나아가 반야(般若)바라밀다를 닦아 이끌어 내는 것이다. 이렇게 하면 오직 의 있는 이익을 닦는다고 한다.

사리자야, 또 오직 의 있는 이익을 닦는 것이 있다. 이를테면 몸과 목숨은 돌보지 않으면서 각분의 법에서는 희망하는 것이 있고, 묘한 보리심을 길잡이로 삼아 오직 보시(布施)와 애어(愛語)와 이익(利益)과 동사(同事)를 수행하여 온갖 중생을 거두어 주고 교화하는 것이다. 이렇게 하면 오직 의 있는 이익을 닦는다고 한다.

사리자야, 또 오직 의 있는 이익을 닦는 것이 있다. 이를테면 몸과 목숨은 돌보지 않으면서 각분의 법에는 희망하는 것이 있고 묘한 보리심을 길잡이로 삼아 오직 염처(念處)와 정단(正斷)과 신족(神足)과 근(根)과 역(力)과 각분(覺分) 등 이러한 도의 갈래를 닦으니, 이렇게 하면 곧 오직 의 있는 이익을 닦는다 한다.

사리자야, 또 오직 의 있는 이익을 닦는 것이 있다. 이를테면 몸과 목숨은 돌보지 않으면서 각분의 법에는 희망하는 것이 있고 묘한 보리심을 길잡이로 삼아 부모와 모든 사장(師長)에 대하여 오직 공양하고 공경하고 예배하고 몸을 굽히고 합장하고 경하하면서 문안을 드리고 영접하며 전송하고 공급하고 섬기면서 아울러 온화하고 유순한 업을 닦으니, 이렇게 하면 오직 의 있는 이익을 닦는다 한다.

사리자야, 또 오직 의 있는 이익을 닦는 것이 있다. 이를테면 몸과 목숨은 돌보지 않으면서 각분의 법에는 희망하는 것이 있고 묘한 보리심을 길잡이로 삼아 삼보(三寶)의 처소에서 법의 가르침을 따라 오직 닦으며 공경하고 섬기는 것이다.

사리자야, 보살은 생각하기를 '일체중생은 오직 의 없는 일에 집착하는지라 의 없는 행에 붙잡혀 몸과 목숨을 돌아보고 방일하며 게으르지만 나는 이제 오직 의 있는 이익을 닦는지라 의 있는 이익에 수호를 받고 있다. 나는 마땅히 한층 더 정진하여 몸으로 모든 설법하는 법사에게 공양하고 섬기면서 견고하지 않은 몸을 견고한 몸으로 바꾸고, 복과 지혜의 두 가지 힘의 양식을 닦아야 한다. 복과 지혜의 힘의 양식을 닦기 때문에 위없는 미묘한 보리를 가까이하리라' 라고 한다.

사리자야, 보살은 시라바라밀다에 의지하여 보살행을 행하며 이와 같은 보살장을 구하기 위하여 모든 설법하는 법사를 받들어 섬기고 공양하되 물 담는 그릇까지도 보시한다.

사리자야, 이것이 보살이 아홉 번째로 내는 마음이다."

그때 세존께서 이 뜻을 거듭 펴시려고 게송으로 말씀하셨다.

모든 어리석은 범부는
항상 몸과 목숨을 돌아보며
보리 구하는 것을 원하지 않으면서
뒤섞여 물든[雜染] 삼업(三業)을 일으킨다.

언제나 자기 자신의 몸과
처자와 권속의 이익만을 위하여
의 없는 일을 보배로이 여기니
이것을 어리석은 범부라 한다.

노비와 어린 종을 억지로 부리고
네 발 달린 짐승을 많이 기르면서
의 없는 일에 집착하니
이것을 지혜가 없는 이라 한다.

많은 재물과 곡식을 쌓아 두고
보시하지도 않고 먹고 쓰지도 않으면서
의 없는 일에 집착하니
이를 곳집만을 지키는 어리석은 이라 한다.

모든 어리석은 범부는
실로 의 없는 일에만 집착하니
묘한 지혜를 갖춘 보살은
의로운 이익을 힘써 구한다.

몸과 목숨을 돌아보지 않고
기쁘게 보리를 구하며

갖가지 착한 업을 일으키니
이를 오직 의로운 이익을 닦는다 한다.

방편으로 보시와 계율과
인욕과 바른 노력과 선정과
지혜를 잘 닦아 익히니
이를 오직 의로운 이익을 닦는다 한다.

아버지와 어머니께 공양하고
모든 스승께 공급하고 모시며
삼보를 깊이 공경하고 받드니
이를 오직 의로운 이익을 닦는다 한다.

온갖 법을 다 포섭하는
모든 보살의 미묘 법장(法藏)을
외우고 지니고 널리 알리니
이를 오직 의로운 이익을 닦는다 한다.

이렇게 닦는 의로운 이익은
모든 부처님께서 칭찬하는 바이니
정진하며 잘 상응하면
그가 바로 훌륭한 두려움 없는 제자이다.

이와 같은 생각을 일으킨 뒤에
청정하게 믿는 마음으로써
존중하는 법사를 공경하고 공양하며
물그릇에 이르기까지 받들어 보시한다.

"사리자야, 모든 보살이 시라바라밀다를 수행할 때에 이와 같은 아홉 번째 마음을 일으키고 나서는 부지런히 힘써서 대보살장을 구하기 위해 설법하는 법사를 갑절 더 받들어 섬기고 한층 더 공양에 힘쓰되 물 담는 그릇까지도 보시한다.

또 사리자야, 보살은 시라바라밀다를 수해할 때에 이와 같은 마음을 일으키니 '세간의 중생은 삿된 편벽(偏僻)이 자재하여 도리어 스승의 가르침에 집착하므로 얻게 되는 것이 없다. 어떤 것을 얻지 못하느냐 하면, 이른바 성과(聖果)를 얻는 재산이다. 어떤 것이 성과를 얻는 재산이냐 하면 신재(信財)와 계재(戒財)와 문재(聞財)와 참재(慚財)와 괴재(愧財)와 사재(捨財)와 혜재(慧財)이다. 이러한 법을 바로 성과를 얻는 재산이라 하거니와 저 중생은 이것을 얻지 못하기 때문에 극히 빈궁하다'고 한다.

보살은 또 생각하기를 '나는 이제 묘선이 자재함[妙善自在]을 닦아 스승의 가르침을 따르며 공경하며 받아야겠다. 왜 그런가 하면, 보살은 묘하게 자재하여 스승의 가르침을 따르며 공경하고 받아 증득하기 때문이다.

무엇을 증득하는가 하면, 이른바 성과로 얻는 재산이다. 어떤 것을 보살로서 성과로 얻는 재산이라 하는가 하면, 보살장 법문의 차별을 말한다. 보살의 묘선이 자재함[妙善自在]을 분명히 아는 것이 곧 설법하는 법사의 묘선자재(妙善自在)를 아는 것이니, 보살장 법문의 차별에 대하여 널리 중생을 위하여 알리고 연설하여 열고 분별하며 드러내 보이면서 유포하는 것'이라고 한다.

보살이 이와 같은 보살장에 편히 머무르고 나면 거룩한 법의 재산을 얻게 되어 영원히 빈궁함을 끊고 속히 아누다라삼먁삼보리를 증득한다.

사리자야, 보살은 시라바라밀다에 의지하여 보살행을 행하며 이 마음을 일으킨 뒤에는 묘선이 자재하게 스승의 가르침을 따르며 공손히 받아 다시 생각하기를 '나는 견고하지 않은 몸을 견고한 몸으로 바꾸어야 한다'고 하고, 부지런히 힘쓰면서 보살장을 구하기 위해 설법하는 법사를 받들어 섬기고 공양하되 물 담는 그릇까지도 보시한다.

사리자야, 이것이 보살이 열 번째로 내는 마음이다."

그때 세존께서 이 뜻을 거듭 펴시려고 게송으로 말씀하셨다.

세간의 하열한 모든 중생은
아첨과 미혹으로 간사함이 많고
뒤바뀌고 편벽되게 이치답지 않은 고집으로
완전한 악을 마음대로 행하면서 스승의 가르침을 어긴다.

이를 깊이 안 뒤에야 스승의 가르침에 따라
분별하고 널리 펼 수 있으며
이로 인해 거룩한 재산을 얻으니
신재·계재·사재·문재·참재·괴재·혜재이다.

이와 같은 칠재(七財)의 다함없는 곳이
그릇이 아님을 알면 열어 보이지 말 것이나
세간에는 착한 중생으로서
모든 부처님의 청정한 법 그릇[法器]이 될 만한 이는 많다.

아첨하지 않되 좋은 말로 와서 청해 묻고
묘한 선(善)에 자재하여 얌전하고 우아하며
항상 용맹스런 정진을 일으켜
바른 법을 공경하며 늘 듣기 좋아한다.

부처님의 미묘한 보리를 증득하기 위하여
사랑하는 몸과 목숨을 돌보지 않는 이
그야말로 바른 법을 감당할 그릇임을 알지니
다시 깊고 묘한 이치를 받아 지닐 수 있다.

스승께서 큰 자비를 일으켜
섞임 없는 참된 법계(法界)를 설해주니

모든 대보살의 미묘 법장도
뛰어난 보리를 이룬다.

또 그 가운데서 널리
부처님의 견고한 성재(聖財)를 열어 보이니
모든 법은 〈공〉한 모양이라
모양도 없고 〈나〉도 없으며
수명도 없고 변함도 없으며
모든 희론(戲論)도 없고 받을 법장도 없다.

모든 법의 제 성품[自性]은
인연 따라 나지 않고 모양도 없으며
처음에 생김도 없고 나중에 멸함도 없는
모양 없는 진여(眞如)에서 나타나는 것이다.

만일 자재하고 유화(柔和)한 이라면
스승의 가르침에 뒤바뀐 집착 없이
저절로 가장 뛰어난 본래의 경계에서
배울 바 해탈의 문을 열리라.

청정한 믿음과 계와 부끄러워하고 괴로워함과
바로 들음과 보시와 지혜의

이 다함없는 칠재(七財)의 법장을
그들을 위해 분별하며 널리 알린다.

불자가 유화하며 묘하고 자재하면
착한 벗의 가르침을 따르니
내가 그 말하는 법사를 받들어 섬김은
위없는 보리를 증득하기 위함이다.

보살은 마침 이 마음을 일으킨 뒤에
목마르고 주린 이를 가엾이 여기면서
깨끗한 기와 그릇 가지고 와서
맑은 물을 가득히 담아 수시로 보시한다.

"사리자야, 모든 보살은 시라바라밀다를 수행할 때에 이와 같은 열 번째 마음을 일으키고 나서 부지런히 힘쓰면서 대보살장을 구하기 위하여 설법하는 법사를 갑절 더 받들어 섬기고 한층 더 공양에 힘쓰되 물 담는 그릇까지도 보시한다."

시라바라밀품 ②

그때 부처님께서 사리자에게 말씀하셨다.

"보살은 시라바라밀다를 수행할 때, 이와 같은 선근(善根)의 힘을 성취한 까닭에 네 가지 광대하고 훌륭한 법[廣勝處法]을 획득하니, 어떤 것이 네 가지인가.

첫째는 모든 착한 법에 속히 나아가 들어가는 것, 둘째는 설법하는 법사에게 칭찬을 받는 것, 셋째는 수행이 원만하게 이룩되어 범함이 없는 것, 넷째는 부처님의 바른 법을 굳게 지니고 무너뜨리지 않는 것이다. 사리자야, 이것이 보살이 얻게 되는 네 가지 광대하고 훌륭한 법이다.

또 사리자야, 보살은 이 힘으로 인해 인간 세계에 있을 적에도 다시 네 가지 광대하고 훌륭한 법을 획득하니, 어떤 것이 네 가지인가.

첫째는 많은 중생을 위하여 닦고 배워서 모든 백법(白法)의 마지막 경지에 편히 머무르는 것이다. 둘째는 평탄한 길에 여관(旅館)을 지어 극히 견고하고 은밀하게 해 놓고 속히 중생으로 하여금 획득하여 기쁘게 하는 것이다. 셋째는 오랜 세월 동안 법의 이익을 얻은 까닭에 기쁨과 평화로운 마음이 감퇴하지 않는 것이다. 넷째는 마지막 목숨을 버릴 때에 미혹에 얽힌 마음이 없고 착한 갈래의 안락한 세계에 태어나는 것이다. 사리자야, 이것이 보살이 인간 세계에 있을 적에 얻게 되는 네 가지 광대하고 훌륭한 법이다.

또 사리자야, 보살은 이 힘으로 인해 천상에 있을 적에도 다시 네 가지 광대하고 훌륭한 법을 획득하니, 어떤 것이 네 가지인가.

첫째는 복을 받았기 때문에 하늘을 포섭할 수 있는 것이다. 둘째는 여러 하늘이 한데 모여 그의 입을 쳐다보면서 '보살은 이제 무엇을 설하실까. 우리들이 들으면 반드시 깨달음이 있을 것이다'라고 하는 것이다. 셋째는 제석천왕과 그 밖의 천자(天子)들이 와서 뵙고 법을 청하며 의심을 끊는 것으로 보살은 그곳에 가지 않는다. 넷째는 큰 궁전이 나타나서 보살을 수용하게 하는 것이다. 사리자야, 이것이 보살이 천상에 있을 적에 얻게 되는 네 가지 광대하고 훌륭한 법이다.

사리자야, 이와 같이 보살은 시라바라밀다를 수행할 때에 천상에 있거나 인간 세계에 살거나 간에 다시 한량없고 끝이 없는 백천 만억의 모든 미묘 법문을 얻게 되니, 모두가 시라바라밀다가 만족하게 되는 까닭이다."

그때 세존께서 이 뜻을 거듭 펴시려고 게송으로 말씀하셨다.

보살은 높은 자리에 있으면서
모든 하늘에게 예배 공경 받으니
그의 존안(尊顏)을 바라보며
장차 어떤 법을 말씀하실까 한다.

모두가 공경하면서
지혜를 갖추고 인색함을 없애며
즐겁고 기쁜 궁전에 있을 때에는

제석천이 와서 의심하는 것을 묻는다.

천상에서 수명이 다하고 나면
인간으로 태어나니
전륜성왕이 되어
그 큰 세력에 인색함이 없다.

인간 세계에서 목숨이 끝나면
도로 다시 천상에 태어나
다시는 많은 고통 받지 않으니
법사를 받들고 공양했기 때문이다.

항상 이와 같은 등의
네 가지 광대하고 훌륭함을 얻음은
하열한 마음이 없이
설법한 이를 공경하게 되었기 때문이다.

만일 공경하고 사랑하는 마음으로
물그릇을 받들어 보시하게 되면
하늘과 용과 사람까지
그에 응(應)하여 친히 공양한다.

"또 사리자야, 이 모든 보살은 시라바라밀다를 수행할 때, 이와 같은 모든 선근을 성취한 까닭에 다시 천상에서 네 가지 법을 얻으니, 어떤 것이 네 가지인가.

첫째는 전생에 겪은 것과 지은 업을 분명히 알며, 둘째는 이 선근으로 천상에 와 남을 분명히 앎과 동시에 착한 법에서 물러나는 것도 분명히 알며, 셋째는 이로부터 목숨을 마치면 장차 날 곳도 분명히 알며, 넷째는 모든 하늘을 위해 미묘한 법을 널리 연설하여 보여주고 가르쳐주고 칭찬해주고 기쁘게 하며 이렇게 이롭게 하고 나서야 하늘의 몸을 버리는 것이다. 사리자야, 이것이 보살이 천상 세계에 있을 때에 얻는 네 가지 법이니, 모두가 시라바라밀다로 인해서이다.

또 사리자야, 보살은 시라바라밀다를 수행할 때에 이와 같은 모든 선근을 성취한 까닭에 다시 네 가지 원만하게 이룩된 훌륭한 법을 얻는다.

사리자야, 보살은 시라바라밀다를 수행할 때에 이와 같은 모든 선근을 성취한 까닭에 다시 네 가지 원만하게 이룩된 훌륭한 법을 얻는다.

사리자야, 어떤 것이 네 가지인가. 첫째는 보살이 하늘 궁전을 버린 뒤에는 도로 사람의 세계에 태어나서 계율과 함께 사는 것이다. 둘째는 보살이 인간 세계에 있을 적에는 다섯 가지 훌륭하게 생기는 법을 얻게 된다.

어떤 것이 다섯 가지인가. 이른바 훌륭한 집안에 태어나게 되며, 훌륭하고 묘한 빛깔을 얻으며, 훌륭하고 청정한 계율을 얻으며, 훌륭한 권속을 얻으며, 모든 중생에 대하여 훌륭한 자비를 닦게 되는 것이다. 이와 같은 것을 다섯 가지 훌륭하게 생기는 법을 얻게 된다고 하는 것이다.

셋째는 보살이 인간 세계에 있을 적에 다시 다섯 가지 파괴되지 않는 법을 얻는 것이다. 어떤 것이 다섯 가지인가. 이른바 선지식을 만났으므로 파괴될 수 없으며, 받게 된 몸은 일찍 죽는 일이 없으며, 얻게 된 재산과 지위는 중간에 상실함이 없으며, 보리심을 얻었으므로 파괴할 수 있는 이가 없으며, 법이 모자랄 때에는 저절로 풍족하게 되는 것이니, 이와 같은 것을 다섯 가지 파괴되지 않는 법을 얻게 된다고 하는 것이다.

넷째는 보살이 인간 세계에 있을 적에 또 다시 다섯 가지 희유하고 원만한 법을 얻게 된다. 어떤 것이 다섯 가지인가. 보살이 집안에 놓아둔 빈 그릇에 보살의 손이 미치는 곳마다 저절로 온갖 많은 보배가 가득 차게 되니, 이것을 첫 번째 얻게 되는 희유하고 원만한 법이라 한다. 보살이 만일 목이 마르면 그때에 바로 그의 앞에 여덟 가지 덕[八德]을 갖춘 못이 저절로 솟아나게 되니, 이것을 두 번째 얻게 되는 희유하고 원만한 법이라 한다.

보살은 복덕으로 지닌 몸이라 바깥 물건의 침해를 받지 않으니, 이른바 독과 칼과 불과 물과 정기(精氣)를 빨아먹는 자와 혹은 야차와 모든 악귀가 해치지 못하는 것이니, 이것을 세 번째 얻게 되는 희유하고 원만한 법이라 한다.

사리자야, 보살은 남섬부주(南贍部洲)에서 모든 재난이 일어날 때에 이른바 도병[刀兵劫]과 기근[飢饉劫]과 질병[疾病劫]과 불[火劫]과 물[水劫]과 바람[風劫]과 마름[渴劫]과 열광[熱光劫]과 야차[藥叉劫] 등 이렇게 각각의 겁이 일어날 때마다 보살은 그 속에 살지 않고 천상에 머물면서 지극한 행복을 누리니, 이것을 네 번째 얻게 되는 희유하고 원만한 법이라 한다.

보살은 곧 이와 같은 선근의 힘 때문에 영원히 다시는 재난이 있는 곳에 태어나지도 않고 악한 세계에 태어나지도 않으며, 만일 뉘우침에 얽히는 마음이 있으면 이내 보고 알아서 속히 멀리하는 것이니, 이것을 다섯 번째 얻게 되는 희유하고 원만한 법이라 한다. 사리자야, 이것을 보살이 시라바라밀다를 수행하는 까닭에 또 다시 얻게 되는 네 가지 희유하고 원만하게 이룩되는 훌륭한 법이라 한다.

또 사리자야, 보살은 시라바라밀다를 수행할 때에 이와 같은 선근을 성취한 까닭에 항상 네 가지 미묘한 법을 여의지 않는다. 어떤 것이 네 가지인가.

첫째 보살은 다만 고통이 있는 모든 중생을 보기만 해도 곧 대비(大悲)의 마음을 얻게 되며, 둘째 보살은 모든 남녀가 보살을 공경하고 따르게 되며, 셋째 보살은 쇠하여 늙게 됨을 억제하면서 침해 받지 않으며, 넷째 보살은 생업(生業)을 돕는 일을 하면 백배의 이익(利益)을 얻고 혹은 이백 배, 삼백 배의 이익을 얻는 것이니 사리자야, 이것이 보살이 시라바라밀다를 수행할 때에 네 가지 묘한 법을 성취하여 항상 여의지 않는 것이다.

또 사리자야, 보살은 시라바라밀다를 수행할 때에 이와 같은 모든 선근을 성취한 까닭에 세 가지 법에 겁탈을 당하지 않는다. 어떤 것이 세 가지 법인가.

첫째는 탐욕에 겁탈을 당하지 않으며, 둘째는 성냄에 겁탈을 당하지 않으며, 셋째는 어리석음에 겁탈을 당하지 않는 것이니, 사리자야, 이것이 보살이 시라바라밀다를 수행하는 까닭에 세 가지 겁탈하는 법을 멀리 여읜 것이라.

또 사리자야, 보살은 시라바라밀다를 수행할 때, 이와 같은 모든 선근을 성취하는 까닭에 네 가지 병이 없는 법을 얻는다. 어떤 것이 네 가지인가.

첫째 보살은 오랫동안 병에 걸려서 시달림을 받지 않으며, 둘째 보살은 팔다리와 몸이 선명하고 윤택하여 야위거나 병드는 일이 없으며, 셋째 보살은 살림살이의 모든 기구가 줄어듦이 없으며, 넷째 보살은 국왕이나 도적이나 나쁜 사람에게나 그 밖의 중생에게 침해받지 않는 것이니, 사리자야, 이것이 보살이 시라바라밀다를 수행하는 까닭에 네 가지 병이 없는 법을 얻게 되는 것이다.

또 사리자야, 보살은 시라바라밀다를 수행할 때, 이와 같은 모든 선근을 성취하는 까닭에 네 가지 높은 지위[尊位]의 모양을 얻는다. 어떤 것이 네 가지인가.

첫째는 보살은 전륜왕이 되어 그 위세가 사방[四域]에 끼치고 법으로 세간을 다스려 법왕(法王)이라 하며, 칠보(七寶)가 와서 응하여 모두 다 성취되는 것이다. 어떤 것이 칠보인가. 이른바 윤보(輪寶)와 상보(象寶)와 마보(馬寶)와 여보(女寶)와 마니주보(末尼珠寶)와 주가장보(主家藏寶)와 주병신보(主兵臣寶)이다.

천 명의 아들은 외모가 단정하고 엄숙하며 위세가 뛰어나서 적을 항복시키며, 이 전륜왕은 세상[四大洲]에서 조종(朝宗)이라 흠앙하고 귀화하며, 또 재상과 많은 신하들이 호위하고 여러 모임과 나라 경계에 있는 백성과 모든 소왕(小王)이 다 함께 따르고 공경한다. 사리자야, 이것이 보살이 얻게 되는 첫째 번의 높은 지위의 모습이다.

또 사리자야, 보살은 묘한 오욕(五欲)에 물들거나 좋아하여 집착하지 않으니, 이른바 눈으로 알게 되는 빛깔과 귀로 알게 되는 소리와 코로 알게 되는 냄새와 혀로 알게 되는 맛과 몸으로 알게 되는 접촉이어서 보살은 이 오욕에 물들거나 집착하지 않는 까닭에 청정하게 믿는 마음으로써 집을 버리고 도에 들어가고 속히 다섯 가지 신통을 얻으며 사람과 사람 아닌 것에게 공경을 받으니, 사리자야, 이것이 보살이 얻게 되는 둘째 번의 높은 지위의 모습이다.

사리자야, 보살은 태어나는 곳마다 저절로 항상 최상의 깨달음과 최상의 지혜와 최상의 변재를 얻어서 모든 대왕에게 존경 받음은 마치 과거 세상에 대오말도(大烏末荼)가 왕들의 존경을 받은 것과 같으니, 이 보살도 역시 그러하여 왕들이 공경하고 존중하면서 어좌(御座)에 오르기를 청하게 된다. 또 재상과 신하들의 호위를 받고 대중의 모임과 나라에 있는 백성이 다 함께 존경하고 숭앙하니 사리자야, 이것이 보살이 얻게 되는 셋째 번의 높은 지위의 모습이다.

또 사리자야, 보살은 이미 아누다라삼먁삼보리를 깨친 뒤에 위엄과 덕이 훌륭하여 원만하고 첫째가므로 모든 하늘과 용, 야차, 건달바, 아수라, 가루라, 긴나라, 마후라가, 사람인 듯 아닌 듯한 이의 온갖 유정에게 귀의와 공경을 받는다. 왜냐하면, 이 보살은 가장 훌륭한 계율·선정·지혜의 품류[戒定慧品]와 해탈·해탈지견의 품류[解脫知見品]을 성취하여 이 법 가운데서 청정함을 증득하기 때문이다. 사리자야, 이것이 보살이 얻게 되는 넷째 번의 높은 지위의 모습이다.

사리자야, 이것을 보살이 시라바라밀다를 수행할 때에 얻게 되는 높은 지위의 모습이라 하니, 모두가 시라바라밀다를 원만하게 이루는 까닭이다.

또 사리자야, 이와 같은 보살은 시라바라밀다를 수행할 때에 청정한 마음을 갖추어 물 담는 그릇을 화상과 아사리의 두 높은 스승에게 받들어 보시했기 때문에, 이와 같은 한량없고 그지없는 공덕과 묘한 법을 획득한 것이다. 이른바 보살은 법을 구하기 위해 모든 움직임에 스승을 따르며 그의 말대로 행하면서 끝내 거역하지 않는 것이니, 이와 같은 선근의 힘을 성취한 까닭에 다시 네 가지 가장 훌륭한 재산을 얻게 된다.

어떤 것이 네 가지 재산인가. 첫째, 보살이 태어나는 곳에서는 대왕이 수용하는 재산을 획득하는 것이요, 그 밖의 중생이 쓰는 하열한 재산이 아니다. 둘째, 보살이 태어나는 곳에서는 욕심을 멀리하려는 법을 받아 신선의 재산을 얻고 청정한 마음으로써 집을 버리고 도에 들어가므로 성스러운 진리의 재산이라 한다. 셋째, 보살이 태어나는 곳에서는 전생 일을 기억하게 되므로 기억의 재산을 얻는다 하여 이 기억으로 인해 태어나는 곳마다 보리의 마음을 잊지 않는다. 넷째, 보살이 아누다라삼먁삼보리를 증득하고 나면 보리의 깨달음의 재산이라 하고 언제나 사중(四衆)과 하늘, 용, 야차, 건달바, 아수라, 가루라, 긴나라, 마후라가, 사람인 듯 아닌 듯한 이에서 앞뒤로 둘러싸인다.

사리자야, 이것을 보살이 시라바라밀다를 수행한 까닭에 증득하는 네 가지 가장 훌륭한 재산이라 한다. 또 사리자야, 보살이 시라바라밀다를 수행할 때에 설법하는 법사로부터 짧은 게송까지 받아 지니고 모든 행동에서 가르침을 따르니 이른바 '이것은 착하고 이것은 착하지 않으며 이것은 죄가 있고 이것은 죄가 없으며 이것은 닦아야 하고 이것은 닦지 않아야 한다' 는 것이다.

이와 같은 가르침으로 스승의 말씀에 따라 착하지 않은 일은 짓지 않고 착한 법은 닦아 익히면서 어김도 없고 거스르지도 않으면, 이 보살은 이와 같은 선근의 힘을 성취하여 다시 네 가지 높고 훌륭한 법을 얻는다.

어떤 것이 네 가지인가. 첫째 보살이 완전한 시라를 얻어서 높고 훌륭한 법을 이루게 되며, 둘째 보살이 받는 형체의 온갖 몸뚱이가 모두 다 원만하며, 셋째 보살은 큰 지혜와 솟아나는 지혜와 높은 지혜와 넓은 지혜와 민첩한 지혜와 날카로운 지혜와 신속한 지혜와 깊은 지혜와 결택(決擇)하는 지혜를 얻게 되며, 넷째 보살은 몸이 무너지고 목숨이 끝나면 착한 세계인 모든 하늘의 세계에 태어난다. 사리자야, 이것을 보살이 시라바라밀다를 수행할 때에 얻게 되는 네 가지 높고 훌륭한 법이라 한다.

…〈중략〉…

그때 세존께서 이 말씀을 하고 마치자 장로(長老) 사리자가 부처님께 아뢰었다.

"세존이시여, 여래·응·정등각께서는 어떠한 선근을 성취하셨기에 이와 같은 한량없고 불가사의한 장애 없는 지혜를 얻었습니까."

부처님께서 사리자에게 말씀하셨다.

"여래는 시라바라밀다에 머무는 까닭에 착하고 자재한 바른 법에 대하여 공경하고 존경하는 생각을 일으키고, 좋은 약이라는 생각을 일으키고, 값진 보배라는 생각을 일으키고, 만나기 어렵다는 생각을 일으키고, 선근이라는 생각을 일으키고, 응해 옴에 따라 깊이 공경하는 생각을 일으키는 것이며, 또 바른 법을 포섭한다는 생각에 편히 머문다.

사리자야, 여래는 시라바라밀다에 머물며 법을 공경하고 중히 여기기 때문에, 이와 같은 밝고 날카로운 큰 지혜를 획득하는 것이다. 이와 같은 큰 지혜로 분명하게 아는 것이 한량없고 끝이 없어서 앞의 수보다 더 지나간다.

사리자야, 모든 부처님의 끊임없는 지혜는 한량없고 끝도 없이 불가사의하여 헤아릴 수조차 없어서 그 가고 오는 모양을 말로는 설할 수 없다. 사리자야, 모든 부처님은 시라를 두루 갖춘 까닭에 이와 같은 자재한 힘을 얻는 것이다. 그러므로 여래는 손가락을 튕기는 잠깐 동안에도 항하의 모래같이 많은 수의 모든 부처님 세계에 갔다가도 다시 본래 있던 곳으로 돌아온다.

사리자야, 모든 부처님은 바른 법인 시라바라밀다에 대하여 청정한 믿음으로써 듣고 받아 지닌다. 이로 인해 빨리 해탈을 얻고 그 해탈로 인해 나 또한 해탈한다. 어떤 법에서 해탈하는가. 모든 고통에서 해탈한다.

또 사리자야, 만일 어떤 보살이 이 네 가지 공손히 머무르는 곳에서 이 법을 들은 뒤에 청정한 믿음을 얻으면 시라바라밀다를 수행한 까닭에 이런 마음을 일으키게 된다. '나는 이와 같이 여기에 머물고 있다. 나는 이렇게 항상 편히 머물기 때문에 언제나 모든 부처님의 바른 법을 여의지 않는다.'

사리자야, 보살이 이 경의 법문을 받아 지니면 이러한 선근의 힘 때문에 다시 네 가지 지혜로 이루어지는 법[慧所成法]을 얻는다. 어떤 것이 네 가지인가.

첫째 지혜를 두루 갖추는 까닭에 더 큰 지혜를 일으키게 되며, 둘째 지혜를 두루 갖춘 까닭에 모든 부처님을 친히 만나 뵙고 받들어 섬기며, 셋째 지혜를 두루 갖춘 까닭에 청정하게 믿는 마음으로 출가하여 도에 들어가며, 넷째 지혜를 두루 갖춘 까닭에 속히 아누다라삼먁삼보리를 증득한다. 사리자야, 이것을 보살이 시라바라밀다를 수행할 때 얻게 되는 네 가지 지혜로 이루어지는 법이라 한다.

또 사리자야, 보살이 시라바라밀다를 수행할 때 이 선근의 힘을 성취한 까닭에 네 가지 지은 것이 많은 법[多所作法]을 얻는다. 어떤 것이 네 가지인가.

첫째 사람 몸을 받으면 지은 것이 많다고 하며, 둘째 부처님이 계신 세상을 만나면 지은 것이 많다고 하며, 셋째 청정하게 믿는 마음으로 출가하여 도에 들어가면 지은 것이 많다고 하며, 넷째 속히 아누다라삼먁삼보리를 증득하면 지은 것이 많다고 한다. 사리자야, 이것을 보살이 시라바라밀다를 수행할 때에 얻게 되는 네 가지 지은 것이 많은 법이라 한다.

또 사리자야, 보살이 시라바라밀다를 수행할 때 이 선근의 힘을 성취한 까닭에 다시 네 가지 지분(支分)의 법을 얻는다. 어떤 것이 네 가지인가.

첫째는 보살이 전륜(轉輪)의 지분을 얻게 되므로 인간 세계에 있을 적에는 전륜왕이 된다. 둘째 보살이 범세(梵世)에 있을 적에는 대범천왕이 되며, 셋째 보살이 모든 천상에 있을 적에는 제석천왕이 된다. 넷째 보살이 아누다라삼먁삼보리를 증득하고 나면 온갖 법을 두루 갖추고 원만하게 되므로 이름을 법왕(法王)이라 하고, 세간에 있으면서 교화하며 또 다시 길상(吉祥)한 힘으로 중생을 청정하게 하는 지혜와 신통의 경계를 얻어 이와 같은 모든 모양을 환히 알 수 있으므로 모든 세상과 천상과 인간의 눈이 되는 것이다."

그때 세존께서 이 뜻을 거듭 펴시려고 게송으로 말씀하셨다.

세간을 구제하는 밝은 눈이라
모든 중생 가운데 가장 위이며
모든 의술(醫術)을 잘 아니
이로 인해 적멸(寂滅)을 증득한다.

오고 가며 스승의 가르침을 따랐기에
이러한 과보를 받게 되었네.
뭇 고통 받는 일이나
나쁜 일도 없다.

속히 천상에 가 나게 되고
속히 도로 인간으로 와 나게 되며
속히 모든 부처님을 받들어 뵈옵고
속히 모든 재난을 여의게 된다.

부자로서 재물이 풍부하고

눈으로는 모든 복장(伏藏)을 보며
그 손이 미치는 데마다
보배가 가득 찬다.

변화로 묘한 연못을 나타내면
여덟 공덕의 물이 언제나 가득 차며
근심과 괴로움을 받는 일이 없으니
착하고 자재한 결과 때문이라.

손발이 꼬이거나 비뚤어지지 않고
추하거나 난쟁이가 아니며
팔다리와 몸이 마르지도 않고
또한 줄어서 작지도 않다.

구부러지지 않고 눈에 결함도 없고
손가락의 모양도 들쭉날쭉하지 않으며
머리도 코끼리의 정수리와는 다르니
착하고 자재한 결과 때문이다.

위의와 용모가 모두 원만하고
바탕은 묵직하며 금 무더기 같으며
단정하여 많은 사람이 보기 좋아하고

모습이 모두 선명하고 훌륭하다.

모든 하늘과 용과 귀신과
모든 세상 사람이
공양하고 존경하니
묘하고 자재한 덕(德) 때문이다.

모든 악도(惡道)를 멀리하고
인간과 천상의 착한 세계[善趣]에 들어가서
속히 큰 보리를 깨치게 되니
착하고 자재한 결과 때문이다.

만일 사람이 일체중생의
마음을 모두 다 분명히 알면
각각 일곱 걸음씩 걷고 나서
미묘한 음성으로 세계에 알린다.

이 사람의 지(智)는 맨 위이고
이 사람의 혜(慧)도 맨 위이며
해탈 또한 맨 위이고
중생 가운데서도 맨 위이다.

혜(慧)는 지혜를 청정하게 하고
혜는 지(智)에 의지하며
혜와 지와 해탈은
모든 부처님에 의지하여 증득되는 것이다.

혜로 인해 제 성품[自性]이 생기고
아는 것은 지(智)로 인해 알게 되니
만일 어떤 이가 지혜(智慧)를 갖추면
구하는 것이 이루어지지 않음이 없다.

이와 같이 심히 깊은 이치를
나는 너를 위해 간략히 말하노니
지혜가 없고 욕심이 적은 사람은
마땅히 이 이치를 받아야 한다.

그는 어리석음으로 인해 어리석어
많은 악에게 핍박 받으므로
분과 성을 일으키며
바른 법을 공경하지 않게 된다.

만일 욕심이 적은 중생이
이와 같은 바른 법에 대하여

더 공경심을 일으키지 않으면
다시 그 밖의 일들을 일으킨다.

법을 공경하지 않는 중생은
분내고 성냄에 미혹되어서
언제나 더러운 마음을 품으니
그를 위해서는 설하지 말라.

모든 이가 늘그막에 이르러서
쇠퇴하여 어리석은 이[摩訶羅]가 되면
그는 목숨을 마치려 할 적에
거짓으로 후유(後有)*에 머문다 한다.

모든 이가 늙어
쇠하고 어리석게 되면
헛되이 아라한의 공양을 먹고
빠르게 지옥으로 떨어지게 된다.

계율을 갖추기조차 어렵거늘
하물며 아라한의 과위겠는가.

---

* 열반에 이르지 못한 중생이 내세에 받을 미혹한 생존을 말한다.

믿는 이가 영묘(靈廟)*를 관리하면
다시 그 때문에 악취(惡趣)에 빠진다.

 "또 사리자야, 보살이 시라바라밀다를 수행할 때 이와 같이 부지런히 계행(戒行)을 수행하면서 보살장을 구하기 위해 몸으로 행이 바른 모든 스승을 받들어 섬기기 때문에, 위에서 말한 것과 같은 공덕을 얻게 된다. 또 앞에서보다 더 한량없고 끝이 없고 불가사의한 공덕과 이익을 얻게 된다.

 사리자야, 보살이 이와 같은 보살장에 편히 머무르는 까닭에 착하고 자재하고 미묘한 청정한 계율인 보살행을 행하는 것이다. 사리자야, 어떤 것을 묘한 계율이 청정하다 하는가. 사리자야, 보살이 시라바라밀다를 수행하는 까닭에 열 가지 청정한 시라를 얻게 됨을 네가 이제 알아야 한다. 어떤 것이 열 가지인가.

 첫째 모든 중생을 일찍이 상하거나 해치는 일이 없으며, 둘째 다른 이의 재물을 빼앗거나 훔치지 않으며, 셋째 다른 이의 아내와 첩에 대하여 잘못된 일을 저지르지 않으며, 넷째 모든 중생을 속이지 않으며, 다섯째 권속끼리 화합하여 어기거나 배반함이 없다. 여섯째 모든 중생에게 추악한 말을 하지 않는 것으로 그들이 하는 나쁜 말을 참고 견디기 때문이며, 일곱째 꾸며서 하는 말[綺語]을 하지 않는 것이니 무릇 말을 할 때는 자세히 살핀 뒤에 말

---

* 죽은 이를 기념하기 위해 만들어진 건축물을 말한다.

하기 때문이며, 여덟째 탐착함을 멀리하니 남이 가지고 있는 것에 대해 내 것이란 생각이 없기 때문이며, 아홉째 성을 내지 않으니 추악한 말과 모욕을 참고 받아내기 때문이며, 열째 삿된 소견을 멀리 여의니 그 밖의 하늘과 신선과 귀신들을 공경하거나 섬기지 않기 때문이다.

사리자야, 이 보살이 시라바라밀다를 수행할 때 다시 열 가지 청정한 시라(계)가 있음을 네가 이제 알아야 한다. 어떤 것이 열 가지인가.

첫째 무너지지 않는 계이니 무지(無智)로 증득한 것이 아니기 때문이다. 둘째 뚫리지 않는[不穿] 계이니 평등하지 않는 삶을 멀리 여의기 때문이다. 셋째 얼룩지지 않는[不斑] 계이니 온갖 번뇌가 섞이지 않았기 때문이다. 넷째 물들지 않은[不染] 계이니 오직 백법[白法]만이 더욱 자라기 때문이다. 다섯째 공양을 받을 만한 [應供] 계이니 그 하고자 하는 것을 따라 자유로이 행하기 때문이다. 여섯째 칭찬하는[稱讚] 계이니 모든 총명하고 지혜로운 이가 꾸짖거나 나무라지 않기 때문이다. 일곱째 헐뜯지 않는[不訾] 계이니 온갖 허물과 나쁜 것은 받아들이지 않기 때문이다. 여덟째 잘 수호하는[善護] 계이니 모든 감관의 문을 잘 수호하기 때문이다. 아홉째 잘 지키는[善守] 계이니 자연스레 바른 지혜가 나타나기 때문이다. 열째 착한 세계[善趣]의 계이니 큰 보리에 대한 원을 돕는 벗이기 때문이다. 사리자야, 이것이 보살이 시라바라밀다를 수행할 때에 얻게 되는 열 가지 청정한 시라이니, 이와 같이 배워야 한다.

또 사리자야, 보살이 시라바라밀다를 행한 까닭에 다시 열 가지 청정한 시라가 있음을 네가 이제 알아야 한다. 어떤 것이 열 가지인가.

첫째 욕심이 적은[少欲] 계이니 법답게 청정하면서 분량을 잘 알기 때문이다. 둘째 족한 줄 아는[知足] 계이니 온갖 탐욕과 집착을 영원히 끊기 때문이다. 셋째 바른 행[正行]의 계이니 몸과 마음으로 하여금 모두 멀리 여의게 하기 때문이다. 넷째 고요함에 머무르는[住靜] 계이니 모든 시끄러움을 모두 버리고 멀리하기 때문이다. 다섯째 두타의 공덕으로 즐기는 욕심을 제거하는 계이니 자유자재한 선근으로 이루어지기 때문이다. 여섯째 거룩한 종성으로서 족할 줄 아는[聖種知足] 계이니 남의 얼굴을 돌아보지 않고 바라지도 않기 때문이다. 일곱째 말씀과 같이 행하는[如說而行] 계이니 어둡거나 밝은 데를 섭수하면서 인간과 하늘을 속이지 않기 때문이다. 여덟째 스스로 자기의 허물을 살피는[自省己過] 계이니 항상 법의 거울로써 자기 마음을 환히 비추기 때문이다. 아홉째 남의 결점을 비방하지 않는[不譏他闕] 계이니 그의 뜻을 보호해 주기 때문이다. 열 번째 중생을 성숙시키는[成熟衆生] 계이니 모든 거두어 주는 법[攝法]을 버리지 않기 때문이다. 사리자야, 이것이 보살이 시라바라밀다를 행하는 까닭에 얻게 되는 열 가지 청정한 계이니, 이와 같이 배워야 한다.

또 사리자야, 보살이 시라바라밀다를 수행할 때 다시 열 가지 청정한 계가 있음을 네가 이제 알아야 한다. 어떤 것이 열 가지 인가.

첫째 부처님을 청정하게 믿는 계이니 마음의 싹을 여의기 때문이다. 둘째 법을 청정하게 믿는 계이니 정법을 수호하기 때문이다. 셋째 승가를 청정하게 믿는 계이니 성인들을 공경하기 때문이다. 넷째 고개를 숙이고 마음과 힘을 다하는 계이니 불보리를 생각하면서 여의지 않기 때문이다. 다섯째 착한 벗을 가까이 하는 계이니 깨달음의 수행 양식을 잘 쌓기 때문이다. 여섯째 악한 벗을 멀리하는 계이니 착하지 않은 법을 버리기 때문이다. 일곱째 대자(大慈)바라밀다의 계이니 모든 중생을 성숙시키기 때문이다. 여덟째 대비(大悲)바라밀다의 계이니 곤경과 재액을 받는 중생을 해탈되게 하기 때문이다. 아홉째 대희(大喜)바라밀다의 계이니 정법에 대하여 기쁨과 즐거움을 내기 때문이다. 열째 대사(大捨)바라밀다의 계이니 모든 사랑과 성냄을 다 같이 버리기 때문이다. 사리자야, 이것이 보살이 시라바라밀다를 수행하는 까닭에 얻게 되는 열 가지 청정한 계이니, 이와 같이 배워야 한다.

또 사리자야, 보살이 시라바라밀다를 수행할 때 다시 열 가지 청정한 계가 있음을 네가 이제 알아야 한다. 어떤 것이 열 가지 인가.

첫째 타나(柁那)바라밀다의 계이니 모든 중생을 잘 성숙되게 하기 때문이다. 둘째 찬제(羼底)바라밀다의 계이니 일체중생의 마음을 잘 보호하기 때문이다. 셋째 비리야(毘利耶)바라밀다의 계이니 모든 바른 행에서 물러나지 않기 때문이다. 넷째 정려(靜慮)바라밀다의 계이니 정려의 양식[資糧]이 잘 만족되기 때문이다. 다섯째 반야(般若)바라밀다의 계이니 근본(根本)을 들으면서 만족하여 싫어함이 없기 때문이다. 여섯째 즐거이 법을 듣고자 하는 계이니 항상 즐거이 보살장을 청하고 구하기 때문이다. 일곱째 몸을 돌보거나 아끼지 않는 계이니 무상하다는 생각으로 항상 관찰하기 때문이다. 여덟째 목숨을 보배로이 여기지 않는 계이니 허망하다는 마음으로 언제나 앞에 있는 경계를 관찰하기 때문이다. 아홉째 모든 뜻이 만족되는 계이니 처음 발심하면서부터 청정하기 때문이다. 열째 부처님의 계율과 화합하는 계이니 여래의 모든 계율에 회향하기 때문이다. 사리자야, 이것이 보살이 시라바라밀다를 수행하는 까닭에 얻게 되는 청정한 계이니, 이와 같이 알아야 한다.

또 사리자야, 이 보살이 시라바라밀다를 수행할 때 이와 같은 청정한 계율을 완전히 갖춘 까닭에 인간과 천상에 있는 모든 미묘한 즐거움을 보살은 받지 않는 것이 없다. 세상의 업을 보살은 알지 못하는 것이 없으며, 모든 중생이 수용하고 있는 기구를 보살이 얻고 느끼지 않는 것이 없으며, 범부들과 서로 사이가 나쁠 때에도 보살은 중생들에게 일찍이 성내는 일이 없으며, 세상이 속이고 거짓말한다 해도 보살은 그들을 믿고 받아들인다는 생각을 내며, 세상의 모든 중생에게 보살은 어머니라는 생각을 일으키며, 세상의 모든 중생에게 보살은 아버지라는 생각을 내며, 세상의 모든 중생에게 보살은 보호받고 정이 들어 함께한다는 생각을 내며, 온갖 유위(有爲)법에 대해서도 보살은 무상하여 생멸한다는 생각을 일으킨다.

사리자야, 보살이 모든 행이 다 무상함을 분명히 알고 난 뒤에는 몸과 목숨을 돌보지 않고 청정한 계율을 지키면서 보살이 행해야 할 바른 행을 하는 것이니, 이 모두는 시라바라밀다를 원만하게 이루기 위함이다."

그때 세존은 거듭 이 뜻을 펴시려고 게송으로 말씀하셨다.

묘한 빛깔과 묘한 음성으로
법을 좋아하는 이를 잘 구제하며
보살로서 어려움이 없는 것은
청정한 시라에 머무르기 때문이다.

얼굴과 눈이 모두 원만하고 깨끗하며
소경, 절름발이, 곱사로도 나지 않고
몸의 일부분이 얌전하고 바른 것은
모두가 청정한 계율 때문이다.

큰 힘과 기세를 두루 갖추고
아름답고 거룩한 광명을 갖추며

다시 정진하는 지혜로
악마를 놀라게 하며 두렵게 한다.

모든 왕이 다 함께 공양하고
하늘과 용 등의 존경을 받으면서
모든 의심의 그물을 잘 끊으며
깊은 마음으로 큰 자비를 행한다.

계의 모임에 편안히 머무르고
법대로 행하여 큰 명칭(名稱) 있으며
핍박이 있다 해도 두려움을 내지 않고
끝내 악도(惡道)에는 떨어지지 않는다.

중생은 모두가 혼몽하여 잠을 자나
보살은 능히 그들을 깨우며
항상 잠시라도 잠이 없으면서
두루 사방을 다니며 법을 구한다.

계율의 모임에 편히 머물면서
보리도를 구하기 위하여
가장 좋고 이름난 값진 보배와
아내와 아들, 몸과 살을 버린다.

가장 훌륭한 법의 가르침과
위없는 부처님 법을 구하니
세간에서 모두 의지할 대상에게
마땅히 모든 공양을 닦아야 한다.

설령 꾸짖고 욕설을 퍼부으며
괴롭히고 나쁜 행을 일으킨다 해도
가엾이 여기며 찬미하니
이는 인욕(忍辱)에 머무르는 까닭이다.

말씀한 대로 닦아 행하고
말은 언제나 거짓되지 않으니
도량(道場)에 편히 앉은 뒤에는
대지(大地)를 크게 진동시키리라.

불법에 대하여 의심함이 없고
삿된 하늘을 버리고 여의면서
하늘이 존경하는 이를 항상 섬기니
그분이 바로 부처님이다.

세상의 모든 중생이
칼과 몽둥이로 서로 해칠 적에

그들을 화합하게 할 수 있으니
이것이 총명하고 민첩한 모양이다.

중생이 오랜 겁 동안
무거운 고통을 받고 있으면서
비록 와서 구하지 못한다 할지라도
보게 되면 항상 버리지 않는다.

착한 벗과 서로 담화하고 의논하여
의(義)있는 이익을 얻지만
중생들은 그것을 구하지도 않고
도리어 그에게 해를 끼친다.

나는 남섬부주(南贍部洲)와
모든 부처님의 국토에
가득한 값진 보배를
밑천 삼아 착한 벗을 구한다.

가령 잘 드는 날카로운 칼로
나의 뼈마디를 끊고 벤다 해도
중생들에게
항상 평등한 마음을 낸다.

어리석은 범부가 짓는 업은 버리고
불법의 인연(因緣)을 위하여
항상 청정한 계를 수호하며
미묘한 법에 편히 머문다.

법을 생각하고 법에 따라 닦고 익혀
보살의 묘한 행을 행하는 것은
불보리를 구하기 위함이며
세 가지 밝음과 지혜를 얻기 위함이다.

계에 편안히 머물러
불법을 닦고 배우는 이
그가 바로 총명하고 지혜로운 이이니
하늘이나 세상에선 공양 받아야 한다.

법에 대해 의심이 없고
모든 공교(工巧)를 잘 통달하며
중생의 뜻을 깊이 알아서
아름답고 묘한 법을 널리 드날린다.

계의 모임이 이미 청정하다면
보리수(菩提樹) 아래에 편안히 앉아

악마의 무리를 항복받은 뒤에
위없고 바른 깨달음[正覺]을 깨친다.

빛이 퍼져 세계에 가득 참이
마치 해와 달의 광명과 같으니
보살은 유정 중에서도 높은 분이라
거룩한 지혜의 눈[慧眼]을 뜨게 한다.

손을 내어 중생을 인도하고
도(道)를 물으면 모두 열어 보이며
항상 기쁜 듯 웃고 먼저 말하면서
질투하거나 성냄을 품는 일이 없다.

한량없는 자기 몸을 버렸고
많은 재보(財寶)를 보시하였으며
부처님의 최상 보리를
일찍이 멀리한 일이 없다.

믿음과 계율을 원만히 갖추었고
진실한 말에 잘 머무르니
요술처럼 허망한 거짓 없이
계의 모임에 편히 머문다.

모든 사람이 보살에게로 와서
혹 허망한 말을 한다 해도
듣게 된 것은 모두 믿고 받아
한결같이 진실한 말에만 의지한다.

설령 어떤 이가 보살에게 거짓말로
옷과 밥을 주겠다고 허락해 놓고
끝내 보시하는 일이 없다 해도
보살은 성내는 마음이 없다.

시라바라밀품③

이와 같이 세간을 비추시고
모든 법의 언덕[彼岸]에 이르신 분인데
방일(放逸)하는 자리에 있으면서
어찌 스스로 속았다고 하겠는가.

오랜 세월 동안
여래는 한 번 출현하게 되거늘
내가 받들어 섬기지 못했으니
그 누구를 의지하여 구제자로 삼겠는가.

내 스스로 생각하건대
어머님은 좋은 이가 아니었다.
어찌하여 여래를 찬양하지 않고
내가 태어나면서부터 뵙게 하지 않았을까.

아버지도 좋은 이가 아니었다.
나를 욕심에 떨어뜨려
거기에 붙들려 있게 하고
세상의 의지처[世間依]를 섬기지 못하게 하였으니.

부처님께서 말씀하시는
60가지 묘한 음성 듣지 못하고
이생에서 큰 이익 상실하게 되었으니
부처님을 섬기지 못했기 때문이다.

모든 법의 저 언덕에 이르신 이요
세상을 이롭게 하는 대비(大悲)하신 분인데
나는 교만과 방일에만 붙잡혀
양족존(兩足尊)을 섬기지 못했구나.

한량없는 세월이 지나도
부처님 뵙기는 심히 어려운데

나는 공양을 올리지 못하고
열반하신 뒤에야 오게 되나니.

지금 내가 거듭 생각하건대
부모는 모두 좋은 이가 아니었다.
내가 처음 태어났을 때부터
어째서 부처님을 찬탄하지 않았으며

가장 으뜸이신 세존을 뵈옵고
항상 여래 곁에 머무르면서
널리 모든 공양을 올리며
바른 법을 듣게 하지 않았을까.

여래께서 널리 펴시는
60가지 미묘한 음성을
나는 일찍이 듣지 못하고
열반한 뒤에야 오게 되었단 말인가.

나는 지금 큰 이익을 상실하였다.
열반한 뒤에야 오게 되어서
먼저 부처님께서 말씀한 바와 같이
미묘 법문 설함이 없으니 말이다.

사리자야, 그때 득념보살이 그곳에서 슬피 울고 일어나 최승중여래께서 열반하여 나오신 평상으로 나아가 애통해 하다가 목이 메어 여래를 오른쪽으로 수천 번 돌고 난 뒤에 물러나 한쪽에 서서 게송으로 말하였다.

부처님은 중생을 위하는 진실로 높은 분으로
위없는 미묘한 법을 드날리셨으니
내 이제 지성스런 마음 일으킴은
훌륭한 보리를 얻기 위함이었네.

내 이제 여래의 발에 예를 올리니
세상에서 진실한 말만 하고 큰 지혜를 지닌 분이시여
원컨대 저 또한 이러한 지혜 얻어
으뜸이신 이께서 얻은 것과 같게 하소서.

저는 하열하고 지혜가 없어
악마[魔羅]의 무리 속에 떨어져 있었고
집에 편히 살면서 부딪히는 일이 많아
부처님[人中上]을 섬기지는 못했습니다.

저는 일찍이 훌륭한 복을 닦아
잠시 동안 부처님을 뵈었으나

부처님이 정법을 열어 보이지 않았기에
제가 이제 극심한 고통을 받고 있습니다.

제가 이제 하늘, 용 등 대중 앞에서
지성껏 진실한 말을 일으키니
저의 본래 소망이 사실대로라면
말씀대로 모두 이루어지게 하소서.

원컨대 미래 세상에 모든 부처님이 출현하시면
나는 그 사람 중에 가장 존귀한 이가 되겠습니다.
매우 깊은 이치와 광대한 작용과
위없는 진실한 법을 보고 듣게 하며

그때에 모든 재난 나에게는 없어
이미 생긴 욕심들도 가까이하지 않으며
여색(女色)도 자재하여 따라함이 없고
악마도 꺾어 무너뜨리며

날 적마다 늘 부처님을 뵙고
위없는 바른 법을 눈앞에서 듣게 되며
모든 부처님을 뵙게 되면 청정한 믿음이 생기고
그 믿음으로 모든 행을 닦겠습니다.

만일 내가 한 정성스런 말들이
반드시 진실로 거짓이 아니라면
이로 인해 여래께서 다시 일어나 앉음이
마치 깊은 잠에서 깨어나듯 하소서.

보살이 정성스런 말을 마치자
여래께서 바로 그때 일어나 앉으시니
모든 하늘이
훌륭한 옷을 바쳐 올렸다.

이때 보살이 기뻐서
몸을 솟구쳐 허공으로 올라가
허공에 서서 편히 머무른 뒤에
훌륭한 게송[伽陀]으로 부처님을 찬양했다.

(부처님은) 인자한 마음으로 세상을 이롭게 하고
큰 광명 비추는 첫째가는 설법자이며
큰 신통을 지니고 깨달은 이며
세상을 가엾이 여기는 의지처이고
위없는 바른 법을 널리 펴신 분입니다.

득념보살이 게송으로 말하였다.

저는 미래 세상에 부처가 되어
수기(授記)하는 세존이 되리니
대중은 따라 배우면서
여래께 공양을 일으켜야 한다.

세상의 의지처이시고 부사의(不思議)한 분인데
그 누가 이 분에게 믿음을 내지 않겠는가.
우리와 중생을 가엾이 여기시어
열반하셨다가 도로 일어나 앉으셨다.

"사리자야, 세존께서 열반하신 뒤에는 사리(舍利)를 유포하여 널리 탑[靈廟]을 세웠으며 정법(正法)은 세상에 만 년 동안 머물렀다." 그때에 부처님께서 이 뜻을 거듭 펴시려고 게송으로 말씀하셨다.

사리자야, 알아야 한다.
이 득념보살은
오랜 세월 동안
일찍이 악도(惡道)에 떨어짐이 없었다.

또 이러한 겁을 지나면서
어떤 탐욕도 익히지 않았으며

그 중간에도
7천의 부처님께서 열반하셨다.

모든 부처님 법을 좋아하여
항상 청정한 행을 수행한지라
최상보리를 깨치시니
명호는 사라왕 부처님이었다.

오랜 세월 동안
위없는 바른 깨달음에 머물렀고
으뜸가는 보리를 깨친 뒤에는
모든 중생을 이익 되게 하셨다.

오랜 세월 동안 살아 계시면서 미묘법을 널리 설하시니
수많은 성문들과 그 밖의 대중은
모두 다 번뇌를 다해
부처님의 훌륭한 대중[仙衆]이 되었다.

부처님께서 열반하신 뒤에
사리가 널리 유포되어
탑이 가득 차게 되었으니
그 수가 6만 구지나 되었다.

열반하신 뒤에는 정법(正法)이
1만 년 동안 세상에 머물렀고
부처님의 바른 설법을 들은 뒤엔
모두가 청정한 믿음을 내었다.

여래께서 말씀하신 법에 대하여
지혜로운 이가 의심하지 않으면
악도에 떨어짐 없이
속히 적멸(寂滅)을 증득하게 된다.

5장

이익을 위한 계 & 바른 법을 위한 계

이익을 위해 금계를 받아 지닌다면
이 계로써는 불성과 여래를 보지 못한다는 것을 알아야 한다.
만약 바른 법을 위해 금계를 받아 지닌다면
이 계로써는 불성과 여래를 보게 된다는 것을 알아야 한다.
중생을 위하는 이는 불성과 여래를 볼 수 있다.

이익을 위해 금계를 받아 지닌다면, 결코 자기 안의 부처를 발견할 수 없다는 이 문구를 대하고 있으면 왠지 뜨끔하다. 제아무리 자비의 윤리를 강조해도 사람이라면 대개가 이성적이고도 실용적인 이해를 바탕으로 계를 받아 지니고자 하는 심리가 깔려있기 마련인데, 이 글은 그러한 우리의 부끄러운 속내를 정확히 꿰뚫어보고 있는 듯해서 말이다.

『사자후보살품』의 대승계 관련 내용은 계를 어떻게 받고 지녀야 하는지 그 기본적인 태도를 짚어주며, 대승계를 받는 데에는 특별한 목적이 있음을 다시 한 번 인식시켜 준다. 또한 불성과 여래를 본다는 설정을 두고, 생명 있는 존재라면 누구나 불성이 있다는 사상에 기초하여 정리하고 있다.

이것은 『열반경』이 부처님의 죽음이라고 하는 커다란 사건을 통해 생명의 문제를 돌아보고, 부처님의 몸을 단순히 생명의 단절로만 해석하지 않으며, 법신과 불성을 강조하면서 일체중생의

『대반열반경』「사자후보살품」

성불 가능성을 제시하기 때문이다. 결과적으로 대승불교도들은 열반이나 수계를 개인적인 이익 차원에서 추구하는 것이 아니라, 모든 존재와 더불어 서로를 위하여 수계를 하고 고통에서 벗어나기를 바라는 마음을 갖도록 이끌어줘야 한다는 얘기다.

이외에도 『사자후보살품』에서는 보살이 하는 행동에 따라 부처님의 32가지 모습을 얻을 수 있다고 설한다. 업의 인연을 바꿈으로써 누가 보아도 수승하고 충만한 모습을 갖출 수 있다는 것이다. 아마도 부처님이 이룬 깨달음을 32상이라는 초월적인 모습으로 표현하여 그것을 목표로 삼을 수 있도록 한 것이 아닐까 싶다. 그렇게 부처님의 모습을 닮아가는 노력이야말로 보살의 수행덕목 중에 포함된다고 하니, 이 얼마나 용이하고도 자연스러운 가르침인가. 대승불교의 가르침은 이처럼 분명해서 우리 삶을 통해 곧바로 적용할 수 있다는 게 특징이다.

이러한 『대반열반경』에는 북전과 남전의 두 종류가 있다. 「사

「자후보살품」은 북전『열반경』중에서 발췌했고,「성행품」은 남전『열반경』중에서 선별하여 정리했다. 두 품의 특색을 살피며 읽는다면 더 흥미로울 것이다.

키워드\불성, 32상

『대반열반경』「사자후보살품」

"선남자여, 계에는 두 가지가 있고, 계를 지키는 것 또한 두 가지가 있다. 첫째는 구경의 계[究竟戒]이고, 둘째는 구경이 아닌 계[不究竟戒]이다. 어떤 사람이 인연이 있어 금계를 받아 지니면, 지혜로운 이는 마땅히 이 사람이 계를 지키는 것이 이익을 위한 것인지 끝까지 지키기 위한 것인지 관찰해야 한다.

선남자여, 여래의 계는 원인이 없어서 '구경계'라고 한다. 이러한 의미 때문에 보살은 비록 나쁜 중생이 해쳐도 성내지 않는다. 그리하여 여래는 끝내 계를 지키고, 깨달음에 이르기까지 계를 지켜 성취한다.

선남자여, 나는 옛적에 사리불을 비롯한 오백 제자와 함께 마가다국(摩伽陀國)의 첨파(瞻婆)라는 큰 성(城)에 머물고 있었다. 그때 어떤 사냥꾼이 비둘기 한 마리를 쫓아왔는데, 비둘기는 두렵고 무서워서 사리불 그림자가 있는 곳까지 와도 여전히 파초처럼 떨었다. 그러나 내 그림자 속에 와서는 몸과 마음이 평안하여 공포가 사라지게 되었다.

그러므로 여래가 끝내 지키는 계는 몸의 그림자까지도 이러한 위력이 있다는 것을 알아야 한다. 선남자여, 구경(궁극의 깨달음)이 아닌 계로는 성문이나 연각조차 얻을 수 없다. 하물며 어찌 아누다라삼먁삼보리를 얻겠는가?

(계에는) 다시 두 가지가 있다. 첫째는 이익을 위한 것이고, 둘째는 바른 법을 위한 것이다. 이익을 위해 금계를 받아 지닌다면 이 계로는 불성과 여래를 보지 못한다는 것을 알아야 한다. 비록 불성과 여래라는 이름을 듣는다 해도 들어서 본다고 말하지 못한다. 만약 바른 법을 위해 금계를 받아 지닌다면, 이 계로는 불성과 여래를 보게 된다는 것을 알아야 한다. 이것을 눈으로 본다고 하며 또한 들어서 본다고 말한다.

(계에는) 다시 두 가지가 있다. 첫째는 뿌리가 깊어서 뽑기 어려운 것이고, 둘째는 뿌리가 얕아서 움직이기 쉬운 것이다. 만약 공(空)하고 상이 없고[無相] 원이 없음[無願]을 닦아 익히면, 이것을 뿌리가 깊어서 뽑기 어렵다고 한다. 만약 이 세 가지 삼매를 닦아 익히지 않으면, 다시 닦아 익힌다고 해도 이십오유(二十五有)*

---

* 미혹한 중생의 생존 상태를 스물다섯 가지로 나눈 것. 지옥(地獄)·아귀(餓鬼)·축생(畜生)·아수라(阿修羅)의 사악취(四惡趣), 동승신주(東勝身洲)·남섬부주(南贍部洲)·서우화주(西牛貨洲)·북구로주(北俱盧洲)의 사주(四洲), 사왕천(四王天)·도리천(忉利天)·야마천(夜摩天)·도솔천(兜率天)·낙변화천(樂變化天)·타화자재천(他化自在天)의 육욕천(六欲天), 초선천(初禪天), 대범천(大梵天), 제이선천(第二禪天), 제삼선천(第三禪天), 제사선천(第四禪天), 무상천(無想天), 정거천(淨居天), 공무변처천(空無邊處天)·식무변처천(識無邊處天)·무소유처천(無所有處天)·비상비비상처천(非想非非想處天)의 사무색(四無色).

를 위한다면, 이것을 뿌리가 얕아서 움직이기 쉽다고 한다.

(계에는) 다시 두 가지가 있다. 첫째는 자신을 위한 것이고, 둘째는 중생을 위한다. 중생을 위하는 이는 불성과 여래를 볼 수 있다.

계를 지니는 사람에게 다시 두 가지가 있다. 첫째는 성품이 그러하여 스스로 지닐 수 있는 것이고, 둘째는 타인의 가르침에 의지하는 것이다. 만약 계를 받고 나서 한량없는 세월을 지나면서도 처음부터 잃어버리지 않거나, 혹 나쁜 나라를 만나고 나쁜 친구, 나쁜 시절, 나쁜 세상을 만나거나 사악한 법을 듣거나 삿된 견해를 가진 이와 함께 머무를 때에 비록 계를 받은 법이 없더라도 본래대로 수행하고 지키며 범하는 일이 없다면, 이를 가리켜 성품이 그러해서 스스로 지닐 수 있다고 하는 것이다.

만약 스승(師僧)을 만나 네 가지 갈마[四羯磨]를 말한 뒤에 계를 얻었다면, 비록 계를 얻었더라도 모름지기 화상과 스승과 함께 공부하는 이와 착한 벗의 가르침에 의지해야만 나아가고 머무름을 알며, 법을 듣고 법을 말하는 모든 위의를 갖출 수 있다. 이것을 타인의 가르침에 의지한다고 하는 것이다. 선남자여, 성품이 그러해서 지닐 수 있는 이는 불성과 여래를 눈으로 보는 것이며, 또한 들어서 보는 것이라고 한다.

계에 다시 두 가지가 있다. 첫째는 성문계(聲聞戒)이고, 둘째는 보살계(菩薩戒)이다. 처음 보리심을 일으킨 때부터 아누다라삼먁삼보리를 성취할 때까지를 보살계라고 한다. 백골을 관찰하거나 아라한과를 증득하게 될 때까지는 성문계라고 한다. 만약 성문계를 받아 지니는 자가 있다면 이 사람은 마땅히 불성과 여래를 보지 못한다는 것을 알아야 하며, 만약 보살계를 받아 지니는 자가 있다면 이 사람은 마땅히 아누다라삼먁삼보리를 얻고, 불성과 여래와 열반을 볼 수 있다는 것을 알아야 한다."

사자후보살이 말하였다.

"세존이시여, 무슨 인연으로 금계를 받아 지닙니까?"

부처님께서 말씀하셨다.

"선남자여, 마음으로 후회하지 않기 위함이다. 왜 후회하지 않으려 하는가? 즐거움을 감수하기 위함이다. 왜 즐거움을 감수하려 하는가? 멀리 여의기 위함이다. 왜 멀리 여의려고 하는가? 안온하기 위함이다. 왜 안온하려 하는가? 선정을 위함이다. 왜 선정에 들려고 하는가? 진실하게 알고 보기 위함이다. 왜 진실하게 알고 보려고 하는가? 태어나고 죽는 모든 근심을 보기 위함이다.

왜 마음으로 탐착하지 않으려고 하는가? 해탈을 얻기 위함이다. 왜 해탈을 얻으려고 하는가? 위없는 대열반을 얻기 위함이다. 왜 대열반을 얻으려고 하는가? 상락아정(常樂我淨)*을 얻기 위함이다. 왜 상락아정을 얻으려고 하는가? 나지도 않고 멸하지도 않는 것을 얻기 위함이다. 왜 나지도 않고 멸하지도 않는 것을 얻으려고 하는가? 불성을 보기 위함이다. 그러므로 보살은 스스

---

* 대승불교에서 말하는 열반의 네 가지 덕으로, 열반의 세계는 절대 영원하고 즐겁고 자재(自在)한 참된 자아가 확립되어 있으며 청정함을 이룬다.

로의 성품으로 구경에 이르기까지 청정한 계를 지니는 것이다.

선남자여, 계를 지니는 비구는 비록 발원하여 후회하지 않는 마음을 구하지 않더라도 후회하지 않는 마음을 자연적으로 얻는다. 왜냐하면 법의 성품이 그러하기 때문이다. 비록 즐거움·멀리 여읨·안온·진실·나고 죽는 근심을 보는 것·마음으로 탐착하지 않는 것·해탈·열반·상락아정·불생불멸·불성을 보는 것을 구하지 않더라도 자연적으로 얻게 된다. 왜냐하면 법의 성품이 그러하기 때문이다."

사자후보살이 말하였다.

"세존이시여, 만약 계를 지켜 후회하지 않는 과보를 얻고, 해탈로 열반의 과보를 얻는다면, 계에는 원인이 없고 열반에는 결과가 없는 것입니다. 계가 만약 원인이 없다는 것은 곧 항상함이 되는 것이요, 열반에 원인이 있다는 것은 곧 무상한 것입니다.

만약 그렇다면 열반은 곧 본래는 없었다가 지금은 있는 것이 됩니다. 본래 없었다가 지금은 있는 것이라면 이는 무상한 것이니 마치 등불을 켜는 것과 같습니다. 열반이 만약 그러하다면, 어떻게 내가 즐겁고 깨끗하다고 말하겠습니까?"

부처님께서 말씀하셨다.

"선남자여, 훌륭하고 훌륭하다. 그대가 일찍이 한량없는 부처님께 모든 선근을 심었기에 여래에게 이렇게 깊은 의미를 물을 수 있는 것이다. 선남자여, 본래 생각을 잊지 않고 이렇게 묻는구나. 내가 생각하니, 지난 옛날 한없는 세월을 지나 바라나성에 부처님께서 세상에 출현하시고, 선득(善得)이라고 불렀다. 그 부처님은 3억 년 동안 이 대열반경을 설하셨는데, 내가 그때 그대와 함께 그 법회에 있었다. 내가 이런 사연을 부처님께 여쭈었으나, 그때 여래께서는 중생을 위하여 삼매에 바르게 드시고 이 의미에 대해서는 대답하지 않으셨다.

훌륭하다. 대사(大士)여, 본래의 사연을 기억하는구나. 자세히 들으라. 그대를 위하여 말하리라. 계에도 또한 원인이 있으니, 바른 법 듣는 것을 말한다. 바른 법을 듣는 것에도 또한 원인이 있으니, 믿는 마음이다.

…〈중략〉…

선남자여, 중생의 불성이 항상 머물러 변하지 않는 것이 마치 저 험한 길과 같아서 사람이 후회하고 돌아왔다고 해서 도(道)가 무상하다고 말할 수는 없다. 불성도 또한 그러하다. 선남자여, 깨달음의 길에는 끝내 퇴전하는 이가 없다.

선남자여, 먼저 후회하고 돌아온 이가 자기보다 먼저 가서 보배를 획득하고 돌아와 자재하게 세력을 부리며 부모를 공양하고 종친에게 넉넉하게 주고 안락한 삶을 누리는 것을 보고는, 마음속으로 열이 나서 곧 행장을 준비하여 다시 길을 떠나, 신명을 아끼지 않고 온갖 고난을 감내하다가 마침내 칠보산에 도달한 것처럼, 물러서는 보살 또한 그와 같다. 선남자여, 일체중생은 마침내 아누다라삼먁삼보리를 성취하게 된다.

이러한 의미에서 나는 경전에서 '일체중생과 다섯 가지 거역

하는 죄와 네 가지 중대한 계를 범한 이와 일천제(一闡提)* 도 모두 불성이 있다'고 말하였다."

사자후보살이 말하였다.

"세존이시여, 왜 보살에게 물러남과 물러나지 않음이 있습니까?"

"선남자여, 만약 보살이 여래의 서른두 가지 모습을 얻는 업의 인연을 수습한다면 물러나지 않는다고 말하며, 보살마하살이라고 말하며, 일체 성문과 연각보다 수승하다고 말하며, 아비발치(阿鞞跋致)** 라고 말한다.

선남자여, 만약 보살이 계를 지키며 흔들리지 않고, 보시하는 마음을 바꾸지 않고, 진실한 말에 머물기를 수미산처럼 한다면, 이러한 업의 인연으로 발바닥이 상자 밑처럼 평평한 모습을 얻게 된다.

만약 보살이 부모와 화상과 스승이나 축생에 이르기까지 법다운 재물로 공양하고 공급하면 이러한 업의 인연으로 훌륭한(발바닥에 천 개의 수레바퀴살 같은) 모습을 성취하게 된다.

만약 보살이 살생을 하지 않고, 도둑질을 하지 않으며, 부모와

---

* 이 용어의 원래 의미는 '욕구를 따르는 사람' '욕망을 가진 자'이다. 즉, 현세에 집착하여 현실적인 욕망만을 추구할 뿐, 불법을 따르지 않는 무리를 말한다. 그래서 단선근(斷善根), 무종성(無種姓)이라 한역한다. 모두 선근을 끊어버린, 보다 나은 인간으로서의 삶을 포기한 중생이란 뜻이다.

** 불퇴(不退)·불퇴전(不退轉)이라 번역. 수행으로 도달한 경지에서 다시 범부의 상태로 후퇴하지 않음. Ⓢavinivartanīya의 음사.

스승에게 항상 환희를 일으키면, 이러한 업의 인연으로 세 가지 모습을 성취하게 된다. 첫째는 손가락이 가늘고 길며, 둘째는 발꿈치가 길며, 셋째는 그 몸이 반듯하고 곧다. 이러한 세 가지 모습은 동일한 업의 인연이다.

만약 보살이 사섭법(四攝法)을 수행해서 중생을 거두어들이면, 이러한 업의 인연으로 손가락과 발가락 사이에 비단결 같은 막이 생긴다.

만약 보살이 부모와 스승이 병들었을 때 손수 씻어드리고 부축하고 안마해 드리면, 이러한 업의 인연으로 손과 발이 유연하게 된다.

만약 보살이 계를 지키고 법을 듣고 은혜롭게 보시하는 것을 싫어하지 않는다면, 이러한 업의 인연으로 관절이나 복사뼈가 원만하고 몸의 털이 위로 쏠리게 된다.

만약 보살이 마음을 기울여 법을 듣고 바른 가르침을 연설하면, 이러한 업의 인연으로 장딴지가 우두머리 사슴처럼 된다.

만약 보살이 모든 중생에게 해치려는 마음을 일으키지 않고, 음식에 대하여 만족함을 알며, 항상 보시하는 것을 좋아하며, 병든 이를 보살피고 약을 공급하면, 이러한 업의 인연으로 그 몸이 원만하기가 큰 나무와 같고, 손을 내리면 무릎을 지나고, 정수리에 육계가 있어서, 정수리의 모습을 볼 수 없다.

만약 보살이 두려워하는 이를 구호하며, 헐벗은 이에게 의복을 베풀어주면, 이러한 업의 인연으로 남근이 몸 안에 숨어 있는 모습을 얻게 된다.

만약 보살이 지혜로운 이를 가까이하고 어리석은 이를 멀리하며, 묻고 대답하기를 잘하고 좋아하며, 다니는 길을 깨끗이 청소하면, 이러한 업의 인연으로 피부가 미세하고 유연하며, 몸의 털이 오른쪽으로 선회하게 된다.

만약 보살이 항상 의복·음식·와구·의약·향과 꽃·등불을 사람에게 보시하면, 이러한 업의 인연으로 몸에서 항상 금빛 같은 광명이 빛나게 된다.

만약 보살이 보시를 행할 때 진귀한 물건을 버리면서 복이 되는가, 복이 아닌가를 바라보지 않는다면, 이러한 업의 인연으로 일곱 군데가 원만한 모습을 얻는다.

만약 보살이 보시할 때 마음으로 의심을 하지 않으면, 이러한 업의 인연으로 유연한 음성을 얻게 된다.

만약 보살이 법답게 재물을 구하여 보시하는데 사용하면, 이러한 업의 인연으로 결여된 뼈가 충만하여 사자의 윗몸 같고, 팔과 팔꿈치가 곧바르고 가늘게 된다.

만약 보살이 이간질하는 말과 나쁜 말과 성내는 마음을 멀리 여의면, 이러한 업의 인연으로 마흔 개의 치아가 희고 깨끗하며 가지런하고 조밀하게 된다.

만약 보살이 모든 중생에 대하여 큰 자비를 수행하면, 이러한 업의 인연으로 두 개의 송곳니 모습을 얻는다.

만약 보살이 항상, 찾아와서 구하는 이가 있으면 마음대로 주리라고 서원하면, 이러한 업의 인연으로 사자 같은 뺨을 얻는다.

만약 보살이 모든 중생이 필요로 하는 음식을 모두 다 준다면, 이러한 업의 인연으로 맛 중에서도 좋은 맛을 얻는다.

만약 보살이 자신도 열 가지 선한 일을 수행하고 아울러 사람들을 교화하면, 이러한 업의 인연으로 넓고 긴 혀를 얻는다.

만약 보살이 다른 이의 단점을 드러내지 않고, 바른 법을 비방하지 않으면, 이러한 업의 인연으로 청정한 음성을 얻는다.

만약 보살이 모든 원수나 증오하는 이를 보고 기뻐하는 마음을 일으키면, 이러한 업의 인연으로 눈과 속눈썹이 검푸른 색이 된다.

만약 보살이 타인의 덕을 숨기지 않고 그 좋은 점을 칭찬하면, 이러한 업의 인연으로 미간에 흰 털이 있는 모습을 얻는다.

선남자여, 만약 보살이 이러한 서른두 가지 모습을 얻는 업의 인연을 수습할 때에는 곧 보리심을 퇴전하지 않게 된다.

선남자여, 일체중생은 헤아릴 수 없으며, 모든 부처님의 경계와 업의 과보와 불성도 또한 헤아릴 수 없다. 왜냐하면 이러한 네 가지 법이 모두 다 항상하기 때문에 헤아릴 수 없는 것이다. 일체중생은 번뇌에 덮여 있기 때문에 항상하다고 말하며, 항상한 번뇌를 끊기 때문에 무상하다고 말한다.

만약 일체중생이 항상하다고 말한다면, 어떻게 팔정도(八正道)*를 수행해서 온갖 괴로움을 끊겠는가? 온갖 괴로움을 끊으면 곧 무상하다고 말하며, 감수하는 즐거움은 곧 항상하다고 말한다. 그러므로 나는 '일체중생은 번뇌에 덮여서 불성을 보지 못하고, 그렇게 보지 못하기 때문에 열반을 얻지 못한다'고 말하는 것이다."

---

* 괴로움의 소멸에 이르는 여덟 가지 바른 길. (1)정견(正見) : 바른 견해. 연기(緣起)와 사제(四諦)에 대한 지혜. (2)정사유(正思惟) : 바른 생각. 곧, 번뇌에서 벗어난 생각, 노여움이 없는 생각, 남에게 해를 끼치지 않는 생각 등. (3)정어(正語) : 바른말. 거짓말, 남을 헐뜯는 말, 거친 말, 쓸데없는 잡담 등을 삼감. (4)정업(正業) : 바른 행위. 살생이나 도둑질 등 문란한 행위를 하지 않음. (5)정명(正命) : 바른 생활. 정당한 방법으로 적당한 의식주를 구하는 생활. (6)정정진(正精進) : 바른 노력. 이미 생긴 악은 없애려고 노력하고, 아직 생기지 않은 악은 미리 방지하고, 아직 생기지 않은 선은 생기도록 노력하고, 이미 생긴 선은 더욱 커지도록 노력함. (7)정념(正念) : 바른 마음챙김. 신체, 느낌이나 감정, 마음, 모든 현상을 있는 그대로 통찰하여 마음챙김. (8)정정(正定) : 바른 집중. 마음을 하나의 대상에 집중·통일시킴으로써 마음을 가라앉힘.

부록
남전 『대반열반경』

성행품(星行品) ①

가섭이여, 어떤 것이 보살이 닦아야 하는 거룩한 행인가.

 보살이 성문에게서나 보살에게서나 이『대반열반경』을 듣고, 듣고는 믿는 마음을 내고, 믿고는 생각을 하되 '부처님 세존께서는 위없는 도가 있고, 크고 바른 법과 대중의 바른 행이 있으며, 또 방등 대승경전이 있으니, 내가 이제 대승경전을 좋아하고 구하기 위해서는, 사랑하는 처자와 권속과 살고 있는 집과, 금과 은과 보배와, 미묘한 영락과 향과 꽃과 풍류와 종과 심부름꾼과 남자·여자와 코끼리·말·수레·소·양·닭·개·돼지 따위를 버리리라' 한다.

 또 생각하기를 '사는 집이 비좁고 시끄럽기가 감옥과 같아 온갖 번뇌가 생기는 것이니 출가하여 높고 고요하기가 허공과 같으면, 온갖 선한 법이 자라날 것이며, 집에 있으면서는 몸이 마치도록 깨끗한 행을 닦을 수 없으니, 이제 나는 머리를 깎고 출가하여 도를 배워야겠다'고 한다.

또 생각하기를 '내가 이제 결정코 출가하여 위없고 진정한 보리의 도를 닦으리라' 하여 보살이 이렇게 출가하려는 때에, 천마인 파순이 그 고통을 느껴 말하기를 '이 보살이 또 나와 더불어 큰 싸움을 일으키려고 하는구나' 한다.

선남자야, 이런 보살이 어찌하여 다른 이와 싸움을 일으키겠는가.

이때에 보살이 곧 승방에 이르러 부처님이나 부처님의 제자들이 위의가 구족하고 모든 근(根)이 고요하여 마음이 화평하고 깨끗하며 고요함을 보고는, 그곳에 가서 출가하기를 청하고, 머리를 깎고 세 가지 가사를 입으며, 이미 출가하고는 계를 지키고 위의가 아름답고 행동이 점잖으며 죄를 범하는 일이 없고, 작은 죄를 저지르고도 두려운 생각을 내어 계를 수호하려는 마음이 금강같이 견고하다.

선남자야, 어떤 사람이 구명부대를 몸에 달고 바다를 건너려 할 때에, 바다 속에 있던 나찰이 이 사람에게 구명부대를 달라고 하였다. 그 사람이 듣고 생각하기를 '이것을 주면 나는 반드시 물에 빠져 죽을 것이다' 하였다.

대답하기를 '네가 차라리 나를 죽일지언정 구명부대는 줄 수 없다' 했더니, 나찰이 또 말하기를 '그대가 만일 전부를 내게 줄 수 없거든, 반이라도 갈라 달라'고 하였다. 그래도 그 사람이 주지 않으려 하였다. 나찰은 또 '그대가 반도 줄 수 없거든 삼 분의 일이라도 달라' 했으나, 그래도 주지 않았다.

나찰은 또 '그것도 줄 수 없거든, 손바닥만큼 달라' 하나 그것도 주지 않으니, 나찰은 다시 말했다. '그대가 만일 손바닥만큼도 줄 수 없으면, 내가 배가 고프고 고통이 심하니, 티끌만큼이라도 달라' 하였다. 그 사람은 또 이렇게 말했다. '지금 네가 달라는 것은 얼마 되지도 않는다만, 내가 지금 바다를 건너가려 하는데 앞길이 얼마나 먼지 모르는 터에, 조금이라도 네게 준다면 거기에서 기운이 점점 새어나올 것이니, 드넓은 바다를 어떻게 건너가며 물에 빠져 죽는 일을 면할 수 있겠느냐' 하였다.

선남자야, 보살이 계를 수호하고 지니는 것도 그와 같아서 바다를 건너가는 사람이 구명부대를 사랑하고 아끼는 것과 같다. 보살이 이렇게 계를 수호할 적에 번뇌라는 나쁜 나찰이 따라다니면서 말하기를 '너는 나를 믿으라. 속이지 아니하리니, 4중금은 깨뜨리고 다른 계행만을 잘 보호하여 지니더라도 그 인연으로 편안하게 열반에 들게 될 것이다' 라고 한다. 그때에 보살은 이렇게 대답해야 한다.

'나는 차라리 이런 계를 지키다가 아비지옥에 떨어질지언정, 계를 파하고 천상에 나려 하지는 않을 것이다.'

번뇌 나찰은 또 말하기를 '네가 만일 네 가지 계를 파할 수 없거든, 승잔(僧殘)죄만이라도 파하면 그 인연으로 편안하게 열반에 들 것이다' 라고 하나, 보살은 그 말도 듣지 않는다. 나찰이 또

달래기를 '그대가 승잔죄도 파할 수 없다면, 투란차(偸蘭遮)죄만이라도 범하라. 그 인연으로 편안하게 열반에 들게 될 것이다'라고 하나 그때에도 보살은 허락하지 않는다.

나찰은 또 '그대가 투란차죄를 범할 수 없으면, 사타(捨墮)죄를 범하라. 그 인연으로도 편안하게 열반에 들 수 있다'고 한다. 그래도 보살은 허락하지 않는다. 나찰은 또 '그대가 사타죄도 범할 수 없으면, 바일제[波逸提]죄를 범하라. 그 인연으로도 편안히 열반에 들 수 있다'고 한다. 보살은 그때에도 허락하지 아니할 것이다.

나찰은 또 말하기를 '그대가 바야제를 범하지 못하겠거든 돌길라(突吉羅)계를 파하라. 그 인연으로도 편안하게 열반에 들 수 있다'한다. 보살이 이때에 생각하기를 '내가 만일 돌길라를 범하고 털어놓고 참회하지 아니하면, 생사 바다의 저 언덕까지 건너가서 열반을 얻지 못할 것이다'한다.

보살이 이 조그만 계율에게까지도 견고하게 수호하려는 마음이 금강과 같으며, 보살이 4중금이나 돌길라까지를 소중하게 여기고 견고하게 생각함이 차별이 없으며, 보살이 만일 이렇게 굳게 가지면 곧 다섯 가지 계를 구속하리니, 이른바 보살의 근본 업인 청정한 계율과, 앞뒤 권속인 다른 청정한 계율과, 나쁜 깨달음이 아닌 각(覺)의 청정한 계율과, 바른 생각을 수호하여 지니는 생각의 청정한 계율과, 아누다라삼먁삼보리로 회향하는 계율이니라.

가섭이여, 이 보살에게는 또 두 가지 계율이 있다. 첫째 세상에서 가르치는 계를 받음이요, 둘째 바른 법의 계를 얻는 것이다. 보살이 바른 법의 계를 얻은 이는, 마침내 나쁜 짓을 하지 않고, 세상의 계를 받는 이는 백사갈마(白四羯磨)를 한 뒤에야 얻는다.

선남자야, 두 가지 계율이 있으니 첫째는 성스럽고 중요한 계[성중계, 聖重戒]요, 둘째는 세상의 혐의를 쉬는 계[식세기혐계, 息世譏嫌戒]이다. 성중계는 네 가지 금계를 말한다.
식세기혐계는 이러하다.

1. 장사하며 사람을 속이는 것
2. 다른 세력으로 재물을 뺏는 것
3. 다른 이를 해롭게 할 마음을 갖는 것
4. 결백하고 성공한 것을 파괴하는 것
5. 불 켜놓고 눕는 것
6. 논밭과 집에 갖가지 종류를 심는 것
7. 살림을 유지하려고 가게를 내는 것
8. 나쁜 짐승을 기르는 것
9. 어른과 아이를 노비로 두는 것
10. 금은보화를 축적하는 것
11. 구리나 백통 주석 따위로 만든 그릇을 축적하는 것
12. 담요나 털붙이 옷을 축적하는 것

13 음식을 익혀 먹는 기구를 축적하는 것
14 음식을 자주 먹는 것
15 식사에 만족하지 못하는 것
16 별청을 받는 것
17 고기를 먹는 것
18 술 마시는 것
19 오신채를 먹는 것
20 계속해서 공양을 받는 것
21 옷을 받고도 만족함을 모르는 것
22 세 가지 가사와 발우를 가지고 다니지 않는 것
23 뿌리로 생겨나는 것을 축적하는 것
24 금은 보물을 축적하는 것
25 높고 큰 침상에 앉는 것
26 훌륭하게 짠 자리에 앉거나 눕는 것
27 코끼리나 말 위에 앉는 것
28 옷을 평상에 깔고 눕는 것
29 쉬는 평상에 두 가지 베개를 놓는 것
30 좋아하는 단침(丹枕)을 놓는 것
31 코끼리 싸움이나 말싸움을 구경하는 것
32 군대를 구경하는 것
33 북치고 노는 풍류소리를 듣는 것
34 투전, 바둑 등 온갖 노름을 하는 것

35 게임하고 웃기는 것을 구경하는 것

36 손금, 관상 등 점치는 것

37 허공의 별을 감상하는 것

38 국왕의 사신이 되어 오고 가는 것

39 아첨하고 정당치 못하게 사는 것

40 임금과 신하, 도적의 싸움, 나라에 흉년이 들거나 풍년이 든 일 등을 말하는 것

이것을 세상의 혐의를 쉬는 계라 한다. 보살들은 이런 계를 가지되 성중계와 평등하게 여겨 차별함이 없어야 한다.

보살은 이런 계율을 받아 지니고 서원을 세운다.

"차라리 이 몸을 맹렬히 타는 큰 불구덩이에 던질지언정 과거 미래 현재 세상 여러 부처님 제정한 계율을 파하면서 크샤트리아, 바라문 거사들의 여인과 더불어 부정한 짓을 하지 않겠습니다.

뜨거운 무쇠로 이 몸을 두루 얽을지언정 파계한 몸으로 신심 있는 시주의 의복을 받지 않겠습니다.

이 입으로 끓는 철환을 삼킬지언정 파계한 입으로 신심 있는 시주의 음식을 먹지 않겠습니다.

뜨거운 무쇠 위에 누울지언정 파계한 몸으로 신심 있는 시주의 침상과 좌복을 받지 않겠습니다.

3백 자루의 창을 받을지언정 파계한 몸으로 신심 있는 시주의

의약을 받지 않겠습니다.

쇳물이 끓는 가마솥에 던질지언정 파계한 몸으로 신심 있는 시주의 집이나 방을 받지 않겠습니다.

쇠망치로 이 몸을 부셔 머리에서 발까지 모두 가루를 만들지언정 파계한 몸으로 바라문 거사의 공경과 예배를 받지 않겠습니다.

뜨거운 쇠꼬챙이로 두 눈을 뽑을지언정 음란한 마음으로 다른 이의 아름다운 얼굴을 보지 않겠습니다.

송곳으로 온몸을 빈틈없이 찌를지언정 음란한 마음으로 좋은 음성을 듣지 않겠습니다.

잘 드는 칼로 코를 벨지언정 음란한 마음으로 여러 향기를 맡지 않겠습니다.

잘 드는 칼로 혀를 찢을지언정 음란한 마음으로 아름다운 맛을 탐하지 않겠습니다.

잘 드는 도끼로 몸을 찍을지언정 음란한 마음으로 보드라운 촉감을 탐하지 않겠습니다."

왜냐하면 이러한 인연이 수행자로 하여금 지옥, 아귀, 축생에 떨어지게 하기 때문이다.

가섭아, 이것을 보살이 호지(護持)하는 금계(禁戒)라고 하는 것이다. 보살이 이런 여러 가지 계행을 베풀어주고, 그 인연으로 중생들이 금계를 수호해 지니게 하며, 청정한 계[淸淨戒], 착한 계[善戒], 모자람이 없는 계[不缺戒], 쪼개짐이 없는 계[不析戒], 대승계(大乘戒), 물러남이 없는 계[不退戒], 따라가는 계[隨順戒], 궁극의 계[畢竟戒]를 얻어 바라밀계를 완전히 성취하게 된다.

6장

계는 깨달음으로 가는 사다리

모든 보살이
만약 몸과 재물에 연연함이 없다면
청정한 금계(禁戒)를 수지할 수 있고
금계를 지키기 위해 인욕을 닦고
인욕을 닦은 뒤에 정진을 발휘할 수 있고
정진을 발휘한 뒤에 정려를 갖출 수 있고
정려가 갖추어진 뒤에 세간을 벗어나는 지혜를 얻을 수 있다.

……

모든 바라밀다는
큰 자비가 원인이 되고
미묘하고 사랑스러운 과보
그리고 모든 존재를 넉넉하고 이롭게 함이 결과가 된다.

흔히 계를 설명할 때 '깨달음으로 가는 사다리'라고 말한다. 계를 잘 받아 지니고 실천한다면, 분명 그는 깨달음에 이를 것이라는 얘기다. 반대로 깨달음에 이르기 위해서는 사다리 역할을 하는 계가 반드시 필요하다는 말이기도 하다. 그리고 그러한 계는 탐욕을 벗어나야만 받을 수 있다고 하니, 결국 깨달음의 시작은 자신의 욕망을 제어하는 노력에서부터 시작된다고 할 수 있겠다.

 이처럼 계를 지녀야만 인욕이 생기고, 정진에 몰두할 수 있으며, 선정에 들 수 있고, 지혜를 얻을 수 있다는 자연스러운 흐름은 계를 별개의 것으로 몰아가는 것이 아니라, 불교수행의 흐름을 뒷받침하는 기초단계로 인식하게 한다.

 깨달음에 이르는 올바른 과정을 바라밀행과 더불어 설명하고 있는 『해심밀경』은 기원후 300년 전후에 성립되었다고 하여 중기대승불교의 경전으로 편성된다. 『유가론』의 선구적 경전이라고도 하며, 경명이 의미하는 것처럼 부처님의 깊고 깊은 가르침

『해심밀경』

을 해명한 경이기도 하다.

　계에 관해서는 십바라밀 중 지계바라밀을 설명하는 과정에서 주로 나타난다. 보살의 삶과 보살의 서원, 바라밀과 삼학의 관계 등을 잘 드러내며, 보편적 수행방법을 제시하고 있다. 계를 지니는 것이나 수행이라고 하는 것이 막연하게 저 멀리서 어서 따라오라고 손짓하는 것이 아니라, 내 가까이서 손을 내밀어주는 듯 다정한 느낌을 준다. 유식과 관련하여 난해한 법을 설명하기도 하지만, 계에 대해서만큼은 이렇듯 친절한 것이 또한 『해심밀경』이다. 경이 이끌어주는 대로 따라가다 보면, 어느덧 보살의 삶을 영위하고 있는 자신을 발견할지도 모른다.

키워드\지계바라밀, 이구지, 바라밀행

『해심밀경』

일체 미세한 계율의 범함조차도 멀리하므로, 제2지를 이구지(離垢地)라 부른다.

제2지에는 두 가지 어리석음이 있다.

첫째는 미세한 잘못과 계를 범하는 어리석음이며, 둘째는 갖가지 업(業)에서 생기는 어리석음과 그 거칠고 무거움이 물리칠 바이다.

부처님이 관자재보살에게 말씀하셨다.

"선남자야, 마땅히 다섯 가지 상에 따라 닦고 익혀야 한다.

첫째 보살장의 바라밀다와 상응하는 미묘한 바른 법의 가르침에 대해 맹렬하고 예리하게 믿고 이해하는 것이다. 둘째 다음 열 가지 법의 수행[法行]에 대해 듣고 사유하고 수행하여 이룬 미묘한 지혜로써 수행 정진하는 것이다. 셋째 보리심을 따르고 보호하는 것이다. 넷째 참다운 선지식을 가까이하는 것이다. 다섯째 끊임없이 부지런히 선법(善法)을 닦는 것이다.

이른바 모든 보살이 만약
몸과 재물에 돌아보고 아끼는 마음이 없으면
청정한 금계를 받아 지닐 수 있고
청정한 금계를 지키기 위해 인욕을 닦고
인욕을 닦은 뒤에는 정진할 수 있고
정진을 한 뒤에는 선정을 갖출 수 있고
선정이 갖추어진 뒤에는
세간을 벗어나는 지혜를 얻을 수 있다.
그러므로 내가 바라밀다를
이와 같은 순서로 말하는 것이다.

지계의 세 가지는 이러하다.
첫째는 변화시켜서 착하지 못한 계를 버리는 계이고
둘째는 변화시켜서 착함을 일으키게 하는 계이며
셋째는 변화시켜서 유정을 넉넉하고 이롭게 하는 계이다."

"세존이시여, 무엇을 바라밀다에 위배되는 일이라 합니까?"
"선남자야, 여기에는 여섯 가지가 있다.
 첫째 욕망과 재물의 자재함을 좋아하는 모든 욕망 가운데서 공덕과 수승한 이익을 깊이 보는 것이다. 둘째 쾌락에 따라 몸과 말과 뜻을 방종하게 하여 현행하는 중에 공덕과 수승한 이익을 깊이 보는 것이다. 셋째 다른 사람이 나에 대한 경멸을 참지 못하는

데서 수승한 이익을 깊이 보는 것이다. 넷째 부지런히 수행하지 않고 욕망에 집착하는 데서 수승한 이익을 깊이 보는 것이다. 다섯째 방탕한 세상에 처하여 잡란하게 행동하는 데서 수승한 이익을 깊이 보는 것이다. 여섯째 보고 듣고 느끼고 말하고 희론하는 데서 수승한 이익을 깊이 보는 것이다.

> 모든 보살들이 제정한 율의(律儀)를 잘 알고
> 율을 범한다는 것이 무엇인지를 잘 알며
> 항상 계율을 잘 갖추고
> 율의를 진정으로 견고히 하며
> 항상 계율을 널리 알리고
> 모든 학처를 받아 배우는 것
> 이것을 계율의 일곱 가지 청정한 모습이라 한다.

7장

대승계의 체계적 완성, 삼취정계

삼종정계를 요약하여 말하자면
보살로서 해야 할 세 가지 일이다.
즉, 율의계는 그의 마음을 편안히 머무르게 하고
섭선법계는 스스로 불법을 성숙하게 하며
요익중생계는 모든 존재(유정)를 성숙하게 한다.

『유가론』에 의하면, 대승보살계는 성립과정에서 '율의계(律儀戒), 섭선법계(攝善法戒), 요익중생계(饒益衆生戒)'의 삼취정계(三聚淨戒)로 정리되었다.

우선 종교를 믿는 사람이라면 누구나 지니고 있는 도덕 개념과 성스러운 영역으로 분류되던 승가의 규율을 조화롭게 적용시켜서 율의계의 개념을 정립시켰다. 여기에 몸과 입과 뜻으로 쌓아가는 모든 선을 강조하며 섭선법계를 완성시켰고, 모든 존재를 성숙시키는 이타행의 실천으로 요익중생계를 널리 알렸다.

특히, 섭선법계는 인간을 고통으로 몰아가는 탐냄과 성냄과 어리석음에서 벗어나기 위한 행위 전체를 가리키는 것으로, 자신의 욕망을 내려놓기 위해 절을 하고, 어리석음을 일깨우기 위해 법회에 참석하여 법문을 듣고, 참회를 위해 포살을 하며, 깨어있는 상태를 유지하기 위해 경을 독송하고 명상을 하는 등 자신의 선업(善業)을 위해 행하는 모든 종교적 행위를 말한다.

『유가론』「보살지」'지유가처계품'

이러한 섭선법계의 등장은 계율을 단순한 규칙 체계라고 생각하는 우리의 인식을 바꿔주었다. 또한 자신의 선업을 위해 노력하는 태도는 출가율과 대승계 사이의 충돌을 해결하는 특별한 대안이 되었다. 앞의 율의계가 엄격한 고결함을 추구했다면, 섭선법계는 누구라도 보편적 법칙에 근거해서 자발적으로 노력하라고 말하고 있다.

그리고 요익중생계는 대승계는 물론 대승불교의 핵심사상으로, 모두를 이롭게 한다는 순수한 목적 아래 제시되었다. 이 계는 내가 갖게 될 이익이 다른 사람의 이익보다 더 중요하다고 생각하는 우리의 자연스런 판단을 완전히 부정하며, 내 이익이 남의 이익보다 우선시 되어서는 안 된다는 윤리적 결정을 확실하게 내리고 있다.

대승계에서는 모든 행위의 가치판단을 '그것이 과연 중생을 위한 일인가'에 둔다. 그래서 대승보살의 계는 출가를 하고 안하고의 여부를 문제 삼지 않는다. 대승보살의 삶은 시간과 역사를 포기하지 않고 있는 그대로의 삶을 긍정하면서 바로 그 자리에서 실천하는 것에 더 큰 의의를 두기 때문이다.

이러한 삼취정계의 체계적 정립을 『유가론』 계품에서 확인할 수 있다. 『유가론』은 대승불교가 완성되던 시대의 사상을 대표하는 논장이며, 보편적 윤리를 상세히 드러내고 있기 때문이다.

키워드\삼취정계, 율의계, 섭선법계, 요익중생계

『유가론』「보살지」

지유가처계품(持瑜伽處戒品)①

아홉 가지 계율을 말하여 보살의 계바라밀다[菩薩戒波羅蜜多]라고 하니 첫째는 자성계(自性戒)요, 둘째는 일체계(一切戒)요, 셋째는 행하기 어려운 계[難行戒]요, 넷째는 일체문계(一切門戒)요, 다섯째는 선사계(善士戒)요, 여섯째는 일체종계(一切種戒)요, 일곱째는 수구계(隨求戒)요, 여덟째는 차세타세락계(此世他世樂戒)요, 아홉째는 청정계(淸淨戒)이다.

  무엇이 보살의 자성계인가, 요약해서 말하면 네 가지 공덕이 있으니, 이것을 보살의 자성계라고 함을 알아야 한다. 무엇이 네 가지인가, 첫째는 다른 이로부터 바르게 받음[從他正受]이요, 둘째는 착하고 깨끗하게 하려는 뜻[善淨意樂]이요, 셋째는 잘못한 뒤에도 다시 깨끗이 함[犯已還淨]이요, 넷째는 깊이 공경하고 생각을 올곧게 하여 어기거나 범하지 않음[深敬專念無有違犯]이 그

것이다.

모든 보살은 다른 이로부터 바르게 받아 배운 계에 대해 만약 어기거나 범하는 경우가 생기면, 곧 다른 이를 자세히 살피면서 깊이 부끄러워한다. 모든 보살이 착하고 깨끗하게 살려는 뜻으로 배우는 계를 만약 어기거나 범하는 경우가 생기면, 곧 안으로 자신을 돌이켜보며 깊이 부끄러워한다.

모든 보살은 모든 학처를 범했다 해도 다시 깨끗이 함과, 깊이 공경하고 생각을 올곧게 하여 처음부터 어기거나 범한 적이 없는 이 두 가지 인연으로 모든 나쁜 행을 멀리한다. 이와 같이 보살은 다른 이로부터 바르게 받고, 착하고 깨끗하게 하려는 뜻을 의지하므로 안팎으로 부끄러운 마음을 내며, 그렇게 함으로써 받은 계[尸羅]을 잘 막아 보호한다. 받은 계율을 잘 막아 보호함으로써 모든 나쁜 행을 멀리하는 것이다.

또 이 가운데서, 다른 이로부터 바르게 받고 착하고 깨끗하게 하려는 뜻[善淨意樂]의 두 가지는 바로 법이 되며, 범한 뒤에 다시 깨끗이 하는 것과 깊이 공경하고 생각을 올곧게 하여 어기거나 범함이 없는 이 두 가지는 앞의 두 가지 법이 뜻하는 것이다.

또, 다른 이로부터 바르게 받는 것[從他正受]과 착하고 깨끗하게 하려는 뜻과 깊이 공경하고 생각을 올곧게 하여 어기거나 범함이 없는 이 세 가지 법으로써 보살이 받은 정계(淨戒)를 훼손시키지 않음을 알아야 한다. 범한 뒤에 다시 깨끗이 하는 한 가지 법은 범한 뒤에 돌이킬 수 있음을 알아야 한다.

이와 같이 보살의 네 가지 공덕을 갖춘 자성계(自性戒)야말로 묘선정계(妙善淨戒)인 줄 알아야 한다. 바르게 받아 따라 배우면 나와 남을 이롭게 할 뿐만 아니라, 한량없는 중생을 이롭고 안락하게 하며, 세간의 모든 천인 등을 가엾이 여겨 의리(義利)를 얻고 이롭고 안락하게 한다. 이는 곧 무량정계(無量淨戒)임을 알아야 한다. 한없는 보살의 배울 바이기 때문이다.

이는 곧 일체 유정들을 이롭게 하는 계[饒益一切有淸淨戒]인 줄 알아야 한다. 현재 그 앞에서 온갖 유정들의 이익과 안락을 주기 때문이다. 이는 곧 획대과승리정계[獲大果勝利淨戒]임을 알아야 한다. 무상정등보리의 과보를 주기 때문이다. 이것을 보살로서의 자성계(自性戒)라고 한다.

무엇이 보살의 일체계(一切戒)인가, 보살의 계율에는 요약하여 두 가지가 있다. 첫째는 재가분계(在家分戒)요, 둘째는 출가분계(出家分戒)이다. 이것을 일체계라고 한다. 또, 재가자와 출가자의 두 가지 정계를 요약하면 세 가지로 말할 수 있다. 첫째는 율의계(律儀戒)요, 둘째는 섭선법계(攝善法戒)요, 셋째는 요익유정계(饒益有情戒)이다.

율의계란 모든 보살의 7중(七衆) 별해탈율의(別解脫律儀)이니, 이는 곧 비구계·비구니계·식차마니계·사미계·사미니계이다. 이 일곱 가지 재가와 출가에 의지하는 것을 보살의 율의계라고 한다.

섭선법계란 모든 보살이 율의계를 받은 뒤에 보리를 이루기 위해 몸과 말과 뜻으로써 모든 선행을 쌓아 모으는 것을 통틀어 말한다. 다시 말해 이것이 무엇인가, 모든 보살이 계에 의지하고, 계에 머물며 듣고 생각하고, 지관(止觀)을 닦음에 혼자 있는 것을 좋아하여 부지런히 힘써 닦아 배우는 것이다.

이와 같이 모든 존장(尊丈)에 대해 합장하고 일어나 맞이하며, 문안드리고 예배하고 공경하는 일을 부지런히 힘써 닦아 익히는 것이니, 윗사람에 대해서는 공경하는 일을 부지런히 하며, 병든 이를 가엾이 여겨 정성스레 보살피고 공양하며, 미묘한 말에는 '훌륭합니다'라고 너그럽게 말하며, 공덕 있는 푸드갈라[補特伽羅]*에 대해서는 참되고 정성스레 찬미하여, 온 세상에 온갖 유정들의 복된 일이 훌륭하게 이루어지게 하려는 뜻으로 말하고 따라 기뻐한다.

다른 이가 행하는 온갖 나쁜 일에 대해서는 생각하고 가리어 진중히 참으면서, 몸과 말과 뜻이 이미 지었거나 아직 짓지 아니한 선근으로 바르고 평등한 보리에 회향하고, 갖가지 바른 서원을 세워 모든 훌륭한 공양이 부처님과 가르침과 상가에 공양하며, 모든 착한 일에 대해서는 항상 용맹스럽게 힘써 나아가며 닦아 익히고, 몸과 말과 뜻에 대해서는 방일하지 않는 데에 머무른다.

---

* 중생(衆生) ⓢsattva ⓢprāṇin ⓢjagat ⓢpudgala ⓟsatta 감정이 있는 모든 생물. 번뇌와 아무런 생각이 없는 멍한 상태를 끝없이 되풀이하는 모든 존재. 번뇌에 얽매여 미혹한 모든 존재.

모든 배울 곳에 대해서는 바르게 기억하고, 바르게 알고, 바르게 행하면서 감관 문을 지키어 은밀히 보호하며, 음식에 대해서는 양을 알고, 깨달음을 닦고, 선사에게 친근하고 착한 벗에 의지하며, 자기가 범한 허물에 대해서는 자세히 살펴 분명히 알아 깊이 허물을 보고, 그런 뒤에는 아직 범하지 않은 것은 뜻을 올곧게 하여 보호하며 지니고, 이미 범한 것은 부처님과 보살과 법을 같이하는 이들에게 지극한 마음으로 참회하고 법대로 뉘우치며 없애는 것이니, 이와 같은 종류의 온갖 착한 법을 다짐해 보호하며 지니고 증장케 하는 계율을, 바로 보살의 섭선법계라고 한다.

무엇이 보살의 유정들을 이롭게 하는 계율이냐 하면, 이 계율에는 요약하여 열한 가지 모양이 있는 줄 알아야 한다. 무엇이 열한 가지냐 하면

一 모든 보살은 모든 유정들에게 옳음과 이익을 이끌며, 여러 가지 일에 대하여 돕는 벗이 되어주고, 모든 유정에게 생기는 질병 등의 괴로움에 따라 병을 보살피며, 또한 돕는 벗이 되어준다.

二 또 모든 보살은 세간과 출세간의 갖가지 옳음과 이익에 의해 유정들에게 모든 법요(法要)를 말하되, 먼저는 방편을 말하고 이치대로 말한 뒤에, 여러 가지 옳음과 이익을 얻게 한다.

三 또 모든 보살은 먼저 은혜 있는 유정을 잘 지키어 은혜를

알며, 그의 알맞게 따라 그의 앞에서 갚는다.

四 또 모든 보살은 갖가지 사자와 범과 이리와 귀신과 도깨비, 왕과 도둑과 물과 불 따위의 두려움에 떠는 모든 유정을 모두 구호하여 모든 두려운 곳을 멀리하게 한다.

五 또 모든 보살은 모든 재산과 친속을 잃게 되는 유정들을 위해 깨우쳐 알리면서 근심 걱정을 멀리하게 한다.

六 또 모든 보살은 살림 도구가 모자라는 유정들을 위해 온갖 살림 도구를 베풀어준다.

七 또 모든 보살은 도리에 따라 바르게 의지(依止)가 되어주면서 법대로 대중을 다스린다.

八 또 모든 보살은 세간에 따르면서 일하고 말하고, 부르고 가고 오고, 의논하고 경하하며, 때에 따라 나아가서 다른 이로부터 음식 등의 일을 받아 가지니, 요약하여 말하면, 온갖 이치 없는 것을 이끌거나 뜻에 어기는 현행(現行)을 멀리 여의고, 그 밖의 일에 마음을 쏟는다.

九 또 모든 보살은 숨거나 드러나거나 간에 있는바 진실한 공덕을 나타내어 모든 유정이 기뻐하면서 나아가 배우게 한다.

十 또 모든 보살은 허물 있는 이에게는 안으로 친하고 이롭게 하며, 안락하게 하려는 왕성한 뜻을 품고서 조복하고 꾸짖고 벌을 다스리고 내쫓는 것이니, 그로 하여금 착하지 않은 곳에서 나와 착한 곳에 편안히 두려고 하기 위함

이다.

十一 또 모든 보살은 신통력으로 방편을 써서 지옥[那落迦] 등 모든 길의 모양을 나타내어 모든 유정이 착하지 않은 것을 싫어해 멀리하게 하며, 방편으로 이끌어 부처님의 거룩한 가르침에 들어와 기뻐하며 믿고 즐기며, 내기 어려운 마음을 내며 바른 행을 부지런히 닦게 한다.

무엇을 보살로서 율의계에 머무르고, 선법계에 머무르고, 요익중생계에 머문다고 하는가.

율의계를 잘 지키고, 선법계를 잘 닦으며, 요익중생계를 잘 행한다는 것은, 모든 보살은 별해탈율의계에 머물 때에 전륜왕을 버리고 집을 떠난 뒤에는 왕위를 돌보지 아니함이 마치 풀 쓰레기를 버리듯 하는 것으로 가난한 이가 살아가기 위해 하열한 욕심을 버리고, 집을 떠난 뒤에 열등한 욕심을 돌아보지 않는 것과 같다. 이것은, 보살이 맑고 깨끗해지려는 뜻으로 전륜왕의 자리를 버리고 집을 떠난 뒤에는 세상에서 가장 훌륭한 전륜왕의 자리를 돌보지 않는 것과 같다.

또 모든 보살은 율의계에 머물러 장차 오는 세상의 알 수 없는 욕망에 기뻐하거나 즐거워하지 않고, 또한 저 모든 미묘한 욕망을 원하지도 구하지도 않고 맑은 행[梵行]을 수행하며, 욕망을 오히려 사실대로 자세히 살펴보면 두려움이 가득한 숲에 들어가는 것과 같은데 하물며 그 밖의 욕망이 있겠는가.

또 모든 보살이 집을 떠난 뒤에는 현재 세상의 존귀한 유정들이 가진 훌륭한 이익과 공경함에 대해서도 바른 지혜로 자세하게 살피며, 남겨 놓은 것을 맛보거나 집착하지 않거늘, 하물며 그 밖의 비천한 유정들에게 있는 하열한 이익과 공경함에 대해서이겠는가.

또 모든 보살은 항상 멀리 떨어져 있기를 좋아해 혼자 고요한 곳에 있거나 대중 가운데에 있거나 간에 언제나 마음을 오롯하게 하여 고요함에 머무르며 이 계와 율에 기쁨과 만족을 낼 뿐만 아니라, 계율에 의지하고 계율에 머무르며 한량없는 보살도를 부지런히 닦으니, 이는 자재함을 증득하려 함이다.

또 모든 보살은 비록 대중 속에 섞여 있어도 조금이나마 바르지 않은 언행을 즐겨하지 아니하며, 멀리 떨어진 데 있으면서도 조금도 나쁜 생각을 일으키지 아니한다. 때로 잊었다가 잠시 후에 다시 나타나게 되면, 곧 날카로운 뉘우침과 부끄러움을 일으켜 깊이 그 허물을 보니, 자주자주 뉘우치고 부끄러워하며 깊이 허물을 본다. 그러므로 비록 바르지 않은 말과 나쁜 생각이 다시 일어나도 빨리 바른 기억에 편히 머물러 다시 마음쓰지 않게 된다. 이런 인연으로써, 다잡아 살필 수 있고 그렇기 때문에, 점차 옛날처럼 나타난 행위에 대하여는 기뻐하기도 하고 다시 일어나지 않게도 할 수 있다.

또 모든 보살이 계에 대하여 들은 뒤에는 대지보살(大地菩薩)의 넓고 크고 한량없는 불가사의한 오랜 세월 동안 가장 행하기 어려운 곳에 들어가므로, 마음이 놀라거나 두려워함이 없고 겁내거나 열등하지도 않는다. 오직 생각하기를 '그도 이미 사람인지라 점차 모든 보살의 계와 넓고 크고 한량없고 불가사의한 깨끗한 몸과 말 등 모든 율의계를 닦고 배워서 성취하였고 원만하게 되었다. 나 또한 사람인지라 점차 닦고 배운다면 결코 의심할 것 없이 장차 저 깨끗한 몸과 말과 같은 모든 율의계를 성취할 것이며, 원만히 할 수 있으리라'고 한다.

또 모든 보살은 율의계에 머물러 언제나 자기의 허물을 살핀다. 남의 잘못은 살피지 않으며, 흉악하게 계율을 범한 유정들에게 해를 끼치려는 마음이 없고 성내는 마음 없이 가엾이 여기는 마음을 품어 그의 앞에서 깊이 불쌍히 여기는 마음과 이롭게 하려는 마음을 일으키는 것이다.

또 모든 보살이 율의계에 머무르면서 비록 다른 이의 손발과 흙덩이·돌·칼 따위가 닿아 해를 입는다 해도 조금도 성내거나 원망하는 마음조차 없다. 하물며 그에 대해 나쁜 말을 하거나 해를 입히려 하겠는가. 또 헐뜯거나 꾸짖으면서 조그마한 괴로운 접촉으로써 이익되지 않는 것을 하겠는가.

또 모든 보살은 율의계에 머무르면서 다섯 가지 갈래에 속한 방일하지 않는 행을 두루 갖추어서 성취한다. 첫째는 앞의 것을 함께 행하는 방일하지 않는 행[前際俱行不放逸行]이요, 둘째는 뒤의 것을 함께 행하는 방일하지 않은 행[後際俱行不放逸行]이요, 셋째는 지금 함께 행하는 방일하지 않는 행[中際俱行不放

逸行]이요, 넷째는 먼저 짓게 되는 방일하지 않는 행[先時所作不放逸行]이요, 다섯째는 한꺼번에 방일하지 않는 행[俱時隨行不放逸]이다.

모든 보살은, 보살의 배움에 대하여 바르게 닦고, 과거에 이미 어겼고 범했던 것은 법답게 뉘우치며 없애니, 이것을 보살의 앞의 것을 함께 행하는 방일하지 않는 행이라고 한다. 또 미래에 장차 어기거나 범할 것을 법답게 뉘우치며 없애니, 이것을 보살의 후의 것을 함께 행하는 방일하지 않는 행이라고 한다. 또 현재에 어기거나 범한 것을 바르게 법대로 뉘우치며 없애니, 이것을 보살의 지금 함께 행하는 방일하지 않는 행이라고 한다.

또 모든 보살은 뒷날에 장차 어기거나 범할 것에 대해서는 맹렬하게 자기 맹세의 욕락(欲樂)을 일으키니 '나는 장차 한결같게 행해야 할 것과 여여하게 머물러야 할 것이 그와 같고, 그와 같이 행하고 머무르면서 범하지 않게 하리라'고 한다. 이것을 보살의 먼저 짓는바 방일하지 않는 행이라고 한다. 또 모든 보살은, 곧 이와 같이 먼저 짓는 방일하지 않는 행을 의지하고, 여여하게 행해야 할 것과 여여하게 머물러야 할 것이 그와 같고, 그와 같이 행하고, 그와 같이 머물러서 범하지 않으니, 이것을 보살의 한꺼번에 따라 행하는 방일하지 않는 행이라고 한다.

또 모든 보살은 율의계에 머무르면서 자기의 선행을 덮어 간직하고 자기 악행만을 들추어 내며, 욕심이 적고 만족하기를 좋아하면서, 여러 가지 괴로움을 참고 견디며 성품에 근심 걱정이 없고, 들뜨지도 않으면서 떠들썩하지도 않으며, 위의가 고요하여 속임수 따위의 온갖 삿된 생활을 일으키는 법을 떠나야 한다.

보살이 이와 같은 열 가지를 성취하면 율의계에 머무르며 율의계를 보호한다고 한다.

一 과거의 모든 욕심을 돌이켜 그리워하지 아니함이요
二 미래의 모든 욕심을 바라거나 구하지 아니함이요
三 현재의 모든 욕심을 탐탁하지 아니함이요
四 기쁨과 만족을 멀리 여의기를 좋아함이요
五 바르지 않은 말과 모든 나쁜 생각을 쓸어 없앰이요
六 자기를 스스로가 업신여기지 아니함이요
七 성품이 부드럽고 온화함이요
八 잘 견디고 참음이요
九 방일하지 아니함이요
十 궤칙과 깨끗한 생활을 완전히 갖추는 것이다.

또 모든 보살은 이미 섭선법계에 편안히 머물러서 몸과 재물을 조금이라도 갖고 싶다는 생각이 난다 해도 오히려 일으키지 않거늘, 하물며 그밖의 많은 것이겠는가.

또 온갖 계율 범하는 인연과 근본 번뇌와 작은 번뇌와 분함과 원한 등이 생기는 것 또한 받지 않으며 또 다른 이에게 성냄, 해침, 원한 등의 마음을 일으키는 것 또한 받지 않으며, 또 게으름을 일으키는 것 또한 받지 않으며, 또 선정에 관한 맛의 집착과 선정에 관한 번뇌 또한 받아서는 안 된다.

또 다섯 가지를 분명히 아니

一 착한 과보의 수승한 이익[善果勝利]을 앎이요
二 착한 원인[善因]을 분명히 앎이요
三 착한 인과[善因果]의 뒤바뀜과 뒤바뀜이 없음을 앎이요
四 장애[攝善法障]를 앎이요
五 모든 보살은 착한 과보에 대한 크고 수승한 이익을 보며, 착한 원인을 찾고 구하며, 선법을 쌓기 위하여 뒤바뀜과 뒤바뀜 없음을 분명히 알아야 한다.

이로써 보살은 착한 과보를 얻게 되며, 무상한 것을 망령된 소견으로 항상하다고 여기지 않고, 괴로운 것을 망령된 소견으로 즐겁다고 여기지 않고, 깨끗하지 않은 것을 망령된 소견으로 깨끗하다고 여기지 않고, 무아(無我)를 망령된 소견으로 〈나〉라고 여기지 않고, 사실대로 선행을 쌓는 것에 대한 장애를 분명히 알며, 선행을 쌓기 위해 서둘러 멀리 떠나간다.

보살은 이 열 가지 모양으로써 섭선법계에 머물렀다가 선법을 다양하게 쌓을 수도 있으니, 보시의 점차(漸次)와 계율의 점차와 참음의 점차와 힘써 나아감의 점차와, 정려의 점차 및 다섯 가지 지혜가 그것이다.

또 모든 보살은 열한 가지 상[十一相]으로써 모든 요익유정계(饒益有情戒)에 머무른다고 하니, 각각의 모습으로 일체종을 성취해야 한다.

一. 모든 보살은 모든 유정의 각각의 일에 돕는 벗이 되니, 생각하고 헤아려서 하는 일에 대한 것과 공력을 써서 하는 일에 대하여 모두 돕는 벗이 되어주며, 혹은 가거나 오는 것, 뒤바뀜이 없는 일의 행을 더함에 있어서나, 혹은 소유한 재물을 지킴에 있어서나, 차츰 어기고 떠나는 것을 화합시킴에 있어서나, 혹은 이해함에 있어서나, 복을 닦는 데 있어서 모두가 뜻을 돕는 벗이 된다. 괴로움을 구제함에도 또한 돕는 벗이 되니, 병이 든 유정은 보살펴주고 도와주며, 장님에게는 인도하여 주고, 귀머거리는 가리켜 알려주고, 손으로 말을 대신하는 이에게는 모양으로 알려주고, 방위와 길을 잘못 든 이에게는 길을 가리켜 주고, 팔다리가 불편한 이에게는 탈 것을 주고, 어리석은 이에게는 훌륭한 지혜로 가르쳐 주고, 탐욕의 얽음[貪慾纏]에 고통받는 유정에게는 깨우치고 알려서 탐욕에 얽힌 고통을 멀리하게 한다. 이와 같이 성내거나 어리석거나, 잠을 자거나, 들뜨거나, 뉘우치거나 의심에 얽혀 고통받는 유정에게는 깨우치고 알려서 의심하는 고통을 멀리하게 하며, 욕심으로 얽힌 생각[欲尋思纏]에 고통받는 유정에게는 깨우치고 알려서 욕심에서 생긴 고통을 멀리하게 하고, 욕심으로 얽힌 생각과 성내거나 해침, 친척이나 나라, 차별에 서로 응하는 것 등 온갖 헛된 생각 또한 그러한 줄 알아야 한다.

다른 이의 경멸함과 다른 이의 훌륭함에 고통 받는 유정에게는 깨우치고 알려서 경멸함과 훌륭함에서 받는 고통을 멀리하게 하며, 가는 길이 고달파서 고통 받는 유정에게는 자리를 주고 있을 곳을 베풀어 몸을 쉬게 해 주고 만지고 두드려 주어 피로에서 오는 고통을 쉬게 해야 한다.

二. 또 모든 보살은 모든 유정을 위해 이치에 맞게 널리 말하니, 악행을 좋아하는 유정에게는 모든 악행을 끊게 하기 위하여 걸맞는 글귀로써 돕는 벗이 되고, 맑히기 위해 서로 알맞게 하면서 따라야 한다.

언제나 자상하게 양식의 법을 나누어서 그를 위해 말하며, 혹은 방편을 쓰면서 널리 말하기도 하니, 악행을 좋아하는 유정에게는 모든 악행을 끊게 하기 위함이다.

이와 같이 간탐하는 유정에게는 행을 끊게 하기 위함이며, 현재 법 안에서 재보를 구하는 이에게는 바르고 적은 공력으로 많은 재보를 모아 수호하며 잃음이 없게 하기 위함이며, 부처님의 거룩한 가르침을 미워하고 시샘하는 이에게는 그로 하여금 맑고 깨끗한 믿음을 얻게 하며, 맑고 깨끗한 소견을 증득하여 모든 나쁜 길에서 벗어나며, 온갖 번뇌를 다하여 온갖 괴로움을 벗어나게 하기 위함과 같으니, 그렇게 하는 줄 알아야 한다.

三. 또 모든 보살은 은혜가 있는 유정들에게 은혜를 알면서 언제나 갚기를 생각하며, 잠시라도 보면 공경함을 나투고, '잘 오십시오'라고 칭찬하며, 기뻐하는 얼굴로 위로하면서 정성스럽고 재미있는 말을 하며, 조용히 자리를 펴 바른 자리에 앉게 하고, 똑같거나 혹은 더 많은 이익으로써 공양하여 바로 앞에서 갚을 것이요, 하열한 것으로는 보답하지 아니한다.

하는 일에 있어서는 비록 청하지 않는다 하더라도 마땅히 도와야 하거늘, 하물며 명령해서야 되겠는가. 하는 일에 있어서와 같이 괴로움에 있어서나, 이치대로 말함에 있어서나, 방편으로 말함에 있어서나, 두려움에 있어서나, 고뇌에서 근심 걱정을 깨우치고 알림에 있어서나, 고마운 살림 도구에 있어서나, 의지가 되어 줌에 있어서나, 마음에 따라 움직임에 있어서나, 진실한 덕을 나타내어 깊이 기쁘게 함에 있어서나, 친애한 생각을 품고 방편으로 조복시킴에 있어서나, 신통을 나타내어 놀라게 하고 두렵게 하면서 이끌어 들임에 있어서나(더 많은 일들이 있다), 모두가 다 또한 그렇게 하는 것인 줄 알아야 한다.

四. 또 모든 보살은 두려움을 만난 유정들을 잘 구호하니, 갖가지 날짐승과 길짐승·물과 불·왕과 도둑·원수와 적·집 주인·벼슬아치·살아가지 못할 것·나쁜 이름·대중의 위덕·사람 아닌 것·시체와 도깨비 등의 두려움에 있어서 모두 잘 구호하여 안온함을 얻게 해야 한다.

五. 모든 보살은 쇠퇴의 고뇌를 지닌 여러 유정을 잘 깨우쳐 알려서 근심 걱정을 멀리하게 하니, 혹은 친속이 죽었을 적에, 이른바 부모·형제·처자·여종·남종·집안의 어른·벗·친인척·친교사와 궤범사 및 그 밖의 존중하는 이로서 때에 죽었으면, 그들을 위하여 깨우치고 알려서 근심과 걱정을 멀리하게 한다.

혹은 재보를 상실하였을 때나, 왕과 도둑에게 빼앗겼거나, 혹은 불에 탔거나 물에 빠졌거나, 혹은 속임수에 넘어갔거나, 사업에 수단이 없어서 손실하였거나, 혹은 나쁜 일가 때문에 이치에 어긋나게 빼앗겼거나, 혹은 집에 불이 나서 없어져 버린 것 등 이와 같이 재보를 상실함에 있어서 그를 위해 잘 깨우치고 알려서 근심과 괴로움을 멀리하게 해야 한다. 이런 인연으로써 모든 유정이 약하거나 강한 세 가지 근심 걱정이 생겨도 보살은 그를 위해 바르게 깨우치고 알려주어야 한다.

六. 모든 보살은 살림 돕는 도구가 갖추어 있을 때는 와서 구하는 이가 있으면 모두 베풀어주어야 하니, 유정들이 밥을 원하면 밥을 주며, 마실 것을 원하면 마실 것을 주며, 탈것을 원하면 탈것을 주며, 옷을 원하면 옷을 주며, 꾸미개를 원하면 꾸미개를 베풀며, 모든 집물을 원하면 모든 집물을 베풀며, 바르는 향을 원하면 바르는 향을 베풀며, 휴식처를 원하면 휴식처를 베풀며, 모든 광명을 원하면 광명으로써 풀어야 한다.

七. 모든 보살은 성품이 좋아서 모든 유정을 거두어 주되 법답게 대중을 다루고 방편으로 이롭게 하며, 물듦이 없는 마음으로 먼저 의지가 되어주고, 가엾이 여기는 마음으로써 그 앞에서 이롭게 한 연후에 법답게 의복·음식·침구·병에 대한 의약·몸을 돕는 집물들을 베풀어주어야 한다.

만약 자기 것이 없으면 깨끗한 믿음 지닌 장자·거사·바라문

등으로부터 구해 주어야 하며, 자기가 법으로써 얻게 된 법다운 의복·음식·여러 가지 깔개와 요, 침구·병에 대한 의약·몸을 돕는 집물들은 대중과 똑같이 쓸 것이요. 혼자 숨겨서 소비함이 없으며, 시간시간에 그 여덟 가지 교수법[八種敎授]에 따르도록 바르게 가르쳐 주며, 다섯 가지 교계법[五種敎誡]으로써 경계하도록 한다. 이 안에서 말한 교수법과 교계법은 앞의 역종성품(力種性品)에서 이미 널리 분별한 것과 같은 것인 줄 알아야 한다.

八. 모든 보살은 유정들의 마음에 맞게 성품이 따라 움직이기를 좋아해야 하니, 마음에 따라 움직일 때에는 먼저 유정들의 바탕[體]와 성품[性]을 알며, 바탕과 성품을 안 뒤에는 모든 유정과 함께 살아야 할 바에 따라 그와 함께 살아야 하며, 모든 유정과 같이 가야 할 바에 따라 그와 같이 가야 한다.

만약, 모든 보살이 교화하는 유정의 마음에 따라 움직이려면 자세히 살펴야 한다. 이런저런 모양과 일의 언행이 다른 이를 조심스럽게 하거나 괴롭게 해서 만약 편안하게 못한다면, 보살은 그때에 이러한 언행에 대해 유정의 마음을 보호하기 위하여, 방편을 선택하여 부지런히 막으며, 이와 같은 근심과 고통이 나타나지 않게 해야 한다.

만약 그로 하여금 나쁜 곳을 벗어나 착한 곳에 편안히 서게 한다면, 보살은 그때에 이와 같은 일이 일어나는 몸과 말에 대해 가엾이 여기는 마음에 머물러, 유정의 마음에 따라 움직이지 않고, 방편으로 생각하고 선택하고 부지런히 힘써 다잡아 일으켜 반드시 행해지도록 해야 한다.

다시, 자세하게 살핀다. 만약 이와 같이 다른 유정에게 일어나는 언행으로 그와 또 다른 유정에게 근심과 고통을 일으키거나 이러한 근심과 고통이 다른 이나 그 밖의 유정, 또는 그 둘을 나쁜 곳에서 벗어나 착한 곳에 편안히 서게 하지 못한다면 보살은 이와 같은 언행에 대해 다른 이의 마음을 보호하기 위하여 방편을 선택하여 부지런히 힘써 막으며 행하지 않게 해야 한다.

이와 같은 근심과 고통이 만약 다른 이나 또 다른 유정에게 나쁜 곳을 벗어나 착한 곳에 편안히 서게 한다면, 그때 보살은 이러한 일이 행해지는 언행에 대해 가엾이 여기는 마음을 내며, 유정의 마음대로 움직이지 않으면서도 방편을 선택하여 부지런히 힘써 일으켜 반드시 행하도록 한다.

다시, 자세히 살핀다. 만약 이와 같은 보살이 자신의 언행으로 다른 이에게 근심과 고통을 내게 한다면, 여기에서 행해지는 몸과 말의 두 가지 업은 모든 보살이 배울 만한 것이 아니며, 복덕과 지혜의 양식에 따른 것이 아니다. 이와 같은 근심과 고통이 다른 이로 하여금 나쁜 곳을 벗어나 착한 곳에 편안히 서게 할 수 없다면, 보살은 그때에 이와 같은 일이 일어나는 몸과 말에 대하여 다른 이의 마음을 보호하기 위하여, 방편으로 생각하고 선택하여 부지런히 힘써 막으면서 행해지지 않게 해야 한다. 이것과 상반되게 행해지는 몸과 말은 앞의 것과 같은 줄 알고, 근심 고통을 내는 것이 그러한 것처럼 기쁨과 즐거움을 내는 자세한 설명도 그러한 줄 알아야 한다.

또 다른 이의 마음에 따라 움직이는 보살은, 다른 유정이 분해할 때 그 앞에서는 분함을 없애기 어려운 줄 아는 것만이라도 칭찬하지 못할지언정, 하물며 헐뜯어야 되겠는가. 그때는 타이르거나 가르치지도 않는다. 또 다른 이의 마음에 따라 움직이는 보살은, 다른 이가 와서 이야기하지 않아도 자기가 가서 이야기하고 위로해야 하거늘, 하물며 그가 왔음에도 보답하지 않아서야 되겠는가.

또 다른 이의 마음에 따라 움직이는 보살은, 끝내 고의(故意)로 남을 괴롭히지 아니하며, 다만 여러 허물을 범한 이를 꾸짖는 것을 제외하고는 자비한 마음을 일으켜 모든 감관을 고요히 하여 알맞게 꾸짖어 다스려야 한다.

또 다른 이의 마음에 따라 움직이는 보살은, 끝내 다른 이를 비웃고 꾸짖으면서 업신여기어 그로 하여금 부끄럽게 하지 않으며, 안온한 머무름이 아닌 마음에 근심과 뉘우침도 나게 하지 않으며, 비록 꺾어 눌러서 그를 이기게 되었다 하더라도 그가 지고 있다는 것을 나타내지 아니하며, 그가 비록 깨끗하게 믿는다고 해도 겸손한 마음을 내어 끝내 잘난 체해서는 안 된다.

또 다른 이의 마음에 따라 움직이는 보살은, 모든 유정에 대하여 친근하지 않은 것도 아니고, 극히 친근한 것도 아니며, 또한 때 아닌 때에 서로 친근하게도 하지 않는다. 또, 다른 이의 마음에 따라 움직이는 보살은 그 앞에서 다른 이가 사랑하는 바를 헐뜯지 않는다.

또한 바로 그 앞에서 다른 이가 사랑하지 않는 것을 찬탄하지도 않으며, 다정하게 사귄 이가 아니면 진실한 말을 하지도 않으며, 너무 바라지도 않고 양을 알며, 만약 먼저 다른 이에게 허락한 음식이라면 끝내 사실을 핑계로서 먼저 기원하는 데 나아가지 않으며, 성품 됨이 겸손하고 온화한지라 법대로 알아듣게 일러주어야 한다.

九. 모든 보살은 성품이 진실한 공덕을 찬양하며, 다른 이로 하여금 기쁘게 하기를 좋아하니, 믿음의 공덕이 두루 갖추어진 이 앞에서는 믿음의 공덕을 찬양하여 그로 하여금 기쁘하게 하며, 계율의 공덕이 두루 갖추어진 이 앞에서는 계율의 덕을 찬양하여 그로 하여금 기쁘하게 하며, 들음의 공덕이 두루 갖추어진 이 앞에서는 들음의 덕을 찬양하여 그로 하여금 기쁘하게 하며, 버림[捨]의 공덕이 두루 갖추어진 이 앞에서는 버림의 덕을 찬양하여 그로 하여금 기쁘하게 하며, 지혜의 공덕이 두루 갖추어진 이 앞에서는 지혜의 덕을 찬양하여 그로 하여금 기쁘하게 한다.

十. 모든 보살은 성품이 가엾이 여기기를 좋아하여 조복하는 법으로써 모든 유정에게 하품의 허물과 범함이 있으면 속으로 친애하는 생각을 품고서 해치거나 괴롭히는 마음 없이 부드럽게 그를 꾸짖는다. 만약 유정에게 중등 품류의 허물과 중품의 범함이 있으면 속으로 친해하는 생각을 품고서 해치거나 괴롭히는 마음 없이 중등의 꾸짖음으로써 그를 꾸짖는다. 만약 유정에게 상품의 허물과 상품의 범함이 있으면 속으로 친애한 생각을 품고서 해치거나 괴롭히는 마음이 없이 상등의 꾸짖음으로써 그를 꾸짖는다. 꾸짖는 법처럼 법을 다스리는 것 또한 그러하다.

만약, 유정에게 하품류와 중품류의 내쫓을만한 허물과 잘못이 있으면, 보살은 그때에 그와 그 나머지 유정들을 가르쳐 경계하기 위하여 가엾이 여기는 마음과 이롭게 하려는 마음으로써 때에 따라 내쫓았다가 그 뒤에 다시 받아들인다.

만약 모든 유정에게 그 상품류의 내쫓을만한 허물과 잘못이 있으면 보살은 목숨이 다할 때까지 내쫓아 그와 함께 살지도 않고 수용하지도 않으며, 그를 가엾이 여기는 까닭에 다시 거두어들이지도 않고 그 사람으로 하여금 부처님의 거룩한 가르침에 있어서 그릇된 복을 많이 쌓지 않게 한다. 또 다른 유정들을 가르쳐 경계하고 이롭게 하기 위해서이다.

十一. 모든 보살은 유정들을 이롭게 하기 위해 신통의 힘을 나타내니, 두렵게 하기 위해서이고 끌어들이기 위해서이다. 모든 악행을 행하기 좋아하는 이를 위해서는 방편으로써 갖가지 악행의 모든 과[果異熟]를 나타내니, 모든 나쁜 길[惡趣]의 모습을 보여준다. 그렇게 나타내 보인 뒤에 말하기를 '너희들은 사람 사이에서 모든 악행을 지었고 더욱 자라게 하였기에, 이와 같이 가장 포악한 고초와 괴로운 과보를 받는 것인 줄 알아야 한다' 고 말한다. 그러면 이것을 본 뒤에 두려워하고 싫어하면서 모든 악행을 멀리하는 것이다.

또, 어느 한 무리에 믿음이 없는 유정이 있으면, 보살이 대중 가운데 일에 따라 물어도 그는 다른 생각을 했다고 항거하며 대답하지 않으리니, 그때 보살은 문득 변화하여 집금강신(執金剛神)이 되기도 하고, 건장한 몸과 큰 힘을 지닌 야차(藥叉)로 변화하여 그를 두렵게 한다. 이런 인연으로 잘난 체하지 않고 믿음을 내어 공경하며 바르게 대답하니, 그 밖의 대중이 그의 바른 답을 듣고서 모두 조복하게 한다.

혹은 갖가지 신통 변화를 나타내어, 하나를 많은 것으로 만들기도 하고, 많은 것을 하나로 만들기도 하며, 몸으로 돌과 벽과 산과 바위 따위의 장애물을 뚫고 지나가서 왔다갔다 하기를 걸림 없이 하기도 하니, 이와 같이 범천의 몸으로 자재하게 바꾸기도 하면서 한량없는 종류의 신통 변화의 모습을 나타내기도 한다.

혹은 다시 화계정(火界定) 등에 드는 것을 나타내기도 하고, 성문들과 함께 갖가지 신통을 나타내 방편으로 끌어들이면서 모든 유정이 기뻐하게 하며, 아직 믿지 않은 이들은 방편으로써 믿음이 있는 곳에 편안히 머물게 하며, 계율을 범한 이들에게는 방편을 써서 계율이 편안히 하며, 적게 들은 이들은 들음이 있는 곳에 편안히 머물게 하며, 간탐과 인색함이 많은 이들은 방편으로 버린 곳에 편안히 머물게 하며, 나쁜 지혜 아닌 이들은 방편으로 지혜가 있는 곳에 편안히 머물게 한다.

이와 같이 보살은 모든 것에서 유정을 이롭게 하는 계를 성취한다. 이것을 보살의 세 가지 계장(戒藏)이라고 하며, 한량없는 큰 공덕장[無量大功德藏]이라고 하니, 율의계에 속한 계장과 섭선법계에 속한 계장과 요익유정계에 속한 계장이 그것이다.

이와 같이 보살이 배워야 할 세 가지 계장에 대해 부지런히 닦고 배우려 하는 이는, 재가자거나 출가자거나 간에 먼저 위없이 바르고 평등한 보리의 큰 서원을 세운 뒤에 법을 같이하는 보살로서 이미 큰 서원을 세워 지혜도 있고 힘도 있고 말로 표현하는 뜻이 있어 깨칠 수 있는 이를 찾아 구해야 한다.

이와 같은 공덕이 두루 갖추어진 훌륭한 보살에게는 먼저 두 발에 예배하고 청하며 말하기를 '저는 이제 선남자에게(혹은 장로에게, 혹은 대덕에게) 온갖 보살의 깨끗한 계를 받고자 하오니, 원컨대 잠시라도 힘들게 여기지 마시고 가엾이 여기어 들려 주시옵소서'라고 해야 한다.

이와 같이 뒤바뀜이 없는 청을 한 뒤에는, 오른 어깨를 벗어 메고 온 세상과 삼세의 모든 부처님·세존과 이미 큰 지위에 들어 큰 지혜를 얻고 큰 신통력을 얻은 모든 보살을 공경하고 공양하며, 그 앞에서 모든 공덕을 올곧게 생각하며 그가 지닌 공덕과 힘에 따라 정중하고 깨끗한 마음을 내어 지혜 있고 힘 있는 훌륭한 보살에게 겸손하게 공경하여 무릎을 땅에 대거나 세우고 앉아서는 불상에 대해 이렇게 청한다.

'원컨대, 대덕이시여(혹은 장로라고도 하고 선남자라고도 한다), 가엾이 여기시어 저에게 보살의 깨끗한 계를 주옵소서' 이와 같이 청한 뒤에는 하나의 경계를 올곧게 생각하며 깨끗한 마음을 기르면서 '나는 이제 오래지 않아서 그지없고 한량없고 위없는 큰 공덕의 갈무리를 얻게 되리라'고 한다. 이와 같은 일과 뜻을 생각하며 가만히 서 있다.

그때에 지혜 있고 힘이 있는 보살은 바른 행을 하는 보살에 대해 흐트러짐 없는 마음으로 앉거나 서게 하여 말하기를 '그대 이러한 이름을 지닌 선남자여, 들으시오(혹은 '법제法弟여, 들으시오'라고도 한다) 그대는 바로 보살입니까'라고 하면, 대답하기를 '그렇습니다'라고 해야 한다.

'보리의 서원을 배웠습니까'라고 하면, 대답하기를 '이미 세웠습니다'라고 해야 한다. 이 이후에는 이런 말을 하니 '그대 이러한 이름의 선남자여(혹은 '법제여'라고 하기도 한다), 나에게서 모든 보살이 배울 것을 받고, 모든 보살의 깨끗한 계를 받으려고 하는데, 그것은 율의계와 섭선법계와 요익중생계다. 이와 같이 배울 것과 깨끗한 계율을 과거의 모든 보살이 이미 갖추시었고, 미래의 모든 보살은 장차 갖출 것이며, 널리 온 세상에 현재 계신 모든 보살은 이제 갖추십니다. 이 배울 것과 깨끗한 계에 대해서는 과거의 모든 보살이 이미 배우셨고, 미래의 모든 보살은 장차 배울 것이며, 현재의 모든 보살은 이제 배우는데, 그대는 받을 수 있습니까'라고 하면 대답하기를 '받을 수 있습니다'라고 한다. 계를 주는 보살은 두 번 세 번 이와 같이 말하며, 계를 받는 보살은 두 번 세 번을 또한 이와 같이 대답한다. 주는 보살은 이와 같이 묻기를 세 번 하고 깨끗한 계를 주어 마치며, 받는 보살은 이와 같이 대답하기를 세 번 하고 깨끗한 계를 주어 마치며, 받는 보살은 이와 같이 대답하기를 세 번 하고 깨끗한 계를 받은 뒤에, 받은 보살은 자리에서 일어서지 않고 주는 보살만이 불상 앞에서 온 세상에 계시는 모든 부처님과 보살님께 공경하고 공양하면서 두 발에 머리를 대어 예배하고 이렇게 아뢴다.

"아무개 보살은, 이제 저 아무개 보살에게서 세 번 말하고 보살계(菩薩戒)를 받았습니다. 저 아무개 보살은 이미 아무개 보살을 위해 증명하였으니, 원컨대 온 세상의 한량없는 모든 부처님과 보살이신 첫째가는 참된 성인이시여, 나타나거나 나타나지 않은 모든 때와 곳에서 현재 깨달으신 이여, 지금 계를 받은 아무개 보살을 위해 증명하여 주십시오"라고 하면서, 두 번 세 번 이와 같이 말한다.

이와 같이 계를 받는 갈마를 마치면 이로부터 온 세상의 그 한량없는 세계 안에 현재 머무시는 모든 부처님과, 이미 큰 지위에 든 모든 보살의 앞에서 자연히 모양[相]으로 나타난다. 이 표시로써 이 보살은 이미 보살로서 깨끗한 계율을 받은 것이 된다.

그때 온 세상의 모든 부처님과 보살은 이 보살의 자연의 모양[相]을 기억하고, 기억한 것으로 바른 지견(智見)을 굴리며, 바른 지견으로써 세계 안의 아무개 보살이 아무개 보살에게서 깨끗한 계율을 받았다고 바로 깨달아 아시니, 모두 이 계율 받은 보살에게는 아들처럼 아우처럼 친한 뜻을 내어 돌보고 생각하면서 가엾이 여긴다. 부처님과 보살이 돌보고 생각하며 가엾이 여겨 주심으로 이 보살이 착한 법을 청하며, 바라고 구하는 것이 더욱 증장하고 물러남이 없게 되니, 이것이 보살계를 받는 사뢰고[白] 청하고[請] 증명[證]하는 것인 줄 알아야 한다.

이와 같이 보살계를 받는 갈마를 하면, 주고받는 보살은 다같이 일어나서 널리 온 세상의 한량없는 모든 세계의 부처님과 보살에 대하여 두 발에 머리대어 예배하고 공경하면서 물러난다.

이와 같이 보살이 받는 율의계는 그 밖의 모든 율의계에 대하여 가장 훌륭하고 위없고 한량없는 큰 공덕의 갈무리가 따르는 것이요, 가장 착한 마음이 되고자 하는 뜻을 일으키는 것이므로, 널리 온갖 유정의 온갖 악행을 다스리게 된다.

별해탈율의(別解脫律儀)*는 이 보살의 율의계에 견주면, 백 분의 일에도 미치지 못하고, 천 분의 일에도 미치지 못하고, 수분(數分)의 일에도 미치지 못하고, 계분(計分)**의 일에도 미치지 못하고 산분(算分)의 일에도 미치지 못하고, 유분(喩分)의 일에도 미치지 못하고, 우파니사타분(鄔波尼沙陀分)***의 일에도 또한 미치지 못하니, 온갖 큰 공덕을 쌓기 때문이다.

또 이 보살은 이와 같은 깨끗한 보살의 보살계에 편안히 머물며, 스스로 자주자주 오로지 진실하게 생각하기를 '이것이 바로

---

* 계(戒)를 받고 행위와 말로 저지르는 살생(殺生)·투도(偸盜)·망어(妄語)·악구(惡口) 등의 허물을 각각 방지하여 거기에서 벗어남.

** 어떠한 기준으로 분류한 범주·영역·경지·상태

*** Ⓢupanisadam의 음사, 분(分)은 Ⓢapi의 번역. 지극히 적은 수량 이름.

보살로서 바르게 지어야 할 것인가. 이것은 보살로서 바르게 지어야 할 것이 못 되는가' 라고 한다. 이미 생각을 한 후에는 바르게 행할 일을 이루기 위해 부지런히 닦고 배워야 한다. 또 오롯이 힘써 보살의 경과 해석을 들어야 하니, 곧 이 보살은 경과 논을 듣는 대로 부지런히 닦고 배워야 한다.

또 모든 보살은 온갖 것을 추종하지 않는 비록 총명하고 지혜로운 이가 청정한 보살계를 받으려 한다 해도 깨끗한 믿음이 없는 이라면 받도록 하지 말아야 한다. 이와 같이 청정한 계를 받는 것에 대하여 처음부터 믿고 앎이 없으면 나아가 들을 수도 없거니와 잘 생각하지도 않는다. 간탐이 있는 이와 간탐으로 가려진 이와 큰 욕심이 있는 이와 기뻐하고 만족함이 없는 이에게도 받도록 하지 않아야 하며, 깨끗한 계율을 범하는 이와 모든 배울 것에 대하여 공경함이 없는 이와 계를 행함에 완만함이 있는 이도 받도록 하지 않아야 한다.

분심과 원한이 있는 이와 참지 못하는 이와 다른 이의 잘못을 참지 못하는 이도 받도록 하지 않아야 하며, 느린 이와 게으른 이와 다분히 탐착만 하여 밤낮으로 잠이나 자고 기대기를 좋아하고 눕기를 좋아하고 벗끼리 모이기를 좋아하면서 농담이나 좋아하는 이에게도 받도록 하지 않아야 한다. 마음이 산란한 이와 잠깐이라도 착한 마음을 가지고 닦고 익히는 데에 머무를 수 없는 이라면 받도록 하지 않아야 한다. 생각이 우매한 이와 어리석은 무리와 마음이 열등한 이와 보살의 경과 보살장의 논을 비방하는 이에게도 받도록 하지 않아야 한다.

또 모든 보살은, 보살계를 받는 데 있어서 율의의 법을 비록 이미 두루 갖추고 받아 지녔다고 해도 보살장을 헐뜯는 이거나 신심이 없는 유정에게는 끝내 깨달음을 펴 보이지 않는다. 왜냐하면, 그가 들은 뒤에도 믿고 알 수도 없거니와 큰 무지(無知)의 장애에 덮여 곧 비방하게 되며, 비방함으로써 마치 보살계를 행하여 한량없이 큰 공덕 과보를 성취하는 것처럼 비방하는 이 또한 한량없는 큰 죄업의 과보에 쫓기게 되거나 온갖 나쁜 말과 나쁜 소견 및 나쁜 생각을 아직 영원히 버리지도 못하고 끝내 면하거나 여의지 못하게 되기 때문이다.

또 모든 보살은, 보살계를 주려고 할 때에 먼저 그를 위해 보살법장의 논과 보살의 계와 범계의 모습[處犯相]을 말하여 그로 하여금 듣고 지혜로 스스로의 뜻을 자세히 살펴 생각하고 선택하여 보살계를 받을 수 있어야 한다. 다른 이를 권고하기 위함도 아니며, 다른 이보다 훌륭하게 되기 위해서도 아니다. 이것을 견고보살(堅固菩薩)이라고 하니, 청정한 보살계를 받고자 하면 계를 받는 법에 맞게 주어야 한다.

이와 같이, 보살이 율의에 머물렀을 때에는 네 가지 타승처(他勝處)* 가 있다. 어떤 것이 네 가지냐 하면, 만약 모든 보살이 이익과 공경을 탐내거나 구하기 위해 자기를 칭찬하고 남을 훼방하

---

* 선한 법을 자(自)라 하고 악한 법을 타(他)라 하여서, 악한 법이 선한 법보다 뛰어난[勝] 것을 타승처(他勝處)의 법이라 한다. 이는 보살의 중한 죄[重罪]이다.

면, 이것을 첫 번째 타승처법이라고 한다.

만약 보살이 현재 재물이 있지만 성품이 재물을 아끼기 때문에, 고통이 있고 빈한함이 있고 의지할 데 없고 믿을 데가 없어서, 재물을 구하는 이가 그 앞에 와 있는데도 불쌍한 생각을 일으켜 보시를 닦지 않으며, 바르게 법을 구하는 이가 그 앞에 와 있는데도 성품이 법을 아끼기 때문에 비록 현재 법이 있다손 치더라도 베풀지 않으면, 이것을 두 번째 타승처법이라고 한다.

만약, 모든 보살이 이와 같은 종류의 분노[念纆]를 기르면, 거친 말만 하기를 쉬지 않으며, 분에 가려져 하는 짓이 손이거나 발이거나 흙덩이거나 돌이거나 칼이거나 몽둥이 따위로 유정들을 때리고 상처 내고 괴롭히면서 속으로는 맹렬히 화내고 원망하는 마음을 품었으므로, 어기거나 범할 때 다른 이가 와서 타일러도 받아들이지 않을뿐더러, 참지도 않고 맺힌 원한을 버리지도 않으니, 이것을 세 번째 타승처법이라고 한다.

만약, 모든 보살이 보살장을 헐뜯고 상사정법[像似正法]을 좋아하여, 널리 펴 말하고 열어 보이면서, 정법과 유사한 것에 대하여 스스로가 믿고 알며, 혹은 다른 이를 따르게 하면, 이것을 넷째의 타승처법이라고 하니, 이와 같은 것을 보살의 네 가지 타승처법이라고 한다.

보살은 네 가지 타승처법 가운데 어느 한 가지도 범하면 (안 되거늘) 하물며 전부를 범하겠는가. 또, 현재의 법 안에서 보살의 넓고 큰 보리의 양식을 더욱 증장시키고 쌓지 못하거나, 현재의 법 안에서 하려는 뜻이 맑고 깨끗하지 않다면, 이것을 곧 상사보살(相似菩薩)이라고 하는 것이요, 참된 보살이 아니다.

보살이 만약 부드러움과 중품류에 얽혀 네 가지 타승처를 범한다 해도 청정한 계율을 버리는 것은 아니지만, 상품류에 얽혀 범하면 곧 버리는 것이다. 만약 모든 보살이 네 가지 타승처법을 범하고서 자주 드러내어 행하면서도 도무지 부끄러워함이 없고, 정말 좋아하면서 이것이야말로 공덕이라고 보는 것을, 상품류의 얽힘이라고 함을 알아야 한다.

모든 보살이 잠시 타승처법을 행하였다가 청정한 계율을 버리는 것이 비구가 타승처법을 범하여 별해탈계를 버리는 것과 같지는 않다. 만약 모든 보살이 이 훼범으로써 청정한 계율을 버렸다 해도 현재 법 안에서 다시 받을 수도 있고 지킬 수 없는 것도 아니지만, 비구가 별해탈계에 머무르다가 타승처법을 범하면 현재 법 안에서는 다시 받을 수 없다.

요약하면, 두 가지의 인연으로 모든 청정한 계율을 버리게 된다. 첫째는 위없는 바르고 평등한 보리의 큰 서원을 버리는 것이요, 둘째는 상품류의 얽힘으로 타승처법의 범함을 드러내어 행하는 것이다. 만약 모든 보살이 비록 다시 몸을 바꾼다 해도 두루 온 세상의 태어나는 곳마다 청정한 계율을 버리지만 않는다면, 이로써 보살은 위없는 보리의 큰 서원을 버리는 것이 아니며, 또한 상품류의 얽힘으로 타승처법을 범하는 것도 아니다.

만약, 모든 보살이 다른 생각을 받아 본래의 생각을 잊어버렸어도 착한 벗을 만나 보살계의 기억을 깨달아 알고 싶어서 여러 번 거듭 받았다 하더라도 새로 받은 것이 아니다.

지유가처계품(持瑜伽處戒品) ②

이와 같이 보살은 맑은 계율[淨戒律儀]에 편안히 머무르면서, 어기고 범함이 있음[有違犯]과 어기거나 범함이 없음[無違犯], 물듦[是染]과 물들지 아니함[非染]의 연, 중, 상에 대해 분명히 알아야 한다.

만약 모든 보살이 맑은 계율에 편안히 머물며 날마다 여래와 여래를 위해 지은 탑에 대하여, 또 바른 법과 바른 법을 위해 지은 모든 보살의 경과 논에 대하여, 또 온 세상의 모든 보살 승가에 대하여, 적거나 많거나 간에 공양하지 않고 한 번 절함으로써 예배 공양하거나, 사구게로써 불법승 삼보의 진실한 공덕을 찬탄하거나, 맑고 깨끗한 믿음으로써 삼보(三寶)의 진실한 공덕을 찬탄하면서, 부질없이 세월만 보낸다면, 이것을 범하고 어긴다[有犯有違越]고 한다.

만약 공경하지도 않고 게을러서 어기고 범하는 이라면, 물 든 위범[是染違犯]이요, 만약 잘못하여 잊고서 어기고 범하는 이라면 물들지 않은 위범[非染違犯]이다. 어기거나 범함이 없는 것은 마음이 그러한 것이며, 만약 이미 깨끗한 자리[淨意樂地]를 증득해 들어가면 언제나 어기거나 범함이 없으니, 맑고 깨끗한 뜻[淸淨意樂]을 얻은 보살이기 때문이다. 비유하면, 이미 증득하여 깨끗함을 얻은 비구는 항상 불법승 삼보에 대하여 훌륭한 공양물로써 섬기면서 공양하는 것과 같다.

만약 모든 보살이 보살의 맑은 계율에 욕심을 내고, 기뻐하거나 만족하지 못하면서 모든 이익과 공경 받는 것에 집착을 버리지 않는다면, 이것을 범하고 어기면서도 물이 든 위범이라고 한다. 어기거나 범함이 없다는 것은 그에게 생기는 즐거움과 욕심을 끊기 위해 부지런히 노력하여 그를 다스리므로 비록 애써 막는다 하여도 맹렬하게 성품이 미혹되어 자주 일어나면 드러나 행하게 되기 때문이다.

만약 모든 보살이 보살의 맑은 계율에 편안히 머무르며 여러 어른과 덕이 있어 공경할 만한 법을 가진 이가 오는데도, 교만하게 굴면서 싫어하는 마음으로 성내고 괴롭히려는 생각을 품고, 일어나 영접하지도 않고 좋은 자리에 앉히지도 않으며, 또 다른 이가 와서 담론하고 경하하며 청하며 묻는 데도 교만하게 굴면서, 싫어하는 마음으로 성내고 괴롭히려는 생각을 내어 바른 이치에 맞도록 말하거나 대답하지 않는다면, 이것을 범하고 어기면서도 물이 든 위범이라고 한다.

교만하게 굴지도 않고 싫어하는 마음도 없고 성내고 괴롭히려는 마음도 없이, 다만 무기력한 마음[無記心] 때문이라면, 이것을 범하고 어기는 바는 있으나 물들지 않은 위범이라고 한다.

어기거나 범함이 없는 것에는 중병에 걸렸거나, 미쳤거나, 자기는 잠을 자도 다른 이는 깨어 있다고 생각하여 쫓아와 담론하고 청해 묻거나, 혹은 스스로 다른 이를 위하여 설법·논의하거나 다른 이와 함께 담론함을 무심결에 듣거나, 어기고 범하면서도 바른 법을 말하는 이가 있으면 법을 말하는 이를 보호하기 위하여 방편으로써 그를 다스리면서 나쁜 곳을 벗어나 착한 곳에 편안히 머물게 하거나, 혹은 승가 제도를 보호하거나, 많은 유정의 마음을 보호하기 위하여 대답하지 않는 것은 모두 위범이 아니다.

만약 모든 보살이 맑은 계율에 편안히 머무르면서 다른 이가 와서 청하거나, 혹은 머물고 있는 집으로 가거나, 다른 절로 가서 음식과 의복 등 생활에 필요한 것을 보시하는데도 교만하게 굴면서, 싫어하는 마음으로 성내고 괴롭히려는 생각을 내어 그곳에 가지 않고 청하는 바를 받지 않는다면, 이것을 범하고 어기는 바가 있으면서도 물이 든 위범이라고 한다. 만약 무기력한 마음으로 그곳에 가지 않거나 청하는 바를 받지 않는다면, 이것을 범함이 있고 어기는 바는 있으나 물들지 않은 위범이라고 한다.

어기거나 범함이 없다는 것은, 질병이 있거나 기력이 없거나 미쳤거나, 너무 먼 데 있거나 길이 무섭거나, 혹은 방편으로 그를 다스려서 나쁜 곳에서 벗어나 착한 곳에 편안히 있게 하거나, 혹은 다른 이가 먼저 청했거나, 끊임없이 모든 착한 법을 닦고 착한 이들을 보호하며 잠시라도 그치지 않게 하려 하거나, 혹은 뜻을 섭수하기 위해서거나, 들은 바 법의 뜻에서 물러남이 없게 하기 위한 미증유(未曾有)*의 것이니, 들은 바 법의 뜻에서 물러남이 없게 하기 위한 것처럼 논의하고 결택하는 것 또한 그러해야 한다.

혹 다시 그가 손상하고 파괴하려는 마음을 품고서 거짓으로 와서 청하는 것인 줄 알거나, 혹은 그 밖에 싫어하는 마음을 보호하기 위함이거나 혹은 승가 제도를 지키면서 그곳에 이르지 않거나, 청하는 것을 받들지 않는 것은 모두 위범이 아니다.

만약 모든 보살이, 보살의 맑은 계율에 편안히 머무르는데 다른 이가 갖가지 색이 빛나는 마니와 진주, 유리 등의 보배를 가지고, 또 갖가지 훌륭한 공양물을 가지고 와서 정성껏 베푸는데도 싫어하는 마음과 성내고 괴롭히려는 마음으로 거부하고 받지 않는다면, 이것을 범하고 어기는 바가 있으면서도 물이 든 위범이라고 하니, 이는 유정들을 버리기 때문이다. 만약 게으르고 무기력한 마음으로 거부하고 받지 않는다면, 이것을 범하고, 어기면서도 물들지 않는 위범이라고 한다.

어기거나 범함이 없다[無違犯]는 것은, 혹 제정신이 아니어서 받은 뒤에 마음에 물들고 집착하는 것을 보았거나, 혹은 뒷날 반드시 후회함을 보았거나, 그가 보시에 대해 헷갈려 함을 알았거나, 혹은 시주가 버리는 대로 따라서 받는다면 그 인연으로 반드

---

* 지금까지 아직 한 번도 있어 본 적이 없음.

시 가난해짐을 알았거나, 이 물건은 승가의 물건이며 탑전[窣堵波]의 물건임을 알았거나, 혹은 이 물건이 다른 이의 것을 도둑질하여 얻은 물건인 줄 알았거나, 이 물건은 그 인연으로 많은 허물과 근심이 나서 죽이고 속박하고, 벌하고 내쫓고, 싫어하고 꾸짖을 것을 알아서, 거부하며 받지 않는다면, 모두 위범이 아니다.

만약 모든 보살이 보살의 맑은 계율에 편안히 머무르면서 다른 이가 와서 법을 구하는데도 싫어하는 마음과 성내고 괴롭히려는 마음으로 시샘하고 변해서 그 법을 베풀지 않는다면, 이것을 범하고 어기면서도 물이 든 위범이라고 한다. 게으르고 무기력한 마음으로 그 법을 베풀지 않는다면 이것을 범하고 어기면서도 물들지 않은 위범이라고 한다.

어기거나 범함이 없다는 것은 모든 외도들이 허물과 단점을 엿보며 구하거나, 혹은 중병이 있거나 제정신이 아니거나, 혹은 방편으로 그를 다스려서 나쁜 곳을 벗어나 착한 곳에 편안히 있게 하거나, 혹은 이 법에 대해 아직 잘 모르거나, 또 그가 공경심도 없으면서 부끄러워하지 않고, 나쁜 행위로 듣는 것을 보았거나, 혹은 또 그는 바로 둔근기의 성품이어서 넓은 법의 가르침으로 궁극의 법을 얻으면, 깊은 두려움으로 삿된 소견을 내고 삿된 고집이 더욱 자라서 쇠망하고 무너지게 됨을 알았거나, 또 그 법이 그의 손에 이르면 사람 아닌 이[非人]에게 옮겨 퍼지게 됨을 알아 베풀지 않는 것은 모두 위범이 아니다.

만약 모든 보살이 보살의 맑은 계율에 편안히 머무르며, 포악하게 계율을 범하는 유정들에 대해 싫어하는 마음과 성내고 괴롭히려는 마음을 품고서 포악하게 계율을 범한 인연으로 방편으로써 버리고 이롭게 하지 않는다면, 이것을 범하고 어기면서 물이 든 위범이라고 한다. 만약 느리고 게을러서 버리고, 잊어버려서 이롭게 하지 않는다면, 이것을 범하고 어기면서도 물들지 않은 위범이라고 한다.

그 이유는 모든 보살이 깨끗하게 계율을 지켜 몸과 말과 뜻의 업에 대하여 고요히 나타내지 못하면서도 모든 유정에게 가엾이 여기는 마음을 일으켜 이롭게 하려는 것은, 마치 포악하게 계율을 범한 유정에게 있어 모든 괴로움의 원인[苦因]을 드러내 전해 주는 것과 같기 때문이다.

어기거나 범함이 없다는 것은 제정신이 아니거나 혹은 방편으로 그를 다스리려고 하는 것이니, 자세한 설명은 앞에서와 같다. 많은 유정의 마음을 보호하기 위해서나, 승가 제도를 지키어 방편으로 버리고, 이롭게 하지 않는 것은 모두 위범이 아니다.

만약 모든 보살이 보살의 맑은 계율에 편안히 머문다면, 부처님처럼 계율 안에서 다른 이를 도우려는 까닭에, 차죄(遮罪)를 세워서 모든 성문을 금계하여 짓지 않게 하며, 모든 유정 중에 아직 맑은 믿음을 내지 못한 이로 하여금 맑은 믿음을 내게 하고, 이미 맑은 믿음이 있는 이는 더 커지게 하며, 그 안에서 보살과 모든 성문이 평등하게 닦고 배워서 차별이 없게 해야 한다.

무엇 때문인가 하면, 모든 성문도 자기를 이롭게 함을 더 나은 것으로 여기면서도 다른 이를 보호하는 행을 버리지 않고, 아직 믿지 않는 유정이 있으면 믿게 하고, 믿는 이는 더욱 증장시켜 계를 배우게 하는데, 하물며 보살이 다른 이를 이롭게 함을 더 나은 것으로 여기지 않겠는가.

만약 모든 보살이 보살의 맑은 계율에 편안히 머문다면, 부처님처럼 계율 안에서 성문에게 적은 일[小事]과 적은 업[小業]과 적은 희망[小希望]에 머무르게 하기 위하여, 차죄를 세우고 성문이 금계하여 짓지 않게 하므로, 그 안에서 보살과 모든 성문이 평등하게 배워서는 안 된다.

왜 그런가 하면, 모든 성문은 자기를 이롭게 함을 더 나은 것으로 여겨 다른 이를 이롭게 함을 돌보지 않으므로, 다른 이를 이롭게 하는 가운데 적은 일과 적은 업과 적은 희망에 머무는 것을 미묘함[妙]이라고 할 수 있지만, 모든 보살은 다른 이를 이롭게 함을 더 나은 것으로 여기면서 자기 이익은 돌보지 않기 때문에, 다른 이를 이롭게 하는 가운데 적은 일과 적은 업과 적은 희망에 머무르는 것을 미묘함이라고 할 수는 없기 때문이다.

이와 같이, 보살은 다른 이를 이롭게 하기 위해 친척 아닌 이와 장자, 거사, 바라문 등 자유롭게 보시하는 이로부터 백천 가지 의복을 구하되, 그 유정의 힘이 있고 없음을 보고 그가 보시하는 대로 이와 같이 받는다. 옷을 구함에서 말하는 것처럼 발우를 구하는데도 또한 그러하다. 옷과 발우를 구하는 것처럼 스스로 여러 가지 실을 구하여 친척 아닌 이에게 짜게 해서 옷을 만든다. 다른 이를 이롭게 하기 위해서는 갖가지 옷과 앉고 눕는 기구를 모아, 각각 백 개씩 되어야 하며, 빛나고 물들게 함이 셀 수 없이 많아져도 취하여 쌓아 두어야 한다.

이와 같은 일 가운데 적은 일과 적은 업과 적은 희망에 머물며 차죄를 제지한다면, 보살과 성문은 함께 배우지 않으니, 맑은 계율에 편안히 머무르는 보살은 다른 이를 이롭게 함에 있어 싫어하는 마음으로, 성내거나 괴롭히려는 마음을 품고, 적은 일과 적은 업과 적은 희망에 머무른다면, 이것을 범하고 어기면서도 물이 든 위범이라고 한다. 만약 느림·게으름·망념·무기심으로 적은 일과 적은 업과 적은 희망에 머무른다면, 이것을 범하고 어기면서도 물들지 않은 위범이라고 한다.

만약 모든 보살이 보살의 맑은 계율에 편안히 머문다면 좋은 방편으로써 다른 이를 이롭게 하려는 까닭에, 모든 성죄(性罪)에 대하여 조그마한 부분을 나투어 행한다 하여도, 이 인연으로는 보살계를 어기고 범하는 것이 아니라, 많은 공덕이 생기는 것이다.

마치 보살이 강도가 재물을 탐하여 많은 중생을 죽이려 하거나, 혹은 대덕인 성문·독각·보살을 해치려 하거나, 혹은 많은 무간업(無間業)을 지으려 하는 것을 보면, 발심하여 생각하기를 '내가 만약 저 나쁜 중생의 목숨을 끊으면 지옥[那落迦]에 떨어질 것이요, 만일 그것을 끊지 않는다면 무간업을 이루어 장차 큰 고통을 받게 되리라. 차라리 내가 그를 죽이고서 지옥에 떨어질지언정, 그로 하여금 끝내 무간업의 고통을 받지 않게 하리라'고 한다.

이와 같이 보살은 하려는 뜻으로 생각을 하고서 그 중생에 대하여 착한 마음이나 무기심으로써 이 일을 알고 난 뒤, 장차 오는 세상을 위하여 깊이 부끄러워하고 가엾이 여기는 마음으로 그의 목숨을 끊는 것과 같다. 이런 인연으로는 보살계에 있어서 어기고 범하는 바 없이 많은 공덕이 생긴다.

또 보살이, 어떤 높은 벼슬아치가 아주 포악하여 모든 유정들을 자비심 없이 핍박하고 괴롭히는 것을 보면, 불쌍히 여기는 마음으로 이익되고 안락하게 하려는 뜻을 내어, 힘닿는 대로 그 높은 지위를 박탈하거나 내쫓는 것과 같으니, 이런 인연으로는 보살계에 어기고 범하는 바 없이 많은 공덕이 생긴다.

또 보살은 강도가 다른 이의 재물이나 상가의 물건, 탑재의 물건을 빼앗아 많은 물건을 자기 소유로 삼아 마음대로 쓰는 것을 보면, 불쌍히 여기는 마음으로 그 유정에 대하여 이익되고 안락하게 하려는 뜻을 내어 억지로 탈취하여 이와 같은 재물을 수용하여 장차 오랜 세월 동안 옳지 않고 이익도 없는 과보[無義無利]를 받지 않게 하는 것과 같다. 이런 인연으로 빼앗은 재물이 만약 승가의 물건이면 다시 승가에게 돌려주고, 탑전의 물건이면 탑전에 돌려주고, 유정의 물건이면 다시 유정에게 돌려준다.

또 대중의 우두머리거나 동산 주인으로서 승가의 물건이거나 탑전의 물건을 가져다가 바로 자기 소유라고 말하면서 마음대로 쓰는 것을 보면, 보살은 그의 나쁜 짓을 생각하여 가리고 불쌍히 여기는 마음을 일으켜 '이 삿되게 가져 쓰는 업으로 장차 오랜 세월 동안에 옳지 않고 이익도 없는 과보를 받지 않게 하리라'며 그의 주인 자리를 박탈한다.

이와 같이 보살은 비록 주지 않은 것을 취한다 하더라도 어기거나 범함이 없고 많은 공덕이 생긴다.

또 보살이, 집에 살고 있을 적에 현재 매인 데가 없는 여인이 음욕하는 법을 익히어 보살에게 마음을 쏟으면서 맑은 행[梵行]이 아니게 행동하기를 원하는 것을 보면, 뜻을 생각함에 마음에 성을 많이 내고 복 아닌 것이 생겨나지 않게 함과 같다. 만약 그의 욕심에 따라 멋대로 하게 했다면, 방편으로 편안히 살면서 선근을 심게 하고, 또한 그로 하여금 착하지 않은 업을 버리며, 인자하고 가엾이 여기는 마음으로 맑은 행을 행하게 해야 한다. 비록 이와 같이 더럽게 물든 법을 익힌다 해도, 범하는 바가 없이 많은 공덕이 생긴다.

출가 보살은, 성문을 보호하고 거룩한 이의 경계의 가르침을 없애지 않게 하기 위하여 온통 맑은 행이 아닌 것을 행해서는 안 된다.

또 보살은 많은 유정의 목숨에 대한 재난과, 감옥에 갇히는 재난과, 손발을 베는 재난과, 코를 베고 귀를 베고 눈을 빼는 등의 재난을 벗어나게 하기 위해, 비록 스스로 목숨에 대한 재난을 위해서는 바르게 알지 못하더라도 거짓말을 한다.

그러나 그 유정을 구해내기 위해서는 알면서도 생각하고 선택하여 거짓말을 하는 것이다. 요약해 말하면, 보살은 유정의 옳음과 이익을 살필 뿐, 옳음과 이익이 없으면 그렇게 하지 않으며, 스스로 물든 마음 없이 모든 유정을 이롭게 하기 위해서만 바로 아는 생각을 숨기고 다른 말을 한다. 이런 말을 할 때, 보살계에 있어서는 어기거나 범하는 바 없이 많은 공덕이 생기게 된다.

또 보살이, 모든 유정이 나쁜 벗에게 섭수되어 친애하여 버리지 않는 것을 보면, 보살은 가엾이 여기는 마음을 일으켜 이익되고 안락하게 하려는 뜻을 내어 능력과 힘에 따라, 이간하는 말을 하여 나쁜 벗을 여의고 서로 친애함을 버리게 하며, 유정으로 하여금 나쁜 벗을 가까이하여 오랜 세월 동안에 옳음도 없고 이익도 없는 과보를 받지 않게 하는 것과 같다. 보살은 이와 같이 이롭게 하려는 마음으로써 이간하는 말을 하여 다른 이의 사랑에서 벗어나 떨어지게 하여도 어기거나 범하는 바 없이 많은 공덕이 생기게 된다.

또 보살이, 모든 유정이 길이 아닌 행위를 하고 이치에 맞지 않는 행위를 하는 것을 보면, 추악한 말로 꾸짖고 내쫓아서 착하지 않은 곳을 벗어나 착한 곳에 편안히 있게 하는 것과 같으니, 보살이 이와 같이 이롭게 하려는 마음으로 모든 유정에게 추악한 말을 해도 어기거나 범하는 바 없이 많은 공덕이 생기게 된다.

또 보살이, 모든 유정이 기생들과 노래하고 즐기거나, 혹은 왕과 도둑·음식·음란한 거리[街衢] 등 옳지 않은 이론을 믿고 즐기는 것을 보면, 보살은 그 안에서 모두 다 방편으로 그 유정에 대하여 가엾이 여기는 마음을 일으켜 이익되고 안락하게 하려는 뜻을 내어, 그를 위하여 꾸밈말과 그에 걸맞는 갖가지 놀이의 이론을 만들어 유정을 끌어들이고, 자유롭게 따르게 하여 방편으로 인도하고 착하지 않은 곳에서 벗어나 착한 곳에 편안히 있게 하는 것과 같으니, 보살은 이와 같이 꾸밈말을 하여도 어기거나 범하는 바 없이 많은 공덕이 생기게 된다.

만약 모든 보살이, 보살의 맑은 계율에 편안히 머무르면서 속임수를 쓰고, 허풍 치면서 상(相)을 나타내며, 방편을 연구하여 이익을 핑계 삼아 이익을 구하고, 삿된 생활을 하면서 부끄러워함도 없이 견지하여 버리지 않는다면, 이것을 범하고 어기면서도 물이 든 위범이라고 한다.

어기고 범함이 없다는 것은, 만약 그것을 없애기 위하여 기꺼이 의욕을 내고, 부지런히 정진하는데도 번뇌가 왕성하여 그의 마음을 덮으면서 때때로 나타나고 일어나는 것이다.

만약 모든 보살이, 보살의 맑은 계율에 편안히 머무르며, 들떠 동요되어 마음이 고요하지 않고, 고요함을 즐기지도 않으며, 큰 소리로 희희낙락하고 시끄럽게 떠들며, 경솔하게 놀며 다른 이의 기뻐 웃는 것을 바라는 이와 같은 모든 일을, 바로 범하고 있고 어기면서도 물이 든 위범이라고 한다. 만약 헛된 생각으로 일으킨 것은 물들지 않은 위범이라고 한다.

어기거나 범함이 없다는 것은 만약 그것을 없애기 위하여 기꺼이 하려는 마음을 일으키는 것이니, 자세한 설명은 앞에서와 같다.

 방편으로 다른 이의 싫어함을 풀어주려 하거나, 다른 이의 근심 고통을 없애주려 하거나, 다른 이의 성품이 위와 같은 일을 하기 좋아하므로 방편으로 섭수하여 공경하고 도우면서 그를 따라 움직이거나, 다른 유정이 보살을 시샘해 막으면서 속으로는 싫어하는 마음을 품고 음모로 미워하고 저버리는데도 밖으로는 기뻐하는 얼굴을 하고 안으로는 맑고 깨끗함을 나타내니, 이와 같은 모두가 다 위범이 아닐 것이다.

 만약 모든 보살이 보살의 맑은 계율에 편안히 머무르면서 '보살은 마땅히 열반을 즐기지 않아야 하고, 열반을 싫어하여 등져야 하며, 모든 번뇌와 수번뇌(隨煩惱)*에 대하여 두려워하면서 끊어 없애기를 구하지 않아야 하고, 여의려는 마음을 내지 않아야 한다.

 모든 보살은 오랜 세월 동안 생사에 헤매면서 큰 보리를 구할 것이다' 라고 이와 같은 설을 세운다면, 이것을 범하고 어기는 바가 있으면서 물이 든 위범이라고 한다. 왜 그러냐 하면, 모든 성문과 같은 이는 그 열반에 대하여 기뻐하고 친근하며, 모든 번뇌와 수번뇌에 대해 깊은 마음으로 싫어하여 여의지마는, 이와 같은 보

---

* ① 중생의 마음에 따라 일어나는 모든 번뇌. ② 탐(貪)·진(瞋)·치(癡)·만(慢)·의(疑)·악견(惡見)의 근본 번뇌에 부수적으로 일어나는 오염된 마음 작용. 방일(放逸)·나태(懶怠)·불신(不信)·해(害)·한(恨)·수면(睡眠)·악작(惡作) 등이 있음.

살은 큰 열반에 대하여 기뻐하고 친근하며, 모든 번뇌와 수번뇌에 대하여 깊은 마음으로 싫어하고 여읨이 그 배가 된다.

모든 성문은 오직 자신의 의리(義利)만을 증득하기 위해 부지런히 바른 행을 닦지마는, 보살은 널리 온갖 유정의 의리(義利)를 증득하기 위하여 부지런히 바른 행을 닦는 것이다. 그러므로 보살은 부지런히 물들지 않는 마음을 닦고, 아라한보다 더 훌륭한 물들지 않는 법을 성취해야 한다.

만약 모든 보살이 보살의 맑은 계율에 편안히 머무르면서 자기에 대하여 불신하는 말, 이른바 나쁜 소리·나쁜 이름·나쁜 명예를 지키지도 아니하고 씻지도 아니하며, 만약 그 일이 사실이어서 피하거나 지키지도 못한다면, 이것을 범하고 어기면서도 물이 든 위범이라고 한다. 만약 그 일이 사실이 아닌데 깨끗하게 씻어버리지 않는다면, 이것을 범하고 어기면서 물들지 않은 위범이라고 한다.

어기거나 범함이 없다는 것은 외도나 시기, 질투 또는 스스로 출가하여 걸식하며 다님으로 인해서거나, 착한 행 닦는 것을 헐뜯는 소리가 널리 퍼져서거나, 분에 못 이기는 자이거나, 마음이 전도된 자의 비방하는 소리가 퍼지는 것은 모두 위범이 아니다.

만약 모든 보살이 보살의 맑은 계율에 편안히 머무르면서 모든 유정들이 부지런히 정진하여 의리(義利) 얻는 것을 보고도 그의 근심과 괴로움을 보호해주지 않으면, 이것을 범하고 어김은 있으나 물들지 않은 위범이라고 한다.

어기거나 범한 게 아니라는 것은, 이 인연으로 현재 범 안에서 작은 의리를 얻되 많은 근심과 괴로움을 내게 됨을 자세히 살피는 것이다.

만약 모든 보살이 보살의 맑은 계율에 편안히 머무르면서 다른 이가 욕하면 같이 욕하고, 다른 이가 성을 내면 같이 성내고, 다른 이가 때리면 같이 때리고, 다른 이가 희롱하면 같이 희롱으로 갚아준다면 이것을 범하고 어기는 바가 있으면서도 물이 든 위범이라고 한다.

만약 모든 보살이 보살의 맑은 계율에 편안히 머무르면서 다른 유정에게 침범함이 있거나, 혹은 스스로 그가 침범 받았음을 의심하지 않는데도 싫어하거나 교만하여 이치대로 사죄하지 않으면서 가벼이 여긴다면, 이것을 범하고 어기는 바가 있으면서도 물이 든 위범이라고 한다. 만약 느리고 게으르고 방일하여 사죄하지 않고 가벼이 여긴다면 이것을 물들지 않은 위범이라고 한다.

범하고 어김은 있으나 범한 게 아니라는 것은, 만약 방편으로 그를 다스리면서 착하지 않은 곳에서 벗어나 착한 곳에 편안히 있게 하려 하거나, 또는 그가 외도이거나 비법(非法)과 유죄(有罪)로 인해 사죄를 받으려 하거나, 또는 그 유정의 성품됨이 싸우기를 좋아하여 사죄할 때 오히려 더 분노하거나, 그의 성품됨이 참고 견디는 줄 알아 혐오와 원한이 없음을 알거나 또는 다른 이의 침범을 뉘우쳐 사죄하지 않는 것은 모두 위범이 아니다.

만약 모든 보살이 보살의 맑은 계율에 편안히 머무르면서 다른 이에게 침범받았을 때, 그가 바로 여법하고, 평등하게 뉘우쳐 사죄하는 데도 싫어하는 마음을 품고 그를 해치고 괴롭히려고 하여 사죄를 받지 않는다면, 이것을 범하고 어기는 바가 있으면서도 물이 든 어기고 범함이라고 한다. 비록 또 그에게 싫어하는 마음도 없고 해치며 괴롭히려 하지 않는다 하더라도, 천성이 참을 수 없어서 사죄를 받지 않는 것 또한 범하고 어기는 바가 있으면서도 물이 든 위범이라고 한다.

위범이 아니라는 것은, 만약 방편으로 그를 다스리려 하는 것이니, 자세한 설명을 앞에서와 같은 줄 알아야 한다. 또는 여법하지 않고 평등하지 않게 사죄하는 것이면, 그의 사죄함을 받지 않아도 또한 위범이 아니다.

만약 모든 보살이 보살의 맑은 계율에 편안히 머무르면서도 다른 이에게 화가 나서 계속 그렇게 지내면서 버리지 않는다면 이것을 위범이 있으면서도 물이 든 위범이라고 한다.

위범이 아니라는 것은, 그것을 끊기 위해 기꺼이 하려는 마음을 일으키는 것이니, 자세한 설명은 앞에서와 같다.

만약 모든 보살이 보살의 맑은 계율에 편안히 머무르면서 공양하는 일에 탐착하나 그것을 끊기 위해 기꺼이 하려는 마음을 일으키는 것이니, 자세한 설명은 앞에서와 같은 줄 알아야 한다.

만약 모든 보살이 보살의 맑은 계율에 편안히 머무르면서, 사랑으로 물든 마음을 품고 세상일을 말하며 헛되이 시일만 보낸다면, 이것을 위범이면서도 물이 든 위범(違犯)이라고 한다. 만약 망념(妄念, 이치에 어긋나는 헛된 생각)으로 헛되이 시일을 보낸다면 이것을 위범이지만 물들지 않은 위범이라고 한다.

위범한 것이 없다는 것은, 다른 이의 담설(談說)을 보면 그의 뜻을 보호하기 위해 바른 생각에 편안히 머물러서 잠시 동안 듣는 것이며, 만약 희귀한 일도 잠시 다른 이에게 묻거나 혹은 다른 이의 물음에 대답하는 것이면, 위범한 것이 없게 된다.

만약 모든 보살이 보살의 맑은 계율에 편안히 머무르면서 마음을 머물게 하기 위하여, 그 마음을 안정시키려 하고 싫어하는 마음을 품으며, 교만하게 스승에게 나아가 가르쳐 주기를 청하지 않는다면, 이것을 위범이면서도 물이 든 위범이라고 한다.

느리고 게을러서 청하지 않는 이는 물들지 않은 위범이다. 어기거나 범함이 없다는 것은, 질병에 걸렸거나 기력이 없고, 그 스승이 잘못 가르쳐 주는 것을 알았거나, 스스로가 많이 듣고 지혜의 힘이 있어서 마음을 안정시킬 수 있거나, 먼저 가르쳐 주어야 할 데를 이미 얻어 청하지 않는 것은, 어기거나 범한 것이 없다.

만약 모든 보살이 보살의 맑은 계율에 편안히 머무르면서, 탐욕의 덮개[貪欲蓋]를 일으켜 버리지 않는다면, 이것을 위범이면서도 물이 든 위범이라고 한다.

어기거나 범함이 없다는 것은, 만약 끊기 위하여 기꺼이 하려는 마음을 일으켜 부지런히 정진하는데도 번뇌가 많아 마음을 덮어버리기 때문에 때때로 현행하는 것이니, 탐욕의 덮개가 그러한 것처럼 성냄·혼침·잠·들뜸·나쁜 짓 및 의심의 덮개도 또한 그러한 줄 알아야 한다.

만약 모든 보살이 보살의 맑은 계율에 편안히 머무르면서, 선정의 맛을 탐내고 그에 대한 소견을 공덕으로 여긴다면, 이것은 위범을 넘어 물이 든 위범(違犯)이라고 한다. 어기거나 범함이 없다는 것은, 만약 그것을 끊기 위하여 기꺼이 하려는 마음을 일으키는 것이니, 자세한 설명은 앞에서와 같다.

만약 모든 보살이 보살의 맑은 계율에 편안히 머무르면서도, '보살은 성문과 서로 응하는 법의 가르침을 듣지 않아야 하며, 받아 지니지도 말고, 배우지도 말아야 한다. 보살이 어째서 성문승과 서로 응하는 법의 가르침을 듣거나 받아 지니거나 부지런히 힘써 닦고 배울 필요가 있겠는가' 라는 소견을 일으켜 이러한 이론을 세운다면, 이것은 위범을 넘어 물이 든 위범이라고 한다. 왜 그러냐 하면, 보살은 외도의 글과 이론에서조차 부지런히 힘써 연구하기 때문이다. 하물며 부처님의 말씀에서이겠는가.

어기거나 범함이 없다는 것은, 한결같이 소법(小法)을 익히는 자로 하여금 그가 하고 싶어 하는 것을 버리게 하기 위해 이런 말을 하는 것이다.

만약 모든 보살이 보살의 맑은 계율에 편안히 머무르면서, 보살장(菩薩藏)에 대해서는 아직 힘써 연구하지 못했으면서, 보살장은 버리고 성문장(聲聞藏)에 대해서만 한결같이 닦고 배운다면, 이것을 위범이지만 물들지 않은 위범이라고 한다.

만약 모든 보살이 보살의 맑은 계율에 편안히 머무르면서 부처님의 가르침에 나타나 있는데도 그 가르침은 아직 힘써 연구하지도 않고, 다른 모든 외도의 이론에 대해서만 부지런히 힘써 닦고 배운다면, 이것을 위범을 넘어 물이 든 위범이라고 한다.

어기거나 범함이 없다는 것은, 매우 총명하여 빨리 알아듣고, 오랜 세월이 지나도 잘 잊어버리지 않고, 그 뜻을 잘 생각하여 통달하고, 부처님의 가르침을 이치대로 자세히 살펴서 함께 행하되 동함이 없는 깨달음[俱行無動覺]을 성취한 자이거나, 하루 동안에 언제나 삼분의 이는 부처님 말씀을 닦아 배우고, 삼분의 일은 그 외의 것을 배운다면, 곧 어기거나 범할 것이 없게 된다.

만약 모든 보살이 보살의 맑은 계율에 편안히 머무르면서 보살 법을 넘어서 다른 도의 이론과 모든 외도의 이론을 선교로 연구하여 깊은 마음으로 보배처럼 아끼면서 좋아하고, 맛에 집착하며 매운 약과 같이 여기지 않으면서 익히고 가까이하면, 이것을 위범을 넘어 물이 든 위범이라고 한다.

만약 모든 보살이 보살의 맑은 계율에 편안히 머무르면서, 보살장을 듣고서 매우 깊숙한 곳과 가장 깊숙한 곳의 진실한 법의 이치와 모든 불보살의 생각하기 어려운 신통력에 대해 신해(信解)*를 내지 않고 미워하고 헐뜯는다면, 이치[義]를 이끌 수도 없고 법을 이끌 수도 없고, 여래의 말씀도 아니므로, 유정을 이롭고

---

* 1. 신앙의 이해 2. 불법을 믿어서 진리를 터득하는 일

안락하게 할 수도 없으므로, 이를 위범이면서도 물이 든 위범이라고 하는 것이다. 이와 같은 헐뜯음은 자기 속에서 그릇되게 뜻을 짓기 때문이며, 혹은 다른 이를 따라 이런 말을 하기도 한다.

만약 모든 보살이 보살의 맑은 계율에 편안히 머무르면서, 만약 깊고 깊은 곳을 듣고 마음에 믿고 이해하지 않는다면, 그때에 보살은 억지로 믿고 받아 아첨하지 말고 그와 같이 배워야 하며, '나는 착하지 않구나. 눈이 멀어 지혜의 눈이 없어서 여래의 눈으로 모든 여래의 은밀한 뜻을 말씀하신 것에 대해 비방을 하는 구나' 라고 한다.

이와 같이 보살은 스스로가 무지하다고 자처하면서도 우러러 여래에게 미루어, 모든 부처님 법에서 알지 못함이 없이 하여 평등하게 살펴보니, 이와 같은 바른 행에는 어기거나 범하는 것이 없다. 비록 믿고 이해함이 없다 해도 비방한 것은 아니다.

만약 모든 보살이 보살의 맑은 계율에 편안히 머무르면서, 다른 사람의 소유에 대하여 물들어 사랑하는 마음과 성내는 마음이 있어서, 자기를 칭찬하고 다른 이를 헐뜯는다면, 이것은 위범을 넘어 물이 든 위범이라고 한다.

어기거나 범함이 없다는 것은, 모든 나쁜 외도를 꺾어 누르기 위해서거나, 여래의 거룩한 가르침을 머물기 위해서거나, 방편으로 그를 다스리기 위함이니, 자세한 설명은 앞에서와 같다. 혹 아직 깨끗하게 믿지 못한 이에게는 깨끗한 믿음을 내게 하고, 이미 깨끗하게 믿는 이에게는 더욱 증장케 하기 위해서이다.

만약 모든 보살이 보살의 맑은 계율에 편안히 머무르면서 정법을 논의하여 결택하는 것을 들으면서도 교만함에 싫어하고, 성내고 괴롭히려는 마음을 품고 듣지 않는다면, 이것을 위범을 넘어 물이 든 위범이라고 한다. 만약 느리고 게으름 때문에 가리어져서 듣지 않았다면, 물들지 않은 위범이 된다.

　어기거나 범함이 없다는 것은, 깨달아 알지 못하였거나, 질병이 들었거나 기력이 없거나, 잘못된 설명인 줄 알았거나, 설법하는 이의 마음을 보호하기 위해서이거나, 바르게 그가 설한 뜻은 자주 들어 지니고 알고 있던 바임을 분명 알았거나, 이미 많이 들었는지라 완전하게 듣고 지녀서 들은 것을 잘 쌓아 모았거나, 끊임없는 경계에 마음을 머무르게 하려 하거나, 부지런히 보살의 훌륭한 선정을 이끌어 내거나, 스스로 가장 어리석고 무딘 이라서 지혜가 둔하고 흐린지라, 듣는 법에 대하여 받기도 어렵고 지니기도 어려워 반연할 바[所緣]에 있어서 마음을 안정시키기가 어려운 것을 알아듣지 않는 것은, 모두가 어기거나 범함이 없는 것이 된다.

　만약 모든 보살이 보살의 맑은 계율에 편안히 머무르면서, 설법하는 스승을 고의로 무시하고, 헐뜯어 깊이 공경하지도 않고, 비웃고 조롱하며 문자에만 의지할 뿐 뜻에는 의지하지 않는다면, 이것을 위범을 넘어 물이 든 위범(違犯)이라고 한다.

　만약 모든 보살이 보살의 맑은 계율에 편안히 머무르면서, 모든 유정들의 해야 할 일에 대해 싫어하는 마음으로 성내고 괴롭히려는 마음을 품고 도와주는 도반이 되지 않는 것, 말하자면 해야 할 일에 힘쓰는 일, 혹은 가고 오는 길, 혹은 바르게 말하며 사업에 힘쓰고, 혹은 소유한 재물과 보배를 관장하고 보호하고, 혹은 등지고 다툰 이들을 화해시키고, 혹은 길함 모임[吉會]과 복된 일에 있어서 도와주는 도반이 되어주지 않는다면, 이것을 위범을 넘어 물이 든 위범이라고 한다.

만약 느리고 게으름 때문에 가리어져서 도와주는 도반이 되지 않았다면, 이는 물들지 않은 위범이라고 한다.

어기거나 범함이 없다는 것은, 만약 병이 들고 기력이 없거나, 또는 그 자신이 능히 이룰 수 있음을 분명히 알았거나, 또는 구하는 자신이 의지하고 믿을 곳이 있다는 것을 알았거나, 또는 하는 일이 옳지 않은 것을 끌어당겨 그릇된 법을 끌어당길 수 있음을 알았거나, 또는 방편으로 그를 다스리려고 하는 것이니, 자세한 설명은 앞에서와 같다.

또는 먼저 다른 이에게 도와주는 도반이 되어 줄 것을 허락하였거나, 또는 다른 힘 있는 이의 도움을 청하였거나, 또는 착한 품류에 대하여 부지런히 닦고 익혀 잠시라도 그만두려 하지 않게 하기 위해서이거나, 또는 성품이 우둔하여 들었던 법도 받기 어렵고 지니기도 어려운 일들이 그것이니, 앞의 자세한 설명과 같다. 또는 많은 유정들의 뜻을 보호하기 위해서거나, 또는 승가의 제도를 지키어 도와주는 도반이 되지 않는 것이니, 모두가 어기거나 범한 것이 없게 된다.

만약 모든 보살이 보살의 맑은 계율에 편안히 머무르면서도, 모든 유정이 중한 질병이 든 것을 보고도 싫어하는 마음으로, 성내고 괴롭히려는 마음을 품고서 나아가 공양하거나 섬기지 아니한다면, 이것은 위범을 넘어 물이 든 위범이라고 한다. 만약 느리고 게으름 때문에 가리어져서 나아가 공양하며 섬기지 않는다면, 물들지 않은 위범이 된다.

어기거나 범함이 없다는 것은 자신이 병에 들었거나, 또는 기력이 없거나, 또는 다른 힘 있고 따르는 이를 청하여 공양하며 섬기게 하거나, 또는 병든 이에게 의지할 데도 있고 믿을 데도 있음을 알았거나, 또는 병자 자신이 힘이 있어서 스스로 공양할 수 있음을 알았거나, 또는 그가 오랫동안 병에 시달렸으면서도 스스로가 지탱할 수 있음을 분명히 알았거나, 또는 광대하고 위없는 아주 뛰어난 착한 품류를 부지런히 닦게 하기 위해서이다.

또는 닦은 바 착한 품류를 보호하여 틈과 흠이 없게 하기 위해서이거나, 또는 스스로 우둔해서 그 슬기가 무디어, 들었던 법도 받기 어렵고 지키기도 어려우므로, 반연할 바에 마음을 모아 안정시키기 어려움을 분명히 알았거나, 또는 벌써 다른 이에게 공양하고 섬길 것을 허락하는 것이며, 병든 이나 고통이 있는 이에게 도와주는 도반이 되어 줌으로써 그 고통을 없애주려 하는 것 또한 그러한 줄 알아야 한다.

만약 모든 보살이 보살의 맑은 계율에 편안히 머무르면서, 모든 유정들이 현재의 법과 뒷 세상 법의 일을 구하기 위해 널리 이치 아닌 것을 행함을 보고서도 싫어하는 마음을 품고, 성내고 괴롭히려는 마음을 품고서 그를 위해 바른 이치를 널리 펴 사실대로 말하지 않는다면, 이것을 위범을 넘어 물이 든 위범이라고 한다. 만약, 느리고 게으름에 가리어져 그를 위하여 널리 설하지 않았다면, 그것은 물들지 않은 위범이 된다.

어기거나 범함이 없다는 것은, 자신이 무지해서거나, 또는 기력이 없어서이거나, 또는 다른 힘이 있는 이를 청하여 설하게 하였거나, 또는 곧 그 자신에게 지혜의 힘이 있거나, 또는 그가 다른 착한 벗의 거두어 줌을 받았거나, 또는 방편으로 그를 다스리기 위해서 하는 것이니, 자세한 설명은 앞에서와 같다.

또는 그를 위하여 사실대로의 바른 이치를 말하면 싫어하는 마음을 일으켜, 나쁜 말을 하거나 전도되게 하고 혹은 사랑과 공경이 없음을 알았거나, 또는 그의 성품이 어둡고 사나움에 가리어져 있어, 그를 위해 설하지 않은 것은, 모두가 어기거나 범함이 없는 것이 된다.

만약 모든 보살이 보살의 맑은 계율에 편안히 머무르면서, 먼저 은혜로운 모든 유정에게 은혜도 모르고 깨닫지 못하고서 싫어하는 마음을 품고 알맞게 갚으려 하지 않는다면, 이것은 위범을 넘어 물이 든 위범이라고 한다. 만약 느리고 게으름 때문에 가리어져 있어 갚지 않는다면 그것은 물들지 않은 위범(違犯)이라고 한다.

어기거나 범함이 없다는 것은, 부지런히 공력을 써도 힘이 없고 능하지 못해 갚지 못한 것이거나, 또는 방편으로 그를 다스리기 위해서인 것이니, 자세한 설명은 앞에서와 같다. 또 은혜를 갚으려 하는데도 그가 받지 않는 것들이 모두 어기거나 범함이 없는 것이 된다.

만약 모든 보살이 보살의 맑은 계율에 편안히 머무르면서, 모든 유정으로서 재물과 보배·권속·지위 등을 잃고 어려운 처지에 떨어져서 괴로워하는 것을 보면서도, 싫어하는 마음을 품고서 깨우쳐 이해시키지 않는다면, 이것은 위범을 넘어 물이 든 위범이라고 한다. 만약 느리고 게으름 때문에 가려져서 깨우쳐 이해시키지 않는다면, 이것은 물들지 않은 위범이 된다.

어기거나 범함이 없다는 것은, 앞에서처럼 다른 이의 일에 도와주는 도반이 되어주지 않는 것과 같은 것들인 줄 알아야 한다.

만약 문득 보살이 보살의 맑은 계율에 편안히 머무르면서, 음식 등 살림을 돕는 도구가 있을 때, 구하는 이가 와서 바르게 음식을 구하는 것을 보면서도 싫어하는 마음과 성내고 괴롭히려는 마음을 품고서 주지 않는다면, 이것은 위범을 넘어 물이 든 위범이라고 한다. 만약 느림과 게으름과 방일로써 베풀 수 없는 것이라면 물들지 않은 위범이 된다.

어기거나 범함이 없다는 것은, 현재 줄 만한 재물이 없거나, 또는 그가 법답지 않은 물건과 당당하지 않은 물건을 구하거나, 또는 방편으로 그를 다스리려고 하는 것이니, 자세한 설명은 앞에서와 같다. 또는 와서 구하는 이가 왕을 좋게 하지 않는다면, 왕

의 뜻을 지키고 승가 제도를 보호하기 위하여 베풀지 않는 것이
니, 모두가 어기거나 범함이 없는 것이 된다.

　만약 모든 보살이 보살의 맑은 계율에 편안히 머무르면서 대
중을 섭수하여 싫어하는 마음으로 때에 따라 뒤바뀌지 않게 가
르쳐줄 때나 가르쳐 경계하도록 하지 않을 때나, 대중에게 모자
라는 줄 알면서도 그들을 위해 여러 맑은 믿음을 지닌 장자·거사
·바라문 등으로부터 법답게 의복·음식·앉고 눕는 도구·병에 쓰
는 의약품·신변에 필요한 물건을 구해 때에 맞춰 공급하지 않는
다면, 이것은 위범을 넘어 물이 든 위범이다. 만약 느림과 게으름
과 방일로 인해 가르쳐 주지도 않고 가르쳐 경계하도록 하지도
않으며, 그들을 위해 법답게 여러 도구를 구하지 않는다면, 이것
은 물들지 않은 위범이 된다.

　어기거나 범함이 없다는 것은, 방편으로 그를 조복하기 위함
이나 자세한 설명은 앞에서와 같이 승가 제도를 보호하거나 병
이 들었거나 기력이 없어서 가행에 임할 수 없어서이거나, 다른
세력 있는 자를 청하였거나, 대중이 사는 세상에서 다 아는 바 큰
복덕이 있고 각자 의복 등 몸에 필요한 도구를 구할 힘이 있음을
알았거나, 가르쳐 주고 가르쳐 경계해야 할 것에 따라 모두에게
이미 바뀌지 않게 가르쳐 주었고 가르쳐 경계하였었거나, 대중
안에 본래 외도가 있어서 법을 훔치기 위하여 들어왔는지라, 감
당해 내지 못하고 조복할 수도 없음을 알아서 하는 것들은 모두
어기거나 범함이 없는 것이 된다.

만약 모든 보살이 보살의 맑은 계율에 편안히 머무르면서 싫어하는 마음을 품고서 다른 유정들에 대하여 마음에 따라 옮기지 않는다면, 이것을 위범을 넘어 물이 든 위범이라고 한다. 만약, 느림과 게으름과 방일로 인해 그에 따라 옮겨주지 않는다면, 물들지 않는 위범이 된다.

어기거나 범함이 없다는 것은, 그가 사랑하는 것이지만 그에게 알맞지 않거나 질병이 들었거나, 기력이 없어서 가행에 임할 수 없거나 또는 승가제도를 보호하거나 또는 그가 사랑하는 것이 비록 알맞다 하더라도 많은 대중에게는 알맞지도 않고 사랑할 만한 것도 아니거나, 모든 나쁜 외도들을 항복 받기 위하여, 방편으로 그를 조복하기 위함이니 자세한 설명은 앞에서와 같이 마음에 따라 옮기지 않는 것은 모두 어기거나 범함이 없는 것이 된다.

만약 모든 보살이 보살의 맑은 계율에 편안히 머무르면서, 싫어하는 마음을 품고서 다른 이가 진실로 덕이 있는데도 높이 드러내려 하지 않고, 다른 이가 진실로 영예로움이 있는데도 찬미하려 하지 않으며, 다른 이가 진실로 미묘하게 설하는데도 칭찬하지 않는다면, 이것을 위범을 넘어 물이 든 위범이라고 한다. 만약, 느림과 게으름과 방일로 인해 나타내어 현양하지 않는 것은 모두 물들지 않는 위범이 된다.

어기거나 범함이 없다는 것은, 그의 인성이 욕심이 적음을 알아 그 뜻을 보호하거나, 또는 질병이 있고 기력이 없거나, 또는 방편으로 그를 조복하기 위함이다. 자세한 설명은 앞에서와 같이 승가 제도를 보호하고 또는 현양함의 인연으로 인해 그가 뒤섞여 물들고 교만하여 옳음[義]이 없는 것을 일으킬 줄 알아 이런 허물을 막기 위해서, 또는 그의 덕이 비록 공덕인 것 같으면서도 진실한 덕이 아닌 줄 알았거나, 그의 설함이 비록 미묘한 설인 것 같으면서도 진실로 미묘한 것이 아닌 줄 알았거나, 또는 모든 나쁜 외도를 항복 받기 위해서거나, 다른 이의 말이나 글의 궁극[言論究竟]을 기다리기 위하여 현양하지 않는 것들은 모두 어기거나 범함이 없는 것이 된다.

만약 모든 보살이 보살의 맑은 계율에 편안히 머무르면서 모든 유정으로서 꾸짖어야 하고, 벌로 다스려야 하고 내쫓아야 할 것을 보면서도, 더러움에 물든 마음을 품고 꾸짖지도 않고, 비록 꾸짖는다 하더라도 벌로 다스려 여법하게 교계하지도 않으며, 비록 벌로 다스려 법대로 교계한다 하더라도 내쫓지 않는다면, 이것을 위범을 넘어도 물이 든 위범이라고 한다. 만약 느림과 게으름과 방일로 인해 꾸짖거나 내지 내쫓지 않는다면, 물들지 않은 위범이 된다.

어기거나 범함이 없다는 것은, 그가 고칠 수도 없고 함께 말조차 할 수 없을뿐더러, 추한 말 하기를 좋아하고 싫어하는 마음을 많이 내는 줄을 잘 알아 어쩔 수 없이 내버려 두어야 하거나, 또는 자세히 살피어 때를 기다리거나, 또는 이로 인해 다투고 싸울 것 같거나, 또는 이로 인해 승가를 시끄럽게 만들고 승가를 파괴되게 할 것을 보았거나, 그 유정이 아첨 왜곡된 생각을 품지 않고,

더욱 참회하여 금세 깨끗하게 될 것임을 알고서 꾸짖거나, 내쫓지 않는 것은 모두 어기거나 범함이 없는 것이 된다.

만약 모든 보살이 보살의 맑은 계율에 편안히 머무르면서 갖가지 신통 변화의 위력을 두루 갖추어 성취하고, 모든 유정을 두렵게 해야 하면 두렵게 할 수도 있고, 이끌고 받아들여야 할 이라면 받아들일 수 있으면서도 보시를 피하려는 까닭에, 신통으로 두렵게 하거나 이끌고 받아들이려 하지 않으면, 이것을 위범을 넘어 물들지 않는 위범이라고 한다.

어기거나 범함이 없다는 것은 이 안의 모든 유정들이 한쪽으로 치우치게 집착이 많고, 나쁜 외도로 성현을 비방하며, 삿된 소견을 성취하였다는 것을 알고서, 신통을 나타내어 두렵게 하거나 이끌어 받아들이지 않는 것은 어기거나 범함 없는 것이 된다.

또 온갖 곳에서 어기거나 범함이 없다는 것은, 그의 마음이 미쳐 어지럽거나, 중한 괴로움에 시달리거나, 아직 맑은 계율을 받지 못했다면, 모두 다 어기거나 범함이 없는 것인 줄 알아야 한다.

이와 같이 일어나는 모든 일의 보살 학처(學處)는 부처님께서 저 여러 경에서 근기에 따라 말씀하셨으니, 율의계(律儀戒)와 섭선법계(攝善法戒)와 요익중생계[饒益有情戒]에 의함이 그것이다. 이제 이 보살장(菩薩藏)에서 종합하여 설명하므로, 보살은 그 안에서 존중함을 일으키고, 공경함에 머무르며, 올곧게 힘써 닦고 배워야 한다.

이 모든 보살은, 다른 이로부터 바르게 율의(律儀)를 수계한 뒤에는, 맑고 깨끗하게 배움을 구하는 의요[求學意樂]와 보리 의요[菩提意樂]와 일체 유정을 이롭게 하고자 하는 의요[饒益一切有情意樂]로써, 지극히 존중하고 공경하여, 처음부터 올곧게 힘써 어기거나 범하지 않아야 하며, 설령 위범(違犯)이 있어도 곧 여법하게 빨리 뉘우쳐서 깨끗해질 수 있게 해야 한다.

보살의 모든 위범은 다 나쁜 짓인 줄 알아야 한다. 언어로써 소승을 대승과 잘 알아서 받아들일 힘이 있는 보특가라를 찾아내어 참회시켜야 한다.

만약 모든 보살이 상품전(上品纏)으로써 위와 같은 타승처법(他勝處法)을 어기거나 범하여 율의를 잃게 되면 다시 받아야 한다.

만약 중품전(上品纏)으로써 위와 같은 타승처법을 어기거나 범하면, 세 사람의 보특가라나 이 수보다 더 지나간 이들에 대해 고백하여 참회하고 악작(나쁜 짓)을 없애는 법대로 해야 한다. 먼저 범한 일의 명칭을 말하고, 이와 같이 말해야 한다. '장로시여(혹은 「대덕이여」라고 말하기도 한다.) 저는 이러한 이름의 보살의 비나야 법을 어겼으며, 나쁜 죄를 범했습니다' 라고 한다. 나머지는 비구가 고백하고 악작죄를 뉘우쳐 없애는 법대로 이와 같이 말해야 한다.

만약 하품전(上品纏)으로써 위와 같은 타승처법과 그 밖의 것을 어기고 범했으면 한 분의 보특가라에게 고백해야 하며, 뉘우치는 법은 앞에서와 같은 줄 알아야 한다.

만약, 수순하는 보특가라에게 고백하고 범한 바를 뉘우쳐 없앨 수 있는 이가 없으면, 그때 보살은 깨끗한 의요[淨意樂]로써 스스로가 맹세하는 마음을 내어 '저는 앞으로 다가올 미래를 잘 지켜서 결코 범하지 않을 것입니다'라고 해야 하니, 이와 같이 범한 것으로부터 다시 나와 깨끗하게 해야 한다.

또 모든 보살이 보살의 맑은 계율을 받으려고 하나, 만약 공덕을 두루 갖춘 보특가라를 만나지 못했다면, 그때에는 여래의 형상 앞에서 스스로 보살의 맑은 계율을 받아야 하리니, 이렇게 받아야 한다.

오른 어깨를 드러내고 오른 무릎을 땅에 대고서(혹은 무릎을 꿇고 앉기도 한다) 이렇게 말해야 한다. "저는 이러한 이름입니다. 우러러 온 세상의 모든 여래와 이미 큰 지위에 드신 모든 보살들에게 묻습니다. 저는 이제 온 세상의 불보살님에게서 모든 보살의 학처를 받고, 서원컨대 온갖 보살의 맑은 계율인 율의계와 섭선법계와 요익유정계를 받고자 합니다. 이와 같은 학처와 정계는 과거 모든 보살이 이미 갖추었고 미래 모든 보살이 장차 갖출 것이며, 널리 온 세상에 있는 현재 모든 보살이 지금 갖추고 있습니다. 이 학처와 정계에 대해서는, 과거 보살이 이미 배웠고, 미래 모든 보살이 장차 배울 것이며, 널리 온 세상에 있는 현재 모든 보살이 지금 배우고 있습니다"라고 한다. 두 번째, 세 번째도 또한 이렇게 말해야 하며, 말을 마치고는 일어난다. 그 밖의 모든 것은 앞에서와 같은 줄 알아야 한다.

또, 보살이 계율을 범하는 길 가운데는 더할 나위 없는 범함이 없으니, 세존이 말씀하신 대로 "모든 보살은, 다분히 성냄으로 범하고, 탐욕으로 일으키는 것은 아니다"라고 하심과 같다.

그러므로 이 안에서 말씀하신 속뜻을 알아야 한다. 그것은 곧 모든 보살은 모든 유정을 사랑하고, 모든 유정을 가엾이 여기는 강한 힘 때문에, 해야 할 모든 것이 다 보살의 할 일이다. 하지 않을 이 없으니 할 일을 한다고 잘못을 저지를 수 있는 것은 아니다. 만약 모든 보살이 모든 유정을 미워하고, 질투해서 자신과 타인의 이로운 행을 잘 수행하지 않는다면, 이는 모든 보살로서 해선 안 될 것을 하는 것이니, 마땅히 해선 안 될 일을 하면 잘못을 저지를 수 있다.

또, 모든 보살의 연·중·상의 잘못[軟中上犯]은 섭사분(攝事分)과 같은 줄 분명히 알아야 한다.

이와 같이 보살은 모든 스스로의 계율에 의지하여 부지런히 배우면, 곧 세 가지 원만함을 성취하여 편안히 머무르게 되니, 첫째는 가행의 원만함을 성취함[成就伽行圓滿]이요, 둘째는 의요의 원만함을 성취함[成就意樂圓滿]이요, 셋째는 숙세 인연의 원만함을 성취함[成就宿因圓滿]이다.

무엇을 가행의 원만함이라고 하는가. 모든 보살이 맑은 계율 안에서 행에 결함이 없고, 몸과 말과 뜻을 맑고 깨끗하게 행하여, 자주 범하지 않고 범하더라도 자신의 잘못을 고백하여 참회하니 이것을 가행의 원만함이라고 한다.

무엇을 의요의 원만함이라고 하는가. 모든 보살은 법을 위하여 출가한 것이요, 살기 위한 것이 아니다. 큰 보리를 구하는 것이요, 구하지 않는 것을 위해서가 아니며, 사문을 구하고 열반을 구하기 위함이요, 구하지 않는 것을 위해서가 아니다.

이와 같이 구하는 자는 게으르거나 열등한 데에 머물지 않고, 정진하여 여러 가지 나쁜 불선법과, 여러 가지 물듦이 장차 받을 미혹한 삶[後有]에 고통스러운 결과[異熟]가 있고, 오는 세상에서 생로병사에 섞이지 않는 것이니, 이와 같은 것을 의요의 원만함이라고 한다.

무엇을 숙세 인연의 원만함이라고 하는가. 모든 보살은 예로부터 다른 세상에서 복과 선행을 닦았기 때문에, 지금 세상에서는 갖가지 의복·음식·침구·의약품·신변에 필요한 물건 등에 스스로도 모자람이 없을뿐더러, 다른 이에게도 널리 보시할 수 있는 것이다. 이와 같은 것을 숙세 인연의 원만함이라고 한다.

보살이 이와 같이 비나야에 의지하여 부지런히 배울 바를 배우면, 이와 같은 세 가지의 원만함을 성취하고 편안히 머무르게 되니, 이것과 상반된 것이면 세 가지 잃거나 손해를 보고, 위험과 괴로움에 머무르게 될 것을 알아야 한다.

이와 같이 간략하거나 또는 자세하게 보살의 재가품(在家品)과 출가품(出家品)의 일체계(一切戒)를 설하였다. 이후로는 이러한 일체계(一切戒) 안에서 그 밖의 행하기 어려운 계율[難行戒]의 차별상에 대해 드러낼 것이니, 분명히 알아야 한다.

지유가처계품(持瑜伽處戒品)③

 무엇이 보살의 난행계(難行戒)인가. 이 계율에는 간략히 세 가지가 있음을 알아야 한다. 모든 보살로서 현재 큰 재산과 큰 집안의 자재하고 뛰어남을 두루 갖추었으면서도, 이와 같은 큰 재산과 큰 집안의 자재하고 뛰어남을 버리고, 보살의 맑은 계율을 받아 지니는 것을, 보살의 첫 번째 난행계라고 한다.

 또, 모든 보살이 맑은 계율을 받은 뒤에 만약 위급한 재난이나 생명을 잃게 되는 일을 만난다 해도 받은 바 계율에 대해서는 오히려 조금도 결여됨이 없다. 하물며 완전히 범한 것이겠는가. 이것이 보살의 두 번째 난행계라고 한다.

 또, 모든 보살이 이와 같이 두루 가고 머무는 데서 뜻을 짓되 한결같이 정념(正念)에 머무르며, 언제나 방일함이 없고 생명을 마치기에 이르기까지 받은 바 계율에 대해서는 그르치고 잃음이 없으면서 오히려 가벼운 것도 범하지 않거든, 하물며 중한 것을 범함이겠는가. 이것이 보살의 세 번째 난행계라고 한다.

 무엇이 보살의 일체문계[一切門戒]인가. 이 계율에는 요약하여 네 가지가 있음을 알아야 한다. 첫째는 바르게 받는 계율[正受戒]이요, 둘째는 본래 성품의 계율[本性戒]이요, 셋째는 익히는 계율[串習戒]이요, 넷째는 방편과 상응하는 계율[方便相應戒]이다.

 정수계라 함은, 모든 보살의 먼저 받은 세 가지 보살 정계율의를 받는 것이니, 율의계(律儀戒)와 섭선법계(攝善法戒)와 요익유정계(饒益有情戒)가 그것이다.

본성계라 함은, 모든 보살이 중성위(種姓位)에 머물면 본래 성품이 인자하고 어질어 계속되는 그동안에 몸과 말의 두 가지 업을 한결같이 맑고 깨끗하게 하는 것이다.

관습계라 함은, 모든 보살이 옛날 다른 세상에서 먼저 말한 바와 같은 삼종정계를 일찍이 닦고 익혔기 때문에 숙세 인연의 힘[宿因力]으로 지님으로써 현재 세상의 온갖 나쁜 법에 대해서는 행하기를 좋아하지 않아서 깊은 마음으로 싫어하고 여의며, 착한 행 하기를 좋아하여 착한 행 하기를 깊은 마음으로 흠모하는 것이다.

방편상응계라 함은, 모든 보살이 네 가지 섭사[四攝事]에 의해 모든 유정에게 몸과 말의 선업(善業)을 한결같이 계속하는 것이다.

무엇이 선사계(善士戒)인가. 이 계율에는 요약하여 다섯 가지가 있음을 알아야 한다. 모든 보살은 스스로 (一)계[尸羅]를 갖추고 (二)다른 이에게 권하여 계를 받게 하며 (三)계의 공덕을 찬탄하고 (四)법을 같이하는 이를 보면 깊은 마음으로 기뻐하며 (五)설령 훼범함이 있다 해도 여법하게 뉘우쳐 없애는 것이다.

무엇이 보살의 일체종계(一切種戒)인가, 이 계율은 요약하여 말한다면 여섯 가지와 일곱 가지를 묶어 열세 가지가 있음을 알아야 한다.

여섯 가지의 첫째는 회향계(廻向戒)이니, 큰 보리[大菩提]에 회향하기 때문이다.

둘째는 광박계(廣博戒)이니, 모든 학처를 널리 받기 때문이다.

셋째는 죄 없이 기뻐할 곳의 계율[無罪歡喜處戒]이니, 욕락(浴樂)과 고통에 탐착하는 두 가지 치우친 행을 멀리하기 때문이다.

넷째는 항상계(恒常戒)이니, 비록 수명을 다한다 해도 학처를 버리지 않기 때문이다.

다섯째는 견고계(堅固戒)이니, 온갖 이익과 공경, 타론(他論)과 수번뇌(隨煩惱)조차도 다스릴 수 없고, 빼앗을 수 없기 때문이다.

여섯째는 시라장엄구상응계(尸羅莊嚴具相應戒)이니, 모든 계의 장엄을 두루 갖추기 때문이다. 계의 장엄은 성문지(聖聞地)와 같은 모양임을 알아야 한다.

일곱 가지의 첫째는 지식계(止息戒)이니, 온갖 살생(殺生)을 멀리하기 때문이다. 둘째는 전작계(轉作戒)이니, 모든 선을 받아들여, 유정을 이롭게 하기 때문이다. 셋째는 방호계(防護戒)이니, 쉬고 짓는 계율을 보호하기 때문이다. 넷째는 대사상이숙계(大士相異熟戒)요, 다섯째는 증상심이숙계(增上心異熟戒)요, 여섯째는 가애취이숙계(可愛趣異熟戒)요, 일곱째는 이유정이숙계(利有情異熟戒)이다.

무엇이 보살의 수구계(隧求戒)인가. 이 계율에는 요약하여 여덟 가지가 있음을 알아야 한다.

모든 보살은, '나는 그가 나에게 (一)목숨을 끊음과 (二)주지 않는 것을 취함 (三)더러운 욕망의 삿된 행과 (四)거짓말 (五)이 간질 (六)추악함 (七)꾸밈말 (八)손·흙덩이·몽둥이 등 여러 사랑스럽지 못한 접촉으로 나에게 해를 끼치지 않았으면 하고 희구하거니와, 이것을 바란 뒤에 다른 이가 만약 상반되게 행한다면, 나의 바람은 이루어지지 않을 뿐더러 나의 뜻도 즐겁지 않을 것이다.

내가 희구하는 것처럼 다른 이도 또한 이와 같아서, 나는 그가 목숨을 끊음에서부터 나쁜 접촉에 이르는 행을 하여 가해를 끼치지 말았으면 한다. 그가 이것을 희구한 뒤에 내가 만약 상반되게 나투어 행한다면, 그의 바람은 이루어지지 않을 뿐더러 그의 뜻도 기쁘지 않을 것이다.

내가 하는 행이 만약 다른 이로 하여금 구한 바도 이루어지지 않고, 뜻도 기쁘게 하지 않는다면 어찌 행하겠는가' 이와 같이 깊이 생각하고, 생명에 어려움을 겪는 인연에서라도 또한 다른 이가 구하는 여덟 가지가 이루어지지도 않고, 뜻을 기뻐하지도 않는 일이라면 행하지 않아야 한다. 이와 같은 여덟 가지를 수구계라고 한다.

무엇이 보살의 차세타세락계(此世他世樂戒)인가. 이 계율에는 요약하여 아홉 가지가 있음을 알아야 한다. 모든 보살은 모든 유정들을 위하여 (一)막아야 할 곳에서는 바르게 막고 (二)마땅히 열어야 할 곳에서는 바르게 열어서 허락하며, 이 모든 유정을 (三)섭수해야 할 자라면 바르게 섭수하고 (四)마땅히 조복해야 할 자라면 바르게 조복하는 것이니, 보살은 이 가운데서 몸과 말의 두 가지 업을 언제나 맑고 깨끗하게 한다. 이것이 곧 네 가지의 깨끗한 계율[四種淨戒]이라 한다.

다시, 그 나머지의 보시와 인욕과 정진과 선정과 반야의 바라밀다와 함께 행하는 맑은 계가 바로 다섯 가지이다. 통틀어 구종정계(9가지 맑은 계율)가 된다.

이와 같이 보살이 지닌 맑은 계는 나와 남으로 하여금 현재나 미래나 모두 안락함을 얻게 하는 것이므로, 이것을 보살의 이 세상과 다른 세상에서 안락함의 계율[此世他世樂戒]이라 한다.

무엇이 보살의 청정계(淸淨戒)인가. 이 계율에는 요약하여 열 가지가 있음을 알아야 한다.

첫째 처음에 잘 받은 계[初善受戒]이다. 사문의 삼보리(三菩提)만을 위한 것이며, 뭇생명을 위한 것은 아니기 때문이다.

둘째 가라앉지 않음의 계율[不太沈戒]이다. 어기어 범한 것이 작고 얇은 것이라도 멀리 여의면서 뉘우침과 부끄러움을 내기 때문이다. 또 너무 들추어내지 않는 계율[不太擧戒]이니, 그른 곳을 멀리 여의면서 뉘우침과 부끄러움을 내기 때문이다.

셋째 게으름을 멀리하는 계율[離懈怠戒]이다. 잠 자는 즐거움과 기대는 즐거움과 눕는 즐거움에 탐착하지 않기 때문이며, 밤낮으로 여러 착한 행을 부지런히 실천하기 때문이다.

넷째 모든 방일을 멀리하여 섭수하는 계[離諸放逸所攝受戒]이다. 앞에서 말한 바와 같이 다섯 가지 방일하지 않은 것을 닦고 익히기 때문이다.

다섯째 바른 서원의 계율[正願戒]이다. 이익과 공경의 탐냄을 멀리하기 때문이며, 하늘에 나기를 원하지 않고 스스로 시기를 기다리면서 맑은 행[梵行]을 실천하기 때문이다.

여섯째 궤칙이 두루 갖추어져 섭수하는 계[軌則具足所攝受戒]이다. 모든 위의와 일과 착한 이들의 행, 아름답고 착하고 원만하고 여법한 몸과 말에 대하여 바르게 행하기 때문이다.

일곱째 깨끗한 생활이 두루 갖추어진 섭수계[淨命具足所攝受戒]이다. 속임수 따위의 온갖 삿된 생활과 허물 있는 법을 멀리하기 때문이다.

여덟째 두 가지 치우침을 멀리하는 계[離二邊戒]이다. 욕락과 스스로를 고통스럽게 하는 두 가지 치우친 법을 멀리 하기 때문이다.

아홉째 영원히 벗어나는 계[永出離戒]이다. 모든 외도의 견해를 멀리하기 때문이다.

열째 먼저 받아 손실이 없는 계[於先所受無損失戒]이다. 먼저 받은 보살의 깨끗한 계율은 결함이 없고, 파괴함이 없기 때문이다. 이와 같은 열 가지가 바로 보살의 맑고 깨끗함의 계율[淸淨戒]이라 한다.

이와 같은 보살의 계율은, 장차 오는 세상에서 대보리과(大菩提果)를 얻게 할 것이다. 여기에 의지하기 때문에 보살정계바라밀다가 원만해진 뒤에는 현재 무상정등보리(無上正等菩提)를 증득하고, 아직 무상보리를 증득하지 못했더라도 이 한량없는 보살계에 의지하여 부지런히 닦고 익히면 언제나 다섯 가지 수승한 이익을 얻게 된다.

첫째 언제나 온 세상의 모든 부처님께서 보살펴 줌이요, 둘째는 장차 목숨을 버리려 할 때에는 큰 기쁨에 머물 것이요, 셋째는 몸이 무너진 이후에 다시 태어나는 곳마다 언제나 맑은 계율과, 뛰어난 모든 보살들과 조금은 같아지거나, 그와 법을 같이 하는 벗이 되며, 선지식이 된다. 넷째는 한량없는 큰 대공덕장을 성취하여 정계바라밀다를 원만히 할 수 있음이요, 다섯째는 현법과 후법에서 언제나 자성정계를 성취할 수 있고, 계는 그의 성품을 이룬다.

이와 같이, 위에서 말한 일체자성계 등 아홉 가지 계와 같은 것은 상종정계에 속한 것임을 알아야 한다. 이른바 율의계, 섭선법계, 요익유정계가 그것이다.

이와 같은 상종정계를 요약하여 말하자면, 보살로서 해야 할 세 가지 일이다. 말하자면 율의계는 그의 마음을 편안히 머무르게 하고, 섭선법계는 스스로 불법을 성숙하게 하고, 요익유정계는 유정들을 성숙하게 한다.

이와 같아서, 모든 보살이 해야 할 일을 총괄하여 포섭한다. 말하자면 현재 법의 즐거움[法樂]에 머무르며, 그 마음을 편안히 머무르게 하며, 몸과 마음에 게으름이 없이 불법을 성숙시키며, 유정들을 성숙시킨다.

이와 같이, 보살은 오직 보살의 맑은 계율만 있으며, 오직 이렇게 맑은 계의 수승한 이익만 있으며, 오직 이렇게 깨끗한 계의 해야 할 일만이 있으니, 이것을 제외하고서 초과하거나 증가하는 것은 없다. 과거 보살은 큰 보리를 구한 뒤에도 이 안에서 배웠으며, 미래 보살은 큰 보리를 구한 뒤에 장차 이 안에서 배울 것이며, 널리 온 세상의 모든 세계 안에 있는 현재 보살들은 큰 보리를 구하고서 지금 이 안에서 배운다.

8장

보살의 마음가짐과 계의 실천

일체중생의 마음도 이와 마찬가지로
본래 청정하여 오염된 적이 없습니다.
우바리여, 망상이 오염된 것입니다.
망상이 없으면 곧 청정인 것입니다.
그릇된 생각은 오염된 것이지만
그릇된 생각이 없으면 곧 청정입니다.
실체로써의 자아가 있다고 생각하는 것은
오염되어 있는 것이지만
그러한 자아가 있다고 생각하지 않으면 청정입니다.

●

 대승보살의 최상의 경지에 도달했다고 하는 유마거사가 병으로 앓아눕자 부처님은 지혜 제일인 사리불을 비롯하여 가섭존자와 수보리 등에게 병문안 가기를 권한다. 그러나 제자들은 유마거사의 높은 법력에 어떻게 대응해야 할지 난처해하며 모두 문병 가기를 꺼려한다. 결국 문수보살이 유마거사의 병문안을 가게 된다. 하지만 병문안을 간 문수보살도 대승의 깊은 교리인 불이(不二)법문을 유마거사의 침묵을 통해 깨우치게 된다. 이것이 『유마경』의 줄거리다.

『유마경』은 여타 다른 계경처럼 계의 항목을 열거하여 지킬 것을 강조한다기보다는 바라밀과 자비행을 강조하는 구절이 많다. 여기에서는 몇 안 되는 짧은 경구를 옮긴 것에 불과하지만, 대승보살의 마음가짐을 이해하기 위해서는 이 경 전체를 다 한 번 읽어보는 것이 좋다.

유마거사는 본래 병이 없지만 중생들이 아프기 때문에 보살도

『유마경』

아프다고 말하며 일체중생과 자신이 하나가 되는 보살의 경지를 강조한다. 『유마경』은 자신들만이 고결한 삶을 살아가는 것으로 생각하며 중생을 외면하는 소승불교를 비판하고, 자비와 나눔의 삶을 강조하는 대승불교를 찬양하며 부처님의 출가제자들을 향해 날카로운 지적을 서슴없이 날린다.

경전을 읽다 보면 실생활에서 대승불교의 높은 이상을 구현하고 있는 재가자가 자신의 깨달음만을 위해 수행하는 출가자보다 훨씬 더 나은 수행을 하고 있다는 것이 드러나고 있다. 이 시대의 출가자들에게도 일침을 가하는 가르침이다.

이 경에서 유마거사의 가르침을 통해 진정한 대승불교의 정신이 무엇인지 생각해보길 바란다.

키워드\ 탐진치, 십선계, 불이

『유마경』

1

세존께서 우바리에게 말씀하셨다.
"그대가 유마힐을 찾아가 문병하라."
그러나 우바리도 부처님께 말씀드렸다.
"세존이시여, 저는 유마힐을 찾아가 문병하는 일을 감당할 수 없습니다. 왜냐하면 예전에 계율을 범한 두 비구가 있었는데, 그들은 마음으로 부끄럽게 생각하고 있었지만 감히 부처님을 찾아가지 못하고 저를 찾아와 제 발에 절하고는 물은 적이 있습니다. 그때 일을 기억하기 때문입니다.

'우바리여, 저희들은 계를 범했습니다. 진심으로 부끄럽게 생각하고 있습니다. 그러나 스스로 부처님을 찾아가 묻지도 못하겠습니다. 부디 가르쳐 주십시오. 죄에 대한 뉘우침과 근심으로부터 벗어나 이 죄를 면할 수 있도록 해주십시오.'
그리하여 저는 그들에게 불안과 걱정을 없애고 잘못을 씻도록 형식적인 법을 설해주었습니다.

그때 유마힐이 제게 찾아와 이렇게 말했습니다.

'우바리여, 이 두 비구의 죄를 더 무겁게 해서는 안 됩니다. 곧바로 그들의 뉘우침과 근심하는 마음을 없애버려야 합니다. 마음을 흔들리지 않게 할 필요가 있습니다.

왜냐하면 저들이 지은 죄의 성품은 그들 자신의 안에 있는 것도 아니고 밖에 있는 것도 아니며, 또 중간에 있는 것도 아니기 때문입니다. 부처님께서 말씀하셨듯이, 마음이 오염됐기에 중생도 더럽혀지고, 마음이 청정하기에 중생도 청정한 것입니다. 이처럼 마음은 안에 있는 것도 아니고, 밖에 있는 것도, 중간에 있는 것도 아닙니다. 마음이 그러하듯이 죄 또한 그와 같으며, 모든 존재 또한 그와 같으며, 사물의 있는 그대로의 모습으로부터 떨어져 있는 것이 아닙니다.

만약 그대가 마음의 본래 모습을 관찰하며 깨달음을 얻는다면, 그 마음은 오염되어 있겠습니까?'

저는 '아닙니다'라고 대답했습니다.

그러자 유마힐은 '일체중생의 마음도 이와 마찬가지로 본래 청정하여 오염된 적이 없습니다. 우바리여, 망상이 오염된 것입니다. 망상이 없으면 곧 청정인 것입니다. 그릇된 생각은 오염된 것이지만, 그릇된 생각이 없으면 곧 청정입니다. 실체로써의 자아가 있다고 생각하는 것은 오염되어 있는 것이지만, 그러한 자아가 있다고 생각하지 않으면 청정입니다.

모든 법은 나고 없어지며, 환영이나 번갯불과 같아서 조용히 머물러 있는 법이 없습니다. 또 모든 법은 한 순간도 머무름이 없습니다. 모든 것은 아지랑이나 물속에 비친 달과 같고 거울 속에 비친 영상과 같이 망상으로 인해 생긴 것입니다. 이러한 사실을 잘 아는 사람이야말로 계를 잘 지키는 사람이라고 할 수 있는 것이며, 이 계를 잘 지켜나가는 사람이야말로 해탈한 사람이라고 하는 것입니다.'

이것을 들은 두 비구는 '얼마나 뛰어난 지혜인가. 이는 우바리존자가 감히 미칠 수 있는 것이 아닙니다. 계율을 지키는 훌륭한 사람도 설하지 못합니다'라고 말했습니다.

저도 '부처님을 제외한 소승의 성자나 대승의 보살에게 이 같은 변설의 재능을 지닌 사람은 없다. 그 지혜가 명석하고 사물의 이치에 통하였구나'라고 말했습니다.

이때 두 비구는 선 자리에서 뉘우침과 근심을 떠나 최고의 깨달음을 얻고자 발원하고, 서원을 세웠습니다.

'모든 중생에게 이 변설의 재능을 얻게 하리라.'

이러한 까닭으로 저는 그를 찾아 문병하는 일을 감당하지 못한다고 한 것입니다.

2

사리불이 말했다.

"훌륭합니다. 천녀여, 그대는 무엇을 얻고 무엇을 성취했기에 지혜와 언변이 이 정도나 됩니까?"

천녀가 말했다.

"나는 지금 얻은 것도 없고 성취한 것도 없기에 지혜와 언변이 이와 같은 것입니다. 만약 내가 지금 얻은 것이 있고 성취한 것이 있다고 한다면, 이는 올바르게 설해진 계율에서 자만하는 것이 됩니다."

3

상선(上善)보살이 말했다.

"몸과 입과 마음과 행위는 서로 대립하고 있으나, 이 세 가지 행위에는 어느 것에도 행위로써의 모양이 없습니다. 몸에 행위로써의 모양이 없는 것은 그대로 입에 행위로써의 모양이 없는 것이며, 입에 행위로써의 모양이 없는 것은 그대로 마음에 행위로써의 모양이 없는 것입니다."

4

"이곳의 여래 석가모니께서는 중생들에게 어떤 법을 설하십니까?"

유마힐이 말했다.

"이 땅의 중생들은 너무 억세서 교화하기가 힘들기 때문에, 부처님은 근기에 맞게 말씀[對機說法]을 설하여 중생의 마음을 다스립니다. 즉,

'이것은 지옥으로 가는 길이며

이것은 축생으로 가는 길이며

이것은 아귀로 가는 길이며

이것은 불도수행의 장애를 만나는 길이며

이것은 어리석은 사람이 태어난 길이다.

이것은 몸으로 저지른 나쁜 행위이고

이것은 몸으로 저지른 나쁜 행위의 과보이다.

이것은 말로 저지른 나쁜 행위이고

이것은 말로 저지른 나쁜 행위의 과보이다.

이것은 뜻으로 저지른 나쁜 행위이고

이것은 뜻으로 저지른 나쁜 행위의 과보이다.

이것은 산목숨을 죽이는 것이고

이것은 산목숨을 죽이는 것에 대한 과보이다.

이것은 주어지지 않은 것을 도둑질하는 것이고

이것은 주어지지 않은 것을 도둑질하는 것에 대한 과보이다.

이것은 삿된 음행이고

이것은 삿된 음행에 대한 과보이다.

이것은 거짓말이고

이것은 거짓말에 대한 과보이다.

이것은 이간질하는 말이고

이것은 이간질하는 말에 대한 과보이다.

이것은 거친 나쁜 말이고

이것은 거친 나쁜 말에 대한 과보이다.

이것은 더러움이 섞인 말이고

이것은 더러움이 섞인 말에 대한 과보이다.

이것은 탐욕이고

이것은 탐욕에 대한 과보이다.

이것은 성냄이고

이것은 성냄에 대한 과보이다.

이것은 삿된 견해이고

이것은 삿된 견해에 대한 과보이다.

이것은 인색함이고

이것은 인색함에 대한 과보이다.

이것은 계를 깨뜨리는 일이며

이것은 계를 깨뜨리는 일에 대한 과보이다.

이것은 성내는 것이고

이것은 성내는 것에 대한 과보이다.

이것은 게으른 것이고

이것은 게으른 것에 대한 과보이다.

이것은 마음이 산란한 것이고

이것은 마음이 산란한 것에 대한 과보이다.

이것은 우치함이며

이것은 우치함에 대한 과보이다.

이것이 계를 맺는 것이며
이것이 계를 지키는 것이고
이것이 계에 거스르는 것이다.'"

5
사바세계에는 닦아나가는 착한 법이 대략 열 가지가 있다.

一　보시를 베풀어 가난한 이들을 돕는 것
二　청정한 계율로써 금기를 깨는 이를 이끄는 것
三　인욕으로 성내는 이를 정진하게 하는 것
四　정진으로 게으른 이를 이끄는 것
五　선정으로 마음이 흐트러진 이를 이끄는 것
六　뛰어난 지혜로 어리석은 이를 이끄는 것
七　여덟 가지 불행에 빠지는 길을 없애도록 가르쳐 모든 불행한 중생들을 구하는 것
八　대승의 정법을 설해서 소승의 가르침을 즐기는 이를 구하는 것
九　갖가지 뛰어난 선근으로 복덕이 없는 이를 구하는 것
十　깨달음에 이르게 하는 사섭법(四攝法)으로 항상 중생을 교화하는 것

이상을 열 가지 닦아나가는 착한 법이라고 한다.

6

"사바세계의 모든 보살들은 몇 가지 법을 아무 훼손 없이 성취해야 목숨을 마친 뒤 다른 정토에 태어납니까?"

유마힐이 말했다.

"사바세계의 보살들은 여덟 가지 법을 아무 훼손 없이 성취해야 목숨을 마친 뒤 다른 정토에 태어납니다. 여덟 가지란 무엇인가?

一   중생에게 혜택을 주어도 그 과보를 바라서는 안 되고
二   일체중생을 대신하여 온갖 고뇌를 받고, 지은 공덕은 낱낱이 남에게 주며
三   일체중생에게는 항상 평등한 마음과 걸림 없는 마음으로 겸허히 대하며
四   일체중생을 대할 때에는 부처님을 대하듯 공경하고
五   들어보지 못한 아주 새로운 경전을 들어도 이를 의심하지 않고, 소승의 가르침을 비방하는 사람과도 다투지 않고
六   남이 받은 공양을 시기하지 않고, 자기가 얻은 이익을 뽐내지 않으며
七   자기의 마음을 조복하여 늘 자기의 허물을 반성하고 남의 단점을 비방하지 않으며
八   항상 변함없는 마음으로 온갖 공덕을 구합니다.

9장

보살계와 성문계의 차이

보살은 몸과 입과 뜻의 세 가지 품류
다스리는 것을 계로 삼고
성문은 단지 몸과 입만을
다스리는 것을 계로 삼는다.
따라서 보살은 심지(心地)에
죄를 범하는 것이 있을 수는 있지만
성문은 그런 일이 없다.

율장은 기본적으로 눈앞에 드러나 있는 결과를 보고 범계에 대한 판결을 내린다. 그 말은 곧 현상적으로 드러난 사실만으로 죄의 여부를 가린다는 것이다. 알다시피 모든 행위의 잘못은 욕망으로부터 일어나는 것인데, 성문율은 그 욕망의 뿌리야 어쨌건 간에 결과에 따라 징벌을 결정한다고 하는 사유방식이 그 구조를 이루고 있다.

대승불교를 주장하던 사람들은 이러한 육체적 제어만으로 범죄 여부를 판단하는 성문의 결정에 한계를 느꼈던 것이다. 그래서 대승계에서는 사건의 결과만을 두고 결정하는 것이 아니라, 왜 이런 일이 생겼는지, 무엇 때문에 계를 어기게 되었는지 그 동기부터 세세하고 꼼꼼하게 따지기 시작했다. 그러한 노력들이 바로 마음의 동기에 중점을 둔 대승계 정신의 토대가 되었다.

여기에서 살펴볼 『섭대승론』에는 대승계와 성문계 정신의 차이를 대조하면서 대승계 정신의 우월성을 확실히 보여주고자 했

『섭대승론』「의계학승상」

던 것으로 보인다. 심지어는 보살이 지혜로운 방편으로 살생이나 나쁜 행동을 하더라도 결코 과실이 안 된다고까지 말할 정도로 강력한 메시지를 세상에 전하고 있다.

비록 짧은 내용이지만, 대승불교 전체를 포괄하여 정리한 『섭대승론』의 「의계학승상」편을 통해 대승계와 성문계의 차이를 살펴보고, 계와 율이 추구했던 방향을 확인해보는 것도 좋을 듯싶다.

키워드\보살계, 성문계

『섭대승론』「의계학승상」

계학에 의한 차별은 어떻게 알아야 하는가? 마땅히 보살지*에서 바르게 받는 보살계품 가운데서 설하는 것과 같이 알아야 할 것이다.

간략하게 설명한다면 네 가지 보살계의 차별이 있다는 것을 알아야 한다. 네 가지란 무엇인가? 첫째는 품류의 차별[品類差別]이며, 둘째는 함께하거나 함께하지 않는 계의 차별[共不共學處差別]이며, 셋째는 광대함의 차별[廣大差別]이며, 넷째는 깊이의 차별[甚深差別]이다.

품류의 차별에는 세 가지가 있다. 첫째는 바르게 지켜 보호하는 계[攝正護戒]이며, 둘째는 선법을 받아 지니는 계[攝善法戒]이며, 셋째는 중생을 이롭게 하는 계[攝衆生利益戒]이다. 이 가운데 '섭정호계'가 나머지 두 계율의 근거가 됨을 알아야 한다. '섭선

---

*   십지(十地)의 하나. 보살이 처음 발심하여 깨달음을 이루기 전까지의 수행 과정.

법계'는 불법을 생하여 일으킬 수 있는 의지이며, '섭중생이익계'는 중생을 성숙시키는 근거이다.

함께하는 계란, 보살이 성죄(性罪)*를 멀리 여의는 것을 말한다. 함께하지 않는 계란 보살이 계로 세워진 제죄(制罪)를 멀리 떠나는 것이다. 이 계 가운데 성문에게는 이것이 죄가 되지만, 보살에게는 죄가 되지 않기도 한다. 혹은 보살에게는 이것이 죄가 되지만, 성문에게는 죄가 되지 않는다.

보살은 몸과 입과 뜻의 세 가지 품류 다스림을 계로 삼고, 성문은 단지 몸과 입만을 다스리는 것을 계로 삼는다. 따라서 보살은 심지(心地)에 죄를 범하는 것이 있을 수 있지만 성문은 그런 일이 없다.

간략히 설명한다면, 가지고 있는 신·구·의업이 중생에게 이익을 주면 잘못이 없다. 보살은 이 업을 모두 받아 배우고 수행해야 한다. 이와 같이 함께하고 함께하지 않는 계의 차별을 알아야 할 것이다.

광대함의 차별이란, 네 종류가 있음을 알아야 한다. 첫째는 갖가지 한없는 학처[戒]의 광대함이요, 둘째는 무량한 복덕을 섭수함의 광대함이며, 셋째는 모든 중생을 포섭하여 이롭고 안락하게 하려는 의지의 광대함이다. 넷째는 무상보리에 의지함의 광

---

* 행위 자체가 바로 무거운 죄인 살생(殺生)·투도(偸盜)·사음(邪淫) 등을 말함. 이에 반해, 행위 자체는 죄가 아니지만 그것으로 인해 죄를 저지를 우려가 있는 음주(飮酒) 등은 차죄(遮罪)라고 한다.

대함이다.

깊이의 차별이란, 만약 보살의 이러한 방편 수승한 지혜로 살생 등 열 가지 일을 행하더라도 더럽혀지는 과실이 없고, 헤아릴 수 없는 복덕을 일으켜 위없는 보리의 수승한 과보를 빨리 얻는 것이다.

또한 다시 변화(變化)하여 만든 신업(身業)과 구업(口業)이 있으니, 이것이 보살의 깊고 깊은 계[甚深戒]라는 것을 알아야 한다.

이 계로 인해 보살은 왕위(王位)에 머물러 있을 때, 혹 여러 방법으로 중생을 협박하고 괴롭히는 이를 보면 그 중생을 계율 가운데 편안히 머물게 한다. 혹 여러 중생이 남을 핍박하고 괴롭히거나 상대를 원망하는 것을 보면 남들로 하여금 서로 사랑하고 이롭게 하며 마음을 편안하게 한다.

다른 이에게 신심(信心)을 일으키게 하는 것이 우선이고, 그 뒤에 삼승(三乘)의 성스러운 도 가운데서 그들의 선근을 성숙시키는 것이다. 이것을 보살의 심심계차별(甚深戒差別)이라고 일컫는다.

이러한 네 가지 차별로 말미암아 보살이 받아 지니는 계의 차별을 간략하게 설명하는 것임을 알아야 한다. 또한 다시 이 네 가지 차별로 말미암아 다시 차별이 있으니 그 보살계의 차별은 헤아릴 수가 없을 정도다.

10장

보살계를 받으려면

만약 스승이 있으나 교만하여
그에게는 받을 수 없어 보살계를 얻을 수 없거나
스승이 계를 깨뜨린 사람이거나
스승이 먼 곳에 있거나
나라에 난(亂)이 일어났거나
중병에 걸린 사람이거나
여러 사람을 이롭게 하기 위해서거나
다시 받을 수 없을 때에
출가하거나 출가하지 않았거나 간에
깊은 마음으로 아누다라삼먁삼보리를 구할 때
만약 보리심으로
뜻을 같이하면서
설할 수 있고, 가르칠 수 있을 만큼
법을 잘 아는 이가 있다면
계를 받고자 하는 이는
그곳에 가서 …

◉

스승이 있어도 교만해서 그에게 보살계를 받을 수 없거나 만일 스승이 계를 파한 사람이라면 어떻게 할 것인가?『보살선계경』은 이렇듯 계를 줄 만한 스승이 없는 절망적인 상황에서도 창의적으로 대처하는 방법을 제시하는 계경이다.

이렇게 어려운 상황 속에서도 법을 잘 알고 가르침을 줄 수 있는 이가 있다면, 그에게 가서 겸손한 태도로 수계를 청하면 될 것이요[從他受戒], 만일 그렇지 않고 그 누구도 스승이 될 만한 이가 없다면, 수계자는 부처님과 보살상 앞에서 서원을 하고 계를 받아야 한다[自誓受戒].

물론 이때에는 호상(好相)이라고 하는 신비적 종교체험을 해야 수계가 성립된다고 한다. 호상은 불보살님께서 수계자 앞에 그 모습을 드러내는 현상으로, 자기 성찰에 기초한 영적 체험을 요구하는 것으로 해석된다. 그만큼 간절한 마음으로 계를 받으라는 권유로 받아들이면 좋을 것 같다.

『보살선계경』「우바리문보살수계법」

 이와 같이 스승이 있는 경우와 없는 경우(불보살님이 스승일 경우)를 설정하여 『보살선계경』에서는 계를 받는 절차나 수계자의 마음가짐에 대해 상세히 설하고 있는 것이 특징이다.
 이 계경은 9권본과 1권본의 두 종류가 있는데, 여기에서 살펴보게 될 것은 1권본에 해당한다. 자기중심적인 삶의 태도를 버리고, 새로운 방향으로 삶을 전환하는 진지한 수계 현장을 상상하며 읽어보는 것도 좋겠다.

키워드\대승계 수계방법, 중루계

『보살선계경』「우바리문보살수계법」

보살이 계(戒)를 성취하고 선계(善戒)를 성취하고 중생을 이롭게 하는 계[利益衆生戒]를 성취하려면, 먼저 우바새계(優婆塞戒)와 사미계(沙彌戒)와 비구계(比丘戒)를 충분히 배워야 한다.

말하자면 우바새계를 갖추지 않고 사미계를 얻을 수 없고, 사미계를 갖추지 않고 비구계를 얻는 것 또한 있을 수 없으며 이러한 세 가지 계를 갖추지 못하고서 보살계를 얻는 일 또한 있을 수 없다. 비유하면 4층으로 이루어진 차례와 같으니, 첫 층을 지나지 않고 둘째 층에 이르는 일이 있을 수 없고, 둘째 층을 지나지 않고서 셋째 층에 이른다거나 셋째 층을 지나지 않고 넷째 층에 이르는 일 또한 있을 수 없기 때문이다.

보살이 세 가지 계를 모두 충분히 갖추고 난 후에, 보살계를 받고자 하면 지극한 마음으로 탐착하는 마음 없이 모든 안팎의 물건을 버려야 한다. 만약 버리지 못하거나 세 가지 계를 갖추지 못한다면 보살계는 끝내 얻을 수 없다.

이때 (계를) 받는 사람은 스스로 자신을 관(觀)하여 스승[智者] 보듯이 하고, 고요한 곳에서 온 세상에 계시는 부처님께 예배하고, 동쪽을 향해 불상 앞에서 오른 무릎을 땅에 대고 합장하여 다음과 같이 말해야 한다.

"대덕(大德)이신 온 세상의 불보살님과 스님들은 들어주십시오. 저 아무개가 지금 보살계를 받고자 합니다. 저는 이미 우바새계를 갖추었고 지혜로운 이의 행을 갖추었습니다. 그래서 저는 온 세상의 불보살님과 스님들께서 보살계 주기를 원합니다. 지금 온 세상의 불보살님과 스님들께서는 저의 마음을 관하시어, 저에게 만약 믿지 않는 마음이나 보리를 훼손하는 마음이나 악한 마음이나 속이는 마음이 있으면 저에게 계를 주지 마시고, 그런 마음이 없으면 불쌍히 여기시어 계를 주십시오."

두 번째, 세 번째도 이와 같이 말한다. 지극한 마음으로 조용히 마음을 모으고 머문 뒤에 다음과 같이 말해야 한다.

"이제 이미 저에게 보살계를 주셨고, 제가 이미 보살계를 받았습니다. 온 세상의 불보살님께서 타심지(他心智)로 저의 마음을 관하여 제게 진실한 마음이 있음을 아시고 불쌍히 여기신 까닭에 계를 주셨습니다. 이제 제게는 달리 스승이 없고 온 세상의 불보살님께서 제 스승이 되십니다."

두 번째, 세 번째도 또한 이와 같이 말해야 한다. 이때 온 세상의 불보살님께서 모습을 나타내 보이시면 계를 얻은 줄 알면 된다. 온 세상의 불보살님께서 모든 대중에게 말씀하시기를 "저 세계에 아무개가 있어 진실로 보살계를 받았다. 내가 이미 베풀었으니 불쌍히 여긴 까닭이다. 이제 그 사람에게는 다른 스승이 없고 내가 스승이 되어 그를 보호할 것이니, 그는 나의 법제자이다." 이렇게 말하면, 곧 일어나 온 세상의 불보살님께 예배해야 한다. 이것을 '자갈마(自羯磨)'라고 한다.

만약 스승[智者]은 있으나 교만하여 그에게는 받을 수 없어 보살계를 얻을 수 없거나, 스승이 계를 깨뜨린 사람, 스승이 먼 곳에 있거나 나라에 난이 일어났거나, 스스로 중병(重病)에 걸린 사람, 여러 사람을 이롭게 하기 위해서나 다시 받을 데가 없을 때, 출가했거나 출가하지 않았거나 간에 깊은 마음으로 원을 세워 아누다라삼먁삼보리를 구할 때에, 만약 보리심으로 불법을 믿고, 뜻을 같이 하면서, 설할 수 있고 가르칠 수 있는 법도를 잘 아는 사람이 있으면, 계를 받고자 하는 사람은 그곳에 가서 머리를 땅에 대고 예배하고, 오른쪽 어깨를 드러내고 오른쪽 무릎을 땅에 대고서 합장하고 다음과 같이 말해야 한다.

"대덕(大德)께서는 들어주십시오. 제가 지금 대덕으로부터 대자재한 계이며 위없는 계이며 가장 수승한 계인 보살계 받기를 원합니다. 저를 소중히 생각하시는 마음이 없으시더라도 불쌍히 여기시어 부디 제게 계를 주십시오."

만약 저 대덕이 잠자코 듣고만 있으면, 다시 일어나 옷을 단정히 하고, 눈은 시방삼세 모든 부처님과 땅에 계시는 모든 보살님들께 향하고, 머리는 땅에 대고 예배해야 한다. 그리고 자신의 지혜로 모든 불보살님께서 지니신 공덕을 찬탄하고 오직 삼보를 생각하면서 불상 앞에서 무릎을 꿇고 합장하고 다음과 같이 말해야 한다.

"대덕이시여, 저 아무개가 지금 보살계 받기를 원합니다. 대덕께서는 이제 불쌍히 여기시어 보살계를 베풀어주십시오."

만약 저 대덕이 잠자코 듣고 있으면, 이때 받으려 하는 사람은 지극한 마음으로 오직 삼보를 생각하면서 환희(歡喜)로운 마음을 내며 다시 이런 생각을 해야 한다.

"제가 이미 헤아릴 수 없고 끝이 없고 높은 공덕을 이루었으니, 보살이 받아 지니는 계를 얻게 되었다." 그리고 다시 일심으로 고요히 머물러야 한다.

이때 스승이 받는 사람에게 말하기를 "선남자여, 자세히 들어라. 법제보살(法弟菩薩)이여, 너는 지금 진실로 보살인가, 진실로 보리심을 내었는가?"라고 하면, 받는 사람은 "대덕이시여, 진실로 그러합니다"라고 대답해야 한다.

스승이 다시 말하기를 "그대는 지금 세 가지 계를 모두 갖추었는가?" 하면 "다 갖추었습니다"라고 대답해야 한다.

또 묻기를 "안팎의 모든 물건을 능히 버릴 수 있겠는가?" 하면 "버릴 수 있습니다"라고 대답해야 한다.

또 묻기를 "몸과 재물을 아끼는가?" 하면 "아끼지 않습니다"라고 대답해야 한다.

또 묻기를 "그대가 능히 나에게서 보살계를 받아, 모든 보리도

계(菩提道戒)와 모든 중생을 이롭게 하는 계를 다 지닐 수 있겠는가, 이 계는 온 세상의 모든 불보살님의 계와 같은 것인데, 그대가 다 지닐 수 있겠는가?" 하면 "할 수 있습니다"라고 대답해야 한다. 두 번째도 세 번째도 이와 같이 하고, 스승은 소리 높여 다음과 같이 말해야 한다.

"온 세상의 모든 부처님과 보살님과 대덕스님들께서는 들으십시오. 지금 아무개가 저에게 구하여 온 세상의 부처님과 보살님과 스님들에게서 보살계 받기를 원합니다. 이미 세 가지 계를 갖추었고 보리심을 내었으니, 진실한 보살로서 모든 안팎의 물건을 버리고 목숨도 아끼지 않을 수 있습니다. 원하오니 온 세상의 불보살님과 스님들께서는 불쌍히 여기시어 아무개에게 보살계를 베풀어주십시오. 불쌍히 여기시어 위없는 공덕보장계(功德寶藏戒)를 베풀어주십시오. 이는 중생을 이롭게 하기 위해서이며, 불보살님의 법을 증장시키기 위함입니다."

두 번째, 세 번째도 또한 이와 같이 한다. 이때 모든 방향에서 서늘한 바람이 일어나니, 스승은 온 세상의 불보살님과 스님들이 이 사람에게 계를 베풀어주셨다는 것을 알게 된다. 그리고 나서 받는 사람에게 말하기를 "아무개는 자세히 들어라. 온 세상의 모든 불보살님과 스님들께서 이제 그대에게 계를 베풀어주셨으니, (그것은) 모든 삼세의 보살계[一切三世菩薩戒]이다. 그대는 지극한 마음으로 받아 지녀야 한다. 받아 지닐 수 있겠는가" 하면 "할 수 있습니다"라고 대답해야 한다.

두 번째도 세 번째도 또한 이와 같이 하고, 스승은 온 세상의 부처님과 모든 보살님과 스님들께 공경히 예배하고 불상에 예배한다. 예배하고 나서 다시 다음과 같이 큰 소리로 말한다.

"온 세상의 모든 불보살님과 대덕들은 들으십시오. 이제 아무개가 세 번 말하고 온 세상의 부처님과 보살님에게서 이미 보살계를 받았습니다. 설한 사람은 저이고, 받은 사람은 아무개입니다.

제가 아무개의 증인(證人)이 되었으며, 큰 스승은 다름 아닌 온 세상의 헤아릴 수 없는 모든 불보살님과 스님들이시며, 작은 스승은 바로 저입니다. 스승에는 두 종류가 있어, 첫째는 볼 수 있는 스승이고, 둘째는 볼 수 없는 스승입니다. 볼 수 없는 스승은 온 세상의 불보살님과 스님들이시고, 볼 수 있는 스승은 바로 저입니다. 볼 수 있는 스승과 볼 수 없는 스승에게서 이 사람이 계를 얻었습니다."

두 번째, 세 번째도 이와 같이 하고 갈마를 마친다. 갈마를 마치고 나서 두 사람이 다 가만히 있으면, 이때 온 세상의 부처님과 모든 보살님께서 이 일을 알고 대중에게 다음과 같이 말씀하신다.

"세상에 이러한 사람이 있어 저 스승[智者]으로부터 보살계를 받았다. 이 같은 사람은 곧 나의 법제자이니, 내 이제 진심으로 가엾이 여겨 그를 보호하리라. 온 세상의 부처님과 보살님과 스님들이 다 보호하는 까닭이다."

주는 이와 받는 이는 모두 선법(善法)을 증장하고, 가만히 앉아 있다가 다시 일어나서 온 세상의 부처님과 보살님과 스님들께 공경히 예배해야 한다. 이를 가리켜 보살이 보살계 받기를 마쳤다고 말한다.

이 보살계는 일체계이며 위없는 계이며 끝없는 계이며 공덕이 모인 계이며 고요한 계이며 마음을 청정하게 하는 계이며 모든 중생의 번뇌를 깨뜨리는 계이다. 이와 같은 계는 온 세상의 모든 성문과 벽지불의 계보다 뛰어나다. 왜냐하면 모든 중생을 제도하여 벗어나게 하기 때문이다.

보살이 보살계를 받고 나면 보살 법장과 논장을 배우고 독송해야 한다.

보살계를 받고자 할 때는 먼저 관찰하여, 만약 믿음이 가지 않는 사람에게서는 받지 말아야 한다. 인색한 사람이나 탐욕스런 사람이나 만족할 줄 모르는 사람이나 계를 깨뜨리고 계를 더럽히고, 계를 공경하거나 중히 여기지 않고, 탐내고 성내기를 좋아하는 사람이나, 참지 못하는 사람이나, 남을 위해서 죄의 허물을 끊지 않는 사람이나, 게으르고, 세상의 즐거움에 탐착하고, 세상사를 이야기하기 좋아하고, 한 순간도 삼보를 생각하지 못하고, 의심하고 어리석으며, 보살 법장과 논장을 독송하지도 못하면서 비방하는 이러한 사람에게서는 받지 말아야 한다.

이미 계를 받고 난 후에는 믿지 않는 사람에게는 설하지 말아야 한다. 대승을 비방하는 사람에게도 설하지 말아야 한다. 왜냐하면 믿지 않으면 그 인연으로 지옥에 떨어지기 때문이다. 그러므로 보살은 그런 이에게는 설하지 말아야 한다. 만약 설한다면 죄가 된다. 보살이 그 사람에게 설하여 그 사람의 나쁜 말[惡口]과 나쁜 업[惡業]과 믿지 않는 마음을 깨뜨릴 수 있음을 확실히 알 때는 설해도 죄가 없다.

보살이 이미 보살계를 받고 나면, 스승은 범하고 범하지 않는 법을 설해야 한다. 만약 지극한 마음으로 받되 공양 때문에 받는 것은 아니며, 남을 흉내 내어 받는 것도 아니고, 교만하기 때문에 받는 것도 아닌 줄을 알면, 이때에 스승은 곧 그를 위하여 범하고 범하지 않는 법을 설하고, 수계자는 자세히 듣는다.

보살계에는 여덟 가지 무거운 법[重法]이 있다. 네 가지 무거운 법은 앞서 받은 계와 같다. 보살이 이익(利養)에 탐착하여 자신을 스스로 찬양하며 보살계를 받고 보살지(菩薩地)에 머문다면, 이것을 보살의 다섯 번째 무거운 법(제5중법)이라고 한다.

가난하고 고통 받는 이나 병든 이가 와서 구걸할 때, 보살이 욕심이 많아서 베풀지 않고, 작은 물건까지도 아끼며, 법을 구하는 사람에게 인색하여 한 게송도 알려주지 않는다면, 이것을 보살의 여섯 번째 무거운 법(제6중법)이라고 한다.

보살은 화가 나더라도 악(惡)한 말을 퍼붓지 말아야 한다. 만약 손으로 때리거나, 몽둥이나 돌로 때리면서 포악하게 꾸짖고 욕하거나, 혹 힘이 없어 때리거나 욕할 수 없어서 마음속에 분을 품거나, 다른 사람에게 매를 맞거나 욕을 먹은 뒤, 그 사람이 참회했는데도 그 참회를 받지 않고 마음에 노여움과 원망을 품고 계속 키워 마음이 깨끗하지 못하면, 이를 보살의 일곱 번째 무거운 법(제7중법)이라고 한다.

보살은 같은 스승 밑에서 함께 배우는 이가 보살의 방등법장(方等法藏)을 비방하고 법과 유사한 듯 보이나 법이 아닌 것을 배우고 받든다면, 함께 살지 말아야 한다. 만약 확실히 알고 나서도 사람들에게 그 덕을 찬탄하지 않는다면, 이를 보살의 여덟 번째 무거운 법(제8중법)이라고 한다.

보살에는 두 종류가 있으니 첫째는 재가자요, 둘째는 출가자이다. 재가자에게는 여섯 가지 무거운 법[重法]이 있고 출가자에게는 여덟 가지 무거운 법이 있다. 이 여덟 가지 무거운 법 가운데서 만약 보살이 어느 하나라도 법을 범하거나 또 모두 범하면, 현재에 한량없는 무상보리를 장엄할 수 없고, 마음을 고요하게 할 수 없다. 이는 이름만 보살이요, 진정한 보살이 아니다. 이는 사문(沙門)이라 부를 수도 없고 바라문[淨行]도 아니어서 아누다라삼먁삼보리에 바르게 나아갈 수 없다.

보살의 마음에는 하·중·상의 세 종류가 있다. 만약 뒤의 네 가지 무거운 법을 하와 중의 마음으로 범했을 때는 범했다고 하지 않는다. 상심(上心)이 악한 마음으로 범해야 이를 범했다고 한다. 상(上)이란 이와 같은 네 가지 일을 즐거이 짓고도 마음에 부끄러움 없이 뉘우칠 줄 모르고, 죄의 범함을 보지 못하며, 계를 범하는 것을 칭찬하는 것이니, 이를 '상악심범(上惡心犯)'이라고 한다.

보살은 비록 이와 같은 네 가지 무거운 법을 범해도 끝내 보살계를 잃지는 않는다. 비구가 네 가지 무거운 법을 범하면 바라제목차(波羅提木叉)를 잃듯이 보살도 비구의 네 가지 무거운 법을 범하면 바라제목차를 잃으며, 보살계를 더럽힌다.

더럽힌 사람은 현재 보리를 장엄할 수 없고 삼매를 이룰 수 없으므로, 이를 더럽힌다고 하는 것이다. 두 가지 인연이 있으면 보살계를 잃게 된다. 첫째는 보리심에서 물러나는 것이고, 둘째는 상악심을 갖는 것이다. 이 두 가지 인연을 여의면 다음 생에 지옥 축생이나 아귀 중에 떨어지더라도 끝내 보살계를 잃지 않는다.

보살계란 바라제목차와는 같지 않다. 만약 보살이 다음 생에 다시 보살계를 받을 때는 새로 받는다고 하지 않고, 밝고 맑음[瑩淨]을 개시(開示)한다고 말한다.

이제 다시, 보살계를 받음에 있어 이 범하고 범하지 않는 법의 가볍고 무거운 상·중·하의 차이를 설하겠다.

보살이 만약 보살계를 받고 나서, 밤낮으로 탑과 상(像) 앞에서 경을 독송하는 천만(千萬) 보살들에게 꽃과 향으로 공양 예배하거나 찬탄하고 기뻐하기를 잠깐이라도 그친다면, 이는 무거운 법은 범했어도 여덟 가지 무거운 법을 범했다고는 하지 않는다.

또 이를 보살의 더럽혀진 마음, 의심하는 마음이라고 한다. 처음으로 떨어져 깨끗하지 못한 마음을 일으킨 것이다. 만약 이러한 마음을 내면 공경심이 없어지니, 믿지 않는 까닭이며 게으른 까닭이다. 이를 무거운 법을 범했으나 여덟 가지 무거운 법을 범했다고는 하지 않는다.

만약 의도적인 마음이 없었다면 이는 가벼운 법을 범했다고 한다. 범한 것이 아니라는 것은 청정한 마음으로 항상 보리를 구할 때이니, 청정한 마음이란 수다원(須陀洹)이 가지고 있는 네 가지 믿음과 같다.

보살이 만약 만족할 줄 모르고 욕심을 적게 낼 줄 모르고 이익에 탐착하면, 이를 무거운 법을 범했으나 여덟 가지 무거운 법을 범했다고는 하지 않는다. 범한 게 아니라는 것은, 만족할 줄 모르는 중생을 조복시킬 수 있다는 것을 확실히 알 수 있을 때이다.

보살이 만약 상좌(上座)나 덕 있는 사람이나 한 스승 밑에서 함께 공부하는 도반을 보고 교만한 마음을 내거나 악한 마음으로 일어나 맞이하지도 예배하지도 않으며, 자리를 마련하지도 않고 함께 이야기하지 않으며, 먼저 인사하지 않거나, 또 의심나는 것을 물어도 그를 위해 해설해 주지 않는다면, 이를 무거운 법은 범했으나 여덟 가지 무거운 법을 범했다고는 하지 않는다.

또 이를 보살의 더럽혀진 마음, 의심하는 마음이라고 하며, 처음으로 떨어지되 깨끗하지 못한 마음을 일으킨 것은 아니다. 범한 것이 죄가 되지 않는 것은 병이 들었을 때나, 잠을 잘 때나, 마음이 산란할 때나, 지극한 마음으로 법을 듣고 부처님을 공양할 때나, 경을 베끼고 독송하고 해설하고 논의할 때나, 먼저 온 손님과 이야기할 때나, 말하는 사람의 마음을 보호하기 위한 때나, 함께 말하지 않음으로써 조복시킬 수 있을 줄을 알 때나 승가 제도를 보호하기 위할 때나 여러 사람을 보호하기 위할 때이다.

만약 비구가 죄과(罪過)를 구하기 위하여 보살계를 듣고자 할 때, 받은 것을 믿지 않고 가르침을 믿지 않으며, 우바새계를 성취하지 않은 이, 사미계를 성취하지 않은 이, 바라제목차를 성취하지 않는 이는 보살계를 들을 수 없다. 들으면 죄가 된다. 만약 비구가 바라이죄(율장에서 가장 무거운 죄)를 범하고도 부끄러워하지 않거나 뉘우치지 않고 보살계를 들으면 투란차죄(미수죄)가 된다. 만약 비구가 투란차죄를 범하고도 부끄러워하지 않거나 뉘우치지 않고 보살계를 들으면 승가바시사죄(율장에서 두 번째로 무거운 죄)를 얻는다.

만약 비구가 승가바시사죄를 범하고도 부끄러워하거나 뉘우치지 않고 보살계를 들으면 바라이죄를 얻는다. 만약 이런 사람에게 여덟 가지 무거운 법을 설하는 사람이 있으면 승가바시사죄를 얻는다. 그러므로 경 가운데 이러한 말이 있다.

"믿지 않은 사람은 듣지 말고, 믿지 않는 사람에게는 설하지도 말라."

믿음이 깊은 신도가 자기 집이나 탑사나 촌락이나 나라에서 필요한 의복이나 음식, 와구나 의약을 공급하고자 보살에게 와 주기를 청할 때, 보살이 교만하여 성 내고 원망하고 경멸하고 천하게 여겨 가서 받지 않으면 죄를 얻는다. 이 죄는 번뇌로 범하게 된다.

만약 보살이 동반자 없이 혼자 가서 세속 사람의 집에 이르면

착류죄(錯謬罪)를 얻는다. 만약 세속 사람의 집에 도착하여 설법하고 교화하여 불·법·승 삼보에게 공양케 하지 않으면, 이것은 무거운 법을 범했다고 하고 여덟 가지 무거운 법을 범했다고는 하지 않는다.

범한 게 아니라는 것은 병이 났거나 어리석어 둔하거나 미쳤을 때, 먼 데서 청했을 때나 가는 길에 장애[難]가 있을까 염려될 때, 청을 받아들이지 않음으로써 저들을 조복시킬 수 있음을 알 때, 이미 청을 받은 것이 있을 때, 선법(善法)을 부지런히 닦을 때, 아직 듣지 못한 것을 듣고자 할 때, 청하는 사람의 마음이 진실하지 않은 것을 알았을 때, 저 사람의 청을 들으면 여러 사람이 성을 낼 것 같을 때, 승가의 제도를 보호하기 위할 때이다.

만약 단월이 각종 보물* 과 여러 색으로 된 가사를 보시하면 보살은 받아야 한다. 만약 받지 않으면 죄를 얻는다. 이 죄는 번뇌로 범하게 되는 것이다.

범한 게 아니라는 것은 미쳤을 때, 받고 나면 반드시 탐착하는 마음이 생길 줄을 알 때, 받고 나면 시주가 후회할 것 같을 때, 시주가 베풀고 나서 화를 낼 것 같을 때, 받고 나면 시주가 빈궁해질 것 같을 때, 그 물건이 삼보께 올리도록 되어 있는 것을 알 때, 그 물건이 남에게서 빼앗은 것인 줄을 알 때, 받고 나면 많은 괴로운 일, 왕난(王難)이나 도적의 난을 당하거나, 죽거나 묶어두

---

* 금·은·진주·자거·마노·유리·파리(頗梨)·노비·거승(車乘)·코끼리 말 등.

거나, 나쁜 소문이 퍼져 경계 밖으로 쫓겨나거나 하는 일을 당하게 될 줄 알 때, 받고 나면 버리지 못하여 좋은 복전에 복덕을 심을 수 없을 줄 알 때이다 .

만약 중생이 뜻을 알기 위해 법을 듣고자 보살이 있는 곳에 머물며 물었으나 결국 듣지 못했을 때, 보살이 가벼이 여기는 마음과 오만한 마음으로 그를 위하여 설해 주지 않는다면 죄를 얻게 된다. 이 죄는 번뇌로 범하게 된다.

범한 게 아니라는 것은, 그 사람이 악한 사견으로 과죄(過罪)를 찾으려 함을 알았을 때, 병이 났을 때, 병이 비로소 차도가 있을 때, 미쳤을 때, 설하지 않음으로써 그를 조복시킬 수 있는 줄 알 때, 부처님께서 아직 제정하지 않은 것일 때, 저 사람이 삼보를 공경하는 마음을 내지 않을 것 같을 때, 거동이 거칠 때, 근기가 둔하여 깊은 뜻을 듣고 나면 삿된 생각을 내게 될 줄 알 때, 삿된 생각이 있음을 확인했을 때, 듣고 나서 도리어 악한 사람에게 널리 말하려 정법을 파괴하게 될 것을 알았을 때이다.

만약 악한 사람이나 전다라(旃陀羅)*가 다른 이를 살해하였을 때, 보살이 잘 왕래하지도 않고 그를 위해 설법하지도 않으면 죄를 얻는다. 왜냐하면 보살은 계를 지키고 정진하여 몸과 입과 뜻이 청정한 사람을 보고는 자비심을 내지 않아도, 악한 사람을 보면 자비심을 내야 하기 때문이다. 그러므로 보살이 그를 위해 설

---

* 인도 카스트제도에서 4성(四姓) 이외의 천민계급을 일컫는 말.

하지 않으면 죄를 범하게 되는 것이다.

　범한 게 아니라는 것은 미쳤을 때, 왕의 제도나 승가의 제도를 보호하기 위할 때, 여러 사람이 혐오할까 우려될 때, 설하지 않음으로써 그를 조복시킬 수 있음을 알 때이다. 만약 친척이 아닌 장자나 바라문인 신도가 갖가지 옷을 보살에게 보시하려 하면 보살은 받아야 한다. 만약 보살에게 스스로 구하여 얻은 것이 많이 있더라도 또한 그것을 받아야 한다. 옷과 발우도 이와 같다. 옷과 발우처럼 실(線)도 이와 같다.

　보살이 만약 단월의 주변에 가서 실을 찾아 구하여 친척이 아닌 옷감 짜는 사람을 시켜 옷감을 짜게 하되, 촘촘히 짜라고 시키거나, 넓고 두껍게 짜라고 시키면서 '나 자신이 입을 것이 아니다. 너와 신도가 모두 복이 있다'고 말하여 신도가 '제가 스승을 위해서 만든 것이니 오직 스스로 입으시기 바랍니다'라고 말했거나, 보살이 얻고 나서 스스로 자신을 위하여 옷감 짜는 사람에게 가서 치밀하게 짜도록 시키거나, 넓고 두껍게 짜도록 시켜서 옷을 얻은 뒤에 자신이 스스로 입으면 무거운 법은 범한 것이나 여덟 가지 무거운 법을 범한 것은 아니다. 만약 시키지 않았으면 범한 것이 아니다.

　보살이 만약 보살계를 받은 뒤에 사치스러운 물품을 받으면 비축해야 할 것이니 백천만 개의 금은(金銀) 또한 그러하다. 성문은 단지 자신의 이익만을 위하는 까닭에 여래께서 받아 비축하는 것을 허락하지 않으셨으나, 보살은 그렇지 않아서 중생의 이익을 위하므로 비축하는 것을 허락하셨으니 부득이 받아야 한다. 만약 지족(知足)과 명예를 위하여 받지 않으면 실의죄(失意罪)를 얻으니, 떨어지기는 하지만 의심과 부정한 마음은 일으키지 않는다. 만약 보살이 인연을 게을리해 중생을 이롭게 하지 못하면 죄를 얻게 된다. 이 죄는 번뇌로 범하게 되는 것이다.

만약 보살이 사람들에게서 십주(十住)*거나, 아라한(阿羅漢)** 이거나 수다원(須陀洹)***이거나 욕심이 적고 만족할 줄 아는 사람이라는 찬탄의 말을 듣고, 잠자코 받아들이면 죄를 얻게 된다. 이 죄는 번뇌로 범하게 되는 것이다.

만약 보살이 승가 가운데 들어가서 여러 사람이 법답지 않게

---

* 보살이 닦는 열 가지 수행 단계. 진리에 안주하는 단계라는 뜻으로 주(住)라고 함. (1)발심주(發心住). 공(空)을 주시하면서 마음의 바탕을 청정하게 다스림. (2)치지주(治地住). 공(空)을 주시하면서 마음의 바탕을 청정하게 다스림. (3)수행주(修行住). 온갖 선행(善行)을 닦음. (4)생귀주(生貴住). 부처의 기운이 생겨 성품이 청정해짐. (5)방편구족주(方便具足住). 한량없는 방편을 원만하게 닦음. (6)정심주(正心住). 지혜를 성취하여 바른 마음에 안주함. (7)불퇴주(不退住). 공(空)의 이치를 체득하여 거기에서 물러나지 않음. (8)동진주(童眞住). 깨달음을 구하는 마음을 깨뜨리지 않는 것이 마치 동자의 천진함과 같음. (9)법왕자주(法王子住). 부처의 가르침에 따르므로 지혜가 생겨 미래에 부처가 될 만함. (10)관정주(灌頂住). 공(空)을 주시함으로써 생멸을 떠난 지혜를 얻음.

** ⓢarhat의 주격 arhan의 음사. 응공(應供)·응진(應眞)·무학(無學)·이악(離惡)·살적(殺敵)·불생(不生)이라 번역. 마땅히 공양받아야 하므로 응공, 진리에 따르므로 응진, 더 닦을 것이 없으므로 무학, 악을 멀리 떠났으므로 이악, 번뇌라는 적을 죽였으므로 살적, 미혹한 마음을 일으키지 않으므로 불생이라 함. ①성문(聲聞)들 가운데 최고의 성자. 욕계·색계·무색계의 모든 번뇌를 완전히 끊어 열반을 성취한 성자. 이 경지를 아라한과(阿羅漢果), 이 경지에 이르기 위해 수행하는 단계를 아라한향(阿羅漢向)이라 함. ②존경받을 만한 불제자. ③고대 인도의 여러 학파에서, 존경받을 만한 수행자를 일컫는 말.

*** ⓢsrota-apanna ⓟsota-apanna의 음사. 예류(預流)·입류(入流)라 번역. 욕계·색계·무색계의 견혹(見惑)을 끊은 성자. 처음으로 성자의 계열에 들었으므로 예류·입류라 함. 이 경지를 수다원과(須陀洹果)·예류과(預流果), 이 경지에 이르기 위해 수행하는 단계를 수다원향(須陀洹向)·예류향(預流向)이라 함.

장난치고 웃고 하는 것을 보고도 꾸짖지 않으면 죄를 얻는다. 범한 게 아니라는 것은 법을 들을 때이니, 조복시키기 위해서이며, 마음에 따라 설법하기 위해서이며 능히 이롭게 하기 위해서이다.

만약 어떤 이가 있어 "보살은 열반을 기뻐하지 않으나 또한 기뻐하지 않는 것도 아니며, 번뇌를 두려워하지 않으나 또한 두려워하지 않는 것도 아니다. 왜냐하면 생사를 유전하기 때문이다"라고 말을 하면 죄를 얻는다. 왜냐하면 보살의 열반을 기뻐하는 것은 성문과 연각은 능히 알 수가 없으니, 성문과 연각이 열반을 기뻐하는 것을 보살의 기쁨에 비하면 백 분, 천 분, 백천만 분의 일도 안 된다.

보살이 번뇌를 두려워함을 가책(呵責)하는 것도 성문과 연각은 알 수 없는 경지이니, 성문과 연각이 번뇌를 두려워함을 가책하는 것은 보살이 번뇌를 두려워함을 가책하는 것에 비하면 백 분, 천 분, 백천만 분의 일도 안 된다. 왜냐하면 성문과 연각은 단지 자신만을 위할 뿐이어서 다른 사람을 이롭게 할 수 없기 때문이지만 보살은 그렇지 않아 스스로를 이익되게 하고 남도 이익되게 한다. 보살이 비록 행함에 누(漏)가 있다 해도 본래 나한보다 수승하여 종일토록 누와 번뇌 속에 있어도 더럽혀지지 않는다. 이러한 까닭에 죄를 얻는다.

만약 보살이 험담을 두려워하지 않고 험담을 방지하지 않으면 실의죄(失意罪)를 얻는다. 만약 다른 사람이 악한 것이 없는데 함부로 남을 악하다고 칭하면 악죄(惡罪)를 범하게 되니 이 죄는 번뇌로 범하게 되는 것이다. 만약 조복시키기 위하여 악한 말을 하였으면 실의죄를 얻으니, 이는 악죄가 아니다.

범한 게 아니라는 것은 외도가 거짓으로 와서 현재 보살계를 받으려 하여 그를 꾸짖을 때나, 마음에는 본래 악이 없는데 입에서 악한 말이 나왔을 때나, 미쳤을 때나, 꾸짖음으로 해서 큰 이익이 있을 줄 알 때나, 저 사람에게 성을 내면 저 사람이 이익을 얻게 될 줄을 알 때나, 계를 지키기 위하여 화를 내지 않으면 죄를 얻게 될 때나, 저 사람에게 화를 내면 현세에는 조금의 이익도 없지만 다른 생에는 큰 이익이 될 줄을 알 때이다.

만약 보살이 때린 사람에게는 때리는 것으로 보복하고 욕을 한 사람에게는 욕하는 것으로 보복하고, 괴롭힌 사람에게는 괴롭히는 것으로 보복하면 실의죄를 얻으니 이 죄는 번뇌로 범하게 되는 것이다. 만약 보살이 서로 비난하고 헐뜯으면, 사실이거나 사실이 아니거나 간에 보살은 곧 겸손히 자기를 낮추어 사과해야 한다.

만약 그렇게 하지 않으면 죄를 얻으며, 사죄하는 것을 받아들이지 않아도 이것 또한 죄를 얻는 것이 된다. 방일하기 때문에 사죄하지 않아도 죄를 얻고, 방일하기 때문에 사죄를 받아들이지 않아도 죄를 얻는다. 범한 게 아니라는 것은, 저 사람이 본래 폐악(弊惡)하여 항상 와서 남의 단점을 찾는다는 사실을 알 때나, 받아들이지 않음으로써 저 사람의 악한 것을 깨뜨릴 수 있다는 것을 알 때이다.

만약 보살이 남에게 화를 내고 원한을 품어 항상 '내가 보기만 하면 반드시 때려주고 욕을 해야지' 하는 생각을 쉬지 않고 스스로 조절하지 못하면 죄를 범하게 된다.

만약 보살이 비구니와 함께 한길을 가면 범하는 것이 아니나, 만약 탐내는 마음이 있으면 죄를 얻게 된다. 범한 게 아니라는 것은 조복시키고자 할 경우이다.

만약 보살이 친척이 아닌 비구니에게서 음식을 받으면 범하는 것이 아니다. 왜냐하면 보살이 보리심을 발하고 나면 모든 중생이 친척 아닌 이가 없게 되기 때문이다.

만약 보살이 탐욕스러워 사람을 부리려고 제자를 많이 기르면 죄를 범하는 것이 된다. 범한 게 아니라는 것은 조복시키기 위할 때, 법을 지키기 위할 때, 탐내는 마음이 없을 때이다.

만약 보살이 게으르고 나태해서 열심히 정진하지 않고, 잠자고 눕기를 좋아하면 죄를 얻게 된다. 범한 게 아니라는 것은 병이 났을 때, 병이 차도가 있으나 아직 기력을 충분히 회복하지 않았을 때, 먼 길을 다녀왔을 때, 독송해서 피곤할 때이다.

만약 보살이 세상의 하잘 것 없는 말을 함께 이야기하면 죄를 얻게 된다. 범한 게 아니라는 것은 다른 사람이 물어서 대답할 경우이다. 저 사람의 마음을 따라 조복시키기 위해 말할 때에는 지극한 마음으로 더하거나 덜하지 말아야 한다.

만약 보살이 교만한 마음에 고의로 스승에게 묻지 않고, 스승의 가르침을 받지 않으면 죄가 된다. 범한 게 아니라는 것은 병이 들었을 때, 미쳤을 때, 어리석을 때, 매우 총명하고 많이 들어서 지혜로 중생을 조복시키기 위할 때, 삼매에 들었을 때이다.

만약 보살에게 욕심이 일어났을 때, 잘 관(觀)하여 마주하고 빨리 조복시켜 없애지 못하면 죄를 범하는 것이다. 범한 게 아니라는 것은 비록 관하여 마주하더라도 번뇌의 힘이 성하여 없앨 수 없을 때나 일부러 자신을 시험하려고 욕심을 낼 때이다.

예컨대 보살이 말하기를 "성문계를 받지 말고 성문경(聲聞經)을 읽지 마라. 왜냐하면 성문경과 율(律)은 모든 중생을 이롭게 할 수 없기 때문이다"라고 한다. 이러한 말을 하면 무거운 법을 범했으나 여덟 가지 무거운 법을 범했다고는 하지 않는다. 범한 게 아니라는 것은 소승의 경과 율에 탐착하는 사람을 위해서 말할 때이다.

만약 보살이 보살 법장을 읽지도 염송하지도 않고, 오직 성문의 경과 율만을 독송하면 죄를 얻는다. 범한 게 아니라는 것은 보살장(菩薩藏)이 있음을 들은 적이 없어 알지 못할 때이다.

만약 보살이 여래정경(如來正經)을 읽지도 염송하지도 않고서 세속의 전(典)·문(文)·송(頌)·서(書)·소(疏)를 독송하면 죄를 얻게 된다. 범한 게 아니라는 것은 삿된 견해를 깨뜨리기 위한 경우나, 삼분의 이는 불경을 읽고 삼분의 일은 외서(外書)를 읽을 경우이다. 왜냐하면 외전은 곧 허망한 법이고, 불법은 진실한 법인 것을 알기 위해서이며, 세속의 일을 알기 위해서이며, 세상 사람의 경멸을 받지 않기 위해서이다.

만약 보살이 보살장과 성문장에 불가사의한 일이 있는 것을 듣고는 믿지 않고 받아 지니지 않으며, 부처님께서 설하신 것이 아니라고 말하여 스스로 비방하거나, 남이 비방하는 것을 시인하면 죄를 얻게 된다.

만약 보살이 말하기를 "나의 지혜의 힘이 약하고 육안(肉眼)이 깨끗하지 못하여 여래의 깊고 깊은 경계를 보지 못한다. 여래의 경계는 부처님의 눈으로 보는 것이라, 오직 부처님만이 모든 법계를 볼 수 있으니 내가 미칠 바가 아니다"라고 한다면, 이와 같이 사유하고 관할 수 있는 이를 실행보살(實行菩薩)이라고 한다.

만약 보살이 교만한 마음으로 성내어 스스로 말하기를 "지계(持戒)와 다문(多聞)과 지혜가 모두 너보다 뛰어나다"고 하면 죄를 얻게 된다. 이 죄는 번뇌로 범한 것이다. 범한 게 아니라는 것은 삿된 견해를 깨뜨리기 위한 때, 불법을 경멸하는 사람을 물리치기 위한 때, 저 사람의 스스로 잘난 체하는 마음을 굴복시키기 위한 때, 이미 믿음이 생긴 사람에게 믿음을 증장시키도록 하기 위한 때이다.

만약 보살이 어디서 설법하고 있다는 소식을 듣고, 일유순(一由旬)*에 이르더라도 가서 듣지 않으면 죄를 얻게 된다. 만약 설법을 가벼이 여겨 가지 않으면 죄를 얻으며, 이 죄는 번뇌로 범

---

* 거리를 나타내는 말. 40리 또는 16리를 말함.

한 것이 된다.

만약 게을러 가지 않으면 실의죄를 얻는다. 범한 게 아니라는 것은, 깨닫지 못하고 알지 못하고 듣지 못했을 때, 병이 났을 때, 병이 처음 차도가 있으나 기력이 충분히 회복되지 않았을 때, 설법하는 사람이 헷갈리고 뒤바뀌어 정법이 아닌 것을 설하는 줄 알고 설법하는 사람이 부끄러운 마음을 일으킬까 염려할 때, 같은 법이어서 다시 다른 뜻이 없는 법을 설할 때, 선법을 닦을 때, 중생을 교화할 때, 저 사람이 설하는 것을 이해하지 못할 때, 잊지 않고 마음속에 늘 간직할 수 없을 때이다. 만약 보살이 설법하는 이를 가볍게 여겨 공경심을 내지 않고 그 덕을 찬탄하지 않고 설법한 것을 비웃어 말의 뜻을 바르게 하지 않으면 죄를 얻는다.

보살이 만약 보살계를 받고 나서 중생이 하는 일을 함께하지 않으면 죄를 얻는다. 가고 오고 들고 남[去來入出]에 재물을 지키고, 싸우는 이들을 화합시키고, 모든 선한 일 즉 지계와 보시와 다문을 함께하지 않으면 죄를 얻는다.

범한 게 아니라는 것은 병이 났을 때, 일을 하는지 몰랐을 때, 큰일을 스스로 하고 있을 때, 다른 사람을 돕겠다고 이미 허락했을 때, 스스로 선법을 닦을 때, 여러 사람이 성낼까봐 염려스러울 때, 기쁠 때, 어리석거나 미쳤을 때, 함께하지 않음으로써 저 사람을 조복시킬 수 있다고 생각될 때, 승가제도를 보호하기 위한 때이다.

보살이 만약 설법하는 사람을 가벼이 여겨 욕하고 때리며, 말하는 것을 비웃고, 단지 글자에만 의거하고 뜻에 의거하지 않으면 죄를 얻는다. 이 죄는 번뇌로 범하게 되는 것이다.

보살이 만약 보살계를 받고 나서 중생의 마음을 따를 수 없으면 죄를 얻는다. 이른바 행주좌와에 모든 선한 일을 닦아야 할 것이니, 보살이 만약 보살계를 받고 나서 병으로 고통 받는 사람을 보고 간호하고 돌보아 주지 못하면 죄를 얻게 된다. 범한 게 아니라는 것은 만약 스스로 병이 났을 때나, 일할 힘이 없어 힘 있는 다른 사람에게 권화(勸化)할 경우, 아픈 이에게 친척이 많을 경우, 스스로 급히 위없는 선법을 닦을 때, 이미 다른 사람의 병을 간호하고 있을 때, 근기가 암둔한 경우이다. 병이 나서 빈궁하여 곤란을 겪고 있는 경우도 이와 같다.

보살이 만약 보살계를 받고 나서 악한 중생이 악법을 수행하는 것을 보고도, 가르치고 꾸짖어 그를 권면하지 않으면 실의죄를 얻는다. 범한 게 아니라는 것은 이 사람에게 선지식이 있어 꾸짖어 가르칠 수 있을 줄 아는 때나 설하여도 그 말을 따르지 않을 줄 알 때, 그릇된 견해로 말을 할 때, 해치려는 마음을 가졌을 때이다.

보살이 만약 보살계를 받고 나서 축적한 물건을 세속인과 함께 맘대로 쓰면 실의죄를 얻는다. 보살이 만약 보살계를 받고, 금은으로 만든 그릇으로 음식을 받아먹으면 안 되고, 비축한 동기(銅器)를 저 세속 사람과 함께 사용할 수 없다. 나무그릇이나 뿔로 만든 그릇의 사용도 모두 허락하지 않는다. 사용하면 죄를 얻는다. 범함이 아닌 것 본래 가지고 있던 그릇을 잃어버렸을 때나, 길에서 청할 때나 중한 병이 걸렸을 때이다.

보살이 만약 보살계를 받고 나서 은혜를 받고 잊어버리면 죄를 얻는다. 이 죄는 번뇌로 인해서 범한다. 보살이 만약 보살계를 받고 나서 남의 은혜를 입고 보답하지 못한다면, 죄를 얻게 된다. 보답한다는 것은 지계(持戒)하고 정진하고 좌선하고 경전을 독송하고 시주의 마음에 기뻐하는 일을 따르는 것이니, 이와 같이 보답한다. 범한 게 아니라는 것은 시주가 받지 않을 때이다.

보살이 만약 보살계를 받고 나서 고통 받는 사람, 즉 죽게 되거나 물건을 잃어버렸거나 왕난(王亂)이나 도적의 난을 만났거나 수해(水害)를 만났거나 친속과 이별한 사람을 보면, 그곳에 가서 설법하고 위로하여 편의에 따라 힘이 닿는 대로 베풀어주어야 한다. 만약 그렇게 하지 않으면 죄를 범하게 된다. 범한 게 아니라는 것은 마음대로 갈 수 없을 때, 자신이 중병에 걸렸을 때, 남의 말을 받아들이지 않을 때, 난이 일어날 것 같을 때, 왕이 저 사람에게 진노하였을 때, 승가제도를 보호하기 위한 때이다.

보살이 만약 보살계를 받고 나서 제자를 기르면서 믿음이 깊은 신도에게서 필요한 의복과 음식, 와구, 의약, 방사(房舍) 등을 구하여 수시로 공급해 줄 수 없다거나, 수시로 설법하지 않으면 죄를 얻게 된다.

범한 게 아니라는 것은 제자에게 큰 세력 있는 총명하고 복덕이 많은 신도들이 많이 있는 줄 알 때나 외도가 거짓으로 와서 법을 훔칠 때, 불법을 중장시킬 수 없다고 생각될 때이다.

보살이 보살계를 받고 나서는 항상 다른 사람의 착한 일을 찬탄해야 할 것이니, 만약 다른 사람의 덕을 숨기면 죄를 얻게 된다. 이 죄는 번뇌로 인해서 범하게 되는 것이다.

범한 게 아니라는 것은 저 사람이 숨겼거나, 산란하고 둔하여 알지 못했을 때, 깊은 병이 들었을 때, 다른 사람이 혐오할까 봐 염려될 때, 암라열매[菴羅果]처럼 확실히 알기 어려울 때이다.

보살이 만약 보살계를 받고 나서 앉는 걸상이 8지(指)를 넘으면 죄를 얻는다. 범한 게 아니라는 것은 설법할 때, 믿음이 깊은 단월의 청을 받았을 때, 외도의 사당에 가서 그 안에 앉을 때이다.

보살이 만약 보살계를 받고 나서 제자에게 성을 내야 할 때 성을 내지 않고, 꾸짖어야 할 때 꾸짖지 않고, 벌을 주어야 할 때 벌을 주지 않고, 쫓아내야 할 때 쫓아내지 않으면 죄를 얻게 된다. 이 죄는 번뇌로 인해서 범하는 것이다.

성을 내지 않아야 할 때 성을 내고, 꾸짖지 말아야 할 때 꾸짖고, 벌을 주지 않아야 할 때 벌을 주고, 쫓아내지 않아야 할 때 쫓아내어도 죄를 얻는다. 범한 게 아니라는 것은 제자가 탐사를 태우거나, 또는 스승이나 화상, 그에 못지않은 스승[同師]이나 부모를 죽이는 것처럼 매우 악한 일을 저지를 만한 줄 알았을 때, 시기를 기다릴 때나 이 인연으로 여러 승가를 파괴시키게 될 줄을 확실히 알 때, 뒷날 스스로 참괴하는 마음을 내게 될 줄 알았을 때이다.

보살이 만약 보살계를 받고 나서 대신족통(大神足通)을 얻어 두려워해야 할 사람도 두려워하게 하지 못하고, 믿음을 내야 할 사람도 믿음을 내게 하지 못하면 죄를 얻게 된다. 범한 게 아니라는 것은 모두 삿되고 전도된 견해를 믿고 불법을 믿지 않는다는 사실을 알 때이다.

보살이 만약 보살계를 받고 나면 항상 지극한 마음으로 범하려는 생각을 내지 않도록 염하되, 만약 범하였으면, 곧 다른 사람에게 드러내고 참회해야 한다. 이른바 대승이나 소승인 중에서 뜻을 잘 알아서 널리 말할 수 있는 사람에게 해야 한다. 이를 보살일체계(菩薩一切戒)라고 한다.

보살의 초지(初地)에서 육바라밀 내지 모든 계에 이르기까지 모든 보살의 금계(禁戒)를 잘 알고 있으면, 이를 일러 일체계라고 한다. 여래께서 먼저 성문경(聲聞經) 가운데에서 미처 설하지 못하신 것을 지금 보살 논장 중에서 설하신 것이다. 왜 이름을 일체계라고 하였는가. 출가한 사람의 계와 세상 사람의 계를 모두 합하여 설하셨기 때문이다.

이 일체계에는 세 가지 난계(亂戒)가 있다. 첫째는 보살이 매우 자재하여 재물과 부귀가 무량하나 모두 버리고 보살계를 받으니, 이를 일러 난계라고 한다. 둘째는 보살이 위급할 때에도 계에 조금의 어긋남도 없게 하니 하물며 허물고 깨뜨리겠는가. 이를 일러 난계라고 한다. 셋째는 보살이 비록 중생을 따라 행주좌와 하지만, 항상 계를 굳게 지켜 허물고 범하지 않게 하는 것이므로, 이를 일러 '난계'라고 한다.

일체자계(一切自戒)에는 네 가지가 있다. 첫째는 수(受)이고 둘째는 성(性)이고, 셋째는 수(修)이고, 넷째는 방편(方便)이다. 수(受)란 세 가지 갈마(羯磨)를 말한다. 성(性)이란 성과 함께 하는 것이니, 보살은 성(性)이 부드러운 까닭에 몸과 입과 뜻의 업이 항상 선하다. 수(修)란 무량한 부처님에 대해서 모든 보살이 닦는 것이다. 방편이란, 모든 보살이 사섭법(四攝法)으로 중생을 거두어 몸과 입과 뜻을 선하게 닦아 모으게 하니, 이것을 '일체자계'라고 한다.

선인계(善人戒)에는 다섯 가지가 있다. 첫째는 금계(禁戒)를 스스로 받아 지니는 것이고, 둘째는 다른 사람을 가르쳐 받아 지니게 하는 것이고, 셋째는 계를 찬양하는 것이고, 넷째는 즐겨 받아 지니는 사람을 보면 기뻐하며 찬탄하는 것이고, 다섯째는 범하고 나면 후회하는 마음이 그치지 않는 것이니, 이를 '선인계'라고 한다.

일체행계(一切行戒)에는 열세 가지가 있다. 회향하여 열반할 것을 발원하는 것이고, 둘째는 광대한 것이고, 셋째는 청정한 것이고, 넷째는 환희하는 것이고, 다섯째는 깨뜨리지 않는 것이고, 여섯째는 매이지 않는 것이고, 일곱째는 견고한 것이고, 여덟째는 영락(瓔珞)이고, 아홉째는 진실한 것이고, 열째는 의로운 것이고, 열한째는 믿는 것이고, 열두째는 보물이고, 열셋째는 항상함이니 성문지(聲聞地)의 성문금계(聲聞禁戒)와 같은 것이다.

모든 선법(善法)은 아누다라삼먁삼보리의 인(因)이 되니 이를 일러 '일체행계'라고 한다.

제계(除戒)에는 여덟 가지가 있다. 보살은 항상 이와 같이 생각해야 한다. '내가 죽음을 좋아하지 않는 것과 같이 모든 중생도 또한 그러할 것이다. 그러므로 중생의 목숨을 죽여서는 안 된다. 내가 도둑질하고 음행하고 악한 말을 하고 거짓말과 이간질과 신의가 없는 말을 하고 몽둥이와 돌로 때리고 욕하는 것을 좋아하지 않는 것과 같이 중생도 또한 그러할 것이다. 도적질과 음행과 악한 말과 거짓말과 이간질과 신의가 없는 말과 몽둥이와 돌로 때리고 욕하는 짓을 하지 말아야 한다.' 이를 제계라고 한다. 보살은 목숨을 잃는 한이 있더라도 끝내 이와 같은 여덟 가지 계는 무너뜨리지 않는다.

자리이타계(自利利他戒)는 보살이 계를 닫아야 할 곳에서는 닫고, 열어야 할 곳에서는 여는 것이니, 닫아야 할 곳에서 닫지 않고 열어야 할 곳에서 열지 않으면 죄를 얻는다. 보살이 모든 중생을 거두어 들일만 하면 거두고 버려야 할 것 같으면 버릴 줄을 알고, 몸과 입으로 계를 지켜 항상 단바라밀행(檀波羅蜜行)을 함께 하고 반야바라밀행에 이르기까지 함께하여, 이와 같이 계를 지켜 자기를 이롭게 하고 남도 이롭게 하는 것이니, 이를 '자리이타계'라고 한다.

적정계(寂靜戒)란, 처음 계를 받았을 때부터 지극한 마음으로 굳게 받아 지니는 것이다. 사문과(沙門果)를 얻기 위해서이며,

보살과를 얻기 위해서이고, 신명(身命)을 위해서가 아니다. 이를
'적정계'라고 한다.

보살이 앉아 있다가 왕이나 장자(長者)를 보고 일어나면 죄를
얻으니, 만약 먼저 결가부좌를 하고 앉았다가 왕이나 장자를 보
고서 무릎을 꿇고 앉으면 죄를 얻고, 먼저 옷을 단정히 하지 않고
있다가 왕이나 장자를 보고 용모를 단정히 하고 옷매무새를 고
치면 죄가 되며, 왕이나 장자가 악한 말을 할 때 그 비위를 맞추어
칭찬하면 죄를 얻는다. 의심하지 않아야 할 때 억지로 의심하면
죄를 얻고, 의심해야 할 때 의심하지 않아도 죄를 얻는다.

보살계란, 초저녁부터 아침까지 누워 자면서 얻지는 못한다.
선한 원[善願]과 선한 행[善行]과 선한 법[善法]을 두루 갖추고, 중
용(中用)을 맡아 정명(正命)을 성취하고, 단견(斷見)*과 상견(常
見)** 을 멀리 여의고 중도를 행하며, 오욕락을 떠나 더없이 비길
데가 없으며, 삿된 견해를 멀리 떠나 깨지지 않고 무너지지도 않
는 이것을 적정계(寂靜戒)라고 한다. 보살계가 모여 성취한 한량
없는 묘과[無量妙果]이다.

이 계의 인연으로 계바라밀을 구족하는 것이다. 받는 사람이
비록 아누다라삼먁삼보리를 얻지는 못할지라도 다섯 가지 공덕
은 두루 갖추게 된다. 첫째는 항상 모든 불보살님의 기억하시는
바가 되는 것이고, 둘째는 상정락(常淨樂)을 받는 것이고, 셋째

---

*　세상 만사가 무상하듯 사람도 한번 죽으면 몸과 마음이 모두 없어져버린다는 견해.

**　세계나 모든 존재, 인간의 자아가 실제로 영원히 존재한다고 하는 견해.

는 죽음에 임하여 후회가 없는 것이고, 넷째는 몸을 버리면 부처님 세계에 태어나게 되는 것이고, 다섯째는 아누다라삼먁삼보리를 장엄하는 것이다.

보살계를 받아 지니는 것은 자신을 위해서가 아니고 오직 남을 위해서이며, 아누다라삼먁삼보리를 장엄하기 위해서이다. 이 보살계는 과거, 미래, 현재의 항하사와 같은 모든 불보살님께서 성취하신 것이며, 나아가 온 세상의 불보살님까지 또한 이와 같이 하셨다.

11장
공동체를 위한 계 & 개인을 위한 계

만일 보살이 어떤 중생을 꾸짖어야 하거나
굴복시켜야 하거나
내쫓아야 할 것을 보고도
탁해진 마음 때문에
꾸짖지 않거나
꾸짖어도 굴복시키지 않고
굴복시켰어도 내쫓지 않는다면
이것은 대중 가운데 범한 것이 되며
오염된 번뇌에 의해 범한 것이 된다.

『보살지지경』은 『유가사지론』이나 『보살선계경』과 같은 계통의 계경으로, 세 경론이 모두 흡사한 내용을 담고 있다. 따라서 내용도 대승보살의 수행방법과 방편에 해당하는 바라밀행 등을 자세히 설명하고 있다.

특히, 『보살지지경』에서는 대승계에 대해 다양하고도 재밌는 예를 제시하면서 판단하기 어려운 계의 유사성과 차이점을 찾아내어 판단 기준을 일러주고 있다. 보살이 지켜야 할 모든 계[一切戒]를 출가계와 재가계로 나누어 설명하되, 정리는 삼취정계로 한다. 즉, 각종 계와 율을 포함하는 율의계를 강조한 뒤에, 적극적인 선의 실천을 기본으로 하는 선법계와 중생계를 더하여 대승계의 영역을 균형 있게 확장시킨 것이다.

여기에 4바라이법(波羅夷法)과 42범사(犯事)를 제시하여 대승의 계율을 종합한다. 4바라이법이란, 자신을 칭찬하고 남을 비방하는 것, 법에 인색한 것, 타인의 충고를 받아들이지 않는 것, 정

『보살지지경』「보살지지방편처계품」

법을 비방하는 것이다. 42범사란 삼보를 찬탄하지 않고, 재물을 탐하며, 스승과 어른을 공경하지 않는 등 42가지 죄를 말한다.

이러한 대승계 항목을 설명하는 가운데 '중다범(衆多犯)'과 '염오기(染汚起)'라는 단어가 반복적으로 등장하는 것을 발견할 수 있다. '중다범'은 대중 가운데 살면서 일으키게 되는 범죄를 말하며 '염오기'는 스스로 더럽혀진 번뇌 때문에 생긴 범죄를 말하는 것으로 해석된다.

자기와 함께 살아가는 공동체를 돌아봄과 동시에, 자신의 욕망에 대해서도 잘 살펴보라는 의도가 느껴진다. 공동체적 삶과 개인의 삶 사이에서 어느 한쪽으로도 치우치는 일 없이 더불어 살아가는 방법을 배우고 중도적 삶을 살아가라는 가르침이다.

키워드\삼취정계, 4바라이, 42범사

『보살지지경』「보살지지방편처계품」

보살의 율의계(律儀戒)와 섭선법계(攝善法戒)와 섭중생계(攝衆生戒)를 배우고자 하는 이는 재가와 출가를 막론하고 무상보리의 서원을 세워야 한다. 그런 뒤 같은 법에 있는 보살로서 이미 서원을 세웠고, 지혜와 힘이 있고, 말도 잘하고 뜻도 잘 알아 외워 지니기도 잘 하는 이가 있거든, 이런 보살에게 가서 먼저 발에 절하고 말하기를 "저는 대덕에게 보살계를 받고자 합니다. 대덕께서 저를 위해 수고를 마다치 않으신다면 가엾이 여기시어 허락해 주십시오"라고 한다.

이렇게 청하고서 오른 어깨를 드러내고 온 세상의 부처님과 온 누리의 보살님 앞에 공경히 예배하고 그 공덕을 염하고, 연중상(軟中上)의 순수한 마음을 일으켜 스승 앞에 겸손하고 공손하게 꿇어앉아 몸을 굽혀 불상 앞에서 말한다.

"바라옵건대 대덕이시여, 저에게 보살계를 주십시오."

이렇게 말하고는 일심으로 맑은 마음을 기르며 '나는 머지않아 다함없고 한량없는 무상대공덕(無上大功德)을 얻게 될 것이다.' 이렇게 생각하고 조용히 앉는다.

그때 스승은 받는 이가 어지러운 마음을 일으키지 않게 앉거나 서서 이렇게 말한다. "선남자야, 그대는 보살인가?" 받는 이는 "그렇습니다"라고 대답한다. 다시 묻되 "보리의 원을 세웠는가?" 하면 받는 이는 "이미 세웠습니다"라고 대답한다.

이렇게 물은 뒤에 다시 말한다. "그대 선남자는 나에게 일체 보살계와 율의계와 섭선법계와 섭중생계를 받고자 하는데, 이 계는 과거 미래 현재의 모든 보살이 머무는 계이다. 과거의 모든 보살이 이미 배웠고 미래의 모든 보살이 장차 배울 것이며 현재의 모든 보살이 지금 배우고 있는데, 그대가 받을 수 있겠는가?"

받는 이가 대답한다. "능히 받겠습니다." 두 번째, 세 번째에도 이와 같이 한다. 스승이 세 번 설하고 그에게 계를 주면, 받는 이는 일어나지 않고 스승만 불상 앞에서 온 세상의 모든 보살에게 정례하고 이렇게 말한다. "아무개 보살이 저 아무개에게 세 번 말하고 보살계를 받았으며, 제가 증명을 하였습니다."

첫째 온 세상의 무량제불과 무량대사께서 현재 알고, 보고, 깨닫는 이와 일체중생의 모든 일을 현재 알고, 보고, 깨닫는 이에게도 이렇게 말한다. "아무개 보살이 저 아무개에게 세 번 말하고 보살계를 받았으며, 제가 증명을 하였습니다."

둘째, 셋째에도 이렇게 말한다. 이렇게 보살계 받기를 끝내고 차례로 온 세상 일체 세계의 무량한 부처님과 대지(大地)에 머무는 모든 보살에게 말하면 어떤 상서로운 상(相)이 나타나게 된다. 그때 온 세상의 제불보살이 이 보살을 생각하며 '모 세계의 모 보살이 모 보살에 의해 보살계를 받았다. 이 보살에 대해 아들 같고 동생 같다는 생각을 일으켜 인자한 마음으로 사랑하여 보살의 선법이 증장하고 끝내 물러나지 않게 하리라'고 한다.

이와 같이 말하고, 이와 같이 지각하며, 이와 같이 보살계를 받은 뒤에 스승과 수계자는 온 세상 제불보살을 향하여 공경히 예배하고 물러간다.

이와 같이 보살이 받은 율의계는 다른 그 어떤 율의계보다도 훌륭하고 가장 높으며 무량무변한 공덕을 섭수한다. 첫째가는 위없는 진실한 마음에서 일어난 것이며, 일체중생의 온갖 악행을 물리치는 것이다.

바라제목차는 이 율의계의 백분의 일에도 미치지 못한다. 백천만 분의 일에도 미치지 못하며 수로 계산할 수 있는 것의 하나도 미치지 못한다. 모든 공덕을 섭수하고 있기 때문이다. 보살계에 머무는 이가 '여법한 것은 행하고 여법하지 않은 것은 행하지 않으리라'라고 생각하면 그 공덕이 더욱 늘어난다.

계를 배우는 보살은 수다라장(修多羅藏)에서 설한 것과 보살의 마득륵가장(魔得勒伽藏, 계를 요약해서 모은 글)에서 설한 것을 들으면 항상 부지런히 받아 지킨다. 지혜 있는 보살은 아무 보살에게나 보살계를 받지 않으며, 믿음이 없는 이에게는 받지 않는다.

이른바 처음 보살장계를 들을 때 믿지 않는 이, 순응하지 않는 이, 깊이 생각하지 않는 이, 인색한 이, 탐내는 이, 욕심 많은 이, 만족할 줄 모르는 이, 계를 파한 이, 거만한 이, 계를 지키지 않는 이, 성내는 이, 음흉한 이, 참지 못하는 이, 게으른 이, 태만한 이, 잠을 즐기는 이, 세상일을 말하기 좋아하는 이 등 이러한 사람들에게는 받지 않는다.

만일 보살이 착한 마음을 닦아 익히되, 우유를 한번 짜는 동안이라도 술을 마시지 않고, 어리석지 않고, 겁내고 약하지 않고, 들은 것이 적지 않고 보살장 수다라를 비방하지 않으면 이런 사람들에게는 보살계를 받을 수 있다.

보살로서 보살계를 받은 뒤, 보살장을 비방하거나 어기는 이를 보면 그와 이야기도 하지 말고 진리를 가르쳐 주지도 말아야 한다. 무슨 까닭인가? 그가 듣고도 믿지 않으며 알지 못하고 번뇌에 덮여 비방하는 마음을 내기 때문이다.

보살계를 받으면 무량한 공덕이 있는 것처럼, 비방한 이의 과보도 또한 그러하여 나쁜 말투와 나쁜 소견과 나쁜 생각을 끝내 버리지 못한다.

이와 같은 죄업이 있는 보살이 보살계를 받고자 할 때, 스승은 먼저 보살의 마득륵가장을 말해주어야 한다. 보살계와 계를 범하는 상(相)을 말해주어 수계자 스스로 관찰하고 '나는 계를 받을 수 있다. 결코 남의 흉내를 내서 받는 것이 아니다'라고 지혜롭게 생각하도록 한다. 이를 견고보살(堅固菩薩)이라고 하며, 이런 사람은 보살계를 받을 수 있다.

이와 같은 보살이 율의계에 머무는 데는 네 가지 바라이처법(波羅夷處法)이 있다. 어떤 것이 네 가지인가? 보살이 이익을 탐하여 자기의 공덕만을 찬탄하고 남을 헐뜯으면 이를 '제1 바라이처법'이라고 한다.

보살이 자기의 재물을 아끼는 까닭에 가난한 중생이나 믿고 의지할 데 없는 중생이 구걸하러 와도 자비한 마음으로 그가 구하는 것을 주지 않고, 법을 듣고자 하여도 아까워하며 설해주지 않으면 이를 '제2 바라이처법'이라고 한다.

보살이 화를 내어 추한 말을 내뱉고도 분이 풀리지 않아 손으로 때리거나, 몽둥이와 돌로 해치며 두렵게 하면서 더욱 화를 내거나, 범한 이가 참회하고자 해도 참회를 받아주지 않고 맺힌 한을 풀지 않으면 이를 '제3 바라이처법'이라고 한다.

보살이 보살장을 비방하고서 비슷한 법을 요란하게 세우거나 그와 비슷한 법에 대하여 스스로 마음으로 이해하거나 혹은 남에게서 받아들이면 이를 '제4 바라이처법'이라 한다.

이것을 보살의 네 가지 바라이처법이라고 한다. 이 보살이 네 가지 바라이처법 중에 하나만 범하더라도 바라이처법을 범했다고 한다. 하물며 네 가지를 범한 것이겠는가?

현법(現法)을 늘리지도 못하고 보리를 장엄하지도 못하며, 또한 현재의 맑은 마음을 늘리지도 못하는 이는 보살과 비슷하기는 하나, 진실한 보살이 아니다.

만일 보살이 약하거나[軟] 중간[中] 정도의 번뇌로 네 가지 법을 범하면, 율의계를 버렸다고는 말할 수 없다. 만일 상품[上]의 번뇌로 범했다면, 이것은 버렸다고 말한다. 만일 네 가지 법을 자주 범하고도 부끄러워하는 마음을 내지 않고 기뻐하면서 그것을 공덕이라 말한다면, 이것은 상품의 번뇌[上煩惱]로 범하는 것이라고 한다.

보살은 네 가지 바라이처법을 갑자기 범해도 보살의 율의계를 버리는 것이 아니다. 이것은 비구가 율의계를 버리는 것과 같다. 그러나 보살은 잠시 율의계를 잃었어도 다시 받을 수 있지만, 비구는 바라제목차를 범하면 다시 받을 수 없다.

보살이 율의계를 잃는 데에는 두 가지 인연이 있다. 첫째는 무상보리의 원을 버리는 것이요, 둘째는 증상(增上)의 번뇌로 범하는 것이다. 몸을 버리거나 몸을 받는 동안 보살계를 잃지 않고, 온 세상 곳곳에 태어나는 동안 다시 보살계를 잃지 않으면, 그 보살은 대원을 버리는 것도 아니요, 증상의 번뇌로 범하는 것도 아니다. 몸을 버리고 몸을 받는 동안 비록 기억하지 못해 다른 선지식에게 자주 다시 받더라도 이것 또한 본래의 계요, 새로 받은 것이라고 하지 않는다.

이렇듯 율의에 머무는 보살은 범함과 범하지 않음, 물듦과 물들지 않음의 연중상(軟中上, 정도 차이)을 알아야 한다.

만일 보살이 율의계에 머물 때, 하루 낮 하루 밤 사이에 부처님 계실 때나 부처님의 탑이나 법, 경전, 보살의 수다라장, 보살

의 마득륵가장, 비구승이나 온 세상의 큰 보살들에게 다소의 공
양도 올리지 않고 절 한번 하지 않거나 더욱이 한 게송으로 삼보
의 공덕을 찬탄하지 않거나 내지 한 생각이라도 마음을 맑히지
않는 이는 대중 가운데 범했다고 한다.

만일 공경하지 않거나 아주 게을러 태만하면 이는 오염된 번
뇌에 의해 범했다고 한다. 만일 잊거나 잘못 범하면 염오기가 아
니다. 범한 게 아니라는 것은 이미 '정심지(淨心地)'* 에 들어간
보살이 마치 '불괴정(不塊淨)'**을 얻은 비구의 상법(常法)과 같
이 불법승보에 공양하는 경우이다.

만일 보살이 욕심이 많아 만족할 줄 모르고 재물을 탐착하면
이를 '중다범'을 범했다 하고 '염오기'를 범했다고 한다. 범한
게 아니라는 것은, 그것들을 끊기 위하여 방편으로 욕망을 일으
켜 그것을 거두어들이고 대치하는 과정에서 치성한 번뇌를 자주
일으키게 될 경우를 말한다.

만일 보살이 덕 있는 상좌나 공경해야 할 동법자(同法者)를 보
고서도 교만한 마음과 성내는 마음 때문에 일어나서 공경하지
않거나 자리를 양보하지 않고, 인사하고 말을 건네도 전혀 대답
하지 않는다면, 이것은 대중 가운데 범했다고 하며 오염된 번뇌
에 의해 범했다고 한다. 만일 단순히 게으르고 태만한 마음이나

---

* 번뇌를 떠나 마음이 청정하게 된 단계로, 십지(十地) 가운데 환희지(歡喜地)에 해당하는 경지.

** 더 이상 더럽혀지지 않는 맑음.

무기(無記)의 마음, 또는 잊어버려서 잘못하여 범했을 때는 염오기가 아니다. 범한 게 아니라는 것은 미쳤거나 중병에 걸렸거나 마음이 어지럽거나 잠이 덜 깬 상태에서 인사하고 묻는 말에 모두 대답치 않는 경우이니 이런 경우에는 범한 것이 아니다.

또 상좌가 설법하거나 결정적으로 논할 때, 스스로 설법하거나 법문을 듣고 결정적으로 논할 때, 설법하는 무리 가운데이거나 결정적인 토론을 할 때에는 절하지 않아도 범하는 것이 아니다. 설법하는 이의 마음을 보호하기 위해서이거나, 방편으로 그를 조복시켜서 착하지 못한 법을 버리고 착한 법을 닦게 하기 위해서이거나, 승가제도를 보호하기 위해서이거나, 여러 사람의 뜻을 보호하기 위해서라면 범한 것이 아니다.

만일 단월이 와서 청하기를 자기의 집으로 오라고 한다거나, 어느 절로 오라고 한다거나, 다른 곳으로 오라고 하여 옷이나 음식이나 그 밖의 갖가지 도구를 보시했는데, 보살이 화를 내고 거만한 마음으로 가지도 않고 받지도 않는다면, 이것은 대중 가운데 범했다고 하며 오염된 번뇌에 의해 범했다고 한다.

범한 게 아니라는 것은, 병들었거나 힘이 없거나 미쳤거나 먼 곳에 있거나 가는 길이 험난하거나, 혹 받지 않으면 그가 조복되어 악(惡)을 버리고 선(善)에 머무르게 될 것을 알았거나, 먼저 청을 받은 것이 있거나, 선법(善法)을 닦는데 잠시도 멈추고 싶지 않았거나, 법과 유익한 이치를 듣고자 했거나, 결정적인 논의를 듣고자 했거나, 혹 청한 이가 속이고 수고롭게 하려고 했음을 알았거나, 여러 사람의 협의와 원망하는 마음을 막기 위함이거나, 승가제도를 보호하기 위한 경우를 말한다.

만일 어떤 보살에게 단월이 금·은·진주·마니·유리 등 갖가지 보물을 바쳤는데 보살이 성내고 거만한 마음으로 받지 않는다면, 이것은 대중 가운데 범했다고 하며 오염된 번뇌에 의해 범했다고 한다. 중생을 버리게 되기 때문이다.

만일 게으르고 태만해서 범했다면 염오기는 아니다. 범한 게 아니라는 것은 미쳤거나 받은 뒤에 반드시 탐착심이 생길 것을 알았거나, 받은 뒤에 시주가 뉘우칠 것을 알았거나, 받은 뒤에 시주가 의혹할 줄을 알았거나, 받은 뒤에 시주가 가난해서 근심에 잠길 것을 알았거나, 그 물건이 삼보의 물건임을 알았거나, 그 물건이 도적이 훔친 물건임을 알았거나, 받은 뒤에 갖가지 괴로움이 생길 것을 알았을 때이다.

만일 중생이 어떤 보살이 있는 곳에 가서 법을 듣고자 할 때에 그 보살이 화내고 원망하고 인색하고 미워하여 그에게 법을 설해주지 않는다면, 이것은 대중 가운데 범했다고 하며 오염된 번뇌에 의해 범했다고 한다.

만일 게으르거나 태만해서 범하면 염오기가 아니다. 범한 게 아니라는 것은 외도가 흠 잡으려 하거나 중병에 걸렸거나 미쳤거나, 말해 주지 않음으로써 그를 조복되게 할 줄을 알았거나, 닦은 법에 대하여 스스로 환하게 깨닫지 못했거나, 앞의 사람이 공경히 순응하지 않고 위의를 크게 정돈하지 않을 줄 알았거나, 그의 근기가 무디어 깊고 묘한 법을 들으면 도리어 겁내고 두려운 마음을 낼 줄 알았거나, 들은 뒤에 삿된 소견이 늘어날 줄 알았거나, 들은 뒤에 헐뜯고 물러설 줄 알았거나, 들은 뒤에 그가 나쁜 사람에게 말하여 정법을 파괴할 줄 알았을 경우이다.

만일 보살이 흉악하게 계를 범한 중생에게 성내는 마음을 내어 스스로 버리거나 그를 막아버려서 교화하지 않는다면, 이것은 대중 가운데 범했다고 하며 오염된 번뇌에 의해 범했다고 한다.

만일 게으르고 태만하거나 잊었거나 남을 막아 범하게 한 것은 염오기가 아니다. 왜냐하면 보살은 나쁜 사람에게 자비심을 일으키는 것이 착한 사람에게보다 깊기 때문이다.

범한 게 아니라는 것은 미쳤거나 말해주지 않음으로써 그를 조복할 줄 알았을 때이다. 이는 앞에 말한 바와 같이, 남의 마음을 보호하기 위해서이거나 승가제도를 보호하기 위한 경우이다.

보살이 여래의 바라제목차에 의하여 율법[毘尼]을 만들어 죄를 막아 중생을 보호하되, 믿지 않는 자는 믿게 하고 이미 믿는 자에게는 더욱 증장시키며, 성문들과 똑같이 배운다. 왜냐하면 성문은 자기 구제만을 위하지만, 남을 보호하려는 마음을 여의지 않고 믿지 않는 자로 하여금 믿게 하고 이미 믿는 자에게는 더욱 널리 계를 배우게 한다. 하물며 보살의 제일의 가르침[第一義度]이겠는가?

또 차죄(遮罪)에 머물게 하는 '적은 이익[少利], 적게 지음[少作], 적은 방편[少方便]'은 세존께서 성문을 위해 건립하신 것인데, 보살은 이와 똑같이 계를 받지 않는다. 왜냐하면 성문의 자기 구제와 남에게 응하지 않는 '적은 이익[少利], 적게 지음[少作], 적은 방편[少方便]'은 보살의 자기 구제와 남에게 응하지 않는 '적은 이익[少利], 적게 지음[少作], 적은 방편[少方便]'이 아니기 때문이다.

보살은 중생을 위하는 까닭에 친척이 아닌 바라문이나 거사에게 백 천 가지 옷을 구해도, 마음대로 가져가라고 하는 곳에 가서는 시주가 줄 것인지 주지 않을 것인지를 관찰한 뒤에 받는다. 옷을 구하듯 발우도 그렇게 구하고, 의발처럼 실도 그렇게 구해서 친척이 아닌 베 짜는 이에게 주어 천을 짜게 한다.

중생을 위하는 까닭에 옷감과 이불과 방석 등을 모을 수 있고, 나아가 금·은 등 백 천 가지도 받을 수 있다. 이와 같이 머무는 '적은 이익, 적게 지음, 적은 방편'의 성문의 차죄를 보살은 함께 배우지 않는다.

보살이 율의계에 머물러 중생을 위할 때 미워하거나 원망하는 마음으로 '적은 이익, 적게 지음, 적은 방편'에 머문다면, 이것은 대중 가운데 범하는 것이며 오염된 번뇌에 의해 범하는 것이다. 만일 게으르거나 태만하여 '적은 이익, 적게 지음, 적은 방편'을 범하면 염오기를 범한 것이 아니다.

만일 보살이 몸과 입이 아첨하고 굽어서 상(相)을 내거나 남을 헐뜯으면서 이익을 구하느라 삿된 법에 머물면서 부끄러워하지도 않고 버리려고도 하지 않는다면, 이것은 대중 가운데 범하는 것이며, 오염된 번뇌에 의해 범하는 것이다. 범한 게 아니라는 것은 그를 굴복시키기 위해 의욕을 일으켜 방편으로 번뇌를 많이 일으키고 자주 일으키는 경우이다.

만일 보살이 마음이 들떠 고요함을 즐기지 않고 높은 소리로 장난치며 남들을 웃게 하는 이러한 인연을 지었다면, 이것은 대중 가운데 범했다 하고 이는 오염된 번뇌에 의해 범했다고 한다. 만일 잊어버리고 잘못해서 범했다면 오염된 번뇌에 의한 것은 아니다. 범한 게 아니라는 것은 그를 끊기 위하여 의욕을 내어 방편으로 하는 것이니 앞에서 말한 바와 같다.

또 범한 게 아니라는 것은 그가 미워하고 원망하므로 그를 멈추게 하기 위해서일 때와 그가 근심하고 걱정하므로 멈추게 하기 위해서일 때, 그의 성품이 장난을 좋아하여 그를 거두어 끊어주기 위해서거나 그를 보호하기 위할 때와 그가 보살을 의심하고 원망하며 등지려 하면 화사한 얼굴로 웃어주어 마음이 맑다는 것을 나타낼 때이다.

만일 보살이 이와 같이 보고 말하기를 "보살은 열반을 좋아할 것이 아니라 열반을 등져야 하며, 번뇌를 두려워해서도 안 되고 한결같이 싫어할 것만도 아니다. 왜냐하면, 보살은 3아승지겁의 오랜 세월 동안 생사에 빠져 있으면서도 큰 보리를 구하기 때문이다"라고 한다면, 이렇게 말하는 이는 대중 가운데 범하는 것이며, 오염된 번뇌에 의해 범하는 것이다.

왜냐하면 성문이 열반을 깊이 사랑하고 번뇌를 싫어함이 백

천 만 배라 해도, 보살이 열반을 깊이 사랑하고 번뇌를 싫어하는 것에는 미치지 못하기 때문이다. 이른바 성문은 자리(自利)만을 위하지만, 보살은 그렇지 않아서 널리 중생을 위하며, 그들이 익힌 물들지 않는 마음[不染汚心]은 아라한이 유루(有漏)로 성취하여 모든 번뇌를 여읜 것보다도 훨씬 수승하다.

만일 보살이 믿지 않는 말을 조심하지도 않고 남의 비방을 막지도 않고 또 제거해 없애지도 않으며 실제로 허물이 있으면서도 없애지 않는다면, 이것은 대중 가운데 범했다 하고 오염된 번뇌에 의해 범했다 한다. 그러나 실제로 허물이 없어서 제거하지 않았다면, 오염된 번뇌에 의해 범한 것이 아니다. 범한 게 아니라는 것은 외도나 악인이 비방할 때와 출가하여 걸식하는 등 착한 인연을 닦으며 스스로 미워하는 마음을 내었을 때와 앞의 사람이 화를 내거나 미쳐서 헐뜯을 때이다.

만일 보살이 어떤 중생에게 따끔한 말과 방편을 써야만 이로울 줄 알면서도 그가 걱정할 것이 두려워서 말하지 않는다면, 이는 대중 가운데 범하는 것이요, 오염된 번뇌에 의해 범하는 것은 아니다. 범한 게 아니라는 것은 그가 현재를 보니 이익은 적고 근심만 많아졌을 때이다.

만일 보살이 욕하는 이에게 욕설로 갚거나 성내는 이에게 성냄으로 갚거나 때리는 이에게 때려서 갚거나 헐뜯는 이에게 헐뜯어 갚는다면, 이것은 대중 가운데 범하는 것이며 오염된 번뇌에 의해 범하는 것이다.

만일 보살이 남을 침범했거나 혹 침범하지 않았더라도 남이 그렇게 의심하면 곧 참회해야 한다. 미워하거나 교만한 마음 때문에 여법하게 참회하지 않으면 이것은 대중 가운데 범하는 것이며, 오염된 번뇌에 의해 범하는 것이다. 만일 게으르고 태만해서 범한 것은 오염된 번뇌에 의한 것이 아니다.

범한 게 아니라는 것은, 방편으로 그를 굴복시키기 위할 때와 그가 부정한 업을 지으려는 것을 안 뒤에는 수계자가 참회하지 않아도 죄가 없다. 또 저 사람의 성품이 싸우기를 좋아한다는 것을 알았을 때와 참회하면 그의 분노가 더 커질 때, 그가 화해하고 참아서 나를 미워하는 마음이 없는데 도리어 그를 부끄럽게 할 염려가 있을 때에는 참회하지 않아도 죄가 아니다.

만일 보살에게 다른 사람이 와서 범한 것을 여법하게 참회했는데도 미워하는 마음으로 그를 괴롭히며 그의 참회를 받아들이지 않는다면, 이것은 대중 가운데 범했다고 하며 오염된 번뇌에 의해 범했다고 한다.

만일 미워하는 마음이 없거나 천성이 참회를 받아들이지 않는다면, 이것은 비염오기(非染汚起, 물들이지 않는 마음에서 일어남)를 범한 것이다. 범한 게 아니라는 것은, 방편으로 그를 조복시키기 위함이니 앞에서 말한 바와 같다. 그가 여법하게 참회하지 않거나 그의 마음이 평온치 않아서 그의 참회를 받지 않은 것은 죄가 아니다.

만일 보살이 남을 미워하고 원망하는 마음을 품고 버리지 않는다면, 이것은 대중 가운데 범했다 하며 오염된 번뇌에 의해 범했다고 한다. 범한 게 아니라는 것은 그를 끊기 위해 의욕을 내어 방편으로 하는 경우이니 앞에서 말한 바와 같다.

만일 보살이 대접받기를 탐내어 무리를 양성한다면 이는 대중 가운데 범한다 하고, 오염된 번뇌에 의해 범했다고 한다. 범한 게 아니라는 것은 탐내는 마음 없이 양성한 경우이다.

만일 보살이 게으르고 태만해서 잠자기를 좋아하여 때 아닌 때에 자고 양을 알지 못하면, 이것은 대중 가운데 범했다 하고, 오염된 번뇌에 의해 범했다고 한다. 범한 게 아니라는 것은 병이 들었거나 힘이 없거나 먼 길을 걸어서 피로하거나 그를 끊기 위해 의욕적인 방편을 일으키는 경우이니 앞에서 말한 바와 같다.

만일 보살이 물든 마음으로 세상일을 이야기하면서 시간을 보낸다면, 이것은 대중 가운데 범했다 하고, 오염된 번뇌에 의해 범했다고 한다. 만일 깜박 잊고 시간을 보내면 오염된 번뇌에 의해 범한 것이 아니다. 범한 게 아니라는 것은 남들이 모여서 이야기하는 것을 보고 그들의 뜻을 보호하기 위해 잠시 들었거나 그가 묻는 중대한 일에 잠시 대답해주는 경우이다.

만일 보살이 마음이 안정되기를 구하면서도 미워하고 원망하고 교만하여 스승의 가르침을 받지 않는다면, 이것은 대중 가운데 범했다 하고 오염된 번뇌에 의해 범했다고 한다. 만일 게으르거나 태만해서 잘못해 범했으면 오염된 번뇌에 의해 범한 것이 아니다. 범한 게 아니라는 것은 병이 들었거나 힘이 없거나 혹은 그 사람이 잘못된 말을 하는 줄 알았거나 스스로 이미 많이 들어서 힘이 있거나 이미 그 법을 받았을 경우이다.

만일 보살이 다섯 가지 번뇌[五蓋]를 일으켜 마음을 열지 않는다면, 이것은 대중 가운데 범했다 하고 오염된 번뇌에 의해 범했다고 한다. 범한 게 아니라는 것은 그것을 끊기 위해 의욕과 방편을 일으키는 경우이니 앞에서 말한 바와 같다.

만일 보살이 선정에 맛이 들어 그것을 공덕이라 여긴다면, 이것은 대중 가운데 범했다 하고 오염된 번뇌에 의해 범했다고 한다. 범한 게 아니라는 것은 그것을 끊기 위하여 의욕과 방편을 일으키는 경우이니 앞에서 말한 바와 같다.

만일 보살이 이와 같이 보고 말하기를 "보살은 성문의 경과 법[聲聞經法]을 듣지 말아야 하며, 받지도 배우지도 말아야 한다. 보살이 성문의 경법을 무엇에 쓰겠는가?" 하면 이것은 대중 가운데 범하는 것이요, 오염된 번뇌에 의해 범하는 것이다. 왜냐하면 보살은 외도의 다른 경론도 들어야 하거늘 하물며 부처님의 말씀이겠는가? 범한 게 아니라는 것은 보살장(菩薩藏)을 전문으로 배우되 아직 다하지 못했을 경우이다.

만일 보살이 보살장에 대해서는 배우려는 방편도 짓지 않고 내팽개치고 배우지도 않으면서 한결같이 성문의 경법만을 닦아 모은다면, 이것은 대중 가운데 범한 것이며, 물들지 않은 마음에서 범했다고 한다.

만일 보살이 부처님이 설하신 것은 내버리고 배우지 않으면서 외도의 삿된 논서나 세속의 경전을 익힌다면, 이것은 대중 가운데 범했다고 하고 오염된 번뇌에 의해 범했다고 한다. 범한 게 아니라는 것은 총명하여 빨리 배울 수 있거나, 오래 되어도 배운 것을 잊지 않고 생각해서 그 뜻을 알았거나, 부처님 법을 관찰해서 부동지(不動智)를 얻었거나, 날마다 이분(二分)은 불경을 배우고 일분(一分)은 외도의 경을 배우면 범한 것이 아니다.

이와 같이, 보살이 세속의 경전이나 외도의 삿된 논서에 능통하여 좋아하면서 버릴 줄 모르거나 독이라는 생각을 하지 않으면 이것은 대중 가운데 범했다 하고 오염된 번뇌에 의해 범했다고 한다.

만일 보살이 보살 법장의 깊은 이치와 진실한 이치와 불보살님들의 무량한 신통력을 듣고 비방하여 받지 않으면서 "이롭지 않은 것이며 여래의 말씀이 아니며 중생을 안락하게 하는 것도 아니다"라고 말한다면, 이것은 대중 가운데 범하는 것이며 오염된 번뇌에 의해 범하는 것이다. 이는 자신의 마음을 바르게 사유하지 못했기 때문에 비방했거나 다른 이를 따르기 위해 비방한 것이다.

보살이 으뜸가는 깊은 진리를 듣고도 이해하는 마음이 나지 않거든 이 보살은 믿는 마음과 아첨하거나 왜곡되지 않은 마음을 일으켜 생각하기를 '나는 옳지 못하여 지혜의 눈이 없는 소경이 되었구나, 여래께서는 혜안(慧眼)이 있으셔서 이렇듯 차례에 맞추어 말씀하셨거늘 여래의 이러한 말씀에 대하여 어찌 비방할 수 있겠는가' 한다. 보살이 스스로 무지한 경지에서 이와 같이 여래의 현재 알고 보는 법을 바르게 관하고 바르게 따라가면 이것은 범함이 아니며, 이해하지 못하여도 비방함이 되지는 않는다.

만일 보살이 탐내고 성내는 마음으로 자신을 찬탄하고 남을 헐뜯으면 이것은 대중 가운데 범했다고 하며 오염된 번뇌에 의해 범했다고 한다. 범한 게 아니라는 것은 외도를 가벼이 여겨 헐뜯고 불법을 찬양하거나 방편으로 그를 조복시키려 하는 경우이니 앞에서 말한 바와 같다. 또 범한 게 아니라는 것은 믿지 않는 이는 믿게 하고, 믿는 이는 더욱 늘어나게 하는 경우이다.

만일 보살이 설법하는 곳이나 토론하는 곳이 있다는 말을 듣고 교만한 마음과 성내고 원망하는 마음 때문에 가서 듣지 않는다면, 이것은 대중 가운데 범하는 것이며 오염된 번뇌에 의해 범하는 것이다. 만일 게으르고 태만해서 그랬으면 이는 오염된 번뇌에 의한 것이 아니다.

범한 게 아니라는 것은 이해하지 못해서거나 병들어 힘이 없거나, 그가 뒤바뀌게 설하거나, 설법하는 이의 마음을 보호하거나, 자주 듣고 받아 지니어 이미 그 뜻을 알았거나, 들은 것이 많거나, 들어 지녔거나 말씀대로 행했거나 선정을 닦는데 잠시도 멈추기가 싫거나, 근거가 무디어 깨닫기 어렵고 받아 지니기 어려운 경우이니, 이로 인해 가지 않는 것은 모두 범한 것이 아니다.

만일 보살이 설법하는 이를 가벼이 여겨 공경하지 않고 비웃고 헐뜯거나 문자에만 집착하거나 진실한 이치에 의지하지 않는다면, 이것은 대중 가운데 범했다고 하고 오염된 번뇌에 의해 범했다고 한다.

만일 보살이 율의계에 머물러 있으면서 중생들의 일을 보고도 성내고 원망하는 마음으로 함께[同事]하지 않고, 일을 생각하거나 길을 가거나 법답게 이익을 도모하거나 농사일이나 소 치는 일이나 싸움을 화해시키는 일이나 좋은 일의 모임이나 복스러운 사업과 같은 모든 일에 함께하지 않는 이는 대중 가운데 범했다고 하고 오염된 번뇌에 의해 범했다고 한다. 만일 게으르거나 태만해서 그랬으면 오염된 번뇌에 의해 범한 것이 아니다.

범한 게 아니라는 것은 병이 있거나 힘이 없거나 자기 스스로 해낼 수 있거나, 자기에게 도반이 있어 그들이 하는 일이 법도 아니고 의(義)도 아니거나, 혹은 방편으로 조복시키고자 하는 경우이니 앞에서 말한 것과 같다.

또 저들이 원한을 품고 있거나 혹 자신이 선업을 닦는데 잠시도 멈추고 싶지 않아서이거나 성품이 어리석고 둔해서이거나 여러 사람의 뜻을 보호하기 위해서이거나 승가제도를 보호하기 위해서 함께하지 않는 것은 모두 범한 것이 아니다.

만일 보살이 병든 사람을 보고도 성내는 마음 때문에 가서 들여다보지 않는다면, 이것은 대중 가운데 범했다고 하고 오염된 번뇌에 의해 범했다고 한다. 만일 게으르거나 태만해서 범했으면 오염된 번외에 의한 것이 아니다.

범한 게 아니라는 것은 자신이 병에 걸렸거나 힘이 없어서 힘 있는 이를 시켜 병자를 간호케 했거나, 그 사람들에게 원래 권속이 있는 것을 알았거나, 그 사람이 힘이 있어 스스로 처리할 수 있다거나, 병이 자주 생기거나 혹은 병에 걸렸는데 수승한 업을 닦는데 잠시라도 멈추고 싶지 않아서이거나, 그가 어리석고 둔해서 깨닫기 어렵고 받아들이기 어렵고 지니기 어렵고 어려운 인연 속에 처해 있거나, 혹은 먼저 다른 이에게 가서 문병하거나, 병든 이의 고통을 덜어주기 위한 경우이다.

만일 보살이 금세 후세의 악업을 짓는 중생을 보고서도 미워하고 성내는 마음 때문에 바르게 말해주지 않으면, 이것은 대중 가운데 범했다 하고 오염된 번뇌에 의해 범했다고 한다.

범한 게 아니라는 것은 스스로에게 지혜가 없거나 힘이 없고, 힘 있는 이는 가서 말하게 했거나 그 스스로도 힘이 있고 선지식이 있거나 혹은 방편을 써서 그로 하여금 조복케 하기를 앞에서 말한 바와 같은 경우이다. 혹은 바르게 말해주어도 그가 나에게 원한을 더하여 나쁜 말을 퍼붓거나 거꾸로 받아들이거나 사랑하고 공경하는 마음이 없거나 그 사람의 성품이 거칠고 사나운 경우이다.

만일 보살이 남의 은혜를 받고도 미워하고 원망하는 마음 때문에 동등하게 또는 그보다 많이 보답하지 않는다면, 이것은 대중 가운데 범했다고 하고 오염된 번뇌에 의해 범했다고 한다. 만일 게으르고 태만해서 범한 것은 오염된 번뇌에 의해 범한 것이 아니다. 범한 게 아니라는 것은 방편을 짓되 힘이 없거나 방편으로 조복케 함이 앞에서 말한 바와 같은 경우이다. 혹은 은혜를 갚고자 해도 그가 받지 않는 경우이다.

만일 보살이 친속난(親屬難)이나 재물난(財物難)에 걸린 것을 보고도 미워하는 마음과 원망하는 마음으로 그것을 해결해서 근심을 제거해주지 않는다면, 이것은 대중 가운데 범했다 하고 오염된 번뇌에 의해 범했다고 한다. 만일 게으르고 태만해져서 범했으면 오염된 번뇌에 의한 것이 아니다. 범한 게 아니라는 것은 앞의 함께하지 않는 경우와 같다.

만일 보살이 음식이나 의복을 구하러 온 사람을 보고도 성내고 원망하는 마음을 내어 베풀지 않는다면, 이것은 대중 가운데 범했다 하고 오염된 번뇌에 의해 범했다고 한다. 만일 게으르거나 태만해서 범했다면 오염된 번뇌에 의한 것이 아니다.

범한 게 아니라는 것은 자기에게 없거나 법답지 않은 물건을 구했거나 그에게 이롭지 못한 물건이거나 방편으로 그를 조복시키고자 함은 앞에서 말한 것과 같은 경우이다. 혹은 그가 왕법(王法)을 범했으므로 왕의 뜻을 보호하기 위해서이거나 승가제도를 보호하기 위한 경우이다.

만일 보살이 제자들을 거느리고 있으면서도 성내고 원망하는 마음 때문에 때맞추어 법답게 가르침을 주지 않거나 바라문과 거사 등에게 얻은 옷과 음식, 와구, 의약, 방사 등을 때맞추어 공급하지 않는다면, 이것은 대중 가운데 범했다 하고 오염된 번뇌에 의해 범했다고 한다. 만일 게으르고 방일해서 범했으면 오염된 번뇌에 의한 것이 아니다.

　범한 게 아니라는 것은 방편으로 그를 조복시키고자 함에 앞에서 말한 것과 같거나 승가제도를 보호하기 위해서이거나 병이 들었거나 힘이 없거나 힘이 있는 이를 시켜 설했거나 그가 힘 있고 아는 이가 많아서 자기 스스로 갖가지 도구를 구했거나, 혹은 일찍이 가르침을 받아서 스스로 이미 그 법을 알고 있거나, 외도가 법을 훔치러 왔는데 아직 조복시키지 못했을 경우이다.

　만일 보살이 미워하고 성내는 마음 때문에 남에게 수순하지 않는다면, 이것은 대중 가운데 범했다 하고 오염된 번뇌에 의해 범했다고 한다. 만일 게으르고 태만해서 범하면 오염된 번뇌에 의한 것이 아니다.

　범한 게 아니라는 것은 만일 그가 여법하지 못한 일을 하고자 했거나 병들었거나 힘이 없거나 승가제도를 보호하기 위함이거나, 혹은 비록 여법하나 여러 사람으로 하여금 법답지 않은 일을 일으키게 하거나, 외도를 굴복시키기 위해서이거나 방편으로 그를 조복시키기 위한 경우이다.

　만일 보살이 다른 중생에게 진실한 공덕이 있는 줄 알고도 미워하고 원망하는 마음 때문에 남에게 말하지 않거나, 원망하지도 않고 설사 찬탄하는 이가 있어도 '장하다' 하고 대꾸하지 않는다면, 이것은 대중 가운데 범했다 하며 오염된 번뇌에 의해 범했다고 한다. 만일 게으르고 태만하고 방일해서 범했으면 오염된 번뇌에 의한 것이 아니다.

범한 게 아니라는 것은 그가 욕심이 적은 것을 알기에 그의 뜻을 보호하기 위함이거나 병들었거나 힘이 없고, 혹은 방편으로 그를 조복시키고자 하거나 승가제도를 보호하기 위함이다. 혹은 그 사람에게 번뇌가 일어나거나 지나친 기쁨과 교만, 법답지 않은 일이 일어나게 될 때 이러한 걱정들을 제거해주기 위함이며, 혹은 진실한 공덕이 공덕 아닌 듯하고, 진실하고 착한 말이 착한 말 아닌 듯하며, 외도의 삿된 소견을 굴복시키기 위함이거나 말하는 것이 끝나기를 기다리기 위한 경우이다.

만일 보살이 어떤 중생을 꾸짖거나 굴복시켜야 하거나 내쫓아야 할 것을 보고도 물든 마음 때문에 꾸짖지 않거나 꾸짖어도 굴복시키지 않고, 굴복시켰어도 내쫓지 않는다면, 이것은 대중 가운데 범했다 하고 오염된 번뇌에 의해 범했다고 한다. 만일 게으르고 태만하고 방일하여 범했으면 오염된 번뇌에 의한 것이 아니다.

범한 게 아니라는 것은 그가 다스릴 수 없고, 더불어 이야기할 수도 없고, 가르쳐 꾸짖을 수도 없고, 미움과 원망을 많이 일으키거나 혹은 관찰하면서 때를 기다려야 하거나 그로 인해 싸움이 일어나게 되고, 말다툼이 일게 되고, 혹은 승단이 말다툼을 하게 되고, 승단이 무너지게 되었거나, 혹은 그가 아첨하거나 왜곡되지 않고 부끄러운 마음이 있어서 차츰 스스로가 뉘우칠 것임을 아는 경우이다.

만일 보살이 갖가지 신통력을 성취했거든 두렵게 할 필요가 있는 이에게는 두렵게 하고 만날 필요가 있는 이에게는 만나 주어야 하거늘 중생들이 시주[信施]를 하기 위해 신력으로써 두렵게 하지도 않고 만나지도 않으면 이것은 대중 가운데 범했다 하고 오염된 번뇌에 의해 범했다고 한다.

범한 게 아니라는 것은 그 중생이 심한 집착을 일으키거나 외도가 거룩한 도를 비방하거나 삿된 소견을 성취했을 때는 모두 범한 것이 아니다. 또 그가 미쳤거나 심한 괴로움에 시달리고 있는 경우이다.

이 일로 인해 힘들게 받은 보살계가 일어났다면, 부처님께서 여러 경에서 말씀하신 율의계와 섭선법계와 섭중생계 중에서 율의계를 섭한 것에 속하니, 이 경은 보살장에 계율장을 더하여 설한 것이다.

보살이 이를 부지런히 받아 지니고 최상의 공경심을 일으켜 오롯한 마음으로 닦아 배우고 다른 이에게 계를 바르게 받은 뒤에는 청정하게 배우고자 하는 마음과 보리심과 중생을 이롭게 하려는 마음으로 처음 계를 받은 직후부터 오롯이 정진하여 잘 지켜야 한다. 만일 범하게 되었다면 여법하게 참회해야 한다.

모든 보살이 범한 것은 돌길라(突吉羅)에 속하므로, 반드시 대소승의 사람으로서 남의 말을 알아들을 수 있고 참회를 받을 수 있는 이에게 참회해야 한다.

만일 보살이 더욱 불어난 번뇌로 바라이법을 범했다면 율의계를 잃게 되므로, 다시 받아야 한다. 보통의 번뇌로 바라이법을 범하면 세 사람, 또는 셋 이상 앞에서 무릎을 꿇고 합장하고 돌길라죄를 참회하되 먼저 지은 죄명을 밝힌 뒤에 "대덕이시여, 보살펴 주십시오. 저 아무개는 보살비니를 버렸습니다"라고 말한다. 이어 앞에 밝힌 돌길라죄와 같이 말하고, 나머지는 비구의 돌길라 참회법과 같이한다.

만일 하품(下品)의 번뇌로 바라이법과 그 밖의 것을 범했거든 한 사람 앞에서 참회하면 된다. 만일 여법한 이가 없거든 청정한 마음을 일으켜 생각하기를 '나는 결코 다시는 이 죄를 거듭 범하지 않겠습니다. 미래세가 다하도록 율의계를 받아 지니겠습니다'라고 한다. 이렇게 하면 범한 것이 모두 제거된다.

만일 이와 같은 공덕을 구족했으며 보살계를 줄 만한 사람이 없거든 보살은 불상 앞에서 스스로 받아야 하며, 받을 때에는 이렇게 해야 한다. 의복을 정돈하고 오른 어깨를 드러내고 오른 무릎을 꿇고 합장하고서 "저 아무개는 온 세상의 부처님과 온 누리에 계신 보살님께 말씀드립니다. 저는 지금 여러 불보살님들로부터 모든 보살의 계인 율의계와 섭선법계와 섭중생계를 받고자 합니다. 이 계는 과거 모든 보살이 이미 배웠고, 미래 모든 보살이 장차 배울 것이며, 현재 모든 보살이 지금 배우고 있습니다"라고 말한다. 두 번째, 세 번째도 이렇게 말하고 일어나기를 앞에서 말한 대로 한다.

또 보살의 범계에는 무여범(無餘犯)이 없다. 세존께서 말씀하시기를 "보살이 성내는 번뇌를 일으키다가 범했으면 다시 받을 수 있지만, 탐욕으로 일으킨 것은 안 된다"라고 하였다. 이 말씀의 뜻은 보살이 중생을 사랑한다는 생각을 더 많이 일으켜, 무릇 보살이 꼭 해야 될 일이라서 그 일을 하다가 범하게 된 것은 다시 받을 수 있다.

보살이 중생에게 화를 낸다는 것은 자신도 제도하지 못하고 남도 제도하지 못하며 보살이 해야 할 일도 하지 못하니, 이와 같이 해야 할 일을 하지 못하고서 범한 것은 다시 받아야 한다.

보살이 연중상(軟中上)으로 범한 것은 마치 사섭품(四攝品)에서 말한 것과 같음을 알아야 한다. 만일 보살이 이 율의계에서 세 가지 바른 법을 모두 두루 성취하면 편안히 머무를 수 있다. 첫째는 방편구족(方便具足)이요, 둘째는 정심구족(淨心具足)이요, 셋째는 본인구족(本因具足)이다.

보살이 계에 있어 뚫리거나 새는 것이 없으며, 신·구·의업을 밝혀 자주 범하지 않고 모든 악을 드러내어 참회하면, 이것은 '방편구족'이라고 한다.

보살이 법을 위해 출가하여 몸이나 목숨을 아끼지 않고, 의(義)를 위하고 선정을 위하며 재물의 이익을 위하지 않으며, 사문을 위하고 열반을 위하고 의롭지 않은 것을 위하지 않으며, 태만히 굴지 않고 정진하여 물러나지 않으며, 온갖 나쁜 법과 섞이지 않고, 번뇌에는 괴로운 과보와 미래의 생·노·병·사가 있다고 생각하면, 이것은 '정심구족'이라고 한다.

보살이 지난 세상에 널리 선행을 닦았으므로, 금생에 의식이나 침상이나 탕약 등 뭇 도구에 부족함이 없고, 그로 인해 보시행을 닦을 수 있으면 이것은 '본인구족'이라고 한다.

율의계에 머무는 보살이 이 세 가지 바른 법을 구족하면 안락함에 머문다고 말하고, 이와 어긋나면 세 가지 바르지 못한 계법이라고 말한다. 이것은 괴로움에 머무는 일이다.

이상으로 재가와 출가의 모든 계를 간략히 또는 넓게 설하였다. 이 일체계에서 다시 난계(難戒) 등으로 나누어진다.

난계라 함은 간략히 말하면 세 가지가 있다. 보살이 큰 재물과 큰 세력이 있으나 버리고 출가하여 계를 받으면 이것을 첫 번째 '난계'라고 한다.

만일 보살이 급한 환란이나 목숨을 잃을 지경에 이르러서도 받은 계를 범하지 않거나 심지어 조금의 결함도 없게 하면 이것을 두 번째 '난계'라고 한다.

보살이 모든 수행과 삼매와 생각에서 마음이 안주하여 동요하지 않고 목숨이 다할 때까지 끝내 무거운 계뿐만 아니라, 경미한 계조차도 훼손하지 않으면 이를 세 번째 '난계'라고 한다.

일체문계(一切門戒)에는 네 가지가 있다. 첫째는 정수계(正受戒)요, 둘째는 성계(性戒)요, 셋째는 습계(習戒)요, 넷째는 방편성계(方便性戒)이다.

'정수계'란 보살이 이미 받은 세 가지 율의계로 곧, 율의계·섭선법계·섭중생계이다.

'성계'란 보살의 성품이 본래 어질고 착해서 신·구·의가 청정한 것이다.

'습계'란 보살이 전생에 이미 세 가지 계를 닦아 익혔고, 그러한 본래의 인연 때문에 악을 행하지 않고 마음에 항상 멀리 여의기를 생각하며, 선행 닦기를 좋아하는 것이다.

'방편성계'란 보살이 사섭법(四攝法)에 의해 모든 중생에게 선한 신업과 구업을 행하는 것이다.

'선인계(善人戒)'에는 다섯 가지가 있다. 첫째는 스스로가 청정계를 지키는 것이요, 둘째는 남에게 전해주는 것이요, 셋째는 청정계를 찬탄하는 것이요, 넷째는 같은 동료를 보면 반가워하는 것이요, 다섯째는 설혹 범했더라도 법답게 참회하여 제거하는 것이다.

'일체행계(一切行戒)'에는 여섯 가지와 일곱 가지를 함께 묶어 간략히 열세 가지가 있다. 대보리에 회향하여 계법을 널리 거두는 까닭에 이를 '광(廣)'이라 하며, 쾌락에 집착하면서 자신이 고행하는 등의 양쪽을 여의기 때문에 이를 '죄 없고 기쁜 곳'이라 한다.

그 수명이 다하도록 항상 계를 버리지 않으며 온갖 이익과 외도의 삿된 주장과 번뇌의 모든 얽매임이 침범하지 못하고 또 빼앗지도 못하기 때문에 이를 '견고계(堅固戒)'라 하고, 이러한 장엄이 이루어졌기 때문에 '계장엄(戒莊嚴)'이라 한다.

이른바 성문의 경지에서 살생 등을 멀리하여 율의계, 섭선법계, 섭중생계, 순계(順戒)와 불순계, 잘 보호하는 수호계(隨護

戒)로, 대인의 상[大人相]을 받는 과보와 수승한 의지를 갖는 과보, 좋은 갈래에 태어나는 과보와 중생을 이롭게 하는 과보를 받는다.

'제뇌계(除惱戒)'에는 여덟 가지가 있다. 보살이 처음에 생각하기를 '내가 남에게 살생, 도둑질, 사음, 거짓말 등 돌이나 작대기로 피해 입기를 원치 않았다. 내가 원치 않고 좋아하지도 않는다면 그도 그럴 텐데, 무엇 때문에 내가 이런 것으로 그를 괴롭히겠는가? 그러므로 그를 괴롭히지 말 것이며, 손에 돌이나 작대기를 들고 해치지도 않을 것이다' 라고 한다.

이렇게 생각하고는 여덟 가지 일로 중생을 괴롭히지 않는다. 이를 보살이 번뇌를 제거하는 '제뇌계'라 한다.

'차세타세락계(此世他世樂戒)'에는 아홉 가지가 있다. 보살은 막을 자리에서는 막고, 열어야 할 자리에서는 열고, 거둘 자리에서는 거두고, 항복시킬 자리에서는 항복시킨다. 보살은 몸과 입, 두 가지 업으로 사종계(四種戒)를 행한다.

또 단바라밀과 함께하는 계와 찬제바라밀과 함께하는 계와 비리야바라밀과 함께하는 계와 선바라밀, 반야바라밀과 함께하는 계의 다섯 가지 계가 있다. 이상으로 아홉 가지 계를 간략히 말하였다.

이 보살은 자타(自他)가 함께 현재법에도 즐겁게 머물며 후세에도 즐겁게 머문다. 그러므로 이것을 '차세타세락계'라고 한다.

'청정계(淸淨戒)'에는 열 가지가 있다.

一 처음에 착한 마음으로 계를 받고 사문이 되고서는 보리를 위할 뿐, 몸이나 목숨을 위하지 않는다.
二 마침내 의혹이나 후회하는 마음을 내어 물러나지 않는다.
三 지나치게 계를 지니려고 하지 않는 것으로, 이는 맞지 않은 자리에서 의혹을 일으키기 때문이다.
四 게으름을 멀리하여 잠자기를 좋아하지 않고 밤낮으로 정진하여 선법을 성취한다.
五 마음을 거두어 방일하지 않는 것으로, 이는 앞의 불방일(不放逸)*에서 설한 바와 같다.
六 바른 원을 닦아 익힐 뿐, 재리(財利)나 천상에 나기를 원하지 않고 항상 범행을 닦는다.
七 위의를 잘 받아 지니는 것으로 지어야 할 모든 일에 능숙하게 방편으로 선을 닦아 익히고, 몸과 마음의 여법한 행으로 정명(正命)이 구족하며, 갖가지 허물 또한 멀리한다.
八 두 변의 치우침[二邊]을 멀리하는 것으로, 이는 욕락에 수순함과 고행을 여의기 때문이다.
九 벗어나는 요체를 닦아 익히는 것으로, 이는 잘못된 학문과 삿된 소견을 모두 여의기 때문이다.
十 이미 받은 계는 부족하거나 줄어들지 않는다. 이들 열 가지를 '청정계'라고 한다. 보살대계(菩薩大戒)로 보리과

---

* 수행을 게을리하지 않음. 악을 저지르지 않고 선을 행함.

(菩提果)를 얻는다고도 말한다.

보살이 이 계에 의지하여 시바라밀(尸波羅蜜)을 만족하고 아누다라삼먁삼보리를 얻으며, 무상정각을 얻지 못한 이는 다섯 가지 이익을 얻는다. 첫째는 항상 불보살님들의 보살핌을 받고, 둘째는 임종할 때에 그 마음이 환희롭고, 셋째는 몸을 버리고 다시 태어나는 곳마다 항상 계행이 청정한 보살들을 선지식으로 섬기게 되고, 넷째는 무량공덕이 모인 계도(戒度)를 성취하고, 다섯째는 금생과 내생에 성계(性戒)를 성취하는 것이다.

앞에서 말한 자성계(自性戒) 등 아홉 가지 계는 율의계와 섭선법계와 섭중생계의 삼계(三戒)에 속한다.

또다시 세 종류가 있다. 간략히 말하면 보살의 세 가지 일이다. 첫 번째 율의계는 마음을 머물게 하며, 두 번째 섭선법계는 스스로 불법을 이루게 하고, 세 번째 섭중생계는 중생을 성취시키게 한다. 이것을 보살의 모든 일이라고 한다. 이른바 현재 법에서 마음을 편안히 머물게 하고, 몸과 마음이 게으르지 않아 불법을 구족하고 중생을 성취시키는 것이다.

이것을 보살계라 하며, 이것을 계의 복[戒福]이라고 한다. 이 보살이 하는 일에 대해서는 견줄 이도 없고 더 뛰어난 이도 없다. 과거 모든 보살도 큰 보리를 구한 뒤에 그 안에서 배웠으며, 미래의 보살들도 장차 배울 것이고, 현재의 보살들도 지금 배우고 있다.

12장

식단에서 빠져야 할 육식

고기를 먹는 자는 하늘조차도 멀리 하는데
하물며 성인은 어떻겠는가.
...

고기를 먹는 사람은 잠자는 것도 괴롭고
일어날 때도 또한 괴로우며
꿈속에서 여러 가지 나쁜 것을 보면
놀라고 두려워서 머리털이 곤두서고
마음이 항상 불안할 것이다.
이는 자비심이 없어서 착한 힘이 없어졌기 때문이다.
...

내가 만약 고기 먹는 것을 허락했다면
내 입으로 어떻게 큰 자비와 참다운 수행을 말하고
중생 보기를 외아들처럼 보라고 했겠는가.

◉

 중기대승불교시대가 되면, 육식에 대한 금지가 적극 권유된다.
『입능가경』은 그러한 주장의 선두에 있었다. 불살생과 자비를
주장하는 이들이 단순히 입에 발린 말을 하는 것이 아니라, 자신
의 실생활에서 직접 체화하고 실천할 수 있음을 보여주며, 『입능
가경』은 그것을 육식의 금지 측면에서 강조한 것이다.

 본래 이 『능가경』은 해심밀경을 비롯하여 승만경, 반야경, 법
화경, 화엄경에 이르기까지 대승경전의 중요한 사상을 모두 담고
있어서 대승불교를 포괄적으로 이해하기 좋은 경전이다. 그리고
여기에서 다루고 있는 「차식육품」은 불교교리나 철학적 측면에
서 접근한 여타의 품과는 달리, 육식의 허물과 채식의 공덕을 자
세히 밝히며, 불살생과 자비에 대한 우리의 인식을 상당히 높은
수준으로까지 끌어올렸다.

 먹는 행위는 인간과 자연을 연결해주는 중요한 연결고리다.
그런데 인간의 질서와 자연의 질서 사이에 이루어져야 할 또 다

『입능가경』「차식육품」

른 질서를 전혀 고려하지 않은 채, 무조건 가리지 않고 자연의 생명을 맘껏 섭취한다는 것은 결국 그 관계를 허물고 마는 결과를 초래한다. 불교는 인간과 자연의 관계, 생명과 생명의 관계를 무엇보다 귀중하게 여겨 불살생의 범주를 점점 더 확대해갔던 것이다.

왜 육식을 하지 말아야 하는지에 대해 예리한 눈으로 부처님이 설한 내용을 살펴보고, 현대적 관점에서 육식 문제를 어떻게 바라보아야 할지 진지하게 고민해볼 필요가 있다.

키워드\육식, 술, 고기, 파, 마늘, 부추

『입능가경』「차식육품」

대혜보살이 부처님께 여쭈었다.
 "세존이시여, 저는 세상에서 생사(生死)가 유전하고, 원결(怨結)이 계속되어 모두가 악도(惡道)에 떨어지는 것은 다 고기를 먹고, 서로 살해하여 탐내고 성내는 것만 키워서 벗어나지 못하고, 더 큰 괴로움이 된 것이라고 보았습니다. 세존이시여, 고기를 먹는 사람은 자비(慈悲) 종자를 끊는 것이니, 성도(聖道)를 닦는 이는 먹지 않아야겠습니다.
 세존이시여, 외도들은 삿된 견해로 세속의 논(論)을 말하여 단(斷)·상(常)·유(有)·무(無)의 견해에 떨어졌지만, 모두 고기 먹는 것을 금하여 자기도 먹지 않고, 다른 이가 먹는 것도 허락하지 않습니다. 그런데 어떻게 여래의 청정한 법에서 범행(梵行)을 닦는 이가 자기도 먹고, 다른 이도 먹는 것을 제어하지 않겠습니까?
 세존께서는 모든 중생을 자비(慈悲)롭게 대하는 것이 한결같은데, 어떻게 고기 먹는 것을 허락하시겠습니까? 어진 세존이시여, 세상을 불쌍히 여겨 원컨대 저희를 위하여 고기 먹는 허물과 먹지 않는 공덕을 말씀해 주십시오. 저희와 일체 보살들이 듣고 여실한 수행에 의지함을 얻어, 널리 선전하고 유포하여 현재와 미래의 중생이 모두 알게 하겠습니다."

부처님께서 거룩한 대혜보살에게 말씀하셨다.

"훌륭하고 훌륭하다. 대혜보살이여, 그대는 큰 자비로 중생을 불쌍히 여겼기에, 이러한 뜻을 묻는구나. 그대는 자세히 들어라. 내 그대를 위하여 설하겠다."

대혜보살이 부처님께 말씀드렸다.

"어지신 세존이시여, 가르치심을 잘 받겠습니다."

부처님께서 대혜보살에게 말씀하셨다.

"대저 고기를 먹는 것은 한량없는 허물이 있어 보살이 큰 자비를 닦으려면 고기를 먹지 말아야 한다. 먹고 먹지 않는 공덕과 죄과(罪過)를 내가 이제 설할 것이니, 그대들은 자세히 들어야 한다.

대혜여, 내가 관찰하건대, 중생이 끝없는 예로부터 고기 먹은 습관으로 고기 맛을 탐착(貪着)하며, 서로 살해하고 현성(賢聖)을 멀리하며, 생사의 괴로움을 받았다. 고기 맛을 버리는 자는 정법(正法)의 말을 듣고, 보살의 지위에서 열심히 수행하여 속히 아누다라삼먁삼보리를 얻고, 또한 중생으로 하여금 성문·벽지불의 경지를 거쳐 쉴 곳에 들게 할 것이며, 쉬고 나면 여래의 경지에 들게 될 것이다.

대혜여, 이러한 것들은 이롭게 함과 자비한 마음을 근본으로 삼는다. 보살은 모든 고기를 부모의 고름과 피와 붉음[赤]과 흰 것[白]으로 화합함에 의하여 깨끗하지 못한 몸이 생긴 것으로 관찰해야 한다. 그러므로 보살은 고기가 깨끗하지 못함을 관찰하여 고기를 먹지 않아야 한다.

대혜여, 고기를 먹는 사람은 중생이 그 기운을 들으면 모두 놀래며 두려워하고 도주하여 멀리한다. 그러므로 보살이 여실한 행을 닦아 중생을 교화하기 위해서는 고기를 먹지 않아야 한다.

고기 먹는 사람은 큰 자비의 종자를 끊으니, 어찌 이와 같은 큰 이익을 얻겠는가. 그러므로 대혜여, 내가 관찰하건대, 중생이 육도(六道)에 윤회하여 나고 죽으면서, 서로서로 생육(生育)하여 번갈아 부모·형제·자매가 되었으니, 남자거나 여자거나 중간이건 밖에건 내외(內外) 육친(六親) 권속, 혹은 선도(善道)와 악도(惡道)에 태어나 항상 권속이 되었으니, 이러한 인연으로 내가 살펴보니, 중생이 고기를 먹는 것에는 친척 아님이 없다. 고기 맛을 탐하는 것으로 인해 서로 잡아먹으며, 항상 살해할 마음을 내고, 고통스런 업만 키워 생사를 돌고 돌아 벗어나지 못하는 것이다."

부처님께서 이 말씀을 하실 때, 여러 악한 나찰(羅刹)들이 부처님의 말씀을 듣고 모두 악한 마음을 버리며, 번갈아 서로 자비한 마음을 일으켜서 중생의 생명을 보호하기를 자기 생명보다 더하고, 모든 고기를 멀리하여 먹지 않으며, 슬피 울고 눈물을 흘리면서 부처님께 말씀드렸다.

"세존이시여, 저희가 부처님의 말씀을 듣고 육도를 살펴보니,

저희들이 잡아먹은 고기가 모두 저희의 친척이었습니다. 이제야 고기 먹으면 중생의 큰 원결이 오며, 큰 자비종자를 끊고, 좋지 못한 업만을 쌓아 괴로움의 근본이 되는 줄 알았습니다. 세존이시여, 저희는 지금부터 고기를 끊고 먹지 않으며, 저희 권속들에게도 또한 먹는 것을 허락하지 않겠습니다. 여래의 제자로서 먹지 않는 이가 있다면, 저희는 밤낮으로 그를 가까이하여 옹호할 것이며, 만약 고기를 먹는다면 저희는 이익이 안 되는 것을 드리겠습니다."

부처님께서 말씀하셨다.

대혜여, 나찰 악귀(惡鬼)는 항상 고기를 먹는 자들인데, 내 말을 듣고 오히려 자비한 마음을 발하여 고기를 버리고 먹지 않는구나. 하물며 나의 제자는 선법을 행하는 자들이니, 고기 먹는 것을 허락하겠는가? 만약 고기를 먹는 자는 곧 중생의 큰 원수이며, 나의 성종(聖種)을 끊는 것임을 알아야 한다.

대혜여, 만약 나의 제자가 내가 말한 바를 듣고도 살피지 않고, 고기를 먹는 자는 바로 하천한 종족이요, 나의 제자가 아니며, 나는 그의 스승이 아닌 줄 알아야 한다. 그러므로 대혜여, 만약 나와 더불어 권속이 되고자 한다면, 일체 모든 고기를 먹지 않아야 할 것이다.

대혜여, 보살은 이 모든 고기는 모두 부모의 고름과 피와 붉은 것[赤]과 흰 것[白]으로 화합하여 깨끗하지 못한 몸이 생긴 것으로 볼 것이니, 그러므로 보살은 고기가 깨끗하지 못함을 관찰하여 고기를 먹지 않아야 한다. 대혜여, 고기 먹는 사람은 중생이 그 기운을 들으면 모두 놀라며 두려워하고 도주하여 멀리할 것이다. 그러므로 보살은 여실한 행을 닦아 중생을 교화하기 위해서는 고기를 먹지 않아야 한다.

대혜여, 비유컨대 사냥꾼과 백정이 가는 곳에는 중생이 멀리 보고서도 이와 같이 생각한다. '내가 지금 반드시 죽겠구나. 오는 자들은 다 악인(惡人)이니, 죄와 복을 알지 못하고 중생의 생명을 끊어서 눈앞의 이익만을 구하고자 지금 여기에 와서 우리들을 찾는다. 우리 몸이 다 고기 덩어리로 되었기 때문에 지금 잡으려고 온 것이니, 우리들은 아마 죽겠구나'라고 하는 것과 같다.

대혜여, 사람이 고기를 먹음으로 인해 보는 중생으로 하여금 이와 같은 놀람과 두려움을 내게 하는 것이다. 대혜여, 하늘과 땅의 중생도 고기 먹는 자를 보면 다 놀라고 두려워하여 의심하는 생각을 일으킨다.

'나는 지금 죽게 될까? 살게 될까? 이처럼 악한 사람은 자비한 마음을 닦지 않아서, 승냥이와 이리가 세상에 다닐 때에 항상 고기 먹을 것을 찾는 것과 같으며, 소가 풀을 먹는 것과 쇠똥구리[蛣]·말똥구리[蜣]가 똥을 따르되, 배부르고 만족함을 알지 못함과 같다. 나의 몸은 고기라서 바로 그의 밥이니, 만나지 말아야겠다고 하면서 도주하여 멀리 가니, 사람이 나찰을 두려워하는 것과 다르지 않다.

대혜여, 고기 먹는 사람은 중생에게 모두 이와 같은 놀람과 두려워함을 내게 함을 알아야 한다. 고기 먹는 것은 중생에게 큰 원결이다. 그러므로 보살은 자비를 수행하고 중생을 포섭하기 위해서는 저것을 먹지 말아야 한다. 그것은 성스럽고 지혜로운 사람[聖慧人]의 먹을 바가 아니다. 나쁜 이름이 유포되며, 성인이 꾸짖는 것이니, 그러므로 대혜여, 보살은 중생을 포섭하기 위하여 고기를 먹지 않아야 한다.

대혜여, 보살은 중생의 신심(信心)을 보호하기 위해 고기를 먹지 않아야 한다. 왜냐하면, 대혜여, 보살이라 하는 것은 중생이 모두 알기를 부처님의 자비한 마음의 종자로써 중생에게 귀의할 만한 곳이 되기 때문에, 듣는 이는 자연히 의심과 공포를 내지 않고, 벗이라는 생각과 선지식(善知識)이라는 생각과 두려워하지 않는 생각을 내어 귀의할 곳을 얻었으며, 안온한 곳을 얻었으며, 좋은 스승을 얻은 것을 말한다.

대혜여, 고기를 먹지 않으면 중생에게 이와 같은 신심을 내게 한다. 만약 고기를 먹는다면, 중생이 곧 일체 믿는 마음을 잃고 말하기를 "세상에는 믿을 만한 것이 없다"고 하여 신근(信根)을 끊을 것이다. 그러므로 대혜여, 보살은 중생의 믿는 마음을 보호하기 위해 일체 고기를 먹지 않아야 한다.

대혜여, 나의 모든 제자는 세상에서 삼보에 대한 비방을 막기 위하여 고기를 먹지 말아야 한다. 왜냐하면 세상에서 어떤 사람이라도 고기 먹는 것을 보면 삼보를 헐뜯고 비방하여 말하기를

"불법에서 어느 곳에 진실한 사문과 바라문과 범행을 닦는 자가 있습니까. 성인이 본래 먹어야 할 바를 버리고 중생의 고기를 먹으니, 마치 나찰이 고기를 먹고 배를 채우며, 취해 자고 움직이지 않는 것과 같습니다"라고 한다.

세간에 범인의 호귀(豪貴)한 세력에 의하여 고기를 찾아서 잡아먹는 것은 나찰왕이 중생을 놀래고 두렵게 하는 것과 같다. 그러므로 곳곳마다 이러한 말을 부르짖되 "어느 곳에 진실한 사문과 바라문과 깨끗한 행을 닦는 이가 있습니까. 법도 없으며 사문도 없으며 율도 없고, 깨끗한 수행자도 없습니다"라고 한다. 이와 같은 한량없고 가없는 나쁜 마음을 내어 나의 법륜(法輪)을 끊고, 성종(聖種)을 끊어 없애니, 모두가 고기 먹는 허물로 생긴 것이다. 그러므로 대혜여, 나의 제자는 나쁜 사람이 삼보를 헐뜯고 비방함을 막기 위하여 고기를 생각도 하지 말아야 한다. 하물며 고기를 먹겠는가.

대혜여, 보살은 청정한 불국토를 구하며, 중생을 교화하기 위하여 고기를 먹지 않아야 한다. 모든 고기는 죽은 사람의 시체와 같은 것으로 관찰하여 눈으로 보려고도 하지 않으며, 기운을 들으려고도 하지 말아야 한다. 하물며 맡으며 입속에 넣겠는가. 모든 고기도 또한 이와 같다.

대혜여, 죽은 시체를 불태우면 냄새가 좋지 못하다. 다른 고기를 불태워도 냄새가 나며, 더러운 것과 같아서 다르지 않다. 어찌 그 가운데서 먹고 먹지 않음이 있겠는가. 그러므로 대혜여, 보살이 청정한 불국토를 구하며, 중생을 교화하기 위해서는 고기를 먹지 않아야 한다.

대혜여, 생사에서 벗어나기 위해서는 자비행에 전념하며, 욕심이 적고 만족한 줄을 알며, 세간의 괴로움을 싫어하고 해탈을 속히 구하여 시끄러운 것을 버리고, 한적한 곳[屍陀林, 阿蘭若]에 머물러 무덤 사이와 나무 아래서 홀로 앉아 사유하면서 '세상에는 하나도 즐거울 것이 없다'고 관찰하여 처자와 권속은 칼과 족쇄와 같고, 궁전과 대관은 감옥과 같으며, 모든 보배는 똥 무더기와 같고, 모든 음식을 볼 적엔 고름·피와 같은 생각을 하며, 음식을 받아먹는 것은 부스럼과 종기에 약을 바르는 것같이 하여, 생명을 보존하는 것에 있을 뿐, 성도(聖道)에만 생각을 두고 맛을 탐하지 아니하여 술·고기·파·부추·마늘 등 냄새나는 맛을 모두 버리고 먹지 않아야 할 것이다.

대혜여, 만약 이와 같이 하면 참수행이니, 족히 인천(人天)의 공양을 받을 것이다. 만약 세상을 싫어하고 떠나려는 마음을 내지 않고 재미에만 탐착하여 술·고기·오신채(五辛菜)를 먹는다면 세상의 믿음과 보시를 받지 못할 것이다.

대혜여, 어떤 중생은 과거에 일찍 닦았던 한량없는 인연과 적은 선근이 있을지라도 나의 법을 들으면 신심으로 출가하여, 나의 법에 머물 것이다. 과거에 악귀나 축생 속에서 태어났으면 비록 나의 법에 있을지라도 고기를 먹었던 습관으로 인해 고기를 먹는 자를 보면 기뻐하며 가까이하고, 마을이나 탑에 들어가서도 술 마시고 고기 먹는 것으로 즐거운 낙을 삼으리니, 온 천하가 보기를 나찰과 같이 여길 것이다. 마치 죽은 시체를 다투어 먹는 것과 다를 것이 없으니, 이는 스스로 자기 과실로 나의 무리가 나찰 권속이 되는 것을 알지 못하는 것이다.

비록 가사를 입고 수염과 머리카락을 깎았으나 생명 있는 자를 보면, 마음에 두려워하는 것이 나찰을 두려워함과 같을 것이다. 그러므로 대혜여, 만약 나를 스승으로 여긴다면 일체 고기는 먹지 않아야 할 것이다.

대혜여, 세상의 사견을 가진 모든 주술하는 이도 만약 고기를 먹으면 주술을 이루지 못하니, 삿된 주술도 고기를 먹지 않는데, 하물며 나의 제자가 여래의 위없는 성도(聖道)와 해탈을 구하기 위해서는 큰 자비를 닦아 정진하며 고행(苦行)해도 얻지 못할까 걱정인데, 어느 곳에 이와 같은 해탈이 있어서 저 어리석은 사람이 고기를 먹을 수 있겠는가. 그러므로 대혜여, 나의 모든 제자는 세상을 벗어나 해탈을 구하기 위해서는 고기를 먹지 말아야 할 것이다.

대혜여, 고기를 먹으면 색욕과 입맛을 일으킬 수 있지만, 사람은 탐착함이 많아진다. 자세히 살펴보면, 모든 세상의 목숨이 있는 자는 각자 스스로를 귀히 여기고 죽는 고통을 두려워한다. 목숨을 보호하고 아끼는 것은 사람이나 축생이나 다르지 않아서 차라리 옴병이 있는 야수의 몸을 좋아할지언정 목숨을 버리고 천상의 즐거움을 받으려 하지 않는다. 왜냐하면 죽는 괴로움을 두려워하기 때문이다.

　대혜여, 이로써 관찰하건대 죽음이 큰 괴로움이 되며 두려워할 법이 된다. 이렇듯 자신도 죽음을 두려워하면서 어찌 다른 고기를 먹겠는가.

　대혜여, 고기를 먹고자 하는 자는 먼저 몸을 생각하고, 다음에 중생을 생각해서 고기를 먹지 않아야 한다.

　대혜여, 고기를 먹는 자는 모든 하늘조차도 멀리하는데, 하물며 성인은 어떻겠는가? 그러므로 보살은 성인을 보고자 자비를 닦으며 고기를 먹지 않아야 한다.

　대혜여, 고기를 먹는 사람은 잠자는 것도 괴롭고, 일어날 때에도 또한 괴로우며, 만약 꿈속에 여러 가지 나쁜 것을 보아도 놀라고 두려워서 머리털이 곤두서고 마음이 항상 불안할 것이니, 자비심이 없으므로 착한 힘이 없어지는 것이다. 만약 조용한 곳에 홀로 있어도 흔히 사람이 아닌 것들이 그쪽을 엿볼 것이며, 호랑이와 사자도 와서 엿보면서 고기를 먹으려고 하기 때문에, 마음이 항상 놀라고 두려워 편안함을 얻지 못할 것이다.

　대혜여, 고기를 먹는 자는 탐심을 채우기도 어렵고 먹는 양을 몰라 과식하여 소화가 되지 않고, 몸과 입의 누린내와 비린내만 더하게 된다.

　또한 그 속에는 한량없는 나쁜 벌레가 있어서 몸이 부스럼과 옴 등 각종 질병이 많아서 현재의 범부도 보고 듣기를 좋아하지 않을 텐데, 하물며 미래에 병 없고 향기롭고 결백한 사람의 몸을 얻을 수 있겠는가?

대혜여, 나는 "범부가 맑은 생명을 구하기 위해서는 깨끗한 음식을 먹어라"고 하며 "마음에 아들의 고기처럼 생각하라"라고 말하는데, 하물며 성인이 먹는 것 아닌 것을 먹으라고 허락하겠는가?

성인이 그(고기 먹는 사람)를 떠나는 것은 고기가 한량없는 허물을 만들어 모든 공덕을 잃어버리기 때문이다. 어찌 내가 제자들에게 고기와 피와 깨끗하지 못한 맛을 먹으라고 허락하겠는가? 내가 허락했다고 말한다면 이는 나를 비방함이다.

대혜여, 내가 제자들에게 성인이 먹는 음식을 먹으라고 하는 것은 성인이 멀리하는 음식을 말함이 아니다. 성인의 음식이란 한량없는 공덕을 내며 모든 허물을 멀리 떠난 것이다. 대혜여, 과거와 현재의 성인이 먹는 것이란 멥쌀과 대맥(大麥)과 소맥(小麥)과 대두(大豆)와 소두(小豆)와 여러 가지 기름과 꿀과 감자와 감자 즙, 사탕 등이다. 때에 맞게 얻은 자가 음식을 청한 것은 깨끗하다고 한다.

대혜여, 미래 세상에 어리석은 사람이 있어 여러 가지 율[毘尼]을 말하며 고기 먹을 수 있다고 말한다면, 이는 과거에 고기 먹던 훈습으로 고기 맛에 애착하여 자기 생각대로 이러한 말을 하는 것이다. 부처님과 성인께서는 좋은 음식이 된다고 말씀하시지 않았다.

대혜여, 고기를 먹지 않는 이는 과거에 여러 부처님께 공양하고 모든 선근을 심었기 때문에, 부처님의 말씀을 믿고 율에 굳게 머물러 인과를 믿으며, 몸과 입까지도 스스로 절제하여 세상의 모든 맛에 탐착하지 않으며, 고기 먹는 자를 보면 자비로운 마음을 낼 수 있다.

대혜여, 내 기억에 과거에 왕이 있었으니, 이름은 사자로(師子奴)이고, 여러 종류의 고기를 먹고, 고기 맛에 탐착하여 점차 사람 고기까지 먹었다. 사람 고기를 먹음으로 부모·형제·처자·권속이 모두 버리고 떠났으며, 모든 백성과 국토와 취락이 모반하여 함께 그의 목숨을 끊었다. 고기를 먹는 자는 이와 같은 허물이 있으니, 무슨 고기든 먹지 않아야 한다.

대혜여, 자재천왕(自在天王)은 화신이 비둘기가 되고, 석제환인(釋提桓因)은 천주(天主)였음에도 불구하고, 과거에 고기를 먹던 습관 때문에 화신이 매가 되어 이 비둘기를 놀라게 하며 쫓았으니, 비둘기가 내게로 와서 투신하였다. 나는 그때 시비왕(尸毘王)이었는데, 중생들이 번갈아 서로 잡아먹는 것을 불쌍히 여겨 "내 몸의 살덩이로써 비둘기를 대신하여 매에게 주겠다"고 하고, 살을 베어도 부족하기에 몸을 저울 위에 올려서 큰 고통을 받았다.

대혜여, 이와 같이 한량없는 세상에 오면서 고기 먹던 습관으로 인해 자기 몸과 다른 이의 몸도 허물이 있는데, 하물며 부끄럼 없이 항상 고기를 먹어서야 되겠는가?

대혜여, 또 다른 왕이 있었는데 그는 고기를 먹지 않는 이였다.

말을 타고 노닐다가 말이 놀라는 바람에 깊은 산속에 들어가 시종(侍從)을 잃어버리고 돌아갈 길을 알지 못했다. 고기를 먹지 아니한 까닭에 사자와 호랑이가 보고도 해칠 마음이 없었으며, 암사자와 함께 관계를 갖고 아들 반족왕(班足王)을 낳았다.

과거 세상에 고기 먹던 습관으로 사람의 왕이 되었어도 항상 고기를 먹으며, 칠가촌(七家村)에 있어서도 고기 먹기를 좋아하며, 고기 먹는 것이 너무 지나쳐 드디어 사람 고기를 먹으며 남녀를 낳으니 모두 나찰이 되었다.

대혜여, 고기 먹는 중생은 과거의 고기 먹던 습관으로 흔히 짐승의 몸을 받아 태어난다.

생명 있는 이들은 각자 스스로의 몸을 지켜 함부로 못하게 한다. 굶주림의 괴로움을 받으면서도 항상 악한 마음으로 다른 고기를 먹을 일만 생각하다가 목숨이 다하면 악도에 떨어져 태어난다. 사람의 몸은 얻기도 어려운데, 하물며 열반의 도를 어떻게 얻겠는가?

대혜여, 고기 먹는 사람에게는 이와 같이 한량없는 허물이 있을 것이며, 고기를 먹지 않는 자에게는 한량없는 공덕이 쌓였을 것이다. 대혜여, 그러나 범부들은 이와 같이 고기를 먹는 허물과 먹지 않는 공덕을 알지 못한다. 내가 이제부터 고기 먹는 것을 허락하지 않겠다는 것을 대략 말할 것이다.

대혜여, 만약 그 어떤 사람이라도 고기를 먹지 않는다면, 사람들이 중생을 살해하는 일은 없을 것이다. 사람들이 고기를 먹는

데, 만약 고기를 먹을 수 없으면 여러 곳에서 구해 사 온다. 이익을 위하여 파는 자는 죽여서도 판매하는데, 이는 산 자를 위하여 죽인 것이다. 그러므로 산 자도 죽이는 자나 다름이 없다. 그런 까닭에 고기를 먹는 것은 성도를 방해할 수 있다.

대혜여, 고기를 먹는 사람은 고기 맛에 집착하여 축생을 가리지 않는 지경에 이르며, 이로 인해 사람 고기까지 먹는다. 하물며 온갖 물과 육지에 있는 생명 있는 이들을 어떻게 먹지 않겠는가?

고기 맛에 애착함으로 인해 모든 방편을 베풀어서 중생을 살해하기를, 산에다 여러 가지 그물을 치고 땅에다 그물을 치며, 강물을 끊거나 트기도 하며, 바다를 막기도 하여 물과 육지를 휩쓸며 그물과 돛과 함정과 활과 칼과 독한 화살을 안치하기를 빈틈없이 하여 하늘과 땅과 물의 여러 중생을 모두 살해하니, 이것이 다 고기를 먹기 때문이다.

대혜여, 사냥꾼과 백정과 고기 먹는 사람들은 나쁜 마음이 견고하여 차마 못할 짓을 행하며, 모든 중생의 형체가 곱고 살찌며, 피부와 살이 충실하고 좋은 것을 보면 번갈아 서로 가리켜 말하기를 "이것은 잡아먹음직하다"고 하여 한 생각도 사람으로서 차마 하지 못하는 마음[不忍心]을 내지 않는다. 그러므로 내가 "고기를 먹는 사람은 큰 자비의 종자를 끊는다"라고 말하는 것이다.

대혜여, 내가 관찰하건대, 세상의 고기 중에는 생명 아닌 것이 없으니 죽이지 말아야 한다. 사람을 시켜서 죽이지도 말 것이며, 다른 것으로도 죽이지 말아야 한다.

생명으로부터 오지 않은 고기는 있을 수 없다. 만약 고기가 생명으로부터 나온 것이 아니고 아름다운 음식이라면, 내 무슨 까닭으로 사람들이 먹는 것을 허락하지 않겠는가. 세상을 다 구해 보아도 이런 고기는 없다. 그러므로 나는 고기 먹는 것을 죄라고 말하며, 여래 종자를 끊기 때문에 먹는 것을 허락하지 않는다.

대혜여, 내가 열반한 후 미래 세상에서 법이 멸하려 할 때, 나의 법에서 출가한 자가 수염과 머리털을 깎고 "나는 사문(沙門) 석자(釋子)다"라고 자칭하면서 가사를 입고 어리석기가 어린아이 같아서 스스로 율사라 칭하고 이변(邊)에 떨어져 여러 가지 허망한 생각으로 고기 맛에 탐착하며, 자기 생각대로 말하기를 "율[毘尼]에서는 고기를 먹을 수 있다고 말하였다"고 한다. 또한 나를 비방하여 말하기를 "부처님께서는 사람들에게 고기 먹는 것을 허락해 주셨다"고 하며, 또 말하기를 "제도에 고기 먹는 것을 허락했다"고 할 것이다. 또한 나를 비방하여 말하기를 "여래·세존께서도 스스로 고기를 먹었다"라고 할 것이다.

대혜여, 나는 모든 경에서 고기 먹는 것을 허락하지 않았으며, 또한 고기는 음식 맛에도 들어간다고 말하지 않았다.

대혜여, 내가 만약 성문 제자들에게 고기를 먹을 수 있다고 허락했다면, 입으로 항상 큰 자비와 여실행(如實行)을 찬탄하지 못할 것이며, 숲에서 두타행(頭陀行)을 하는 자를 찬탄하지 않을 것이며, 대승을 수행하고 대승에 머무르는 자를 찬탄하지 않을 것이며, 고기 먹지 않는 이를 찬탄하지 않을 것이다. 나 스스로도 먹지 않고 다른 이도 먹는 것을 허락하지 않는다. 그러므로 내가 보살행을 닦는 것을 권하며, 고기 먹지 않는 것을 찬탄하며, 중생 보기를 외아들같이 하라고 권하는 것이다.

어찌 내가 고기 먹는 것을 허락한다고 말하겠는가. 나는 제자들이 삼승(三乘)* 행을 닦는 자에게 속히 과위(果位)를 얻게 하기 위하여, 일체 고기를 금하여 모두 먹는 것을 허락하지 않는데, 어찌 나의 율에서 사람들에게 고기 먹는 것을 허락한다고 말하겠는가.

또한 다시 말하기를 "여래께서는 다른 수다라에서 세 가지 고기는 사람에게 먹는 것을 허락하였다"라고 말한 것을 알아야 한다. 이 사람은 율에서 차례대로 끊게 하는 줄 알지 못해서이다. 왜냐하면 대혜여, 고기에는 두 가지가 있으니, 첫째는 다른 이가 죽인 것이요, 둘째는 스스로 죽은 것이다.

---

* Ⓢtri-yaāna 승(乘)은 중생을 깨달음으로 인도하는 부처의 가르침이나 수행법을 뜻함. 부처가 중생의 능력이나 소질에 따라 설한 세 가지 가르침. ①(1)성문승(聲聞乘). 성문을 깨달음에 이르게 하는 부처의 가르침. 성문의 목표인 아라한(阿羅漢)의 경지에 이르게 하는 부처의 가르침. 성문의 수행법. (2)연각승(緣覺乘). 연기(緣起)의 이치를 주시하여 깨달은 연각에 대한 부처의 가르침. 연각의 경지에 이르게 하는 부처의 가르침. 연각에 이르는 수행법. (3)보살승(菩薩乘). 깨달음을 구하면서 중생을 교화하는 수행으로 미래에 성불(成佛)할 보살을 위한 부처의 가르침. 자신도 깨달음을 구하고 남도 깨달음으로 인도하는 자리(自利)와 이타(利他)를 행하는 보살을 위한 부처의 가르침. ②(1)소승(小乘). 자신의 깨달음만을 구하는 수행자를 위한 부처의 가르침. 자신의 해탈만을 목표로 하는 성문(聲聞)·연각(緣覺)에 대한 부처의 가르침. (2)대승(大乘). 자신도 깨달음을 구하고 남도 깨달음으로 인도하는 수행자를 위한 부처의 가르침. 깨달음을 구하면서 중생을 교화하는 보살에 대한 부처의 가르침. (3)일승(一乘). 깨달음에 이르게 하는 오직 하나의 궁극적인 부처의 가르침. ③(1)천승(天乘). 색계(色界)의 네 선정(禪定), 곧 사선(四禪)에 대한 가르침 (2)범승(梵僧). 자(慈)·비(悲)·희(喜)·사(捨)의 사무량심(四無量心)에 대한 가르침. (3)성승(聖乘). 팔정도(八正道)에 대한 가르침.

세상 사람들이 말하기를 "고기는 먹을 것과 먹지 못할 것이 있으니 코끼리·말·용·뱀·사람·귀신·원숭이·돼지·개·소는 먹을 수 없고, 나머지는 먹을 수 있다"고 한다. 백정은 먹고 먹지 못할 것을 묻지 않고 모두 죽여 곳곳에서 팔기 때문에, 중생이 죄 없이 살해당한다. 그러므로 남이 죽이는 것과 자기가 죽이는 것 모두 먹을 수 없다고 한 것이다.

견(見)·문(聞)·의(疑)란 것은 이른바 타살이요, 견·문·의가 아닌 것은 스스로 죽인 것이다. 그러므로 대혜여, 내가 율에서 말하기를 "무릇 있는 고기는 모두 사문 석자에게는 깨끗하지 못한 것이니, 청정한 혜명을 더럽히고 성도분(聖道分)을 장애하므로 어느 방편으로도 먹을 수 없다"고 하였다.

만약 말하기를 "부처님의 율에서 세 가지 고기를 말한 것은 먹는 것을 허락하지 않기 위함이요, 먹는 것을 허락하기 위함이 아니다"라고 한다면, 이 사람은 굳게 율에 머무르는 것이요, 나를 비방한 것이 아님을 알아야 한다.

대혜여, 지금 이 능가경에서는 "모든 때, 모든 고기는 또한 어떤 방편으로도 먹을 수 없다"고 한다. 그러므로 대혜여, 내가 고기 먹는 것을 금하는 것은 한 사람만을 위하는 것이 아니라, 현재와 미래에도 일체 먹을 수 없다고 하는 것이다.

그러므로 대혜여, 만약 저 어리석은 사람이 스스로 율사라고 말하면서 율에서 사람들에게 고기 먹는 것을 허락했다고 말하고, 또한 나를 비방하여 말하기를 "여래도 스스로 먹었다"라고 한다면, 저 어리석은 사람은 큰 죄를 지어 오랫동안 좋지 못한 곳과 성인이 없는 곳과 법을 듣지 못할 곳에 떨어질 것이다. 또한 현재와 미래의 현성 제자도 얻지 못할 텐데, 하물며 부처님을 만나뵐 수 있겠는가?

대혜여, 성문들이 항상 먹는 것은 쌀과 밀가루와 기름과 꿀과 여러 가지 깨와 팥이니, 맑은 생명을 낼 수 있을 것이다. 법이 아닌 것으로 저축하며 비법으로 받아 취하면 나는 "부정하다"고 말하며, 먹는 것을 허락하지 않는데, 하물며 피와 살의 부정한 것을 어떻게 먹겠는가.

대혜여, 나의 성문과 벽지불과 보살 제자도 법공양으로 먹고 음식으로 먹지 않는데, 하물며 어떻게 여래이겠는가.

대혜여, 부처님께서는 법식의 법에 머무름이요, 음식의 몸이 아니며, 일체 음식에 머무르는 몸이 아니다. 모든 살림살이와 자생(資生)과 애착과 유(有)와 구하는 등을 떠나서 일체 번뇌와 습기의 허물을 멀리 떠나고, 잘 분별하여 심(心)과 심소(心所)와 지혜와 일체지(一切智)와 일체견(一切見)을 알아서, 모든 중생을 보는데 평등하게 불쌍히 여긴다.

그러므로 대혜여, 내가 모든 중생을 외아들같이 보는데, 어찌 고기 먹는 것을 허락하겠는가. 또한 따라 기뻐하지도 않는데, 하물며 어떻게 스스로 먹겠는가.

대혜여, 이와 같이 모든 오신채는 냄새나고 더럽고 깨끗하지 못하여 성도를 장애하며, 또한 세간 인천의 깨끗한 곳을 장애하는데, 하물며 어떻게 불국정토의 과보를 받겠는가.

술 또한 이와 같아서 성도를 장애하며, 선업(善業)을 손해하고, 모든 허물을 낸다. 그러므로 대혜여, 성도를 구하는 자는 술·고기·파·부추·마늘 등 훈습하는 맛은 모두 먹지 말아야 한다.

그때 세존께서 거듭 게송으로 말씀하셨다.

대혜보살이 물었다.
술·고기·파·마늘·부추를
부처님께서 부정하다고 하여
일체 먹는 것을 허락하지 않으셨습니다.

나찰들의 먹는 바요
성인이 먹을 맛이 아니니
먹는다면 성인이 꾸짖을 것이며
나쁜 이름이 널리 퍼질 것입니다.

원컨대 부처님께서
먹는 죄와 먹지 않는 복을
분별하여 말씀해 주십시오.

대혜여, 그대는 잘 들어라.
내가 먹는 허물을 말하리라.

술·고기·파·마늘·부추는
성도분(聖道分)에 장애 되는 것이다.

내가 삼계의
성도를 얻은 이들을 관찰하건대
끝없는 세계로부터 오면서
이리저리 모두 친척이었다.

어찌 그 가운데
먹고 먹지 않음이 있으랴.
고기의 온 바를 살펴 보건대
나온 곳이 깨끗하지 못하니

고름과 피로 어울려 나왔으며
오줌과 똥·콧물이 합해졌으니
깨끗한 행을 수행하는 자는
잘 관찰하여 먹지 않아야 한다.

여러 가지 고기와 파와
술도 또한 마시지 않으며
여러 가지 부추와 마늘을
수행하는 자는 항상 멀리해야 한다.

항상 마(麻) 기름을 멀리하고
뚫어진 구멍 평상에서 자지 않으며
작은 벌레 날리니
다른 목숨 해칠까 끊는 것이다.

육식은 몸의 힘을 기르니
힘으로 인해 삿된 생각이 나며
삿된 생각으로 인해 탐욕이 나기에
그러므로 고기를 먹지 못하게 하였다.

고기 먹음으로 탐심이 나며
탐심에 취하게 되니
미취로서 애욕이 자라나
생사를 해탈하지 못한다.

이롭게 하려고 중생을 죽이며
고기를 위해 돈과 재물을 추구하니
저 두 사람의 악업은
죽으면 규환(叫喚)지옥에 떨어지게 된다.

세 가지 깨끗한 고기라고 말하는 것은
보지도 듣지도 의심할만한 것도 아니다.

세상에 이러한 고기는 없다.
생긴다면 식육 속에 떨어진다.

냄새나고 더러워서 싫어하는
미친 세상 속에 항상 태어나며
흔히 전다라와 사냥꾼과
백정의 집에 태어날 것이다.

혹은 나찰녀와
또한 고기 먹는 곳에 태어나니
나찰·괭이·살쾡이 등은
고기를 먹어서 그 가운데 태어났네.

『상액(象腋)경』,『대운(大雲)경』,
『열반경』,『승만(勝鬘)경』,
또 『입능가경』에서도
나는 고기 먹는 것을 허락하지 않았다.

부처님과 보살과
성문 또한 꾸짖는 바이니
고기를 먹고도 부끄럼이 없으면
날 때마다 항상 미친 세상에 난다.

먼저 보고 듣고 의심한 것을 말하여
이미 모든 고기를 끊었거늘
망상으로 깨닫지 못하여
다시 고기 먹을 생각을 낸다.

저 탐욕의 허물이
성해탈(聖解脫)을 장애함과 같이
술·고기·파·마늘·부추도
모두 성도에 장애가 된다.

미래 세상의 중생은
고기에 대해 어리석게 말하기를
이는 깨끗하여 죄가 없으니
부처님께서는 우리들이 먹는 것을 허락하셨다고 한다.

깨끗하여 먹는 약과 같이 생각하고
아들이 고기를 먹는 것 같이 생각한다.
만족을 알고 싫어하며
(그러므로 수행자는)
수행할 때에는 걸식(乞食)을 해야 한다.

자비한 마음에 머무는 이에게

나는 늘 (육식을) 싫어하며 멀리하라고 말한다.
그러면 (그는) 사자와 승냥이, 호랑이들이
항상 함께 놀게 될 것이다.

고기를 먹으면 보는 이가 두려워하는데
어떻게 먹을 수 있겠는가.
고기를 먹으면 자비한 마음이 끊어지고
열반 해탈에서 멀어지게 된다.

성인의 가르침을 어긴다 해도
고기 먹는 것을 허락하지는 않는다.
먹지 않으면 범종으로 태어나도
모든 수행의 길에 이른다.

지혜롭고 부귀한 이는
모두 고기를 먹지 않는다.

13장

계를 지키지 않으면 깨달아도 소용없다

너는 내가 율 중에서 수행하는 세 가지에 대해
설명하는 것을 늘 들어왔을 것이다.
마음을 제어하는 것으로 계를 삼고
그 계로 선정이 생기며
그 선정으로 지혜가 생긴다.
이것을 번뇌를 없애는 세 가지 학문[三學]이라고 한다.

⬤

일상에서 벌어지는 수많은 사건 사고를 들여다보면, 모든 뿌리는 자신의 마음에 있음을 알 수 있다. 특히 자신의 삶을 흐트러지게 하는 어지러운 생활을 영위할수록 자신의 마음을 바로잡는 노력을 기울인다면, 그 효과는 매우 빠르게 나타나 바른 삶의 모습을 금방 회복할 수 있을 것이다.

그래서인지 『능엄경』은 어떤 특정 사건을 계기로 하여 마음의 문제를 치밀하게 다루고 있다. 즉, 부처님을 오랫동안 곁에서 모시던 아난존자가 걸식을 나갔다가 여인 마등가에게 이끌려 계를 어길 뻔했던 사건을 계기로 이야기가 전개된다. 부처님은 애욕과 번뇌에서 벗어나는 방법을 설하며, 중생의 마음 깊은 곳에 내재되어 있는 번뇌가 다 마음의 작용에서 비롯된 것임을 알아서 깨달음의 길로 나아가라고 말씀하신다.

계에 대해서는 아난존자가 부처님이 입멸하신 후, 어떻게 살아가야 할지 묻는 것에서부터 강조된다. 부처님은 성행위[淫], 살

『능엄경』

생[殺], 도둑질[盜], 거짓말[妄]의 네 가지 계에 대해 간곡히 당부하고 있다. 또 『능엄경』은 밀교색이 짙은 경전이므로 진언도 등장하는데, 자신을 추스르기 어려울 때 진언의 힘을 빌려보는 것도 자신을 보호하는 방법이 될 수 있음을 알려준다.

이 경의 계를 읽을 때에는 음(淫), 살(殺), 도(盜), 망(妄)의 네 가지 계를 꼼꼼히 살펴보고, 자신에게 일어나는 여러 가지 윤리적 문제를 반영해서 실용적으로 받아들일 수 있는지 생각해보는 것도 좋을 것이다.

키워드＼삼학, 음(淫), 살(殺), 도(盜), 망(妄)

『능엄경』

세존이시여, 이 모든 중생이 부처님께서 떠나신 지 오래되면 삿된 스승의 설법이 항하의 모래와 같이 많을 텐데, 그 마음을 가다듬어 삼마지에 들고자 한다면 그에게 어떤 방법으로 도량을 편안히 하고 모든 나쁜 일을 멀어지게 하며 또한 보리심에서 물러남이 없게 할 수 있겠습니까?

그때 세존께서 대중이 있는 가운데 아난을 칭찬하시며 말씀하셨다.

"훌륭하고 훌륭하다. 네가 물은 것처럼 도량을 편안히 하여 말법시대에 방황하는 중생들을 구호하려 한다면, 자세히 들어라. 너를 위해 설하겠다."

아난과 대중들이 대답하였다.

"가르침을 잘 받겠습니다."

부처님께서 아난에게 말씀하셨다.

"너는 내가 계율 가운데 수행하는 세 가지 가르침에 대하여 설명하는 것을 늘 들었을 것이다. 이른바 마음을 항복받는 것으로 계를 삼고, 그 계로 인하여 선정이 생기며, 그 선정으로 인하여 지혜가 생긴다. 이것을 '번뇌를 없애는 세 가지 가르침'이라고 한다.

음욕에 대한 경계

 아난아, 어떠한 마음을 지니는 것을 계라고 하는가.
 만약 모든 세계의 육도중생들이 음란한 마음을 갖지 않는다면, 나고 죽음이 계속되는 것을 따르지 않을 것이다. 네가 삼매를 닦는 것은 본래 번뇌에서 벗어나고자 하는 것인데, 음란한 마음을 제거하지 못한다면 번뇌에서 벗어나지 못할 것이다. 비록 지혜가 많아서 선정이 앞에 나타난다고 하더라도 만일 음욕을 끊지 못한다면 분명 나쁜 무리에 떨어질 테니 크게 잘되어야 마왕(魔王)이 될 것이다. 중간쯤 되면 마왕의 신하이며 하품(下品)은 마왕의 백성이 될 것이다. 그 마구니들 역시 무리가 있어서 각각 스스로 '최상의 도를 성취했노라'고 말한다.
 내가 입멸한 뒤, 말법 가운데 이러한 마구니들이 세상에 많이 번성하여 음욕을 탐하고 널리 음행을 하면서 선지식이라고 말하여 모든 중생을 애욕 구덩이에 떨어지게 하여 보리도를 잃게 할 것이다.
 네가 세상 사람을 시켜서 삼마지를 닦게 하려면 먼저 마음의 음욕부터 끊게 해야 할 것이다. 이것이 여래와 과거 모든 부처님께서 첫번째로 결정하신 깨끗하고 분명한 가르침이다. 그러므로 아난아, 만약 음욕을 끊지 않고서 선정을 닦는 이는 모래를 끓여서 밥을 짓는 것과 같은 것이다. 백 천겁을 지내더라도 다만 뜨거운 모래라고 할 뿐이다. 왜냐하면 이는 밥이 되는 것이 아니라, 모래로 밥을 지으려 하기 때문이다.

네가 음란한 몸으로 부처님의 오묘한 과(果)를 구한다면, 비록 오묘한 깨달음을 얻었다고 하더라도 이는 모두 음욕의 근본이 된다. 근본이 음욕으로 이루어졌기 때문에, 삼도를 전전하며 윤회하면서 해탈할 수 없을 것이다. 하물며 부처님의 열반을 어떻게 닦아 증득하겠는가?

반드시 음란의 뿌리까지 제거하여 몸과 마음에서 아주 끊어버리고 끊었다는 성품마저도 없어져야 부처님의 보리를 바라볼 수 있는 것이다. 내가 하는 말과 같은 것은 부처님의 말이요, 이와 같지 않은 말은 곧 마왕 파순(波旬)의 말이다.

살생에 대한 경계

아난아, 온 세상의 육도중생들이 마음에 남을 해치려는 생각이 없으면 나고 죽음이 서로 계속되는 것을 따르지 않게 된다. 네가 삼매를 닦는 것은 본래 번뇌에서 벗어나고자 함인데, 남을 해칠 마음을 없애지 못한다면 번뇌에서도 벗어나지 못할 것이다.

　비록 지혜가 많아서 선정이 앞에 나타난다고 해도 만일 살생할 마음을 끊지 못하면 반드시 귀신의 세계에 떨어질 것이니 크게 잘되어야 큰 힘을 지닌 귀왕이다. 중간쯤 되면 날아다니는 야차나 그 밖에 여러 가지 장수가 되고, 하품이 되면 땅에서 다니는 나찰이 될 것이다. 저 귀신들도 역시 무리가 있어서 각각 스스로 최상의 도를 성취했노라고 한다.

　내가 입멸한 뒤 말법 중에는 이러한 귀신들이 세상에 많이 나와 말하기를 '고기를 먹어도 깨달음을 얻는다'고 할 것이다. 아난아, 내가 비구들에게 다섯 가지 깨끗한 고기를 먹게 하였다. 이 고기는 다 나의 신력으로 만든 것이어서 본래 생명이 없는 것이다.

　바라문들아, 이곳은 토지가 무더운 데다가 습한 기운이 많고 모래까지 겹쳐있으므로 풀이나 채소가 생장하지 못한다. 그렇기 때문에 내가 크게 자비로운 신력으로 만들어 낸 것이다. 대자비의 이름을 빌어 이를 고기라고 하였으며 너희들은 그것을 먹을 수 있었던 것이다.

　그런데 어찌하여 부처님이 멸도한 뒤 중생들 가운데 고기를 먹는 자를 불자라고 하겠는가? 너희들은 마땅히 알아야 한다. 이 고기를 먹는 사람이 비록 마음이 열려서 삼마지를 얻은 것 같더라도 이는 모두 큰 나찰에 불과하여 과보가 끝나면 반드시 생사의 고통바다에 빠지게 되어 부처님의 제자가 되지 못한다.

이러한 사람은 서로 죽이고 서로 잡아먹어서 서로 먹고 먹힘이 그치지 아니할 테니, 이런 사람이 어떻게 삼계를 벗어날 수 있겠는가? 네가 세상 사람들에게 삼마지를 닦게 하려면 다음으로 살생하는 마음을 끊게 해야 한다. 이것이 부처님과 과거의 불세존께서 두 번째로 결정하신 깨끗하고 분명하신 가르침이다.

그러므로 아난아, 만약 남을 해치려는 마음을 끊지 않고서 선정을 닦는 이는 스스로 자신의 귀를 막고 큰 소리를 지르면서 다른 사람이 듣지 않기를 구하는 것과 같은 것이다. 이러한 것을 가리켜 숨기고자 하나 더욱 드러나는 것이라고 한다.

청정한 비구와 보살들이 길을 다닐 적에는 살아있는 풀은 밟지도 않거늘 더구나 손으로 뽑겠는가? 어찌 크게 자비로운 자가 중생의 피와 고기를 취하여 배부르게 먹을 수 있겠는가? 만일 모든 비구가 무명이나 비단, 명주와 가죽신, 털옷과 우유, 그것으로 가공한 것 등을 먹거나 입지 않으면 이러한 비구는 참답고 올바른 불자로서 묵은 빚을 갚고 삼계에 다시 나지 않는다.

왜냐하면 그 몸의 한 부분으로 이뤄진 것을 먹거나 입으면 모두가 그것들과 인연이 되어 마치 사람이 땅에서 생산되는 온갖 곡식을 먹기 때문에 발이 땅에서 떨어지지 못하는 것과 같기 때문이다.

반드시 몸과 마음에 모든 중생의 몸이나 몸의 어느 일부분을 입거나 먹지 아니하면 이런 사람은 참으로 해탈한 자라고 나는 말할 것이다. 내가 하는 말과 같은 것은 부처님의 말이요, 이와 같지 않은 말은 곧 마왕 파순의 말이다.

도둑질에 대한 경계

 아난아, 모든 세계의 육도중생이 훔칠 마음이 없으면 나고 죽음이 서로 계속되는 것을 따르지 않을 것이다. 네가 삼매를 닦는 것은 본래 번뇌에서 벗어나고자 하는 것인데, 훔칠 마음을 없애지 못한다면 번뇌에서 벗어나지 못할 것이다.
 비록 지혜가 많아서 선정이 앞에 나타난다고 하더라도 만일 훔칠 마음을 끊지 못하면 반드시 사도(邪道)에 떨어지리니 크게 잘되어야 정령(精靈)이다. 중간쯤 되면 요매(妖魅)가 되며 하품이 되면 귀신들린 사람이 된다. 저 사귀들도 역시 무리가 있어서 각각 스스로 최상의 도를 성취했다고 말한다.
 내가 입멸한 뒤 말법에는 이렇게 요사스러운 귀신이 세상에 많아져서 간사하게 선지식이라고 속이면서 제각기 높은 이의 법을 증득했다고 말하면서 무식한 자를 현혹하고 위협하여 본마음을 잃게 하고 가는 곳마다 그 집안을 망하게 할 것이다.
 내가 비구를 시켜서 가는 곳마다 걸식하게 한 것은 그들에게 탐심을 버리고 보리도를 이루게 함이다. 비구들은 제 손으로 밥을 지어먹지도 않고, 남은 생애를 삼계의 나그네가 되어 한 번 다녀가고는 아주 가고 돌아오지 않을 것을 보여 준다.

그런데 어찌하여 도둑들이 나의 옷을 빌려 입고 부처님을 팔아 갖가지 죄업을 지으면서 모두가 부처님의 법이라고 말하고, 출가하여 구족계를 받은 비구를 소승의 도라고 비방하며 중생을 의혹하는 것인가? 목숨이 끝나면 모두 무간지옥에 떨어지게 될 것이다.

만약 내가 입멸한 후에 어떤 비구가 발심하여 삼마지 닦기를 결정하고 부처님의 형상 앞에 몸소 한 등을 켜거나 손가락을 태우거나 몸 위에 향 한 개비라도 사르면 이 사람은 시작 없는 과거로부터 묵은 빚을 한꺼번에 갚고 이 세상을 영원히 하직하고 모든 번뇌를 끊어 해탈했다고 할 수 있다. 비록 최상의 깨달음에 이르는 길은 밝히지 못했다 해도 이 사람은 이미 법에 대하여 마음을 결정했다고 할 수 있다.

만일 이렇게 몸을 버리는 작은 원인이라도 짓지 않으면 비록 무위(無爲)를 이루었더라도 반드시 인간으로 태어나서 묵은 빚을 갚되 내가 말의 먹이를 먹는 일과 같다.

네가 세상 사람들에게 삼마지를 닦게 하려면 훔치려는 마음을 끊어야 한다. 이것이 부처님과 과거 불세존께서 세 번째로 결정하신 깨끗하고 분명한 가르침이다.

그러므로 아난아, 만약 도둑질할 마음을 끊지 않고서 선정을 닦는 이는 새는 잔에다 물을 부으면서 가득 차기를 바라는 것과 같다. 비록 수많은 겁을 지낸다고 하더라도 끝내 가득 채우지 못할 것이다.

만약 모든 비구들이 옷과 발우 외에는 작은 것도 쌓아두지 말고 걸식하되 남은 것은 굶주린 이에게 나누어주며, 큰 집회에서 대중에게 합장 예배하고 사람들이 때리고 욕을 해도 오히려 칭찬처럼 여기며 반드시 몸과 마음을 다 버리고 힘든 일은 도반과 함께하며, 부처님의 이치에 맞지 않는 방편의 말씀을 가져다가 자기 멋대로 해석하여 초학을 그르치지 않는다면, 부처님께서 인정하시기를 이 사람은 참다운 삼매를 얻은 사람이라 할 것이다. 내가 하는 말과 같은 것은 부처님의 말이요, 이와 같지 않은 말은 마왕 파순의 말이라 한다.

거짓말에 대한 경계

아난아, 이러한 세계의 육도중생이 비록 몸과 마음에 음욕과 살생과 도둑질이 없어져서 세 가지 행실이 이미 원만하게 되었더라도 만약 거짓말을 하게 되면 곧 삼마지에서 깨끗함을 얻지 못하며, 나쁜 과를 이루어서 여래의 종자를 잃을 것이다.

이른바 얻지도 못한 것을 얻었다고 하거나 증득하지도 못한 것을 증득하였다고 하며 세상에서 제일가는 높고 수승함을 구하여 앞사람에게 말하기를 '내가 지금 이미 수다원과*, 아나함

---

* 성문사과(聲聞四果)의 첫 번째 경지. 성문사과=성문들이 수행으로 도달하는 네 경지. 수다원과(須陀洹果)·사다함과(斯陀洹果)·아나함과(阿那含果)·아라한과(阿羅漢果).

과*, 아라한도**, 벽지불승***, 십지****, 지전(地前)의 모든 보살의 지위를 얻었다'고 하여 저들이 예 올리고 참회하기를 바라며 그들의 공양을 탐하는 이가 있다.

이러한 이는 부처가 될 씨앗을 소멸함이 마치 사람이 톱으로 나무를 자르는 것과 같다. '이 사람은 선근이 영원히 소멸되어 지견(知見)이 없어서 삼계의 고통바다에 빠지고 다시는 삼매를 이루지 못한다'고 부처님께서 말씀하셨다.

내가 입멸한 뒤에 모든 보살과 아라한에게 명하여 응화신(應化身)으로 말법세계에 태어나 갖가지 형상을 지어 윤회하는 모든 이를 제도하되 출가자·거사·왕·정승·동남·동녀가 되기도

---

* 성문사과의 세 번째 경지.

** 아라한의 경지 또는 상태.

*** 승(乘)은 중생을 깨달음으로 인도하는 부처의 가르침이나 수행법을 뜻함. 벽지불의 경지에 이르게 하는 부처의 가르침. 벽지불에 이르는 수행법. 벽지불=Ⓢpratyeka-buddha Ⓟpacceka-buddha의 음사. 홀로 깨닫는 자라는 뜻. 독각(獨覺)·연각(緣覺)이라 번역. 스승 없이 홀로 수행하여 깨달은 자. 가르침에 의하지 않고 독자적으로 깨달은 자. 홀로 연기(緣起)의 이치를 주시하여 깨달은 자. 홀로 자신의 깨달음만을 구하는 수행자.

**** ①성문·연각·보살의 삼승이 공통으로 닦는 열 가지 수행 단계. (1)건혜지(乾慧地). 지혜는 있지만 아직 선정(禪定)의 물이 스며들어 있지 않음. (2)성지(性地). 모든 현상을 있는 그대로 보아 그릇된 견해를 일으키지 않으며 지혜와 선정이 함께함. (3)팔인지(八人地). 팔인(八人)은 팔인(八忍)과 같음. 곧, 욕계의 사제(四諦)와 색계·무색계의 견혹(見惑)을 끊어 다시 범부의 상태로 후퇴하지 않는 경지. (5)박지(薄地). 욕계의 수혹(修惑)을 완전히 끊음. (6)이욕지(離欲地). 욕계의 수혹(修惑)을 완전히 끊음. (7)이작지(已作地). 욕계·색계·무색계의 모든 번뇌를 완전히 끊음. (8)벽지불지(辟支佛地). 스승 없이 홀로 연기의 이치를 주시하여 깨달음을 성취함. (9)보살지(菩薩地). 보살이 처음 발심하여 깨달음을 이루기 전까지의 수행 과정. (10)불지(佛地). 모든 번뇌를 완전히 끊어 열반을 성취한 부처의 경지. ②보살이 수행 과정에서 거치는 열 가지 단계.

하고, 음란한 여자·과부·도둑·도살하는 사람이 되어서 그들과 같이 일을 하며 불승(佛乘)을 칭찬하여 그들의 몸과 마음이 삼마지에 들어가게 하며, 스스로 말하기를 '내가 진실한 보살이며 진실한 아라한이다'라고 하여 부처님의 비밀한 법[密印]을 누설해서 경솔하게 말하지 못하게 하고, 다만 죽을 적에 가만히 유언으로 부탁하게 해야 할 것이다.

그렇다면 어떻게 그 사람이 중생을 현혹하고 혼란시켜 큰 거짓말을 하겠는가? 네가 세상 사람들에게 삼마지를 닦게 하려면 큰 거짓말을 끊게 해야 할 것이다. 이것이 부처님과 과거 불세존께서 네 번째로 결정하신 깨끗하고 분명한 가르침이다.

그러므로 아난아, 만약 큰 거짓말을 끊지 못한 이는 마치 사람의 똥을 깎아 전단의 형체를 만들려는 것과 같으니 향기를 구하려고 해도 날 리가 없다.

내가 비구를 가르치되 정직한 마음이 도량이라 하니 행하고 머물고 앉고 눕는[行住坐臥] 네 가지 거동과 모든 행동 가운데 조금도 거짓됨이 없다. 그런데 어떻게 상인(上人)의 법을 얻었다고 하겠는가?

비유하면 마치 가난한 사람이 거짓으로 제왕이라고 자칭하다가 스스로 벌을 받는 것과 같다. 하물며 법왕을 어떻게 거짓으로 도둑질하겠는가? 원인이 정직하지 못하면 결과가 얽히고 굽음을 초래한다. 부처님의 보리를 구하려 해도 배꼽을 깨무는 사람이나 다를 바 없으니 어떻게 이룰 수 있겠는가?

만약 모든 비구의 마음이 활줄처럼 곧다면 진실해서 삼마지에 들어가 영원히 나쁜 것이 끊어질 것이다. 그러면 내가 이 사람은 보살의 최상의 깨달음을 닦아 증득한다고 인정할 것이다. 내가 하는 말과 같은 것은 부처님의 말이요, 이와 같지 않은 말은 곧 마왕 파순의 말이다.

14장

내 안의 불성, 대승계

죄를 두려워하는 마음을 내기는 어렵고
착한 일 하려는 마음을 내기는 더욱 어렵다.
그러므로 경에 말씀하시기를
"작은 죄라고 가벼이 여겨 아무런 재앙이 없다고 하지 말라.
물방울은 적지만 끝내는 큰 그릇에 찬다"고 하였다.
잠깐 동안 지은 죄라도 무간지옥에 떨어지게 되니
사람 몸을 한번 잃으면 다시 회복하기 어렵다.

젊은 시절이 멈추지 않음은
마치 달리는 말과 같아 빨리 사라지고
사람의 목숨이 무상함은
산 위에서 떨어지는 폭포수보다 빠르다.
오늘은 살았다 하나
내일은 보증할 수가 없지 않은가.

대승계의 폭넓은 도덕적 훈련을 통해 자기를 완성해가는 노력을 하다 보면, 어느덧 욕망과 집착에서 벗어나 홀연히 자유로운 상태에 이르게 된다는 것을 이 계경은 분명하게 말하고 있다. 즉, '내 안의 불성(佛性)을 찾는 대승계'가 바로 이 경의 핵심사상이다.

또한 이것은 '부처님의 계[佛戒]'라고도 불린다. 왜냐하면, 대승계를 받은 중생으로서의 '나'와 깨달은 존재로서의 '부처님'이 범망계를 통해 동일선상에 놓이게 되는 구조 때문이다. 부처님과 내가 동급이라니, 세상의 틀을 뛰어넘는 기발한 발상이 아닐 수 없다.

이렇듯 『범망경』은 자기 안에 담긴 불성을 발견하게 되는 불성계가 곧 범망계가 된다고 강조한다. 이로 인해 『범망경』은 출·재가의 구별 없이 모두가 받아 지니는 계경이 되었다. 위경이라는 비판도 있었으나, 그것은 이 경에서 말하는 숭고한 가르침에 비하면 아무 문제도 안 되었다. 오히려 순수 대승계의 모음이

『범망경』

라는 점에서 『범망경』은 동아시아 국가를 중심으로 지금까지 가장 존중 받는 대승계경으로 확고한 위치를 점하고 있다.

  내용 중에서는 삼보와 스승 그리고 부모에게 효(孝)를 다하고, 자비롭게 대하는 마음 씀씀이를 중시하는 게 눈에 띈다. 또한, 이 경에서는 10중, 48경계라고 하는 대승계의 계상을 제시하는데, 지금도 대승계 수계의식이나 포살법회가 이를 바탕으로 이루어질 만큼 불교계 내에서 핵심 기능을 담당하고 있다.

키워드\범망계, 불성계, 불계, 자서수계, 10중 48경계

『범망경』

십중대계

부처님께서 모든 불자들에게 말씀하셨다.

"열 가지 중대한 계율이 있으니, 보살계를 받은 이는 이 계를 보름마다 포살하지 않으면 보살이라 할 수 없으며, 부처의 종자라고 말할 수 없다. 나 또한 이와 같이 독송한다. 이것은 모든 보살들이 이미 배웠고, 장차 배울 것이며, 지금은 배우고 있다. 이제 내가 보살의 바라제목차의 계상을 설하니, 잘 배우고 공경하는 마음으로 받아 지녀야 한다."

1
생명 있는 이들을 죽이지 말라. 불자들아! 스스로 죽이거나, 남을 시켜 죽이거나, 방편을 써서 죽이거나, 찬탄하여 죽게 하거나, 죽이는 것을 보고 기뻐하거나, 주문으로 죽이는 그 모든 일체 행위를 하지 말라. 죽이는 인과 죽이는 연과 죽이는 법과 죽이는 행동을 서슴없이 행해서는 안 된다.

생명을 가진 모든 중생을 죽이지 말라. 보살은 항상 변함없는 자비한 마음과 효순한 마음을 일으켜 방편으로 일체중생을 구원해야 한다. 오만하고 거침없는 마음으로 살생하는 이는 바라이죄가 된다.

2

주지 않는 것을 훔치지 말라. 불자들아! 스스로 훔치거나, 남을 시켜 훔치거나, 방편으로 훔치거나, 주문을 외워서 훔치는 그 모든 것을 하지 말라. 훔치는 인과 훔치는 연과 훔치는 방법과 훔치는 행동을 서슴없이 행해서는 안 된다.

귀신의 것이나, 주인이 있는 것이나, 도적들이 훔친 장물이나, 일체 재물을 바늘 한 개, 풀 한포기 만큼이라도 훔치지 말라. 보살은 항상 불성에 효순한 마음과 자비한 마음을 일으켜 모든 중생을 도와 복과 즐거움이 일어나게 해주어야 한다. 남의 재물을 훔치는 이는 바라이죄가 된다.

3

음행하지 말라. 불자들아! 스스로 음행하거나, 남들에게 음행하게 하거나, 일체 여인과 음행하지 말라. 음행하는 인과 음행하는 연과 음행하는 법과 음행하는 행동을 서슴없이 행해서는 안 된다. 그리고 암컷 짐승이나 천녀, 귀신과도 음행하지 말며, 옳지 못한 방법으로도 음행해서는 안 된다.

보살은 항상 불성에 효순한 마음을 일으켜 일체중생을 제도하며 청정한 법을 일러주어야 한다. 모든 사람들에게 음욕을 일으켜 축생이나 모녀·자매·육친을 가리지 않고 음행하는 자비로운 마음이 없는 이는 바라이죄가 된다.

4

거짓말하지 말라. 불자들아! 스스로 거짓말을 하거나, 남을 시켜 거짓말하거나, 방편으로 거짓말을 하지 말라. 거짓말하는 인과 거짓말하는 연과 거짓말하는 법과 거짓말하는 행동을 서슴없이 행해서는 안 된다. 즉, 보지 아니한 것을 보았다 말하거나, 또한 본 것을 보지 못했다 말하면서 몸이나 마음으로 거짓말을 하지 말라.

보살은 항상 바른 말을 하고 바른 견해를 가져야 하며, 또한 일체중생이 바른 말을 하도록 하고 바른 견해를 갖게 해야 한다. 중생이 삿된 말과 삿된 견해와 삿된 행동을 일으키게 하는 이는 바라이죄가 된다.

5

술을 팔지 말라. 불자들아! 스스로 술을 팔거나 남을 시켜 팔게 하지 말라. 술을 파는 인과 술을 파는 연과 술을 파는 법과 술을 파는 행동을 서슴없이 하지 말라. 술은 죄를 저지르는 원인이 된다. 보살은 항상 일체중생이 밝게 아는 지혜를 일으키도록 해야 한다. 일체중생이 전도된 마음을 일으키게 하는 이는 바라이죄가 된다.

6

사부대중의 허물을 말하지 말라. 불자들아! 출가한 보살이거나 재가한 보살이거나, 비구·비구니 등 사부대중의 허물을 스스로 말하거나, 남을 시켜 말하게 하지 말라. 남의 허물을 말하는 인과 남의 허물을 말하는 연과 남의 허물을 말하는 법과 남의 허물을 말하는 행동을 서슴없이 해서는 안 된다.

보살은 외도나 악인들이 불법에 대하여 법도 아니고 율도 아니라고 비방하는 말을 들으면 적대심이 아닌 자비한 마음으로 이 악인들을 설득하여 그들에게 대승에 대한 바른 신심을 내도록 해야 한다. 보살로서 불법에 대한 허물을 말하는 이는 바라이죄가 된다.

7

자기를 칭찬하지 말며 남을 비방하지 말라. 불자들아! 항상 자신을 칭찬하지 말고, 남을 비방하지 말며, 또한 남을 시켜 자신을 칭찬하지 말고 남을 비방토록 하지 말라. 남을 비방하는 인과 남을 비방하는 연과 남을 비방하는 법과 남을 비방하는 행동을 서슴없이 해서는 안 된다.

보살은 항상 일체중생을 대신하여 그들이 받아야 할 비방을 대신 받아 나쁜 일은 자기에게로 돌리고 좋은 일은 다른 사람에게 돌려야 한다. 자기의 공덕만 자랑하고 다른 사람의 잘한 일은 숨겨서 그들에게 비방을 받게 하는 이는 바라이죄가 된다.

8

자기 것을 아끼려고 남을 욕하지 말라. 불자들아! 스스로 인색하거나, 다른 사람이 인색하게 되도록 하지 말라. 인색한 인과 인색한 연과 인색한 법과 인색한 행동을 서슴없이 행해서는 안 된다. 보살은 모든 가난한 사람이 찾아와 구하면 그 사람이 필요로 하는 것은 무엇이든 도와주어야 한다. 보살이 악한 마음과 성낸 마음으로 돈 한 푼·바늘 하나·풀 한포기도 베풀어주지 않으며, 법을 구하는 이에게도 한 구절·한 게송 내지 작은 법도 일러주지 않고, 굴욕적인 욕설을 하는 이는 바라이죄가 된다.

9

성내지 말며 참회하면 잘 받아주어라. 불자들아! 스스로 성내거나, 사람들이 성내게 하지 말라. 성내는 인과 성내는 연과 성내는 법과 성내는 행동을 서슴없이 행해서는 안 된다. 보살은 모든 중생에게 다툼 없는 화합의 마음을 일으켜 항상 자비한 마음과 효순한 마음을 일으키게 해야 한다. 그런데 일체중생과 중생 아닌 것에 대해서도 독설을 하거나, 주먹질을 하거나, 칼과 몽둥이로 구타를 하면서도 성난 마음이 풀리지 않으며, 상대가 진심으로 참회하는데도 성난 마음이 풀리지 않는 이는 바라이죄가 된다.

10

삼보를 비방하지 말라. 불자들아! 스스로 삼보를 비방하거나, 남들이 삼보를 비방하게 하지 말라. 비방하는 인과 비방하는 연과 비방하는 법과 비방하는 행동을 서슴없이 행해서는 안 된다. 보살로서 외도나 악인들이 한마디라도 부처님을 비방하는 소리를 들으면, 마치 삼백 자루의 창으로 심장을 찌르는 것처럼 여겨야 한다. 하물며 자신의 입으로 비방할 수 있겠는가! 믿는 마음과 효순한 마음을 일으키지 않고, 나쁜 사람들과 입을 맞추어 삼보를 비방하는 이는 바라이죄가 된다.

사십팔경구계

부처님께서 모든 보살들에게 말씀하셨다. 이미 열 가지 바라제목차를 설하였으니, 이제 마흔 여덟 가지 가벼운 계를 설하겠다.

1

스승과 벗을 공경하라. 불자들아! 국왕의 지위를 받고자 할 때,

전륜왕의 지위를 받고자 할 때, 관원들이 그 지위를 받으려고 할 때에는 먼저 보살계를 받아야 한다. 모든 호법 신장들이 보살계를 받은 임금과 관원들을 보호할 뿐만 아니라, 부처님께서도 모든 중생들이 보살계 받는 것을 기뻐하기 때문이다.

이미 계를 받았으면 효순한 마음과 공경하는 마음으로 상좌이건 화상이건 아사리이건 대덕이건 동학과 동행하는 자들을 보면 반드시 반갑게 맞이하여 예배하고 문안해야 한다. 보살이 교만한 마음·게으른 마음·어리석은 마음·싫어하는 마음으로 맞이하여 예배하지 않고, 일일이 법답게 공양하지 않아서야 되겠는가?

온갖 물건을 팔아서라도 공양을 올려야 한다. 만약 그렇게 하지 않으면 경구죄를 범하게 된다.

2

술을 마시지 말라. 불자들아! 술을 마시지 말라. 술에서 말미암아 일어나는 허물이 한량없다. 만약 자기 손으로 술잔을 들어 다른 사람에게 권하여 마시게 하는 이는 오백생 동안 손 없는 과보를 받게 된다. 하물며 스스로 마시겠는가?

또한 사람들에게 술을 마시게 하지 말고, 모든 중생들에게도 술을 마시게 하지 말아야 한다. 하물며 스스로 마셔야 되겠는가! 모든 술을 마시지 말라. 만약 스스로 마시거나 다른 사람을 마시게 하는 이는 경구죄를 범하게 된다.

3

고기를 먹지 말라. 불자들아! 고기를 먹지 말라. 어떤 중생의 고기라도 먹지 말아야 한다. 고기를 먹는 이는 대자비 불성종자를 끊는 것이어서 모든 중생들이 보는 이마다 두려워서 도망간다. 그러므로 보살은 절대로 모든 중생의 고기를 먹지 말아야 한다. 고기를 먹으면 한량없는 죄를 짓게 된다. 만약 일부러 고기를 먹는 이는 경구죄를 범하게 된다.

4

오신채를 먹지 말라. 불자들아! 오신채를 먹지 말아야 한다. 즉 마늘·부추·파·달래·흥거 등 이 다섯 가지 매운 채소를 음식에 넣어 먹지 말라. 만약 고의로 먹는 이는 경구죄를 범하게 된다.

5

계를 범한 이는 참회하게 하라. 불자들아! 모든 중생이 오계·팔계·십계 등을 범했거나 칠역죄를 지었거나, 팔난에 태어날 죄를 짓는 등 계를 범한 자를 보면 마땅히 참회하도록 가르쳐야 한다. 보살로서 이러한 사람에게 참회하도록 가르치지 않고, 그들과 함께 있으면서 같은 자격으로 대중공양을 받으며, 같은 결계 내의 스님으로 인정하여 포살에 동참시켜 그의 죄를 드러내지 않고, 죄를 참회하도록 가르치지 않는 이는 경구죄를 범하게 된다.

6

법사에게 공양을 올리고 법을 청하라. 불자들아! 대승법사와 대승을 함께 공부하는 도반이나 견해가 같은 이나 같은 길을 수행하는 이가 먼 곳의 사찰과 마을로부터 찾아오는 이를 보면, 친절히 영접하여 예배하고 공양해야 한다. 설법하는 동안 날마다 세 번 공양하되, 정성껏 음식을 차려 드리며, 맛있는 음식과 앉는 자리와 약 등을 법사에게 공양하며, 필요한 것은 다 드려야 한다. 이와 같이 항상 법사를 청하여 삼시로 설법하게 하며, 날마다 삼시로 예배하되 성내거나 귀찮다는 마음을 내지 말고, 부지런히 법문 청하기를 게을리하지 말아야 한다. 만일 그렇게 하지 않는 이는 경구죄를 범하는 것이 된다.

7

법회가 열리는 곳에는 반드시 가서 들으라. 불자들아! 어디서든 경전과 계율을 강설하는 곳이 있거나 큰 강당에서 부처님 법을 강설하는 곳이 있으면, 처음 배우는 보살들은 마땅히 경전과 율문을 가지고 법사의 처소에 가서 법을 청하고 물어야 한다. 만약 나무 아래거나 사찰에서 법을 설하는 곳이 있으면 반드시 찾아가서 들어야 한다. 만약 그곳에 가서 듣고 배우며 묻지 않는 이는 경구죄를 범하는 것이 된다.

8

소승과 외도의 사견을 가르치지 말라. 불자들아! 항상 머무는 대승경율을 마음으로 저버려 부처님 말씀이 아니라 말하고, 이승 성문의 경율이나 외도들의 삿특한 소견과 모든 삿된 계율과 경율을 수지하는 이는 경구죄를 범하는 것이 된다.

9

병든 이를 잘 간호하라. 불자들아! 모든 병든 이를 보면 항상 마땅히 부처님께 공양하는 것과 다름없이 해야 한다. 여덟 가지 복전 중 간병하는 복전이 으뜸이 된다. 만약, 부모 스승 제자 등이 병들어 몸을 제대로 가누지 못하거나, 여러 가지 병으로 고통을 받으면 정성껏 간병하여 쾌차하도록 해야 한다. 그런데 보살로서 미워하는 마음으로 간호해 주지 않고, 어디에서든 병든 이를 보고도 보호하지 않는 이는 경구죄를 범하게 된다.

10

살생하는 도구를 두지 말라. 불자들아! 칼·몽둥이·활·화살·창·도끼 등 싸우는 무기를 집 안에 두지 말며, 고기를 잡는 그물·짐승을 잡는 덫·새를 잡는 올가미 등 살생하는 도구는 일절 마련하여 두지 말라. 보살은 부모를 죽인 원수일지라도 원한을 갚지 않는데, 하물며 많은 중생을 죽여서야 되겠는가! 중생을 죽이는 도구를 마련해두지 말 것이니, 만약 고의로 살생하는 도구를 마련해 두는 이는 경구죄를 범하는 것이 된다.

11

관료가 되어 중생을 해롭게 하지 말라. 불자들아! 이양을 위해 나쁜 마음으로 나라의 사신이 되거나, 전쟁을 모의하여 군대를 동원해서 싸움을 일으켜 한량없는 중생들을 죽게 하지 말아야 한다. 하물며 나라를 해롭게 하는 일을 해서야 되겠는가. 만약 고의로 이러한 일을 하는 이는 경구죄를 범하는 것이 된다.

12

나쁜 마음으로 장사하지 말라. 불자들아! 사람·노비·육축 등을 사고팔지 말며, 이익에만 눈이 어두워 시체를 담는 관이나 장례용품 등을 판매하지 말라. 이런 일은 스스로 해서도 안 되며 다른 사람이 하게 해서도 안 된다. 만약 스스로 팔거나 다른 사람을 시켜서 팔게 하는 이는 경구죄를 범하는 것이 된다.

13

근거 없이 사람을 비방하지 말라. 불자들아! 나쁜 마음으로 까닭 없이 어진 이·착한 이·법사·스님·국왕·귀인 등을 근거 없이 비방하되, 그들이 칠역죄와 십중중계를 범했다고 말해서는 안 된다. 부모 형제 육친들에게도 효순한 마음과 자비한 마음을 일으켜야 한다. 다시 역해를 가하여 불행한 처지에 떨어지게 하는 이는 경구죄를 범하는 것이 된다.

14

불을 놓아 태우지 말라. 불자들아! 나쁜 마음으로 불을 질러 산림과 광야를 태우거나 4월부터 9월까지 모든 생명들이 생동하는 계절에 땅위에 불을 놓거나, 남의 집·도시·절·전답·숲·귀신의 물건·공용물 등을 태우지 말며, 모든 살아있는 것을 태우지 말라. 만약 고의로 불을 놓아 태우는 이는 경구죄를 범하는 것이 된다.

15

삿된 법으로 교화하지 말라. 불자들아! 사부대중과 외도 악인과 일가친척 및 모든 도반들까지 대승경율을 가르쳐 수지하도록 해야 하며, 경율의 뜻을 일러주어 보리심을 발하게 하되, 십발취심과 십장양심과 십금강심 등 삼십심에 대하여 낱낱이 그 차례와 법의 내용을 알게 해야 한다. 보살로서 악한 마음과 성난 마음으로 바른 가르침이 아닌 외도의 사견 등을 가르치는 이는 경구죄를 범하는 것이 된다.

16

이양을 탐하여 잘못 설법하지 말라. 불자들아! 마땅히 좋은 마음으로 먼저 대승의 위의와 경율을 배워 그 뜻을 밝게 알아 해석할 것이며, 초심보살들이 백리·천리의 먼 거리로부터 찾아와 대승경율을 배우고자 하면, 여법하게 모든 고행을 일러주되, 몸을 태우거나 팔을 태우거나 손가락을 태우는 등 간절하게 공양하는 것을 가르쳐야 한다.

만약 몸과 팔과 손가락을 태워 부처님께 공양하여 굳은 신심을 보이지 아니하면 출가한 보살이라 할 수 없다. 굶주린 범·이리·사자나 아귀들에게까지 온 몸을 던져 먹일 수 있는 위법망구의 굳은 신심을 본 후에, 비로소 차례대로 정법을 설해주어 마음이 열리고 뜻이 통하게 해주어야 한다. 보살로서 이양을 위한 까닭으로 마땅히 대답해 주어야 할 것을 대답해 주지 않거나, 그릇되게 경율 문자를 설해주거나, 앞뒤가 없이 함부로 설법하여 부처님의 말씀을 비방하게 하는 이는 경구죄를 범하는 것이 된다.

17

세력을 믿고 남의 재물을 취하지 말라. 불자들아! 음식·재물·이양·명예 등을 위하여 국왕·왕자·대신·관원들과 가까이 사귀고 그들의 세력을 빙자하여 때리고 협박하여 억지로 남의 재물을 탐해서야 되겠는가! 모든 이양 구하는 것을 악구와 다구라 한다. 이러한 것을 다른 사람을 시켜서 요구하되, 도무지 자비한 마음과 효순한 마음이 없는 이는 경구죄를 범하는 것이 된다.

18

아는 것 없이 스승이 되지 말라. 불자들아! 마땅히 십이부경*을 배워야 한다. 계경을 독송하는 이는 날마다 보살계를 지키면서 그 뜻과 불성의 정체를 통달해야 한다. 보살로서 경의 한 구절과 게송 한 마디라도 알지 못할 뿐만 아니라, 계율이 제정된 인연도 알지 못하면서 스스로 잘 아는 척하는 것은 이는 자신을 속이고 남을 기만하는 것이다. 모든 법에 대하여 전혀 알지 못하면서 스스로 전계사가 되어 계를 전해주는 이는 경구죄를 범하는 것이 된다.

19

두 가지로 말하지 말라. 불자들아! 계행을 닦는 훌륭한 비구가 향로를 들고 보살행하는 것을 보고 시기하는 마음으로 이간질하여 싸움을 하게 하거나, 어진 사람을 비방하고 모함하는 모든 나쁜

---

* 십이부경(十二部經). 경전의 서술 형식 또는 내용을 열두 가지로 분류한 것. (1)수다라(修多羅), 경(經)·계경(契經)이라 번역. 산문체로 설한 것. (2)기야(祇夜). 응송(應頌)·중송(重頌)이라 번역. 산문체로 된 내용을 다시 운문체로 설한 것. (3)가타(伽陀). 계송(偈頌)·풍송(諷頌)·고기송(孤起頌)이라고도 함. 운문체로 설한 것. (4)이타나(尼陀那). 인연(因緣)이라 번역. 부처를 만나 설법을 듣게 된 인연을 설한 부분. 서품(序品)이 여기에 해당함. (5)이제목다가(伊帝目多伽). 본사(本事)라고 번역. 불제자의 과거 인연을 설한 부분. (6)사다가(闍多伽). 본생(本生)이라 번역. 붓다의 전생 이야기. (7)아부타달마(阿浮陀達磨). 희법(希法)·미증유법(未曾有法)이라 번역. 부처의 불가사의한 신통력을 설한 부분. (8)아파타나(阿波陀那). 비유(譬喩)·출요(出曜)라고 번역. 비유로써 가르침을 설한 부분. (9)우파제사(優婆提舍). 논의(論議)라고 번역. 교리에 대해 문답한 부분. (10)우타나(優陀那). 자설(自說)·무문자설(無問自說)이라 번역. 질문자 없이 부처 스스로 설한 법문. 아미타경이 여기에 해당함. (11)비불략(毘佛略). 방광(方廣)이라 번역. 방대한 진리를 설한 부분. (12)화가라(和伽羅). 수기(授記)라고 번역. 부처가 제자에게 미래에 성불할 것이라고 예언한 부분.

짓을 서슴없이 하는 이는 경구죄를 범하는 것이 된다.

20

산 것을 놓아주고 죽어가는 것은 구제하라. 불자들아! 자비한 마음으로 산 것을 놓아주는 일을 행하라. 모든 남성은 나의 아버지였고, 일체 여성은 나의 어머니였으니, 내가 세세생생 그들에게서 태어났기 때문이다. 그러므로 육도 중생이 모두 다 나의 부모 아님이 없다. 그들을 잡아먹는 것은 곧 나의 부모를 죽이는 것이며, 또한 나의 옛 몸을 먹는 것이 된다.

모든 흙과 물은 나의 전생 몸이요, 불과 바람은 모두 나의 본체이다. 그러므로 항상 죽게 된 생명을 놓아주어야 한다. 세세생생 몸을 받아 나는 것은 영원한 이치이니, 사람들이 죽게 된 생명을 놓아주는 방생을 하도록 권해야 한다.

만약 살생함을 보면 마땅히 방편을 동원하여 그의 고통을 풀어주며, 항상 보살계를 강설하여 중생을 제도해야 한다. 또한 부모와 형제가 돌아가신 날에는 반드시 법사를 청하여 보살계의 경과 율을 강설하여 돌아가신 영가의 명복을 빌어 부처님의 가호로 인간 세상 또는 천상에 태어나도록 해야 한다. 만약 그렇게 하지 않는 이는 경구죄를 범하는 것이 된다.

21

성내고 때리는 방법으로 원수 갚지 말라. 불자들아! 성냄을 성냄으로써 갚거나, 때림을 때림으로써 갚지 말아야 한다. 만약 부모·형제·육친을 죽인 원수라고 할지라도 보복하지 말며, 국왕이 적국에 의해 죽임을 당했더라도 그 원수를 갚지 말아야 한다. 살생을 살생으로 보복하는 것은 효도로써 순종하는 일이 아니다. 오히려 노비를 두어 구박하거나 때리고 꾸짖어 날마다 삼업을 일으켜 한량없는 죄를 짓지 말아야 한다. 하물며 고의로 칠역죄를 지어서야 되겠는가! 출가한 보살로서 자비한 마음 없이 포악한 마음으로 원수를 갚되 육친을 위한다고 하여 고의로 원한을 갚는 이는 경구죄를 범하게 된다.

22
교만한 마음을 버리고 법문을 청하고 배우라. 불자들아! 불교에 입문하여 아직 아무것도 알지 못하면서 스스로 세속의 총명한 지혜를 믿거나, 지위가 높거나 나이 많은 것을 믿거나 혹은 가문이 훌륭하고 복이 많으며 재산이 많은 것을 믿고서 교만한 생각으로 선배인 법사에게 경율을 배우지 않으려고 하지 말라.
법사가 비록 나이가 젊거나 가문이 낮거나 가난하거나 천하거나 지체가 자유롭지 못하더라도 실로 학덕에 있어서 모든 경율을 깊이 통달했으면 처음 배우는 보살은 절대로 법사의 신분은 보지 말아야 한다. 이런 법사가 설법하는 곳이 있음에도 불구하고 찾아가 보살의 심지법문과 대승보살계인 제일의제를 청하여 배우지 않는 이는 경구죄를 범하게 된다.

23

교만한 마음으로 치우쳐 설하지 말라. 불자들아! 부처님께서 열반하신 후, 깊은 신심으로 보살계를 받고자 하면, 불보살님 성상 앞에서 서원을 세우고 계를 받게 하되, 칠일 동안 불보살님 성상 앞에서 참회하여 호상을 받으면 이는 곧 계를 받은 것이 된다. 만일 부처님의 감응을 받지 못하면 이칠일, 삼칠일 또는 일 년이라도 감응을 얻을 때까지 참회 기도하라. 그렇게 하여 좋은 징조를 얻으면 곧 불보살님으로부터 계를 받는 자서수계가 성취된 것이지만, 만일 호상을 얻지 못하면 비록 불보살님 성상 앞에서 계를 받았더라도 이는 수계가 성취되지 못한 것이다.

그러나 수계법사 앞에서 여법한 수계의식에 따라 계를 받을 때에는 호상을 얻지 않아도 되나니, 이는 법사와 법사가 대대로 서로 전하여 주었기 때문에 호상 보기를 필요로 하지 않는다. 여법한 수계의식에 의하여 법사에게 계를 받으면 곧 수계가 성취되는 것이니, 지극히 존중하는 마음을 일으켰기 때문에 계가 얻어진다. 만약 천리 안에 계를 전해줄 만한 법사가 없으면 불보살님 성상 앞에서 서원을 세우고 계를 받되 마땅히 호상을 얻어야 한다. 만약 법사가 스스로 경율과 대승보살계를 잘 안다고 하면서 국왕 태자 백관들과는 벗하면서 초심보살들이 찾아와 경과 율의 뜻을 묻더라도 그들을 업신여기는 마음과 표독한 마음과 교만한 마음으로 물음에 대하여 낱낱이 잘 일러주지 않는 이는 경구죄를 범하게 된다.

24

대승경율을 잘 배워라. 불자들아! 부처님의 경율과 대승법과 올바른 견해·떳떳한 성품·온전한 법신 등이 있음에도 이를 부지런히 배우지 않는 것을 마치 칠보를 버리고 흙과 돌을 취하는 격이요, 외도의 삿된 학문을 배우는 것은 불성을 끊는 것이니, 이는 도를 장애하는 인연이 될 뿐 보살도를 행하는 것이 아니다. 만일 이들을 배우는 이가 있다면 이는 경구죄를 범하게 된다.

25

대중을 화합케 하고 잘 통솔하라. 불자들아! 부처님이 열반하신 후, 법을 설하는 지도자가 되거나, 법을 행하는 지도자가 되거나, 절을 지키는 지도자·교화하는 지도자·좌선을 행하는 지도자·행락하는 지도자 등의 소임을 맡으면 자비한 마음을 일으켜 대중을 화합시키며 삼보를 잘 수호하여 법도를 지키며 함부로 사용하지 말아야 한다. 대중들이 불안하여 싸우게 하며, 삼보의 공유물을 제멋대로 사용하는 이는 경구죄를 범하게 된다.

26

공양과 이양을 독차지하지 말라. 불자들아! 어느 절에서나 먼저 주석하고 있을 때, 승방 사택 성읍 왕궁과 여름 안거처와 큰 회상 등 여러 곳으로부터 찾아오는 보살이나 스님을 보면, 먼저 주석하고 있는 스님은 친절히 맞이하고 환송해야 한다. 손님이 머무는 동안, 음식 방사 와구 평상 등 모든 것을 편리하게 이바지해 드려야 한다. 만약 공급할 물건이 없으면 자기 것을 팔아서라도 필요한 것은 모두 공양해 드려야 한다.

만약 단월이 와서 대중공양을 청하면 보살이나 스님도 함께 받을 분이 있으니, 원주스님은 마땅히 차례대로 보살이나 스님도 보내어 공양청을 받게 해야 한다. 만약 먼저 주석하던 스님들만 공양청을 받게 하고, 보살이나 스님을 제외하고 순서대로 보내어 공양을 받게 하지 않으면, 책임자는 한량없는 죄를 받게 된다. 이는 축생과 다름이 없어 스님도 아니며 또한 불제자가 아니니, 이는 경구죄를 범하게 된다.

27

스님으로서 별청한 공양을 받지 말라. 불자들아! 어떠한 특별한 초청을 받아 이양을 자기 혼자만 취하지 말라. 신도들이 공양하는 것은 제방의 모든 스님들에게 두루 속한 것이다. 만약 혼자서만 청을 받는다면 이는 곧 제방 스님들의 몫을 자기 혼자 독차지하는 것이다. 부처님 성인 스님들 아버지 어머니 병든 환자 등의 물건을 자기 혼자서만 사용하면 이는 경구죄를 범하게 된다.

28

신도로써 스님들을 별청하지 말라. 불자들아! 출가보살·재가보살·모든 신도들이 복을 짓기 위해 스님을 청하여 소원을 성취하고자 할 때에는 마땅히 절에 가서 일을 맡아보는 스님에게 묻되 "제가 지금 스님들에게 공양을 올려 소원을 성취하고자 합니다" 라고 하면 일을 맡아보는 스님이 "차례대로 스님을 청하는 것이 곧 시방의 어질고 거룩한 스님들께 공양하는 것과 같은 복을 받게 된다" 라고 일러 주어야 한다.

그러나 세상 사람들이 오백 나한이나 보살비구 등 큰스님만 따로 청한다면 이는 차례로 한 범부스님을 청하는 공덕보다 못하다. 만약 훌륭한 스님만 골라서 별청하는 일이 있다면 이는 외도의 법이다. 칠불법에는 별청하는 법이 없으니 이는 부처님의 법을 따르는 것이 아니다. 만약 스님을 별청하는 이는 경구죄를 범하게 된다.

29

삿된 직업을 갖지 말라. 불자들아! 악한 마음으로 이양을 위하여 남색과 여색을 팔거나, 자기 손으로 음식을 만들거나, 맷돌을 갈고 방아를 찧거나, 관상을 보고 점을 치거나, 길흉을 해몽하거나, 태중의 아들딸을 예언하거나, 주술을 사용하거나, 교묘한 기술이나 매를 조련시키거나, 여러 가지 독약과 뱀으로 만든 독약·금은을 섞은 독약·벌레의 독을 넣어서 약을 만드는 등의 일체 행위를 하지 말라. 이러한 것들은 모두 자비한 마음과 효순한 마음이 하는 일이 아니니, 만약 이러한 행위를 하는 이는 경구죄를 범하게 된다.

30

양심을 속여 삿된 업을 짓지 말라. 불자들아! 악한 마음으로 삼보를 비방하면서도 겉으로는 거짓 존경하는 척하며, 입으로는 자재무애한 경지에 이르렀다고 말하면서 행동에 있어서는 사사건건 유위에 걸려 있으며, 이양을 위해서는 세속 사람들과 사귀어 좋아하며, 속세의 청춘남녀를 소개시켜 음란한 행을 하게 하여 모두 애정의 덫에 걸리게 하고 육재일*과 삼장재월**에 살생과 도적질을 하며 재일을 지키지 않고 계를 범하는 이는 경구죄를 범하게 된다.

31

불행한 처지에 빠진 이를 구원하라. 부처님께서 말씀하시되, 불자들아! 부처님께서 열반하신 후, 오탁악세에서 외도와 악인과 도적들이 불상과 보살상과 부모의 영정과 경율과 비구와 비구니와 보리심을 발한 보살의 인신을 매매하거나 혹은 관청의 심부름꾼이 되게 하거나, 모든 사람들의 노비가 되게 하는 것을 보면, 마땅히 자비한 마음을 내어 방편으로 구원하며, 각처로 다니면

---

* 육재일(六齋日). 재가(在家)의 신도가 몸과 마음을 깨끗이 하고 팔재계(八齋戒)를 지키며 정진하는 날. 음력 매월 8·14·15·23·29·30일.

** 삼장재월(三長齋月). 몸과 마음을 깨끗이 하고 팔재계를 지키며 정진하는 음력 1월·5월·9월의 석 달을 말함. 이 석 달에 저승의 거울은 남섬부주(南贍部洲)를 비추는데 그 거울에 인간이 짓는 선악의 행위가 모두 나타난다고 하고, 또 사천왕(四天王)과 제석(帝釋)이 남섬부주를 순행(巡行)하는 달이라고도 하고, 또 악귀가 득세하는 달이라고도 함.

서 재화를 마련하여 불상과 보살상과 비구·비구니와 발심한 보살과 모든 경율을 구해야 한다. 만약 이런 사실을 보고도 되찾지 않으면 이는 경구죄를 범하게 된다.

32

중생을 해롭게 하는 일을 하지 말라. 불자들아! 칼·회초리·활·화살 등을 판매하지 말며, 장사할 때 저울눈을 속이거나, 적게 담기는 말을 마련해 두지 말며, 관청의 세력을 얻고 남의 재물을 빼앗거나, 해롭게 할 생각으로 구속하거나, 남의 성공을 파괴시키지 말고, 고양이·살쾡이·돼지·개 같은 짐승도 기르지 말라. 만약 고의로 이 같은 일을 하는 이는 경구죄를 범하게 된다.

33

나쁜 행위는 보지도 하지도 말라. 불자들아! 악한 마음으로 모든 남녀들의 싸움, 군대가 진을 치고 전쟁하는 것과 도둑들의 싸우는 일 등을 구경하지 말라. 또한 소라를 불고 북을 치거나 거문고를 타고, 비파를 튕기며, 피리를 불고 공후를 타거나 노래하고 춤을 추거나 음악소리를 듣거나 이들을 구경하지도 말며, 도박하거나 점치지 말며, 도둑의 심부름도 하지 말라. 만일 이런 짓을 하나라도 하는 이는 경구죄를 범하게 된다.

34

계를 굳게 지켜 보리심을 떠나지 말라. 불자들아! 계율을 굳게 지키되 다닐 때나 섰을 때나 앉았을 때나 누웠을 때 등 밤낮 24시간 동안 이 계율을 독송하되, 마치 금강과 같이 굳게 지닐 것이며, 부낭을 타고 바다를 건너는 것과 같이 빈틈이 없어야 할 것이다. 또한 풀 한포기라도 해치지 아니한 초계비구와 같은 자비심으로 항상 대승에 대한 신심을 일으킬지니, 나는 아직 이루지 못한 부처이며, 모든 부처님은 이미 이룩하신 부처인 줄 알아 보리심을 일으켜 마음에서 저버리지 말라. 만약, 잠시라도 이승이나 외도의 마음을 일으키는 이는 경구죄를 범하게 된다.

35

큰 원을 일으켜라. 불자들아! 항상 모든 원을 일으키되, 부모와 스님께 효순하며, 훌륭한 스승과 같은 법을 공부하는 도반을 만나면 항상 나에게 대승경율과 십발취와 십장양과 십금강과 십지로 나아가는 수행 절차를 가르쳐 주기를 원하며, 내게 마음의 눈이 열려 여법하게 수행하게 하며, 보살계를 굳게 지켜 차라리 목숨을 버릴지언정 잠깐이라도 보리심을 여의지 않기를 원해야 한다. 만약 보살로서 이러한 원을 일으키지 않는 이는 경구죄를 범하게 된다.

36

서원을 세워라. 불자들아! 열 가지 큰 원을 발하였으면 이 보살계를 굳게 지키면서 다음과 같은 서원을 세우되

'차라리 이 몸을 맹렬히 타오르는 불 속에나 깊은 구덩이나 날카로운 칼날 위에 던질지언정, 결코 부처님의 경율을 어겨서 모든 여인들과 부정한 행위를 하지 않겠습니다.'

다시 서원을 세우되

'차라리 뜨거운 쇠 그물로 이 몸을 수없이 두루 얽어맬지언정, 결코 파계한 이 몸으로써 신심 단월이 공양하는 모든 옷을 받아 입지 않겠습니다.'

다시 서원을 세우되

'차라리 이 입으로써 빨갛게 달은 쇠덩이와 흐르는 쇳물을 머금고 백천겁을 지낼지언정, 결코 파계한 입으로써 신심 단월이 베푸는 맛있는 음식을 먹지 않겠습니다.'

다시 서원을 세우되

'차라리 이 몸으로써 맹렬히 타오르는 불 속과 뜨거운 쇠그물 위에 누울지언정, 결코 파계한 몸으로는 신심 단월이 바치는 평상과 좌복을 받지 않겠습니다.'

다시 서원을 세우되

'차라리 이 몸이 3백 자루의 창에 찔리면서 오랜 세월을 낼지언정, 결코 파계한 몸으로는 신심 단월이 공양하는 여러 가지의 약을 받지 않겠습니다.'

다시 서원을 세우되

'차라리 이 몸으로 끓는 기름가마솥에 들어가 백천겁을 지낼지언정, 결코 파계한 몸으로는 신심 단월이 공급하는 여러 가지 방사와 토지를 받지 않겠습니다.'

다시 서원을 세우되

'차라리 쇠망치로 이 몸의 머리에서부터 발꿈치에 이르기까지 부수어 미진과 같이 만들지언정, 결코 파계한 몸으로는 신심 단월이 공경하는 예배를 받지 않겠습니다.'

다시 서원을 세우되

'차라리 백천 개의 뜨거운 칼날과 창으로써 양쪽 눈알을 뽑을지언정, 결코 파계한 눈으로써 좋은 물건을 보지 않겠습니다.'

다시 서원을 세우되

'차라리 백천 자루의 송곳으로써 귀를 쑤시면서 오랜 세월을 지낼지언정, 결코 파계한 귀로는 아름답고 우아한 음성을 듣지 않겠습니다.'

다시 서원을 세우되

'차라리 백천 자루의 날카로운 칼로써 코를 벨지언정, 결코 파계한 코로는 모든 좋은 향기를 냄새 맡지 않겠습니다.'

다시 서원을 세우되

'차라리 백천 자루의 날카로운 칼로써 혀를 자를지언정, 결코 파계한 혀로는 사람들이 제공하는 좋은 음식을 먹지 않겠습니다.'

다시 서원을 세우되

'차라리 백천 자루의 날카로운 도끼로써 몸을 부술지언정, 결코 파계한 몸으로는 부드럽고 촉감 좋은 옷을 탐착하지 않겠습니다.'
다시 서원을 세우되
'모든 중생들이 함께 성불하여지이다' 라고 발원해야 할지니, 보살이 만약 이러한 서원을 세우지 않는 이는 경구죄를 범하게 된다.

37

위험한 곳에 가지 말라. 불자들아! 봄·가을 두 번의 해제철에 두타행각을 할 때와 겨울, 여름 두 번의 결제 때와 그 밖의 후안거할 때에도 항상 칫솔·비누·가사·정병·발우·좌복·육환장·향로·녹수낭·수건·칼·부싯돌·족집게·승상·경전·율문·불상·보살상 등을 지니고 다녀야 하며, 보살이 두타행을 할 때와 제방으로 행각할 때 백리와 천리를 왕래하되 이 18가지의 수용품을 언제나 몸에 지니고 다녀야 한다.

두타행을 하는 시기는 음력 정월 15일부터 3월 15일까지와 8월 15일부터 10월 15일까지이니, 이 두 철에는 이 18가지 수용품을 언제나 몸에 지니기를 마치 새의 두 날개와 같이 하라.

만일 포살하는 날이라면 갓 배우는 보살은 보름마다 포살을 하되, 십중대계와 사십팔경구계를 읽어야 한다. 이 보살계경을 읽을 때에는 반드시 불보살님 성상 앞에서 읽되, 교수사인 한 스님이 읽는다. 수많은 대중이 포살하여도 또한 한 스님이 읽느니라. 읽는 사람은 높은 법상에 앉고, 듣는 대중은 낮은 자리에 앉아야 하느니라. 각각 스님들의 분에 따라 9조 7조 5조의 가사를 수해야 한다.

만약 여름철 안거할 때에도 또한 낱낱이 여법하게 하고, 두타행을 행할 때는 위험한 곳이면 함부로 들어가지 말라. 험한 나라의 국경이나 험한 나라 임금이나 지리가 높고 낮아 험한 곳이나 초목이 무성한 곳이나 사자, 호랑이 등 맹수가 있는 곳이나 물과 불과 바람 등 삼재가 있는 곳이나 도둑이 있는 으슥한 길이나 독사가 있는 곳 등 모든 위험한 곳에는 함부로 가지 말라. 두타행을 할 때나, 여름 안거를 할 적에도 이러한 위험한 곳에는 모두 들어가지 말라. 만약 고의로 들어가는 이는 경구죄를 범하게 된다.

38

높고 낮은 차례를 어기지 말라. 불자들아! 여법이 차례대로 앉으라. 즉 먼저 계를 받은 이는 위에 앉고, 뒤에 계를 받은 이는 뒤에 앉아야 한다. 나이가 많고 적음에 상관없이 비구·비구니·귀인·국왕·왕자·내시·노비들까지도 모두 먼저 계를 받은 이는 위에 앉고, 뒤에 계를 받은 이는 다음 차례대로 앉아야 한다.

마치 외도와 어리석은 사람들처럼 늙은이와 젊은이가 앞도 없고 뒤도 없이 차례를 지키지 않고 앉음이 마치 병졸이나 노비들처럼 무질서하게 하지 말라. 나의 불법 중에는 먼저 계를 받은 이는 먼저 앉고 뒤에 계를 받은 이는 뒤에 앉아야 하나니 보살이 여법하게 차례대로 앉지 않는 이는 경구죄를 범하게 된다.

39

복과 지혜를 함께 닦으라. 불자들아! 언제나 모든 중생을 교화하되, 절을 짓고 산림과 토지를 마련하며, 불탑을 세우고 겨울 여름 안거 때에 참선할 선방과 모든 수행할 곳을 마련해야 한다.
보살은 마땅히 모든 중생을 위하여 대승경율을 강설하며, 만일 유행병이 돌 때나 국난이 있을 때나 도둑이 일어날 때나 부모 형제 화상 아사리가 돌아가신 날이라면 삼칠일 사칠일 오칠일 육칠일 칠칠일이 되는 사십구재 때에도 대승경율을 강설해야 한다.
여러 가지 재회 때 소원을 빌거나 일용할 비용을 마련하려고 사업을 경영할 때, 큰 불이 났을 때, 홍수에 떠내려갈 때, 폭풍이 불어 배가 전복되려 할 때, 강과 바다에서 난리를 만났을 적에도 또한 이 『범망경』을 독송하고 강설해야 한다.
그 밖에 온갖 죄보를 받거나 삼악과 팔난을 만났을 때와 칠역죄를 지었을 때, 수갑과 족쇄를 차고 구속되었을 때, 음란한 마음과 성내는 마음과 어리석은 마음이 많이 일어날 때, 병들어 몹시 아플 적에도 마땅히 이 『범망경』을 강설해야 한다. 만약 처음 배우는 보살이 그렇게 하지 않는 이는 경구죄를 범하게 된다.

40

차별하여 계를 일러주지 말라. 불자들아! 사람들에게 보살계를 전해 줄 때에 가려서 주지 말고, 국왕·왕자·대신·관리·비구·비구니·남자신도·여자신도·음란한 남자·음란한 여자·십팔범천·육욕천자·근이 없는 사람·남녀의 근을 함께 가진 사람·내시·노비·일체 귀신들까지도 모두 다 차별이 없이 계를 받게 해야 한다.

가사는 모두 색깔을 청·흑·목란색을 혼합해서 법도에 맞게 하되 푸른색·누른색·붉은색·검은색·자주색을 혼합하여 괴색으로 물들일 것이며, 모든 의복을 물들이되, 이부자리까지도 색깔을 혼합해서 괴색으로 물들여야 한다.

몸에 입는 옷은 모두 물들이되, 각기 나라마다 입는 옷과 비구가 입는 옷은 다르게 해야 한다. 법사가 보살계를 일러주고자 할 때에는 계 받은 사람에게 묻되 "그대는 금생의 이 몸으로 칠역죄를 짓지 않았는가" 라고 물을지니, 보살계를 주는 법사는 칠역죄를 지은 사람에게는 보살계를 일러주지 말아야 한다.

칠역죄란 부처님 몸에 피를 낸 이, 아버지를 죽인 이, 어머니를 죽인 이, 화상을 죽인 이, 아사리를 죽인 것 등이니, 이 칠역죄를 지은 이는 금생의 그 몸으로서는 계를 받지 못하지만, 그 밖에 모든 사람은 누구나 계를 받을 수 있다.

출가한 스님은 국왕에게 예배하지 않으며, 부모에게도 예배하지 않고, 육친에게도 예배하지 않으며, 귀신들에게도 예배하지 않는다. 다만 법사의 말을 알아들을 수 있는 이가 먼 곳으로부터 보살계를 받고자 왔는데, 그 사람에게 보살계를 주는 법사가 악한 마음과 미워하는 마음으로 중생에게 계를 일러주지 않는다면 경구죄를 범하게 된다.

41
덕이 없으면서 이양을 위하여 스승이 되지 말라. 불자들아! 사람들을 교화하여 신심을 일으키게 할 때에, 보살이 계를 설해 주는 법사가 되었으면, 계를 받고자 하는 수계제자에게 전계화상과 갈마 및 교수아사리를 청하게 할 것이다.

교수사와 갈마사는 반드시 수계제자에게 수계갈마를 하되 "그대는 계를 받을 수 없는 칠역죄를 범하였는가?" 라고 물어야 한다. 만약 이 몸으로 칠역죄를 지은 이라면 보살계를 전해 주어서는 안 된다. 칠역죄를 짓지 않았으면 곧 계를 설해야 한다.

만약 십중대계를 범한 이는 반드시 참회토록 하되 불보살님의 성상 앞에서 밤낮 육시로 10중대계와 48경계를 외우게 하며, 정성을 다해 삼세부처님께 예배하여 영험을 얻도록 하되, 만약 상서로움을 얻지 못하면 7일 14일 21일 1년이 지나더라도 기도하여 영감을 얻어야 한다.

영감이란, 부처님께서 나타나 이마를 만져 주시거나 서상광명이 나타나거나 꽃 등 여러 가지 상서로움이 나타남을 보는 것이다. 이런 호상을 얻으면 십중대계를 범한 무거운 죄가 곧 소멸되지만, 그러한 호상을 받지 못하면 비록 참회하였더라도 이익이 없다. 이 사람은 현생의 몸으로는 이 계를 받을 수 없지만, 내생에 계를 받을 수 있는 인연을 짓게 된다. 만약 48경구계를 범한 이는 수계법사를 향하여 지극한 마음으로 참회하면 곧 죄가 소멸되므로, 계를 영원히 받지 못하는 칠역죄와는 다르다.

계를 일러주는 법사는 이런 법을 낱낱이 잘 알아야 하거늘 만약 대승경율에 대하여 가볍고 무겁거나 옳고 그른 계상을 낱낱이 알지 못하거나 제일의제와 습종성과 장양성과 성종성과 불가괴성과 도종성과 정법성과 여러 가지 관법의 출입과 십선지와 모든 수행하는 법 등을 전혀 알지 못하며 뿐만 아니라, 이런 법들의 자세한 뜻을 하나도 알지 못하면서 이양과 명예를 위하여 악착스럽게 절제 없이 욕심을 내어 구하며, 제자를 탐내어 모든 경율을 아는 척하며 양심을 속이면, 이는 공양을 받기 위하여 자신을 속이고 남을 속이는 것이다. 한 치의 부끄러움 없이 법사가 되어 사람들에게 계를 일러주는 이는 경구죄를 범하게 된다.

42

계를 받지 아니한 자는 포살시키지 말라. 불자들아! 포살할 때 이양을 위하여 보살계를 받지 아니한 이와 외도 악인들을 향해 천불께서 설하신 보살계를 설하지 말며, 사견을 가진 사람 앞에서도 설하지 말아야 한다. 국왕을 제외하고는 다른 모든 사람에게는 절대로 설하지 말라.

이 악인들과 사견인들은 보살계를 받지 않았으므로 축생과 다름이 없는지라 세세생생에 삼보를 보지 못하며 목석과 같이 무심하니니 외도라 하고, 사견을 가진 이들은 나무토막과 다름없다. 보살이 이런 악인들을 참여시켜 칠불법계인 보살계 포살을 하는 이는 경구죄를 범하게 된다.

43

고의로 범계할 마음을 일으키지 말라. 불자들아! 깊은 신심으로 출가하여 보살계를 받은 후 일부러 생각을 일으켜 성스러운 보살계를 범하는 이는, 모든 신도들이 올리는 공양을 받지 못하며, 또한 그 나라 땅을 밟고 다니지도 못하고, 그 나라의 물도 마실 자격이 없을 뿐만 아니라, 오천이나 되는 큰 귀신들이 항상 앞을 막으면서 "큰 도둑놈이다" 라고 말할 것이다.

또한 절이나 도시에나 시골마을에 들어가면 귀신들이 그가 지나간 발자국을 쓸어버리며, 또 모든 세상 사람들은 꾸짖거나 비방하되 불법 중의 도둑놈이다 라고 하며, 모든 중생들은 보기조차 싫어하나니 계를 범한 사람은 축생과 다름이 없으며 나무토막과도 다름없다. 만약 고의로 계를 범하는 이는 경구죄를 범하게 된다.

44

경전에 공양하라. 불자들아! 언제나 일심으로 대승경율을 수지 독송하되, 피부를 벗겨 종이를 삼고, 피를 뽑아 먹물을 삼으며, 골수로써 벼룻물을 삼고, 뼈를 쪼개어 붓을 삼아 부처님의 계율인 이 범망경을 서사해야 하며, 나무껍질 닥종이 비단천 대쪽 등에도 써서 지니되, 모든 보배로써 상자나 주머니를 만들어 경율책을 담아야 한다. 만약 여법하게 경전에 공양하지 않는 이는 경구죄를 범하게 된다.

45

중생을 보면 언제나 보리심을 발하도록 권장해야 하느니라. 불자들아! 항상 큰 자비심을 일으켜 도시나 마을 안에 들어가서 모든 중생을 보면 마땅히 일러주되, 너희들 중생들이여. 삼귀의와 오계 및 십계를 받으라고 권장해야 한다. 만약 소·말·돼지·양 등 축생을 보면 마땅히 이러한 뜻을 마음으로 생각하고 입으로 말하되, 너희 모든 축생들아 빨리 보리심을 발하라고 권해야 한다.
그러나 보살로서 산림과 들판 등 가는 곳마다 모든 중생들이 보리심을 일으키도록 해야 한다. 만약 보살이 중생을 교화할 마음을 일으키지 않는 이는 경구죄를 범하게 된다.

46

여법하지 못한 자리에서 설법하지 말라. 불자들아! 항상 마땅히 일체중생을 교화하려는 대비심을 일으키되, 만약 신도의 집이나 귀인의 집이나 여러 대중 가운데 들어가면 속인들 앞에 서서 설법하지 말고, 속인들 앞에서는 마땅히 높은 자리에 앉아서 설법하라.

법사 스님은 땅에 서고 청중이 앉아 있는 곳에서 설법하지 말라. 만약 설법할 때에는 법사가 높은 법상에 앉으면 향과 꽃으로 공양하고 예배를 올린 다음, 듣는 대중은 낮은 자리에 앉아서 마치 부모님께 효순하듯, 스승의 가르침을 청수하듯, 불을 섬기는 바라문들처럼 해야 한다. 만약 설법하는 이가 여법하게 하지 않으면 경구죄를 범하게 된다.

47

옳지 못한 법으로 불법을 탄압하지 말라. 불자들아! 누구나 신심으로 부처님의 계를 받고 부처님의 제자가 된 자로서 국왕·태자·백관·사부대중들이 자기들의 강한 세력을 믿고, 불법과 계율을 파멸할 생각으로 불교를 통제할 법을 만들어 사부제자들을 통제하여 출가 수도의 길을 막거나, 또는 불상·불탑·경율 등을 조성하지 못하게 하거나 통제하는 관리부를 설치하고 스님 되는 길을 제한하거나, 스님들의 동태를 파악하기 위하여 승적부를 만들어 스님들의 신상을 낱낱이 기록하거나, 보살비구는 땅에 서고 속인들은 높은 자리에 앉게 하여 온갖 비법을 하는 것이 마치 병졸과 노비가 주인을 섬기듯 하는 전도된 행동을 하지 말라.

보살비구들은 마땅히 여러 사람들의 공경과 귀의를 받아야 한다. 관리들의 심부름꾼이 되는 옳지 못한 일을 해서야 되겠는가. 만약 국왕과 모든 관원들이 좋은 마음으로 보살계를 받은 이는 절대로 이 삼보를 파괴하는 죄를 짓지 말아야 하나니, 만약 고의로 불법을 파괴하는 이는 경구죄를 범하게 된다.

48

스스로 불법을 손상시키는 일을 하지 말라. 불자들아! 좋은 마음으로 출가하였거늘 명예와 이양 때문에 국왕이나 백관들 앞에서 보살계를 설하면서 비구·비구니와 보살계를 받은 제자들을 모함하여 구속하거나 징계하되, 마치 감옥의 죄인을 다루듯 하거나, 병졸과 노비를 다루듯 한다면 이는 죽은 사자의 몸에서 생긴 벌레가 스스로 사자의 고기를 뜯어 먹는 것이요, 다른 벌레들은 감히 가까이 가지 못할 뿐만 아니라, 먹지 못하는 것과 같다. 이와 마찬가지로 불제자 스스로가 불법을 파괴할 뿐이어서 외도들도 불법을 파괴하지는 못한다.

만약 보살계를 받은 이는 마땅히 불법을 잘 외호하되 마치 외아들 사랑하듯, 부모님을 섬기듯이 잘 보호하여 절대로 파괴하는 일은 하지 말아야 한다.

보살로서 외도나 악인들이 나쁜 말로써 보살계를 비방하거나 모욕하는 말을 들으면, 마치 삼백 개의 창으로써 심장을 찌르는 것처럼 여기고, 천개의 칼과 만개의 몽둥이로 몸을 찌르고 때리는 것처럼 여겨서 차라리 내가 스스로 지옥에 들어가서 오랜 세월 동안을 지낼지언정, 한 마디라도 악한 말로써 보살계법을 비방하거나 파괴하는 소리를 듣지 않도록 해야 한다.

어찌 하물며 스스로 불계(佛戒)를 파괴할 것이며, 남을 시켜서 불교를 파괴하는 인연을 만들어 많은 사람들에게 불법을 따르는 마음을 없애게 해서야 되겠는가! 만약 고의로 이러한 일을 하는 이는 보살계를 받은 이에게는 경구죄를 범하게 된다.

15장

한번 얻으면 영원히 잃지 않는 계

일체중생이 처음으로
삼보의 바다에 들어갈 때에는
믿음을 근본으로 삼고
불가(佛家)에 머물 때에는
계(戒)로써 근본을 삼는다.
…
보살계는 미래제가 다하도록
받는 법은 있으나
버리는 법은 없음을 알아야 한다.
범하는 일이 있더라도 잃어버리지는 않는다.

◉

한 번 이 계를 받으면 영원히 잃어버리지 않는다고 설하는『영락경』은 10가지 다함이 없는 계[無盡戒]와 42가지 현성의 법[賢聖法]을 밝히고 있다. 승가 운영에 사용되었던 기존의 율이 제한적인 것이었다면, 마음의 동기를 중시하는 대승계는 시공을 초월한 숭고한 가치로 남아 있다. 그러므로 대승계는 수계 자체만으로도 이미 완결성을 갖추고 있다고 경은 설한다.

그러나 이 계경은『범망경』을 중시하는 풍토로 인해 크게 주목받진 못하였다. 다만 후대의 학자들이 연구하면서『범망경』보다 더 정비된 형태를 갖추고 있으며, 화엄 계통의 경전들과 여러 대승경전의 영향을 받아 가장 완성된 형태로 만들어진 계경이라는 것이 밝혀졌다. 다만 이 또한 위경인 것은 이미 알려진 바와 같다.

특히『화엄경』과『범망경』의 영향을 많이 받아 성립되었는데, 계를 받으면 생기는 계체(戒體)가 모두 마음에서 생긴다고

『보살영락본업경』「대중수학품」

경전은 설한다. 그래서 마음이 다하면 계도 또한 다하고, 마음이 다하지 않으면 계도 다하는 일이 없게 된다는 주장이다. 그러므로 누구나 계를 받으면 다 얻을 수 있다는 것이다.

　마음에 무게중심을 둔 『영락경』의 이러한 교설은 많은 이들의 공감을 이끌어냈다. 더군다나 동양인의 사유방식에도 잘 맞아떨어져서 대승계를 특별한 사람의 몫이 아니라, 자기 삶의 영역으로 끌어들이게 만들었다. 고통이 가득한 세상에서 빠져나오려면 어떠한 태도로 삶을 대해야 하는지 돌아보게 했다. 따라서 『영락경』을 읽으면서는 자아에 얽매여 멋대로 살아오던 자신을 반성하고, 선한 인연들과 더불어 착하게 살아보려는 노력을 키워가길 바란다.

키워드＼10무진계, 42현성법, 섭율의계, 섭선법계, 섭중생계

『보살영락본업경』「대중수학품」

　불자여, 만약 일체중생이 처음 삼보의 바다로 들어갈 때에는 믿음을 근본으로 삼고, 불가(佛家)에 머물 때에는 계(戒)로써 근본을 삼는다. 불자여, 처음 수행하는 보살은 믿음이 있는 남자[信男]나 믿음이 있는 여자[信女] 가운데 근이 갖추어지지 않은 황문(黃門)·음남(婬男)·음녀(婬女)·노비(奴婢)·변화(變化)의 사람이라도 계를 받게 해야 한다. 이는 모두 마음이 있어서 진리의 길로 향할 수 있기 때문이다.

　처음으로 발심 출가하여 보살의 위(位) 잇기를 원하는 이는 먼저 정법계(正法戒)를 받아야 한다. 계는 일체행의 공덕장의 근본이며, 불과(佛果)의 길을 향하는 일체행의 근본이다. 이 계는 모든 대악(大惡), 이른바 일곱 가지 견해와 여섯 가지 집착을 없애고 정법(正法)을 밝히는 거울이 된다.

　불자여, 모든 보살을 위하여 계의 근본에 대해 결론을 내리자면, 이른바 삼수문(三受門)이다. 섭선법계(攝善法戒)는 팔만사천 법문이며, 섭중생계(攝衆生戒)는 자·비·희·사(慈悲喜捨)이니, 이러한 교화가 일체중생에 미치어 모두 안락을 얻게 한다. 섭율의계(攝律儀戒)는 십바라이(十波羅夷)이다.

불자여, 계를 받는 것[受戒]에 세 가지의 믿음이 있다. 첫째는 현재 모든 불보살이 앞에서 받으면 진실상품(眞實上品)의 계를 얻는다.

둘째는 모든 불보살이 멸도한 후 천 리 안에 먼저 계를 받은 보살이 있으면 법사로 삼아 나의 스승이 되어주실 것을 청하고서 내가 계를 받기에 앞서 발에 절을 하고 다음과 같이 말해야 한다. "대존자(大尊者)를 청하여 스승으로 모시니, 저에게 계를 주십시오"라고 하면, 제자는 정법계(正法戒)를 얻으니 이것이 중품(中品)의 계이다.

셋째는 부처님 멸도 후 천 리 안에 법사가 없을 때에는 모든 불보살의 형상 앞에서 무릎을 땅에 대고 다리를 세워 합장(合掌)하며 스스로 서원하여 계를 받을지니, 다음과 같이 말해야 한다. "저 아무개가 시방의 부처님과 대지(大地)의 보살님께 아룁니다. 제가 일체 보살의 계를 배우겠습니다"라고 하면, 이것이 하품(下品)의 계이다. 두 번째와 세 번째도 또한 이와 같이 설한다.

"불자여, 이 세 가지는 세 종류의 수계를 섭수한다. 과거불이 이미 설하셨고, 미래불이 설할 것이며, 현재불이 지금 설하신다. 과거 모든 보살이 지금 배우니 이것이 모든 부처님의 정법계이다. 만약 모든 부처님과 모든 보살이 이 법계의 문에 들어가지 않고 무상도과(無上道果) 허공평등지(虛空平等地)를 얻는다고 한다면 이런 이치는 없다."

부처님께서 모든 제자에게 말씀하셨다.

"이제 바로 정계(正戒)를 설하겠다. 선남자와 선여인이 계를 받으려고 할 때, 먼저 과거 세상의 모든 부처님께 예경 드리고, 미래 세상의 모든 부처님께 예경 드리고, 현재의 모든 부처님께 예경해야 한다. 이와 같이 세 번 예경하되, 법과 승에도 또한 그렇게 해야 한다.

불자여, 다시 공손히 네 가지 무너지지 않는 믿음[四不壞信]을 받고, 사의법(四依法)에 의지하여 "지금으로부터 미래제가 다할 때까지 이 몸으로 부처님께 귀의하고 법에 귀의하고, 현성승(賢聖僧)에게 귀의하고 법계(法戒)에 귀의합니다"라고 이와 같이 세 번 말해야 한다.

불자여, 다음에는 삼세의 죄에 대해 잘못을 참회[悔過]해야 한다. "만약 현재의 신·구·의에 대한 십악죄(十惡罪)는 원하옵건대 끝끝내 미래제가 다하도록 일으키지 않기를 원하오며, 만약 과거의 신·구·의에 대한 십악죄는 끝끝내 미래제가 다하도록 다시 일으키지 않기를 원합니다"라고 해야 한다. 이와 같이 잘못을 참회하여 삼업이 청정하기가 깨끗한 유리(琉璃)의 안팎이 서로 밝게 비치는 것과 같으면 십무진계(十無盡戒)가 주어지므로 너희들은 잘 들어야 한다."

부처님께서 말씀하셨다.

"불자여, 지금 이 몸으로부터 부처의 몸이 되기까지 미래제가 다하도록 그 사이에 일부러 살생을 해서는 안 된다. 만약 범하면 보살행이 아니며, 42현성법(四十二賢聖法)을 잃어버리게 되니, 범하지 않고 지킬 수 있겠느냐? 라고 물으면, 그 계를 받고자 하는 이가 대답하기를 '반드시 지키겠습니다' 라고 말해야 한다.

'불자여, 지금 이 몸으로부터 부처의 몸이 되기까지 미래제가 다하도록 그 사이에 일부러 거짓말을 해서는 안 된다. 만약 범하면 보살행이 아니며, 42현성법을 잃어버리게 되니 범하지 않고 지킬 수 있겠느냐?' 라고 물으면, 그 계를 받고자 하는 이가 대답하기를 '반드시 지키겠습니다' 라고 말해야 된다.

'불자여, 지금의 이 몸으로부터 부처의 몸이 되기까지 미래제가 다하도록 그 사이에 일부러 음행을 해서는 안 된다. 만약 범하면 보살행이 아니며, 42현성법을 잃어버리게 되니 범하지 않고 지킬 수 있겠느냐?' 고 물으면, 그 계를 받고자 하는 이가 대답하기를 '반드시 지키겠습니다' 라고 말해야 한다.

'불자여, 지금 이 몸으로부터 부처의 몸이 되기까지 미래제가 다하도록 그 사이에 일부러 남의 것을 훔쳐서는 안 된다. 만약 범하면 보살행이 아니며, 42현성법을 잃어버리게 되니 범하지 않고 지킬 수 있겠느냐?' 고 물으면, 그 계를 받고자 하는 이가 대답하기를 '반드시 지키겠습니다' 라고 말해야 한다.

'불자여, 지금의 이 몸으로부터 부처의 몸이 되기까지 미래제가 다하도록 그 사이에 일부러 술을 팔아서는 안 된다. 만약 범하면 보살행이 아니며, 42현성법을 잃어버리게 되니 범하지 않고 지킬 수 있겠느냐?' 고 물으면, 그 계를 받고자 하는 이가 대답하기를 '반드시 지키겠습니다' 라고 말해야 한다.

'불자여, 지금의 이 몸으로부터 부처의 몸이 되기까지 미래제가 다하도록 그 사이에 고의로 재가(在家)나 출가(出家)보살의 허물을 말해서는 안 된다. 만약 범하면 보살행이 아니며, 42현성법을 잃어버리게 되니 범하지 않고 지킬 수 있겠느냐?' 고 물으면, 그 계를 받고자 하는 이가 대답하기를 '반드시 지키겠습니다' 라고 말해야 한다.

'불자여 지금의 이 몸으로부터 부처의 몸이 되기까지 미래제가 다하도록 그 사이에 일부러 인색해서는 안 된다. 만약 범하면 보살행이 아니며, 42현성법을 잃어버리게 되니 범하지 않고 지킬 수 있겠느냐?' 고 물으면, 그 계를 받고자 하는 이가 대답하기를 '반드시 지키겠습니다' 라고 말해야 한다.

'불자여 지금의 이 몸으로부터 부처의 몸이 되기까지 미래제가 다하도록 그 사이에 짐짓 화를 내어서는 안 된다. 만약 범하면 보살행이 아니며, 42현성법을 잃어버리게 되니 범하지 않고 지킬 수 있겠느냐?' 고 물으면, 그 계를 받고자 하는 이가 대답하기를 '반드시 지키겠습니다' 라고 말해야 한다.

'불자여 지금의 이 몸으로부터 부처의 몸이 되기까지 미래제가 다하도록 그 사이에 고의로 자기를 칭찬하면서 남을 헐뜯어서는 안 된다. 만약 범하면 보살행이 아니며, 42현성법을 잃어버리게 되니 범하지 않고 지킬 수 있겠느냐?'고 물으면, 그 계를 받고자 하는 이가 대답하기를 '반드시 지키겠습니다' 라고 말해야 한다.

'불자여, 지금의 이 몸으로부터 부처의 몸이 되기까지 미래제가 다하도록 삼보장(三寶藏)을 비방해서는 안 된다. 만약 범하면 보살행이 아니며, 42현성법을 잃어버리게 되니 범하지 않고 지킬 수 있겠느냐?'고 물으면, 그 계를 받고자 하는 이가 대답하기를 '반드시 지키겠습니다' 라고 말해야 한다.

불자여, 이 열 가지 무진계(無盡戒)를 다 받으면 그 계를 받은 사람은 사마(四魔)를 다 건너며, 삼계의 고통을 초월하고 세세생생 이 계를 잃지 않는다. 항상 수행하는 사람을 따라 나아가 곧 성불하게 될 것이다.

불자여, 만약 과거·미래·현재의 일체중생 가운데 이 보살계를 받지 않는 이는 지각이 있는 이라고 하지 않으며, 축생과 다를 바가 없으며, 사람이라고도 하지 않으며, 항상 삼보의 바다를 멀리하게 되니 보살이 아니고, 남자가 아니며, 여자가 아니고, 귀신이 아니며, 사람이 아니다.

축생이라고 하고, 사견이라고 하고, 외도라 하니, 인정(人情)에 가깝지 않기 때문이다. 그러므로 보살계에는 미래제가 다하도록 받는 법은 있으나 버리는 법은 없음을 알아야 한다. 범하는 일이 있더라도 잃어버리지는 않는다.

만약 사람이 있어서 와서 받으려고 원하면 보살과 법사는 먼저 그를 위하여 해설하고 독송하여 이 사람으로 하여금 마음이 열리고 생각으로 이해해 즐거워하는 마음을 내게 하고 그런 후에 받게 해야 한다.

다시 법사가 일체 국토 가운데서 한 사람을 교화하고 출가시켜 보살계를 받게 한다면, 이 법사의 복이 팔만 사천의 탑을 만드는 것보다 뛰어나다. 하물며 다시 두 사람, 세 사람 나아가 백 천 사람에 이르기까지라면 어떻겠는가? 그 복덕의 과보는 헤아릴 수 없다. 스승은 부부와 육친이 서로 스승이 되어줄 수가 있고, 계를 받는 이는 모든 불국토 보살 속에 들어가 삼겁의 생사 고통을 뛰어넘을 것이다.

그러므로 받아야 하니, 있으면서 범하는 것은 없으면서 범하지 않는 것보다 수승하다. 범하는 일이 있어도 계를 받은 이는 보살이라 하고, 범하는 일이 없어도 계를 받지 않은 이는 외도라 한다. 그러므로 일분(一分)의 계를 받은 것이 있어도 보살이라 하고, 이분·삼분·사분·십분까지를 구족하면 계를 받았다고 한다.

보살에게는 십중계(十重戒)와 팔만위의계(八萬威儀戒)가 있다. 십중계는 범하는 일이 있으면 참회할 수가 없으나 거듭 계를 받게 할 수는 있다. 팔만위의계는 모두 가벼운 계라고 하며, 범하는 일이 있으면 상좌 스님 앞에서 잘못을 참회하여 잘못을 소멸시킬 수 있는 것이다.

모든 보살의 범성계(凡聖戒)는 모두 마음을 체(體)로 한다. 그러므로 마음이 다하면 계도 또한 다하고, 마음이 다하지 않으면 계도 다하는 일이 없으므로 육도 중생이 계를 받아 얻을 수 있으며, 다만 법사의 말을 이해할 줄만 알면 계를 잃지 않는다.

16장
참회할 수 있는 죄 & 참회할 수 없는 죄

나에게 두 가지 몸이 있으니
육신의 몸[生身]과 계의 몸[戒身]이다.
만약 선남자가 나의 육신의 몸을 위하여
칠보로 탑을 세우되
크기가 범천에까지 이르렀는데
만약 사람이 그것을 무너뜨린다면
그 죄는 오히려 참회할 수 있다.
그러나 계의 몸을 무너뜨린다면
그 죄는 헤아릴 수 없어서
받아야 하는 죄가 매우 크다.

『불설우바새오계상경』을 읽다 보면 깜짝 놀랄 것이다. 이렇게 소상하고 생생한 이야기를 전하는 경전도 드물다고 느껴질 정도로 무시무시한 얘기가 등장하기 때문이다. 그래서인지 비록 익숙하지 않은 예시들이 나오는데도, 상대적으로 납득이 잘 간다고 하는 장점이 있다. 이러한 형태로 경전에서는 살생, 도둑질, 잘못된 성행위, 거짓말, 음주의 다섯 가지에 대해 낱낱이 알기 쉽게 설명하고 있다.

그리고 이 『불설우바새오계상경』에서는 참회할 수 있는 죄와 참회할 수 없는 죄에 대해 설하는데, 예를 들면 사람인 줄 알면서 죽이는 것이나 부모를 죽인 경우에는 참회할 수 없는 죄가 된다. 또 장난으로 남을 때렸는데 만약 상대가 죽었다면 그것은 참회할 수 있는 죄가 된다고 한다. 실수로 일어난 과실치사 사건의 대부분이 다 참회할 수 있는 죄로 규정되어 있다.

이와 같이, 다양한 이야기가 담겨 있는 『우바새오계상경』은

『불설우바새오계상경』

재가신자를 위해 만들어진 경전이다. 대승계는 출가자보다 보살의 역할과 덕목이 더욱 강조되므로, 『불설우바새오계상경』과 같은 경전이 대승적 계율관을 정립시키는데 적잖은 영향을 끼쳤을 것으로 생각한다.

  사람의 행동은 제각기 생각하는 쪽으로 기울고, 점점 더 그 생각과 행동을 키워간다. 그래서 탐욕스러운 생각을 품은 욕심꾸러기는 점점 더 탐욕스러워지고, 화가 나는 생각을 자꾸 하게 되면 점점 더 화를 잘 내는 사람이라는 평가를 받게 된다. 이는 출가와 재가의 구분이 없다. 출가자라고 해서 탐욕이 없는 것도 아니고, 재가자라고 해서 성스러운 가치를 추구하며 수행하지 말란 법도 없다. 중요한 것은 기본적인 계의 가르침은 승속을 떠나 모두에게 통용되는 보편적 윤리라고 하는 점이다.

키워드＼살(殺), 도(盜), 음(淫), 망(妄), 주(酒)

『불설우바새오계상경』

이와 같이 나는 들었다.

한때 부처님께서 가유라위국(迦維羅衛國)에 계셨다. 그때 정반왕(淨飯王)이 부처님 처소에서 머리를 부처님 발에 대어 예경드리고 합장 공경하고 부처님께 여쭈었다.

"스스로 제도되기를 구하여 청하오니, 원컨대 세존이시여, 저의 뜻을 불쌍히 여겨주소서."

부처님께서 말씀하셨다.

"바라는 대로 하십시오. 왕이 구하는 대로 따르겠습니다."

왕이 부처님께 여쭈었다.

"세존이시여, 이미 비구·비구니·사미·사미니를 위하여 가볍고 무거운 계를 제정하셨습니다. 원컨대 여래께서 또한 저희들 우바새를 위하여 오계(五戒)를 분별하시어 참회할 수 있는 이와 참회할 수 없는 이들이 계의 모습을 잘 알아 의혹이 없게 하소서."

부처님께서 말씀하셨다.

"훌륭하고 훌륭하십니다. 교담(憍曇)이시여, 나도 본래 오래 전부터 마음으로 생각하기를 우바새들에게 오계를 분별하여 주고자 하였습니다. 만약 선남자가 있어 잘 받아 지니어 범하지 않는 이는 인연으로 마땅히 불도를 이루게 될 것이고, 범하고도 뉘우치지 않는 이는 항상 삼악도에 있게 될 것이기 때문입니다."

그때 부처님께서 정반왕을 위하여 여러 가지로 말씀하셨다. 왕은 설법을 다 듣고 난 뒤에 앞에서와 같이 부처님 발에 절하고 부처님 주위를 돈 뒤에 물러갔다. 부처님께서 이 인연으로 비구들에게 말씀하셨다.

"내가 이제 모든 우바새들을 위하여 계를 범한 경중에 따라 참회할 수 있는 것과 참회할 수 없는 것을 말하고자 한다."

비구들이 대답했다.

"그렇습니다. 원컨대 즐거이 듣고자 합니다."

살계(殺戒)

부처님께서 모든 비구에게 말씀하셨다.

"살계를 범하는 데 세 가지 사람의 목숨을 빼앗는 것이 있다. 첫째는 스스로 하는 것이고, 둘째는 다른 사람을 시켜서 하는 것이고, 셋째는 사람을 보내서 하는 것이다.

스스로 하는 것이란 자신이 다른 사람의 목숨을 빼앗는 것이다. 다른 사람을 시켜서 한다는 것은 다른 사람에게 가르쳐 말하되 '이 사람을 붙잡아 묶어 두고 목숨을 빼앗아라'라고 하는 것이다. 사람을 보내서 한다는 것은 다른 사람에게 말하되 '너는 아무개를 아는가, 모르는가? 네가 이 사람을 붙잡아 묶어두고 목숨을 빼앗아라'라고 하면 이렇게 시키는 말에 따라 그의 목숨을 빼앗는 것이다. 그렇게 해서 우바새가 범하게 되면 참회할 수 없는 죄가 된다.

다시 세 가지 사람의 목숨을 빼앗는 것이 있다. 첫째는 내색(內色, 몸에 속한 것)을 사용하는 것이다. 둘째는 내색이 아닌 것을 사용하는 것이다. 셋째는 내색과 내색이 아닌 것을 사용하는 것이다.

'내색'이라고 하는 것은 우바새가 손으로 다른 이를 때리거나 발이나 몸의 다른 부분을 사용하며 '이로 인해 저 사람은 죽어야 한다'는 생각을 하는 것이다. 그 사람이 이로 인해 죽으면 이는 참회할 수 없는 죄를 범하는 것이 된다. 만약 바로 죽지는 않았지만 나중에 이로 인해 죽게 되면 또한 참회할 수 없는 죄를 범하는 것이 된다. 만약 곧 죽지도 않고 나중에도 이로 인해 죽지 않으면 이것은 중죄(中罪)로 참회할 수 있다.

'내색이 아닌 것을 사용한다'는 것은 만약 사람이 나무·기와 조각·돌·칼·창·화살·백납(白鑞)·아연 덩어리·주석 덩어리 등을 저 사람에게 던지며 '저 사람이 이로 인해 죽어야 한다'고 생각하는 것이다. 그 사람이 이로 인해 죽으면 참회할 수 없는 죄를 범하는 것이 된다. 만약 바로 죽지는 않았지만 나중에 이로 인해 죽게 되면 또한 참회할 수 없는 죄를 범하는 것이 된다. 만약 곧 죽지도 않고 나중에도 이로 인해 죽지 않으면 이것은 중죄(中罪)로 참회할 수 있는 것이다.

'내색과 내색이 아닌 것을 사용한다'는 것은 만약 손으로 나무·기와조각·돌·칼·창·화살·백납·아연 덩어리·주석 덩어리·나무토막을 잡고 저 사람을 때리며 '저 사람이 이로 인해 죽어야 한다'는 생각을 하여 그 사람이 이로 인해 죽으면 이 죄는 참회할 수 없다. 만약 바로 죽지는 않았지만 나중에 이로 인해 죽으면 또한 참회할 수 없는 죄를 범하는 것이 된다. 만약 곧 죽지도 않고 나중에도 이로 인해 죽지 않으면 이것은 중죄(中罪)로 참회할 수 있는 것이다.

다시 내색을 쓰는 것도 아니고 내색이 아닌 것을 쓰는 것도 아니며 또한 내색과 내색 아닌 것을 쓰는 것도 아닌 것이 있으니, 사람을 죽이기 위해 여러 가지 독약을 섞어서 눈·귀·코·몸의 부스럼에 바르거나 음식 속에 넣거나 옷이나 이불 속에 넣거나 수레 속에 넣어서 '저 사람은 이로 인해 죽어야 한다'는 생각을 하여 그 사람이 이로 인해 죽으면 이 죄는 참회할 수 없다. 만약 바로 죽지는 않았지만 나중에 이로 인해 죽으면 또한 참회할 수 없는 죄를 범하는 것이 된다. 만약 곧 죽지도 않고 나중에도 이로 인해 죽지 않으면 이것은 중죄(中罪)로서 참회할 수 있는 것이다.

다시 연기가 나지 않는 불구덩이를 만들어 그를 죽이거나 씨에 약을 묻혀 죽이거나 창애[弳]로 죽이거나, 함정에 빠뜨려 죽이거나 들이받아 죽이거나, 비다라(毘陀羅)로 죽이거나 태(胎)를 떨어뜨려 죽이거나, 배를 내리눌러 죽이거나, 불이나 물속에 떠밀어 죽이거나, 구덩이 속에 떠밀어 죽이거나, 심부름을 가게끔 해 도중에 죽게 하거나, 태중에서 처음으로 두 가지 근인 신근(身根)과 명근(命根)을 받았을 때 그 가운데서 방편을 일으켜 죽이는 것 등이다.

연기 나지 않는 불구덩이에 빠뜨려 죽인다는 것은, 만약 우바새가 사람이 이쪽 길로 온다는 것을 알고, 그 가운데 먼저 연기 나지 않는 불구덩이를 만들고 그 위를 모래나 흙으로 덮어 두고는 '이 사람이 이쪽 길로 오기 때문에 내가 이 구덩이를 만들었다'고 말하는 것이다. 만약 이 사람이 이 인연으로 죽게 되면 이는 참회할 수 없는 죄를 범하는 것이 된다. 만약 바로 죽지는 않았지만 나중에 이로 인해 죽으면 또한 참회할 수 없는 죄를 범하는 것이 된다. 만약 곧 죽지도 않고 나중에도 이로 인해 죽지 않으면 이것은 중죄로서 참회할 수 있는 것이다.

사람을 위해 연기 나지 않는 불구덩이를 만들었는데 사람이 죽으면 참회할 수 없고, 사람 아닌 것이 죽으면 이것은 중죄로서 참회할 수 있다. 축생이 죽으면 하죄(下罪)로서 참회할 수 있다.

비인(非人)을 위해 구덩이를 만들었는데 비인이 죽으면 중죄로서 참회할 수 있고, 사람이 죽으면 하죄(下罪)로서 참회할 수 있으며, 축생이 죽으면 하죄로서 참회할 수 있다.

만약 축생을 위해 구덩이를 만들었는데 축생이 죽으면 이는 하죄로서 참회할 수 있으며, 만약 사람이 떨어져 죽거나 비인이 떨어져 죽으면 모두 하죄를 범하는 것이 되며 참회할 수 있다.

만약 우바새가 특정한 한 가지 일을 위한 것이 아니지만 구덩이를 만들어 지나다니는 것들이 모두 떨어져 죽게 하였을 때, 사람이 죽으면 참회할 수 없는 죄를 범하는 것이 되고, 비인이 죽으면 중죄로서 참회할 수 있으며, 축생이 죽으면 하죄로서 참회할 수 있다. 전혀 죽은 것이 없으면 세 가지 방편으로 참회할 수 있는 죄를 범하는 것이 된다. 이것을 '연기 나지 않는 불구덩이로 죽이는 것'이라 한다.

'비다라(毘陀羅)'라 하는 것은, 만약 우바새가 그믐날 밤에 시체를 구해 귀신 부르는 주문을 외워서 시체가 일어나게 하고는 물로 씻고 옷을 입히고 손에 칼을 쥐어주고 살인하게 하는 것이다. 만약 마음으로 생각하며 말하기를 '나는 아무개 때문에 이 비다라를 한다'고 하며 곧 주술을 외워, 만약 해치고자 하는 사람이 죽으면 참회할 수 없는 죄를 범하는 것이 된다. 만약 앞의 사람이 온갖 삼매에 들거나 혹은 천신(天神)에게 보호받거나 혹은 대주사(大呪師)가 구원하여 풀어줌으로써 해치는 것이 이루어지지 않으면 중죄를 범하는 것이 되어 참회할 수 있다. 이런 것을 비다라로 죽이는 것이라 한다.

'반비다라(半毘陀羅)'라 하는 것은, 만약 우바새가 그믐날 밤에 쇠수레를 만들되 쇠수레를 만든 뒤에 쇠사람[鐵人]을 만들어 귀신을 부르는 주문으로 쇠사람이 일어나게 하여 물로 씻고 옷을 입혀 쇠사람이 손으로 칼을 잡게 하는 것이다. 만약 마음으로 생각하고 입으로 말하되 '나는 아무개를 위해 이 주문을 외운다'고 하여 만약 이 사람이 죽으면 참회할 수 없는 죄를 범하는 것이 된다. 만약 앞의 사람이 온갖 삼매에 들거나 온갖 천신에게 보호받거나 주사(呪師)가 구해서 풀어 줌으로써 죽지 않으면 이는 중죄로서 참회할 수 있다. 이것이 '반비다라로써 죽이는 것'이다.

'목숨을 끊는다'는 것은, 그믐에 쇠똥을 땅에 바르고 술과 음식을 가운데 쌓아놓고 불을 사른 뒤 곧 물속에 두며 마음 속으로 생각하고 말하여 주술을 외우되 '불이 물속에서 사라지는 것과 같이 불이 없어질 때 그의 목숨도 따라 사라져라' 하는 것이다.

또는 그믐에 쇠똥을 땅에 바르고 술과 음식을 그 가운데 쌓아둔 뒤에 죽이고자 하는 사람의 그림을 그려 만든다. 상을 만들고 난 뒤 이어서 도리어 뽑아 없애버리며 마음으로 생각하고 입으로 주술을 외우며 말하되 '이 상이 없어지는 것처럼 그의 목숨도 또한 없어지거나, 만약 상이 없어질 때 저 목숨이 따라 없어져라' 하는 것이다.

또는 그믐에 쇠똥을 땅에 바르고 술과 음식을 그 가운데 쌓아두고, 침이나 바늘로 옷이나 머리를 찔렀다가 이어서 다시 뽑아내며 마음으로 생각하고 입으로 주술을 외우며 말하되 '이렇게 침을 뽑아낼 때 그의 목숨도 따라서 뽑혀 버려라' 하는 것이다.

이것이 '목숨을 끊는 것'이다. 혹은 가지가지 주문을 써서 죽이는 이는 참회할 수 없는 죄를 범하는 것이 된다. 만약 죽지 않으면 이는 중죄로서 참회할 수 있다.

다시 '태를 떨어뜨린다'는 것은 임신한 여인에게 토하게 하거나 설사하는 약이나 여러 곳에 넣는 약이나, 침으로 혈맥을 찌르거나 또는 눈물이 나게 하는 약을 주며 '이 인연으로 여자가 죽어버려라'라고 생각하는 것이다. 죽으면 참회할 수 없는 죄를 범하는 것이 된다. 만약 바로 죽지는 않았지만 이 인연으로 나중에 죽으면 또한 참회할 수 없는 죄를 범하는 것이 된다. 만약 바로 죽지도 않고 나중에도 이 인연으로 죽지 않으면 이는 중죄로 참회할 수 있다. 만약 어미를 죽이기 위해 일부러 태를 떨어뜨렸는데 만약 어미가 죽으면 참회할 수 없는 죄를 범한 것이 된다. 만약 태아만 죽으면 이는 참회할 수 있는 죄이다. 만약 함께 죽으면 참회할 수 없는 죄이다. 만약 함께 죽지 아니하면 이는 중죄로서 참회할 수 있다. 만약 태아를 죽이기 위해 일부러 태아를 떨어뜨리는 법을 하여 태아가 죽으면 참회할 수 없는 죄를 범하는 것이 된다. 만약 태아가 죽지 않으면 중죄로서 참회할 수 있다. 만약 어미가 죽으면 중죄로서 참회할 수 있고, 함께 죽으면 참회할 수 없는 죄를 범하는 것이 된다. 이것이 '태아를 떨어뜨려 죽이는 법'이다.

'배를 눌러 죽인다'는 것은 임신한 여인에게 무거운 것을 만들게 하거나 무거운 것을 짊어지게 하거나 수레 앞에 달려가도록 시키거나, 험한 언덕을 오르게 하면서 여인이 죽기를 바라는 것이다. 이렇게 하여 만일 여인이 죽으면 참회할 수 없는 죄를 범하는 것이다. 만일 바로 죽지 아니하고 나중에 이것으로 인해 죽으면 이 죄는 참회할 수 없는 것이며, 만일 이것으로 인해 죽지 않으면 이는 중죄로서 참회할 수 있다. 태아에게 하는 것도 위에서 말한 것과 같다. 이것을 '배를 눌러 죽인다'고 하는 것이다.

'심부름을 가게끔 해 도중에 죽게 하는 것'이란, 이 길 가운데 나쁜 짐승이 굶주리고 있다는 것을 알면서도 나쁜 길 가운데 가도록 하여 '그 사람이 나쁜 길 가운데에서 죽게 해야지'라고 생각하는 것이다. 이렇게 해서 죽으면 참회할 수 없는 죄를 범하는 것이 되고, 나머지도 또한 위에서 말한 것과 같은 것을 범하는 것이 된다. 이것이 '나쁜 길 가운데서 죽이는 것'이다.

또한 어머니 태중에서 처음으로 신근과 명근의 두 근이 생긴 가라라(迦羅邏)*의 시기에 죽이려는 마음으로 방편을 일으켜 죽이고자 하는 것이다. 이렇게 해서 죽으며 참회할 수 없는 것을 범하는 것이 된다. 나머지 범하는 것도 위에서 말한 것과 같다.

죽음을 찬탄하는 것에 세 가지가 있다. 첫째는 악계인(惡戒人)이고, 둘째는 선계인(善戒人)이며, 셋째는 늙고 병든 사람이다.

'악계인'이란, 소나 양을 죽이고 닭이니 돼지를 기르고 매사냥을 하거나 고기잡이를 하거나 사냥꾼이 되어 토끼나 노루, 사슴

---

* 태내 오위(五位)의 하나. 수정된 뒤 최초의 7일간을 말한다.

등을 잡거나 도둑질하고 도둑의 우두머리가 되거나, 횟집을 하거나, 주문으로 용을 부리거나, 감옥을 지키거나 하는 것 등이다. 만약 이런 사람이 있는 곳에 가서 '너희들 악계인이여, 어찌하여 오래도록 죄만 짓고 있는가? 그렇게 죄만 짓고 있느니 차라리 일찍 죽는 것만 못하다'라고 말하는 것이다. 이 사람이 이 말로 인해 죽으면 이는 참회할 수 없는 죄이며, 죽지 않으면 중죄로서 참회할 수 있는 죄이다. 만약 악인이 이와 같이 말하되 '내게는 그런 말이 필요 없다'고 하여 이 인연으로 해서 죽지 않으면 중죄로서 참회할 수 있는 죄이다. 만약 찬탄하여 이 사람이 죽게끔 하였다가 곧 마음으로 뉘우치고 '어찌하여 사람을 죽으라고 가르친단 말인가'라고 생각하여 다시 말하되 '너희들 악인아, 혹시 선지식을 인연으로 하여 착한 사람을 가까이하고 훌륭한 진리의 말씀을 들으며 바르게 사유한다면 곧 나쁜 죄에서 벗어날 수 있으리라. 너희들은 자살을 하지 말라'고 하여, 만약 이 사람이 그 말을 받아들여서 죽지 않으면 이는 중죄로서 참회할 수 있다.

'선계인'이란, 여래와 사부대중이다. 만약 온갖 착한 사람들이 있는 곳에 가서 '너희 좋은 계를 지키는 복덕 있는 사람들이여, 만약 죽으면 곧바로 하늘의 복[天福]을 받을 수 있는데 어찌 스스로 목숨을 앗아 버리지 않는가'라고 말하는 것이다. 이 인연으로 이 사람이 자살하여 죽으면 참회할 수 없는 죄를 범하는 것이며, 자살하지 않으면 이는 중죄로서 참회할 수 있다. 만약 선계인이 '내가 무슨 까닭에 다른 사람의 말을 듣고 자살을 하겠는 가' 라고 이런 생각을 하여, 만약 죽지 않았으면 이는 중죄로서 참회할 수 있다. 만약 다른 이로 하여금 죽으라고 한 뒤에 마음에 뉘우치는 것이 있어 다시 말하되 '내가 한 일은 옳지 못하다. 어찌하여 이 착한 사람을 죽게 했을까' 라고 생각하여 다시 가서 말하되 '너희 착한 사람들이여, 수명(壽命)대로 살면 복덕이 더욱 많아지는 까닭에 복 받음이 더욱 많아지리니, 스스로 목숨을 앗지 말라' 고 하여, 만약 이렇게 해서 죽지 않으면 곧 중죄로서 참회할 수 있다.

'늙고 병든다' 라 하는 것은, 사대(四大)의 힘이 점차 감소하여 온갖 괴로움을 받는 것이니, 이러한 사람에게 가서 말하기를 '그대여, 어찌하여 오래도록 이런 괴로움을 참고 있는가? 어찌 스스로 목숨을 앗아버리지 않는가' 라고 하여 이 인연으로 그가 죽으면 참회할 수 없는 죄이며, 만약 죽지 않으면 중죄로서 참회할 수 있다. 만약 병든 사람이 '내가 무슨 인연으로 이 사람의 말을 듣고 스스로 목숨을 버리겠는가' 라고 생각하고, 선계인도 병든 사람에게 그렇게 말하고 난 뒤에 마음 속에 후회가 생겨서 '나는 옳지 못하다. 어찌하여 이 병든 사람에게 자살을 하라고 하였을까' 하여, 다시 가서 말하기를 '그대들 병든 사람이여, 혹시 좋은 약을 얻거나 좋은 간병인을 얻어 약과 음식을 먹는다면 병이 쾌차해짐을 얻을 수 있으리니, 스스로 목숨을 앗지는 말라' 고 하여, 만약 죽지 않으면 중죄로서 참회할 수 있다.

나머지 위에서 말한 일곱 가지 죽이는 것의 범하는 것과 범하지 않는 것도 위에서 말한 불구덩이의 설명과 같다."

만약 사람을 사람이라는 생각[人想]으로 죽이면 이는 참회할 수 없는 죄이다. 사람을 사람이 아니라는 생각[非人想]으로 죽이거나, 사람일까 하는 의심으로 죽이는 것도 모두 참회할 수 없는 죄를 범하는 것이 된다. 비인을 사람이라는 생각으로 죽이거나, 사람이 아닐까 하는 의심으로 죽이는 것은 중죄로서 참회할 수 있다.

또 어떤 사람이 손발이 잘린 채로 성의 구덩이 속에 버려졌는데, 여러 명의 여인들이 성 안으로 들어오다가 울며 비명을 지르는 소리를 듣고 곧 달려가서 보고 함께 서로 말하되 "만약 이 사람에게 약을 장(漿)에 타서 마시게 하면 곧 죽으리니, 오래도록 괴로움을 받지 않을 것이다"라고 하자, 그 가운데 한 어리석고 순직한 여인이 바로 약을 장에 타서 먹이니 곧 죽어 버렸다. 다른 여인들이 말하기를 "그대는 참회할 수 없는 계를 범하였다"고 하며 곧 부처님께 아뢰니 부처님께서 말씀하셨다.

"그대가 약을 장에 타서 주었을 때 죽었다면 참회할 수 없는 계를 범한 것이 된다. 만약 거사가 방편을 지어서 어미를 죽이고자 하다가 어미 아닌 이를 죽였다면 이는 중죄로서 참회할 수 있다. 만약 거사가 어미 아닌 이[非母]를 죽이려 하다가 자기의 어미를 죽였다면 이는 중죄로서 참회할 수 있는 죄를 범한 것이 되므로 오역(五逆)이 아니다.

만약 거사가 사람을 죽이려 하다가 비인(非人)을 죽였다면 이는 중죄로서 참회할 수 있다. 만약 거사가 방편을 지어 비인을 죽이려 하다가 사람을 죽였다면 작은 죄로서 참회할 수 있는 죄를 범한 것이 된다.

만약 사람이 축생의 태를 품었다가 이 태를 떨어뜨리면 작은 죄로서 참회할 수 있다. 만약 축생이 사람의 태를 품었다가 이 태를 떨어뜨려 죽으면 참회할 수 없는 죄를 범한 것이다.

만약 거사가 방편으로 사람을 죽이려 하다가 거사가 먼저 죽고 다음에 죽은 사람이 있다면 참회할 수 있는 죄를 범한 것이 된다.

만약 거사가 그 부모를 죽이려 하다가 마음에 이분이 부모인가 아닌가 하는 의혹이 생겼지만 바로 부모인 줄 알면서 죽이면 이는 오역죄로서 참회할 수 없다.

만약 거사가 의심을 내되 사람인가 사람이 아닌가 하다가, 마음으로 바로 사람인 줄 알고 죽이면 참회할 수 없는 죄를 지은 것이다."

가령 도둑을 잡아서 죽이려고 하는데 도둑이 도망을 갔다고 하자 관청의 힘이나 마을의 힘으로, 이 도둑을 추적하다가 거사가 길에서 역을 오고 있기에 추적하던 사람들이 묻기를 "그대는 도둑을 보지 못했는가?" 라고 할 경우, 이 거사가 먼저 도둑에게 나쁜 마음으로 성나고 한이 있어서 말하기를 "내가 이곳에서 보았소" 라고 하여, 이로 인해서 도둑의 목숨을 잃게 하면 참회할 수 없는 죄를 지은 것이다.

가령 여러 도둑을 죽이려고 하는데 도둑들이 도망을 갔다고 하자, 관청의 힘이나 마을의 힘으로 추적하다가, 이 거사가 빈대 방향에서 오는데 추적하는 사람들이 거사에게 묻기를 "그대는 도둑을 보지 못했는가?"고 했을 때, 이 도둑들 가운데 한 사람한테라도 이 거사가 화난 바가 있어서 "내가 이곳에 있는 것을 보았소"라고 하여, 만약 화나게 하지 않은 사람이 죽었다면 이는 참회할 수 있다. 나머지는 위에서 말한 것과 같다.

만약 거사가 어머니라고 생각하고 죽였는데 어머니가 아니면 참회할 수 없는 죄이지만 오역죄는 아니다.

만약 장난으로 남을 때렸는데 혹시 죽었으면 이 죄는 참회할 수 있는 죄이다. 만약 미쳐서 스스로 기억하지 못하고 죽였다면 죄가 없다.

만약 우바새가 벌레 있는 물을 쓰거나 풀과 나무에 있는 벌레를 죽이면 모두 죄를 범한 것이다. 만약 벌레가 있는데 없다고 생각하고 물을 사용해도 또한 범한 것이다. 만약 벌레가 없는데 있다고 생각하고 물을 사용해도 또한 범한 것이다.

어떤 거사가 새로 집을 지으려고 집 위에 올라가 있다가 잡고 있던 들보를 놓쳤는데, 목수의 머리에 떨어져 목수가 곧 죽어 버렸다. 거사가 의심하기를 '이 죄는 참회할 수 있을까?' 하고 부처님께 여쭈니, 부처님께서 말씀하셨다.

"죄가 없다. 집 위의 들보는 사람의 적은 힘으로는 견딜 수 없기 때문이다."

들보를 목수의 머리에 떨어뜨려 목수가 죽어서 의심을 하니, 부처님께서 말씀하셨다.

"죄가 없다. 이후로부터 마음을 잘 써서 사람이 죽지 않도록 하라."

또 한 거사가 집 위에서 일을 하다가 진흙 속에 전갈이 있어 놀라고 겁이 나서 뛰어내렸는데 목수의 머리 위에 떨어져 목수가 곧 죽었다. 거사가 의심하니 부처님께서 말씀하셨다.

"죄가 없다. 오늘부터 마음을 잘 써서 사람이 죽게 하지 말라."

또 한 거사가 해질 무렵에 험난한 길에서 도적을 만나 도적이 그를 죽이려고 하니 도적을 피해서 도망치다가 언덕에서 굴러 옷감 짜는 사람 위에 떨어져 옷감 짜는 사람이 곧 죽었다. 거사가 의심하자 부처님께서 말씀하셨다.

"죄가 없다."

어떤 거사가 산 위에서 돌을 밀다가 돌이 떨어져서 사람이 죽자 의심을 하니, 부처님께서 말씀하셨다.

"죄가 없다. 만약 돌을 밀려고 할 때 먼저 돌 내려간다고 외쳐서 사람들이 알 수 있도록 하라."

또 한 사람 옹창이 들어서 아직 익지 않았는데 거사가 터뜨리려다가 죽어버리자 의심을 내니, 부처님께서 말씀하셨다.

"옹창이 익지 않았는데 만약 터뜨리려다가 사람이 죽으면 이는 중죄로 참회할 수 있다. 만약 옹창이 익었을 때 터뜨리려다가 죽었다면 죄가 없다."

또 어린아이를 즐겁게 하려고 거사가 붙잡고 때려 크게 웃게 하려는데 아이가 죽자 거사가 의심을 하니, 부처님께서 말씀하셨다.

"즐겁게 하려고 하던 것이기에 죽인 죄는 범한 것이 아니다. 지금부터 다시는 때려서 다른 사람을 웃게 하지 말라."

한 사람이 앉아서 옷으로 스스로를 덮고 있는데 거사가 부르며 일어나라 하니 이 사람이 말하기를 "나를 부르지 말라. 일어나면 죽으리라" 하였다. 다시 부르며 "일어나라"고 하니 일어나다가 곧 죽었다. 거사가 의심을 하니, 부처님께서 말씀하셨다.

"중죄를 저지른 것으로 참회할 수 있다."

도계(盜戒)

부처님께서 여러 비구에게 말씀하셨다.

"우바새가 세 가지 방법으로 남의 귀중한 물건을 가지면 참회할 수 없는 죄를 지은 것이 된다. 첫째는 마음을 사용하는 것이고, 둘째는 몸을 사용하는 것이고, 셋째는 본래 있던 곳에서 옮기는 것이다.

마음을 사용한다는 것은 마음을 내어 훔치겠다고 하는 것이고, 몸을 사용한다는 것은 몸의 여러 부분으로 다른 사람의 물건을 가지는 것이고, 본래 있던 곳에서 옮긴다고 하는 것은 물건을 원래 있던 곳에서 들어서 다른 곳에 두는 것이다.

다시 또 세 가지 다른 사람의 귀중한 물건을 취하는 것이 있으니, 범하면 참회할 수 없는 죄가 된다. 첫째는 스스로 훔치는 것이고, 둘째는 남을 시켜 훔치는 것이고, 셋째는 사람을 보내어 훔치게 하는 것이다.

'스스로 훔친다'는 것은 자신이 직접 본래 있던 곳에서 옮기는 것이고, '남을 시켜 훔친다'는 것은 만약 우바새가 다른 사람을 시켜 남의 물건을 훔치라고 했을 때 이 사람이 뜻을 따라 훔쳐서 본래 있던 곳에서 옮기는 것이며 '사람을 보내서 훔친다'는 것을 보내는 사람에게 말하기를 '네가 그 중요한 물건이 있는 곳을 아느냐?'고 물어보고 답하기를 '그곳을 압니다'라고 하면 보내서 가져 오도록 하는 것이니, 이 사람이 그 말을 따라 가져 와서 본래 있던 곳에서 옮겼을 때이다.

다시 다섯 가지 다른 사람의 귀중한 물건을 훔치는 일이 있으니, 범하면 참회할 수 없다. 첫째는 간절한 마음으로 훔치는 것이고, 둘째는 가벼이 훔치는 것이고, 셋째는 다른 사람의 이름을 사칭하고 훔치는 것이고, 넷째는 강제로 빼앗는 것이며, 다섯째는 맡았다가 갖는 것이다.

'귀중하다'고 하는 것은 5전(五錢)이나, 5전의 값어치가 되는 물건이니, 범하면 참회할 수 없다. 어떤 거사가 다른 사람에게 다섯 가지 보물이나 다섯 가지 보물과 비슷한 것이 있는 줄 알고서 도둑질하겠다는 마음으로 골랐으나, 본래 있던 곳에서 옮기지 못했으면 참회할 수 있는 죄를 지은 것이다. 만약 고르고 나서 본래 있던 곳에서 옮겼는데 가치가 5전이나 되면 참회할 수 없는 죄를 범한 것이 된다.

'본래의 장소에서 옮긴다'고 하는 것은 만약 직물을 다른 줄로 묶으면 장소가 다르다고 하고, 만약 가죽이거나 옷이 색깔이 같으면 장소가 같다고 하고, 색깔이 달라졌으면 장소가 다르다고 하며, 옷이거나 가죽이거나 침상이 색이 한결같으면 장소도 같다고 하고, 색이 달라졌으면 장소가 다르다고 하며, 담요 같은 것은 털이 한 겹이면 있는 곳이 같다고 하고, 색도 같으면 있는 곳이 같다고 하고, 색이 달라졌으면 있는 곳이 달라졌다고 하는데, 이것을 '여러 장소'라고 한다.

거사가 다른 사람을 위해 물건을 지고 가다가 훔치겠다는 마음으로 왼쪽 어깨에서 옮겨 오른쪽 어깨로 올리거나, 오른손에서 옮겨 왼손에 들거나 하여, 이렇게 몸의 여러 부분으로 옮기는 것을 '장소를 바꾼다'고 한다.

수레의 경우는 바퀴와 축과 가로나무와 받침이며, 배의 경우는 양쪽 뱃전과 앞뒤이며, 집의 경우는 들보와 기둥과 서까래와 추녀와 네 모서리와 으슥한 곳이니 모두 '장소를 바꾸는 것'이다. 훔칠 마음으로 물건을 옮겨서 이러한 여러 다른 장소에 두면 모두 참회할 수 없는 죄를 범하는 것이다.

'물속의 물건을 훔친다'고 하는 것은, 사람이 뗏목을 타고 물을 따라서 아래로 내려갈 때 거사가 훔치겠다는 마음으로 갖는 것이니, 참회할 수 없는 죄를 범하는 것이다. 만약 훔치려는 마음으로 나무를 잡아 멈추게 했다가 흘려 보내서 앞에 이르게 하거나, 또 훔치려는 마음으로 물속에 가라앉히거나 들어서 물 밖으로 옮겼을 때, 모두 참회할 수 없는 죄를 지은 것이 된다.

다시 또 주인이 있는 연못에서 기르는 새를 거사가 훔치려는 마음으로 잡아서 물속에 넣으면 참회할 수 없는 죄를 범하는 것이다. 만약 연못을 떠난 물에서 들어올리면 참회할 수 없는 죄를 범하는 것이다. 만약 다른 사람의 집에서 기르는 새를 날려서 들판의 연못에 들어가게 하고, 훔치려는 마음으로 들어서 물에서 옮기거나 물속에 가라앉히는 것은 모두 참회할 수 없는 죄를 범하는 것이다.

또 거사가 안팎으로 꾸미고서 누각에서 위에 있다가 여러 가지 주인이 있는 새가 이쪽의 물건을 물고 가는 것을 보고 훔치려는 마음으로 이 새를 훔치면 참회할 수 없는 죄를 범하는 것이다. 만약 새가 보물을 물고 날아가는 것을 보고 훔치려는 마음으로 돌아오기를 기다리면 중죄로서 참회할 수 있다. 만약 주술의 힘으로 새가 자신의 뜻대로 어떤 곳에 오도록 하는 것은 참회할 수 없는 죄를 범하는 것이다. 만약 다른 곳에 도달하면 중죄로서 참회할 수 있다. 만약 야생인 새가 보물을 물고 날아갈 때 거사가 훔치려는 마음으로 야생의 새를 잡으면 중죄를 지은 것으로 참회할 수 있다. 야생인 새를 기다릴 때는 작은 죄로서 참회할 수 있다.

또 모든 야생인 새가 보물을 물고 가는데 임자 있는 새가 빼앗았을 때 거사가 훔치려는 마음으로 주인 있는 새를 취하여 뺏으면 참회할 수 없는 죄를 범하는 것이다.

또 모든 주인 있는 새가 보물을 물고 날아가는데 야생인 새가 빼앗은 것을 거사가 훔치려는 마음으로 빼앗고 야생인 새를 가지면 중죄를 범한 것으로 참회할 수 있다. 만약 새를 기다릴 때는 또한 중죄를 지은 것으로 참회할 수 있다. 나머지도 또한 위와 같다.

만약 거사가 노름을 하다가 훔치려는 마음으로 패를 바꾸어서 남을 이겨서 5전을 따면 참회할 수 없는 죄를 지은 것이다.

만약 거사가 훔치려는 마음으로 시체를 훔치면 중죄를 범한 것으로 참회할 수 있다. 만약 공경하는 마음으로 '부처님도 또한 나의 스승이시다' 라고 생각하고 청정한 마음으로 취하면 범하지 않은 것이다. 만약 거사가 훔치려는 생각으로 경전을 취하면 참회할 수 없는 죄가 된다. 가치의 가볍고 무거움을 계산할 수조차 없기 때문이다.

'밭을 훔친다' 는 것은 두 가지 인연으로 다른 이의 밭이나 땅을 빼앗는 것이다. 첫째는 형태를 말하는 것이고, 둘째는 형태를 만드는 것이다. 만약 거사가 땅을 얻으려고 다른 사람과 다투어 이겨서 만약 다른 형태를 만들어서 지나친 땅을 얻는 것이다. 5전의 값어치가 되면 참회할 수 없는 죄를 범하는 것이 된다.

여러 거사가 값과 세금을 내어야 하는데 내지 않아서 5전에 이르면 참회할 수 없는 죄를 범하는 것이다. 다시 거사가 통관세를 내는 곳에 도착해서 다른 거사에게 '당신이 나를 위해 이 물건을 통과시켜 주면 당신에게 세금의 반을 주겠다' 고 해서, 가지고 가서 5전 이상의 세금을 어기면 참회할 수 없는 죄를 범하는 것이다.

거사가 어떤 사람에게 다른 길을 가르켜 주어서 세금을 잃게 하되, 물건의 가치가 5전의 값어치가 되면 중죄를 범한 것으로 참회할 수 있다. 만약 세금을 낼 곳에 도적 또는 나쁜 짐승이 매우 굶주려 있기에 다른 길을 가르켜 주었다면 해로움을 면하게 한 것이므로 범한 것이 아니다.

또 거사가 도적과 함께 모의하여 여러 마을을 파괴하고 물건을 함께 나누어 가져서 5전의 값어치가 되면 참회할 수 없는 죄를 지은 것이다.

'다리 없는 짐승을 훔친다' 고 하는 것은 거머리와 우투라충(于投羅蟲)을 사람이 잡아서 그릇 속에 넣어둔 것을 거사가 그릇 속에서 끄집어내는 것이니, 참회할 수 없는 죄를 지은 것이 된다. 선택한 내용은 위와 같다.

'두 발 세 발인 짐승을 훔친다' 는 것은 사람이 거위, 기러기와 앵무새 등의 여러 가지 새들을 도롱이에 있는 상태에서 훔치려는 마음으로 가지는 것이니, 참회할 수 없는 죄를 지은 것이며 나머지는 위에서 말한 것과 같다.

'사람을 훔친다' 는 것에 두 가지가 있다. 첫째는 지고 가는 것이고, 둘째는 함께 약속하는 것이다. 만약 거사가 훔칠 마음으로 사람을 둘러매어 어깨에 올려서 사람의 두 다리가 땅에 떨어지게 하면 참회할 수 없는 죄를 지은 것이며, 만약 함께 약속을 하고 둘이 함께 걸어서 지나가면 참회할 수 없는 죄를 범하는 것이니, 나머지는 위에서 말한 것과 같다.

'네 발 달린 짐승을 훔친다'는 것은 코끼리와 말과 소와 양 등을 사람이 밧줄로 한곳에 매어놓은 것을 훔치려는 마음으로 끌고 네 발을 떼게 하는 것이니, 참회할 수 없는 죄를 범하는 것이다. 만약 한곳에 누워 있는 것을 훔치려는 마음으로 끌어 일으켜 네 발을 떼게 하면 참회할 수 없는 죄를 범하는 것이 되며, 발이 많은 것도 또한 같다.

만약 담장이나 울타리 안에 갇혀 있는 것을 훔치려는 마음으로 끌어내어 네 발을 떼게 하면 참회할 수 없는 죄가 되고, 나머지는 위에서 말한 것과 같다. 만약 밖에 놓아 먹이는 것을 거사가 훔치려는 마음으로 생각하되 '관리하는 사람이 숲 속에 들어갔을 때 내가 훔치면 되겠다' 하면 생각을 낸 그때 중죄를 범한 것으로서 참회할 수 있다. 만약 죽게 된다면 스스로 죽인 죄와 같아지며, 죽이고 나서 5전 값어치의 고기라도 가지면 참회할 수 없는 죄가 된다.

다시 일곱 가지가 있으니, 첫째는 자기 것이 아니라고 생각하는 것, 둘째는 동의하지 않은 것, 셋째는 잠시 동안만 사용하는 것이 아닌 것, 넷째는 주인이 있는 줄 알고 있는 것, 다섯째는 미치지 않은 것, 여섯째는 마음이 어지럽지 않은 것, 일곱째는 병들어서 무너진 마음이 아닌 상태이다. 이 일곱 가지로써 귀중한 물건을 훔치면 참회할 수 없는 죄를 범하는 것이 된다. 그다지 귀중하지 않은 물건을 가지면 중급의 죄를 범하는 것으로 참회할 수 있다.

또한 일곱 종류가 있으니, 첫째는 자기 것으로 생각한 경우, 둘째는 동의한 경우, 셋째는 잠시 사용하는 경우, 넷째는 주인이 없다고 한 경우, 다섯째는 미친 경우, 여섯째는 마음이 어지러운 경우, 일곱째 병들어서 무너진 마음이다. 이 일곱 가지로 물건을 가지면 범하는 것이 아니다."

어떤 거사가 무를 심었는데 다른 어떤 거사가 밭에 와서 거사에게 말했다. "저에게 무를 주십시오" 하니, 거사가 "당신은 값을 치를 수 있습니까?"라고 하였다. 곧 찾아보고 대답하기를 '제게는 돈이 없습니다'라고 하니, 거사가 말하기를 "만약 무가 필요하다면 당연히 값을 치러야 합니다. 만약 내가 그냥 당신에게 준다면 어떻게 조석으로 먹고 살겠습니까?"라고 하였다. 객이 "당신은 진정코 내게 주지 못하겠습니까?"라고 하니, 주인이 말하기를 "내가 왜 당신에게 주어야 합니까?"라고 하였다. 객이 곧 주술을 써서 무를 마르게 하고 돌아가다가 스스로 의심하기를 '혹시 참회할 수 없는 죄를 지은 것이 아닌가?' 하고는 부처님께 가서 여쭈니, 부처님께서 말씀하셨다.

"범한 것이 참회할 수 있는 것이든 참회할 수 없는 것이든 값을 치러야 한다. 줄기와 잎과 꽃과 열매가 모두 뿌리와 같다."

어떤 사람이 기원정사 근처에서 밭을 매다가 옷을 벗어서 밭 한쪽에 두었다. 그때 어떤 거사가 사방을 둘러보고 사람이 없으니, 얼른 옷을 가지고 갔다. 그때 밭을 매던 사람이 돌아보고 거사에게 말하기를 "내 옷을 가져가지 마시오"라고 했으나 거사가 제대로 듣지 못하고 오히려 주인이 없다고 하는 줄 알고 옷을 가지고 가 버렸다. 밭 매던 사람이 곧 뒤를 쫓아가서 그를 잡고 말하기를 "당신네 법에는 주지 않는 것을 가져도 됩니까?"라고 하니 거사가 답하기를 "나에게 주인이 없다고 하지 않았소? 그래서 가져갔을 뿐인데 어찌 법이 그렇겠소"라고 하니, 밭 매던 사람이 말하기를 "이것은 나의 옷이오"라고 하니 거사가 말하기를 "이것이 당신 옷이라면 다시 가져가시오"라고 했다.

거사가 의심하기를 '내가 참회할 수 없는 죄를 지은 것은 아닐까?'라고 하고는 부처님 처소에 가서 이 일에 대해 여쭈었다. 부처님께서 까닭을 아시고도 묻기를 "너는 무슨 마음으로 그것을 가졌느냐?"라고 말씀하시니, 거사가 아뢰기를 "주인이 없다는 줄 알았습니다"라고 하였다. 그러자 부처님께서 말씀하셨다.

"범한 것이 아니다. 지금부터는 물건을 취할 때 잘 헤아려 보아서 혹시 그대로 있던 것이라면 비록 지키는 사람이 없더라도 실제의 주인이 있는 것이다. 만약 마음을 내어서 훔치려고 하다가 갖지 않았다면 가벼운 죄를 범한 것으로 참회할 수 있으며, 훔친 것이 5전이 되지 못하면 중죄를 범한 것으로 참회할 수 있으며, 훔친 것이 5전이 되면 참회할 수 없는 죄를 범한 것이 된다."

음계(婬戒)

부처님께서 모든 비구에게 말씀하셨다.
"우바새들은 애욕의 생각과 애욕의 느낌을 내어서는 안 된다. 오히려 마음을 내어서도 안 되거늘, 어찌 하물며 애욕을 일으켜 성내고 어리석게 근본부정(根本不淨)의 악업(惡業)에 결박되겠는가?
이 가운데 삿된 음행을 하는 데 네 가지 대상이 있으니, 남자와 여자와 황문(黃門, 성불구자)과 이근(二根, 양성)이다.
'여자'라고 하는 것은 사람의 여자이거나 사람 아닌 이의 여자거나 짐승의 암컷을 말한다. '남자'라고 하는 것은 사람의 남자이거나 사람 아닌 것의 남자이거나 짐승의 수컷을 말하며, 황문과 이근의 경우도 또한 위의 종류와 같다.
만약 우바새가 사람의 여자이거나 사람 아닌 것의 여자이거나 짐승의 암컷이거나 간에 세 군데에 삿된 음행을 하면 참회할 수 없는 죄가 된다. 만약 사람의 남자이거나 사람 아닌 것의 남자이거나 짐승의 수컷이거나, 황문이거나 이근이거나 간에 두 곳에 삿된 음행을 하면 참회할 수 없는 죄가 된다.
만약 마음을 내어서 음행을 하려고 하다가 몸이 닿지 않았다면 하급의 죄를 범한 것으로 참회할 수 있다. 만약 두 몸은 서로 닿았으나 그만두어 음행을 하지 않았다면 중급의 죄를 범한 것으로 참회할 수 있다.

만약 우바새가 하녀로 하여금 짝을 정해서 시집가게 하여 주인이 있는데, 그 중간에 삿되이 음행을 하면 참회할 수 없는 죄를 범하는 것이 된다. 나머지 가벼운 잘못은 위에서 말한 것과 같다. 세 곳이라고 하는 것은 입과 대변 보는 곳과 소변 보는 곳이니, 이 세 곳을 제외한 나머지 장소에 음행을 하면 모두 참회할 수 있다.

만약 우바새가 하녀로 하여금 짝을 정해 주지 않은 상태에서 그 중간에 길이 아닌 곳에 음행을 하였다면 참회할 수 있는 죄가 되지만, 다음 생에 죄가 무거운 과보를 받는다.

만약 우바새가 남자 아이가 있어서 사람들로 하여금 그들과 함께 두 곳에 음행을 하게 하면 참회할 수 없는 죄를 범한 것이 된다. 나머지 가벼운 죄를 어긴 것은 위에서 말한 것과 같다.

만약 우바새가 창녀와 함께 음행을 하고 화대를 주지 않았다면 삿된 음행을 한 것으로 참회할 수 없으며 화대를 주었으면 잘못이 없다.

만약 사람이 죽었거나 또는 짐승이 죽었거나 간에 몸에서 성기가 다 문드러지지 않은 상태의 그것과 삿된 음행을 하되, 여자의 세 곳이라면 참회할 수 없는 죄를 범한 것이며, 가벼이 어긴 것은 위에서 말한 것과 같다.

만약 우바새가 스스로 팔계[八支戒]를 받고 나서 음행을 하였다면 참회할 수 없는 죄를 범한 것이다. 팔계에는 바르고 삿된 것이 따로 없이 모두가 다 범한 것이 된다.

만약 우바새가 비록 그대로 계를 받지 않았다고 하더라도 부처님 제자로서 계가 깨끗한 사람을 범한 이는 비록 계를 범한 죄는 없을지라도, 그러나 다음에 영원히 오계 또는 출가인의 구족계까지를 받을 수 없다."

부처님께서 모든 비구에게 말씀하셨다.

"나에게 두 가지 몸이 있으니, 육체로써의 몸[生信]과 계로써의 몸[戒身]이다. 만약 선남자가 나의 육체적 몸을 위하여 칠보로 탑을 세우되 크기가 범천까지 이르렀는데, 만약 사람이 그것을 무너뜨린다면 그 죄는 오히려 참회할 수 있다. 그러나 나의 계로써의 몸을 무너뜨린다면 그 죄는 헤아릴 수 없어서 받아야 하는 죄가 매우 크다."

망어계(妄語戒)

부처님께서 여러 비구에게 말씀하셨다.

"나는 가지가지로 거짓말하는 것을 꾸짖고, 거짓말하지 않는 이를 칭찬했다. 나아가 장난으로라도 오히려 거짓말을 해서는 안 되거늘, 하물며 일부러 거짓말을 하겠는가?

이 가운데 범한다고 하는 것은, 만약 우바새가 보통사람보다 훌륭한 성인의 법을 알지 못하고 보지 못했으면서도 스스로 말하기를 '아라한이다' 라고 하거나 '아라한을 향하는 이다' 라고 하면 참회할 수 없는 죄를 범하는 것이다. 만약 '나는 아나함이다' 라고 하거나 '사다함을 향하는 이다' 라고 하거나 '수다원이다' 라고 하거나, 나아가 '수다원을 향하는 이다', '초선(初禪)을 얻었다' 고 하거나 '제사선(第四禪)을 얻었다' 라고 하거나 '자·비·희·사의 무량한 마음을 얻었다' 라고 하거나 '네 가지 무색계(無色界)의 선정을 얻었다' 라고 하거나 '허공계의 선정[虛空定]을 얻었다' 라고 하거나 '식처의 선정[識處定]을 얻었다' 라고 하거나 '무소유처의 선정[無所有處定]을 얻었다' 라고 하거나 '비상비비상처의 선정[非想非非想處定]을 얻었다' 라고 하거나 '부정관(不淨觀)을 성취했다' 라고 하거나 '수식관(數息觀)을 성취했다' 라고 하거나 '여러 하늘들이 나의 처소에 왔다' 라고 하거나 '여러 용과 야차 등이 내게 와서 그들이 나에게 물으면 내가 대답하고 내가 그들에게 물으면 그들이 대답한다' 라고 하면 모두 참회할 수 없는 죄를 범하는 것이 된다.

만약 본래 아라한이라고 말하려다가 아나함이라고 하면 중죄를 범한 것으로 참회할 수 있다. 나머지도 또한 이와 같은 범함이 된다.

만약 우바새에게 어떤 사람이 '당신은 도를 얻었습니까?' 라고 물었을 때 만약 잠자코 있었거나 또는 이와 비슷한 모양을 보였다면 모두 중급의 죄를 범한 것으로 참회할 수 있다. 나아가 귀신이 나의 처소에 왔다고 한 경우까지도 중급의 죄를 범한 것으로 참회할 수 있다.

만약 우바새가 실제로 듣고도 듣지 못했다고 하거나, 실제로 보고도 보지 못했다고 하거나, 있는 것을 의심하고서 없다고 말하거나, 없는 것을 있다고 말하면 이러한 거짓말은 모두 다 죄를 범한 것이지만 참회할 수 있다.

만약 마음을 내어서 거짓말을 하려다가 말을 하지 않았다면 하급의 죄를 범한 것으로 참회할 수 있다. 말을 했으나 그 뜻을 다 말하지 못했다면 중급의 죄를 범한 것으로 참회할 수 있다. 만약 다른 사람에게 스스로 도를 얻었다고 말한 사람은 당연히 참회할 수 없는 죄를 범한 것이 된다. 만약 미쳤거나 마음이 어지럽거나, 한 말을 알지 못하는 경우는 범한 것이 아니다."

주계(酒戒)

부처님께서 지제국(支提國) 발타라바제(跋陀羅婆提) 마을에 계셨다. 이곳에는 포악한 용이 있었는데 암파라제타(菴婆羅提陀)라고 이름하였다. 흉악하고 난폭하며 매우 해로워서 사람들이 그곳에 다가가지 못했다. 코끼리와 말과 소와 양과 나귀와 암말과 낙타로도 능히 접근하지 못했으며, 나아가 새들까지도 그 위로 날아다니지 못했고, 가을에 곡식이 익을 때는 모든 곡식을 말려 죽이기도 하였다.

장로 사가타(莎伽陀)가 지제국을 유행하다가 점차로 발타라바제 마을에 이르러 밤을 지내고 나서 새벽에 옷을 입고 발우를 들고 마을에 들어가서 음식을 얻었다. 음식을 얻을 때 이 마을에는 암파라제타라고 부르는 포악한 용이 있는데 흉악하고 난폭하며 매우 사나워서 사람들과 짐승들이 그곳에 다가가지 못하며 가을에 곡식이 익을 때는 모든 곡식을 말려 죽인다는 말을 들었다.

들고 나서 음식을 먹고는 암파라제타 용이 머무는 곳에 가서 샘 가의 나무 아래에 자리를 깔고 좌선을 하였다. 용이 옷기척을 느끼고는 성질을 내며 몸에서 독연기를 뿜었다. 장로 사가타도 곧 삼매에 들어서 신통의 힘으로 몸에서 또한 연기를 내니, 용은 더욱 화가 나서 몸에서 불을 냈다. 사가타도 거듭 화광(火光)삼매에 들어 몸에서 불을 내니, 용은 다시 우박을 퍼부었다. 사가타는 즉시 우박을 다른 것으로 바꾸었다. 용이 다시 낙뢰를 놓으니, 사가타는 갖가지 환희환병(歡喜丸麨)으로 바꾸었다. 용이 다시 화살과 칼끝을 비처럼 내리니 사가타는 곧 우발라(優鉢羅, 파란색 연꽃)꽃·파두마(波頭摩, 붉은 연꽃)꽃·구모타(拘车陀, 노란 연꽃)꽃으로 바꾸었다. 이때 용이 다시 독사·지네·살모사 등을 내리쏟으니 사가타는 곧 아름다운 온갖 영락으로 바꾸었다.

이와 같이 용이 가지고 있던 세력을 모두 다 사가타에게 드러냈다. 이와 같은 모습을 보이고 나서도 능히 이길 수 없었기 때문에 곧 위력과 광명을 잃었다. 장로 사가타는 용의 힘이 이미 다해서 다시 움직일 수 없게 된 줄 알고는 변화해서 미세한 몸으로 만들어 용의 두 귀로 들어가서 두 눈으로 나오고, 두 눈에서 나와 코로 들어갔다가 입에서 나와 용의 머리 위에서 오락가락 가벼이 다니고 있었지만 용의 몸은 다치지 않았다.

이때 용이 이러한 여러 가지 일을 보고 마음이 크게 놀라고 두려워서 털이 곤두섰다. 그러자 합장하고 장로 사가타에게 말하기를 "제가 당신에게 귀의하겠습니다"고 말하니, 사가타가 대답하기를 "그대는 나에게 귀의하지 말고, 당연히 나의 스승에게 귀의하고, 부처님께 귀의해야 한다"고 하니 용이 "저는 지금 삼보에게 귀의하오니, 이 목숨이 다하도록 부처님의 우바새가 된 줄 알겠습니다"고 했다. 이에 용은 삼귀의 계를 받고 부처님의 제자가 되고 나서 다시는 예전처럼 흉악한 일을 하지 않았다.

모든 사람과 새와 짐승이 모두 그곳에 갈 수 있게 되었고 가을 곡식이 익을 때도 다시는 말라 죽지 않게 되어 이와 같은 명성이 모든 나라에 유포되었으니 "장로 사가타께서 포악한 용을 꺾어 항복받아 착해지게 하여서 모든 사람과 새와 짐승이 용궁에 갈 수 있고 가을 곡식이 익을 때 다시는 말라 죽지 않게 되었다"고 하였다. 장로 사가타의 명성이 유포됨으로 모든 사람이 다 음식을 만들고 그를 청하러 사람을 보냈다. 그 가운데 한 가난한 여인이 있었는데 신심과 공경하는 마음으로 장로 사가타를 맞으려고 하니, 장로 사가타는 묵연히 받아들였다. 이 여인은 좋은 소락으로 만든 우유죽을 골라 바치자 그것을 받아서 먹었다. 여인이 생각하기를 '이 사문이 이 좋은 소락으로 만든 우유죽을 드시고 혹시라도 냉중이 생기신다면 다시 물 같은 색의 술을 드려야겠다' 하고는 그것을 갖다 주었다. 이에 사가타가 보지도 않고 마셨는데, 마시고 나서 법을 설해주고는 가 버렸다.

절을 향해서 가는 도중에 이때 갑자기 술기운이 일어나서 절 입구 근처에서 땅에 넘어져서 승가리 옷과 물 거르는 주머니와 발우와 지팡이와 기름 주머니와 가죽신과 바늘통이 여러 곳에 따로 떨어져 있고 몸은 다른 곳에 뒹굴게 되었지만 취해서 알지 못했다.

이때 부처님께서 아난을 데리고 다니다가 이곳에 도착하셨다. 부처님께서 이 비구를 보시고 짐짓 아시면서도 일부러 "아난아, 이 사람은 누구냐?"라고 물으셨다.

아난이 대답하기를 "세존이시여, 이 사람은 장로 사가타입니다"라고 아뢰었다. 부처님께서는 곧 "아난아, 이곳에 내가 앉을 자리를 깔고 물을 뿌리고 대중을 모으라"라고 하셨다. 아난이 시킨 대로 앉으실 자리를 깔고 물을 뿌리고 대중을 모으고 나서 부처님께 가서 아뢰기를 "세존이시여, 제가 자리를 깔고 물을 뿌리고 대중을 모아 놓았습니다"라고 하니, 부처님께서는 스스로 때가 온 줄 아시고 곧 발을 씻고 앉으셔서 여러 비구에게 말씀하셨다.

"일찍이 용이 있어서 암파라제타라고 하는데 흉악하고 난폭하며 매우 해로워서 먼저는 그 용이 있는 곳에 코끼리와 말과 소와 양과 나귀와 노새와 암말과 낙타도 가지 못하며 또한 새도 감히 그 위를 날지 못했고 가을 곡식이 익을 때면 모든 곡식을 말려 죽였는데, 훌륭한 사가타가 능히 꺾어 항복받아서 착하게 만들어서 모든 짐승이 그 샘 위에 갈 수 있게 했다는 걸 보고 들은 적 있느냐?"

이때 대중 가운데 본 사람이 있어서 "보았습니다, 세존이시여" 하고, 들은 사람은 "들었습니다, 세존이시여"라고 하였다.

부처님께서 비구들에게 "너희들 생각은 어떠냐? 이 훌륭한 사가타가 지금 두꺼비를 꺾어 항복시킬 수 있겠느냐?"라고 하시니, 대답하기를 "못합니다, 세존이시여"라고 하였다.

부처님께서 말씀하셨다.

"성스러운 사람도 술을 마시면 오히려 이렇게 실수를 하거늘 세속의 평범한 사람들이 이렇게 하는 것이 잘못이 아니겠는가? 이러한 실수와 죄를 범하는 것은 모두 술을 마시기 때문이다. 오늘부터는 나의 제자라고 하는 사람은 술을 마셔서는 안 되니 작게는 풀끝 만큼의 한 방울에 이르기까지도 마셔서는 안 된다."

부처님께서 여러 가지로 술 마신 잘못을 꾸짖으시고 나서 모든 비구에게 말씀하셨다.

"우바새들도 술을 마시면 안 된다는 것에 두 가지가 있으니 곡식으로 빚은 술과 나무로 빚은 술이다. 나무로 빚은 술이라고 하는 것은 나무의 뿌리와 줄기와 잎과 꽃과 열매를 사용했거나 여러 가지 씨앗을 썼거나 여러 가지 약풀을 섞어서 술을 빚은 것이니, 술의 색과 술의 냄새와 술의 맛으로 마시면 사람을 취하게 하므로 이를 술이라고 한다.

만약 우바새가 맛보고 삼켰다면 또한 이름하여 술을 마셔서 죄를 범한 것이며, 곡식으로 빚은 술을 마셨다면 삼키는 것마다 죄를 범한 것이며, 신술[酢酒]을 마셨다면 삼키는 것마다 범한 것이며, 달콤한 술을 마셨다면 삼키는 것마다 따라서 범한 것이며, 누룩을 먹고도 취한다면 마시는 것을 따라서 범한 것이며, 찌꺼기를 걸러 마셨다면 마시는 것마다 따라서 범한 것이며, 찌꺼기를 마셨다면 삼키는 것마다 따라 범한 것이며, 술과 술의 색깔과 술의 냄새와 술의 맛 비슷한 것으로 사람이 취하면 마시는 것에 따라서 죄를 범하는 것이다. 만약 술 빛깔만 내고 술 향기가 없거나 술맛이 나지 않아 사람을 취하게 하지 않는 것과 그 밖의 음료들은 모두 범하는 것이 아니다."

17장

재가보살을 위한 계

여래가 설하는 보살에는 두 가지가 있다.
첫째는 재가보살이요, 둘째는 출가보살이다.
출가보살을 비구라 하고, 재가보살을 우바새·우바이라 한다.
출가보살이 출가계를 가지기는 어렵지 않으나
재가보살이 재가계를 가지기는 매우 어렵다.
집에 있는 사람은 나쁜 인연에 얽매이는 일이 많기 때문이다.

●

 대승불교가 되면서 불교는 어느덧 승가라고 하는 울타리를 넘어 모두가 함께 나눌 수 있는 보편적인 가르침으로 거듭나고 있었다. 대승불교는 일반인을 위한 불교라고 해도 과언이 아니다. 그러다 보니 재가보살을 위한 계경도 유행하게 되었다.

 『우바새계경』은 기존에 있던 경전[善生經]을 대승적으로 해석하여 대승의 재가보살이 지켜야 할 계를 설한 것이다. 재가보살은 예나 지금이나 기본적으로 5계의 수지가 의무화되어 있는데, 여기서는 5계에 더해 6가지 무거운 계[6重]와 28가지 가벼운 계[28失意]를 대승의 계로 제시하고 재가보살에게 수지하기를 권한다.

 '고양이를 키우지 말라'고 하는 조항처럼, 지금의 눈으로 보면 계 조항에는 그다지 합리적이지 않은 것도 들어있다고 볼 수 있다. 그러나 이 계경은 다른 그 어떤 경전보다도 재가보살을 위한 계, 재가보살이 지키면 좋을 계의 내용을 정리하고 있다. 그렇

『우바새계경』「수계품」

기에 만약 재가보살이 종교생활을 더 적극적으로 하기를 원한다면, 이 『우바새계경』을 꼭 독송해 보길 권한다.

  부처님은 재가생활을 하는 이가 수행을 하기엔 여러 모로 어려움이 있다는 것도 말씀하셨다. 비록 그것이 사실일지라도, 자신이 처한 환경을 바르게 이해하고 그 어떤 욕망에도 집착하지 않는다면 재가자는 더 깊은 수행으로 모든 존재와 세상의 참뜻까지도 알 수 있을 것이다. 그러므로 누구라도 다가올 일에 대한 걱정과 지난 일에 대한 후회로 시간을 허비할 일이 아니라, 자신이 처한 삶의 모습을 새롭게 인식할 필요가 있다. 『우바새계경』을 독송하며 마음을 든든하게 가다듬어 보길 바란다.

키워드\ 재가보살, 출가보살, 6중계, 28실의계

『우바새계경』「수계품」

여섯 가지 무거운 계

우바새(優婆塞)에게는 여섯 가지 중대한 계법이 있다.

1

살생하지 말라. 선남자여, 우바새(우바이)는 비록 몸과 목숨을 위해서라도 개미 한 마리도 죽이지 말아야 한다. 만일 계를 받고서 남을 시켜 죽이거나 직접 죽이게 되면 우바새계를 잃게 되니, 이 사람은 따뜻한 법[煖法]도 얻지 못할 것이다. 하물며 수다원이나 아나함은 어떻겠는가. 이런 사람을 가리켜 파계한 우바새, 냄새 나는 우바새, 전다라 우바새, 때 묻은 우바새, 얽매인 우바새라 한다. 이것이 첫 번째 중대한 계이다.

2

훔치지 말라. 우바새는 비록 몸과 목숨을 위해서라도 한 푼이라도 훔치지 말아야 한다. 만일 이 계를 파하면 우바새계를 잃게 되니, 이 사람은 따뜻한 법도 얻지 못할 것이다. 하물며 수다원이나 아나함은 어떻겠는가. 이런 사람을 가리켜 파계한 우바새, 냄새나는 우바새, 전다라 우바새, 때 묻은 우바새, 얽매인 우바새라 한다. 이것이 두 번째 중대한 계이다.

3

큰 거짓말하지 말라. 우바새는 비록 몸과 목숨을 위해서라도 내가 부정관을 얻었다거나 아나함과를 얻었노라고 빈말을 하지 말아야 한다. 만일 이 계를 파하면 우바새계를 잃게 되니, 이 사람은 따뜻한 법도 얻지 못할 것이다. 하물며 수다원이나 아나함은 어떻겠는가. 이런 사람을 가리켜 파계한 우바새, 냄새나는 우바새, 전다라 우바새, 때 묻은 우바새, 얽매인 우바새라 한다. 이것이 세 번째 중대한 계이다.

4

삿된 음행을 하지 말라. 우바새는 비록 몸과 목숨을 위해서라도 삿된 음행을 하지 말아야 한다. 만일 이 계를 파하면 우바새계를 잃게 되니, 이 사람은 따뜻한 법도 얻지 못할 것이다. 하물며 수다원이나 아나함은 어떻겠는가. 이런 사람을 가리켜 파계한 우바새, 냄새나는 우바새, 전다라 우바새, 때 묻은 우바새, 얽매인 우바새라 한다. 이것이 네 번째 중대한 계이다.

5

사부대중의 허물을 말하지 말라. 우바새는 비록 몸과 목숨을 위해서라도 비구·비구니·우바새·우바이의 허물을 퍼뜨리지 말아야 한다. 만일 이 계를 파하면 우바새계를 잃게 되니, 이 사람은 따뜻한 법도 얻지 못할 것이다. 하물며 수다원이나 아나함은 어떻겠는가. 이런 사람을 가리켜 파계한 우바새, 냄새나는 우바새, 전다라 우바새, 때 묻은 우바새, 얽매인 우바새라 한다. 이것이 다섯 번째 중대한 계이다.

6

술을 팔지 말라. 우바새는 비록 몸과 목숨을 위해서라도 술을 팔지 말아야 한다. 만일 이 계를 파하면 우바새계를 잃게 되니, 이 사람은 따뜻한 법도 얻지 못할 것이다. 하물며 수다원이나 아나함은 어떻겠는가. 이런 사람을 가리켜 파계한 우바새, 냄새나는 우바새, 전다라 우바새, 때 묻은 우바새, 얽매인 우바새라 한다. 이것이 여섯 번째 중대한 계이다.

선남자여, 이와 같은 우바새계를 받아 지극한 마음으로 지니고 범하지 않는다면 이러한 계의 결과를 얻게 된다. 선남자여, 우바새계는 영락이라 하고 장엄이라 하니, 향기가 아름다워 풍기지 않는 곳이 없으며, 착하지 않는 법을 방지하고 착한 법의 계율이 되니, 곧 위없이 미묘한 보배의 장[無上妙寶之藏]이 되며, 훌륭한 가문이 되며, 고요한 곳이 되며, 감로의 맛[甘露味]이 되며, 착한 법을 내는 땅[善法地]이 된다. 이 마음을 내기만 해도 한량없는 이익을 얻을 것이다. 하물며 일심으로 받들어 지니고 깨뜨리지 않겠는가.

스물여덟 가지 실의계

1

부모나 스승에게 공양하라. 선남자여, 부처님의 말씀과 같이, 우바새(우바이)가 계를 받고도 부모나 스승에게 공양하지 않는다면 이 우바새는 뜻(보리에 대한 바른 생각)을 잃는 죄가 되니, 참회하지 않으면 타락하게 된다.

2

술을 마시지 말라. 우바새가 계를 받고도 술 마시기를 즐기면 이 우바새는 뜻을 잃는 죄가 되니, 참회하지 않으면 타락하게 된다.

3

병든 이를 잘 보살피라. 우바새가 계를 받고도 나쁜 마음으로 병든 이를 보살피지 않는다면 이 우바새는 뜻을 잃는 죄가 되니, 참회하지 않으면 타락하게 된다.

4

구걸하는 이를 도와주어라. 우바새가 계를 받고도 구걸하는 이를 보고 조금이라도 나누어주지 않고 그냥 보낸다면 이 우바새는 뜻을 잃는 죄가 되니, 참회하지 않으면 타락하게 된다.

5

사부대중이나 어른을 보거든 맞아들이고 예배하라. 우바새가 계를 받고도 비구·비구니·어른스님[長老]·우바새·우바이를 보고, 일어나 맞이하지 않거나 예배하고 문안하지 않는다면 이 우바새는 뜻을 잃는 죄가 되니, 참회하지 않으면 타락하게 된다.

6

사부대중의 파계를 보고 교만한 마음을 내지 말라. 우바새가 계를 받고도 비구·비구니·우바새·우바이들이 받은 계를 범하는 것을 보고 교만한 마음을 내어 나는 저보다 잘하고 저는 나보다 못하다 한다면 이 우바새는 뜻을 잃는 죄가 되니, 참회하지 않으면 타락하게 된다.

7

육재일을 잘 지키라. 우바새가 계를 받고도 한 달에 엿새 동안(8일·14일·15일·23일·29일·30일) 8재계를 지니면서 삼보께 공양하지 않는다면 이 우바새는 뜻을 잃는 죄가 되니, 참회하지 않으면 타락하게 된다.

8

설법하는 데는 가서 들어라. 우바새가 계를 받고도 40리 안에 법을 강설하는 데가 있는데도 가서 듣지 않는다면, 이 우바새는 뜻을 잃는 죄가 되니, 참회하지 않으면 타락하게 된다.

9

스님들께 보시하는 물건을 받지 말라. 우바새가 계를 받고도 시방 스님들의 좌복이나 평상을 받는다면 이 우바새는 뜻을 잃는 죄가 되니, 참회하지 않으면 타락하게 된다.

10

벌레 있는 물을 마시지 말라. 우바새가 계를 받고도 물에 벌레가 있는 줄 알면서도 짐짓 마신다면 이 우바새는 뜻을 잃는 죄가 되니, 참회하지 않으면 타락하게 된다.

11

험난한 곳에 혼자 다니지 말라. 우바새가 계를 받고도 험난한 곳에 혼자 다닌다면 이 우바새는 뜻을 잃는 죄가 되니, 참회하지 않으면 타락하게 된다.

12

비구니 절에서 혼자 자지 말라. 우바새가 계를 받고도 비구니 절에서 혼자 잔다면 이 우바새는 뜻을 잃는 죄가 되니, 참회하지 않으면 타락하게 된다.

13

재물을 위해 사람을 때리지 말라. 우바새가 계를 받고도 재물을 위해 고용인이나 다른 이를 때리거나 험악한 욕설을 하면 이 우바새는 뜻을 잃는 죄가 되니, 참회하지 않으면 타락하게 된다.

14

먹다 남은 음식을 사부대중에게 주지 말라. 우바새가 계를 받고도 먹다 남은 음식을 비구·비구니·우바새·우바이에게 준다면 이 우바새는 뜻을 잃는 죄가 되니, 참회하지 않으면 타락하게 된다.

15
고양이를 기르지 말라. 우바새가 계를 받고도 고양이를 기른다면 이 우바새는 뜻을 잃는 죄가 되니, 참회하지 않으면 타락하게 된다.

16
육축을 몸소 기르지 말라. 우바새가 계를 받고도 코끼리·말·소·양·낙타·나귀나 그 밖의 짐승을 남을 시켜 기르지 않고 몸소 기른다면 이 우바새는 뜻을 잃는 죄가 되니, 참회하지 않으면 타락하게 된다.

17
예참하는 옷을 마련해 두어라. 우바새가 계를 받고도 예참하는 옷[禮懺衣]를 마련해 두지 않는다면 이 우바새는 뜻을 잃는 죄가 되니, 참회하지 않으면 타락하게 된다.

18
농사를 지을 적에 논에 깨끗한 물을 대라. 우바새가 계를 받고도 생활을 위하여 농사를 지을 적에 논에 깨끗한 물을 대지 않는다면 이 우바새는 뜻을 잃는 죄가 되니, 참회하지 않으면 타락하게 된다.

19

사고파는 데 필요한 말이나 저울을 공평하게 하라. 우바새가 계를 받고도 생활을 위하여 장사하면서 물건을 팔 적에 한 번 값을 정했거든 그대로 팔라. 계량하는 말과 저울은 고르게 해야 하니 만일 그렇지 않는다면 이 우바새는 뜻을 잃는 죄가 되니, 참회하지 않으면 타락하게 된다.

20

때가 아니고 처소가 아닌 데서 음행하지 말라. 우바새가 계를 받고도 장소가 아니며 때가 아닌 때에 음행하면 이 우바새는 뜻을 잃는 죄가 되니, 참회하지 않으면 타락하게 된다.

21

장사하면서는 세금을 잘 내라. 우바새가 계를 받고도 장사하면서 세금을 내지 않고 몰래 지나가면 이 우바새는 뜻을 잃는 죄가 되니, 참회하지 않으면 타락하게 된다.

22

국법을 범하지 말라. 우바새가 계를 받고도 국법을 범한다면 이 우바새는 뜻을 잃는 죄가 되니, 참회하지 않으면 타락하게 된다.

23

새로 수확한 음식은 먼저 삼보께 공양하라. 우바새가 계를 받고도 새로 수확한 햇곡식이나 과일, 채소 같은 것을 보고 삼보께 공양하지 않고 먼저 먹는다면, 이 우바새는 뜻을 잃는 죄가 되니, 참회하지 않으면 타락하게 된다.

24

설법하라고 스님들의 허락을 받지 않았거든 스스로 말하지 말라. 우바새가 계를 받고 스님들이 설법이나 찬탄을 허락하지 않았는데 제멋대로 한다면 이 우바새는 뜻을 잃는 죄가 되니, 참회하지 않으면 타락하게 된다.

25

스님보다 앞서 가지 말라. 우바새가 계를 받고도 길을 갈 적에 스님보다 앞서 간다면 이 우바새는 뜻을 잃는 죄가 되니, 참회하지 않으면 타락하게 된다.

26

스님들께 음식을 고루 나눠드리라. 우바새가 계를 받고도 대중에게 음식을 나누어 드릴 적에, 자기 스님만을 위해 맛난 것을 가리거나 특별히 많이 주면 이 우바새는 뜻을 잃는 죄가 되니, 참회하지 않으면 타락하게 된다.

27

누에를 치지 말라. 우바새가 계를 받고도 누에를 친다면 이 우바새는 뜻을 잃는 죄가 되니, 참회하지 않으면 타락하게 된다.

28

길 가다가 병든 이를 보거든 버리고 가지 말라. 우바새가 계를 받고도 길 가다 병든 이를 보고 몸소 보살피거나 남에게 부탁하지 않고 그냥 간다면 이 우바새는 뜻을 잃는 죄가 되니, 참회하지 않으면 타락하게 된다.

선남자여, 우바새가 지성으로 이와 같은 계를 받들어 지니면 이 사람은 우바새 중에 하얀 연꽃과 같은 이며, 우바새 중에 아름다운 향과 같은 이며, 우바새 중에 청정한 연꽃과 같은 이며, 우바새 중에 참된 보배이며, 우바새 중에 대장부이다.

선남자여, 여래가 설하는 보살에는 두 가지가 있으니 첫째는 집에 있는 이요, 둘째는 출가한 이다. 출가한 보살을 비구라 하고, 집에 있는 보살을 우바새라 한다. 출가한 보살이 출가한 계율을 가지기는 어렵지 않지만, 집에 있는 보살이 '재가계(在家戒)'를 가지는 것은 매우 어렵다. 집에 있는 사람은 나쁜 인연에 얽매이는 일이 많기 때문이다.

18장

한순간도 계를 잊지 말아야

귀신들은 탐욕스럽고 잔인하여 먹고 싶은 욕망을 그칠 수가 없는데
(삼귀오계를 말해주면 고기를 주겠다며) 아내가 재촉하여 묻자
곧 그녀를 위해 삼귀오계를 설하였다.

첫째는 자비롭고 어질어서 죽이지 않으며
둘째는 맑고 믿음이 있어 훔치지 않으며
셋째는 정숙함을 지켜 음탕하지 않으며
넷째는 입으로 망령된 말을 하지 않으며
다섯째는 효순하여 술에 취하지 않는 것이다.

◉

『불설계소재경』은 여름철에 읽기 좋은 단편소설을 읽는 듯 내용 전개가 빠르고 재밌다. 가장 인상적인 대목은 오계를 받은 뒤 부처님을 뵈러 가는 길에 귀신 집에 머물게 된 한 사람이 있었는데, 계를 굳게 지니고 있을 때에는 귀신이 근접도 못하도록 천신이 보호하다가 부처님과 계에 대한 다짐이 무너져버리자 보호해주던 천신이 금세 떠나버리고 귀신이 와서 죽이려 한다. 한순간도 계에 대한 믿음과 다짐의 끈을 놓아서는 안 된다는 얘기다.

계에 대해 흐트러지기 쉬운 나약한 마음을 경책하고 있는 이 경전은 지극히 서민적인 정서를 풍긴다. 계를 파한 자식을 먼 나라로 떠나보내는 부모님이나 그 부모님의 말씀에 효로써 따르는 아들의 설정도 그렇고, 사람 잡아먹는 귀신이 등장하는 것도 그렇다. 왠지 우리의 옛이야기 속에 자주 등장하는 모티브라는 생각이 든다.

이 경전에서 이야기하듯, 지계 여부에 따라 생존 자체를 위협

『불설계소재경』

받게 된다는 설정은 지계가 곧 깨달음에 이르는 사다리라는 단계별 수행 체계에 비해 훨씬 더 감각적으로 와 닿는다. 일반인들에게는 어려워 보이는 수행 이론보다 오히려 이러한 방식으로 계의 중요성을 피력하는 것이 파급 효과가 컸을지도 모른다.

인생행로에서 믿음은 양식이고, 덕행은 집이며, 지혜는 낮을 밝혀주는 빛이고, 조심성은 밤 동안의 보호자라는 말이 있다. 부처님에 대한 믿음과 지계에 대한 확신, 그 어떤 유혹에도 조심하고 지혜롭게 대처하는 경전에서의 모습은 우리가 심신을 건전하게 하는 비결에 대해 가르쳐주는 듯하다. 현재를 현명하고 성실하게 살아가는 방법을 생각하면서 이 계경을 독송해보길 권한다.

키워드\자귀계(自歸戒), 삼귀오계

『불설계소재경』

이와 같이 들었다. 언젠가 부처님께서 사위국(舍衛國)에 계실 때에 어떤 한 고을이 모두 부처님의 오계(五戒)와 십선(十善)을 받들어 행하여 한 고을 안에서는 술을 빚는 자가 없었다. 그중에 어떤 큰 성씨 가문의 아들이 멀리 장사를 떠나고자 하였는데, 가려고 할 즈음에 부모가 아들에게 말했다.

"너는 힘써 오계를 지키고 십선을 받들어 행하여라. 삼가 술을 마시거나, 부처님의 엄중한 계를 범하지 말아야 한다."

가르침을 받고 그곳을 떠나 다른 나라에 이르렀는데 예전에 함께 공부했던 벗들을 만나 서로 기뻐하였다. 장차 돌아오려고 하는데 포도주를 내와 함께 마시자고 하자 사양하며 말했다.

"우리나라는 부처님의 오계를 받들어서 감히 어기는 자가 없으며, 술을 마신 뒤에 태어나면 사람이 어리석게 되어 부처님을 만나 뵙지 못한다. 또한 내가 떠날 때 부모님께서 술 마시는 것을 경계하셨으니, 가르침을 어기고 계를 범하는 것은 그 죄가 이보다 더 클 수는 없다. 아는 것이 보잘것없고 이별한 지 오랜만에 함께 만나 마음이 비록 기쁘지만 나에게 계를 범하고 어버이의 가르침을 어기게 하는 것은 옳지 못하다."

주인이 말했다.

"나와 그대는 스승의 은혜를 함께 입었으니, 곧 형제이며 나의 어버이가 곧 그대의 어버이이다. 부모님을 서로 공경하니 어찌 어길 수 있겠는가? 만약 내가 그대의 집에 있었다면 반드시 그대의 어버이를 따랐을 것이나 지금은 그렇게 아니하니 청컨대 마시라."

그리하여 술에 취하여 사흘을 누웠다가 깨어나니, 마음이 후회스럽고 두려웠다. 일을 마치고 집으로 돌아가 어버이께 모두 고백하자 부모님께서 말했다.

"너는 우리의 가르침을 어겼고 게다가 계율까지 범했으니, 법을 어지럽히는 시초가 되었다. 효자가 아니다. 나라를 위해 모범이 된다고 말할 수 없으니, 곧 얻은 물건을 갖고 나라를 떠나도록 하라. 이곳에 머무르는 것은 옳지 않다."

자식이 계를 범해 어버이에게 쫓겨나니, 곧 다른 나라에 이르러 객사에 머물렀다. 집 주인이 섬기는 세 귀신이 사람의 모습을 짓고 나타나 얼굴을 마주하고 밥을 먹었는데, 사람들이 함께 이야기하기를 "주인이 섬긴 지 여러 해 되어 피로하고 집안의 재물은 바닥이 났고 식솔들은 아프고, 죽어 장사 지내는 일이 끊이지 않으니, 이 귀신을 미워하고 싫어한다"고 하며 사사로이 함께 의

논하니, 귀신이 사람들의 뜻을 알고 근심하며 고민하다가 서로 의논했다.

"이 사람의 재산이 다 없어져버린 것은 바로 우리 때문이다. 일찍이 이익을 주지 못해 서로 미워하고 싫어하게 되었으니, 마땅히 진귀한 보배를 구하여 베풀어주어서 그의 마음을 기쁘게 하리라."

그러고는 곧 가서 다른 나라 국왕의 창고에 감추어져 있는 좋은 보물을 훔쳐다가 동산에 쌓아두고는 말했다.

"네가 우리를 섬긴 지 여러 해이며, 애쓴 지가 매우 오래되었다. 너를 복되게 하여 넉넉하게 하고자 하니, 흡족하냐?"

주인이 말했다.

"크게 신의 은혜를 받았습니다."

귀신이 말했다.

"너의 동산에 금과 은이 있으니 가서 가져도 된다. 바야흐로 큰 복이 있어 너의 소원을 이루게 하리라."

주인이 기뻐하며 동산에 들어가 기이한 물건을 보고는 등에 지고 집으로 돌아왔다. 은혜를 받은 데 감사하여 다음날 음식을 차려놓고 허리를 굽혀 아래를 내려다보기를 원하니, 안주와 반찬을 모두 갖추어 떡벌어지게 차려 놓았다. 귀신이 문에 이르렀는데 사위국 사람이 주인과 이야기하고 있는 것을 보고는 곧 바삐 달아나 버리니, 주인이 쫓아가 불렀다.

"돌아오십시오. 오늘 보잘것없는 공양을 차려서 모두 갖추어

놓았습니다. 대신(大神)께서 이미 저를 살펴주셨거늘 버리고 가심은 어째서입니까?"

귀신이 말했다.

"그대 집에 귀한 손님이 있으니, 내가 어찌 앞에 나설 수 있겠느냐?"

그러고는 다시 놀라 달아났다. 주인이 되돌아와서 자리에 앉아 스스로 생각했다.

'우리 집 안에는 다른 사람이 있는 것이 아니라 바로 이 사람이 있을 뿐이다.'

곧 말을 하여, 있는 것을 공손히 차려놓고 지극히 서로 재미있게 놀다가 마시고 먹는 것이 끝나자 물었다.

"당신은 세상에서 어떤 공덕이 있었기에 여기에 있던 내가 섬기는 신이 당신을 두려워하여 달아났습니까?"

객이 갖추어 말했다.

"부처님의 공덕입니다. 오계와 십선 가운데 사실은 술 마시지 말라는 계[酒戒]를 범해 어버이에게 내쫓김을 당했으나, 아직 네 가지 계가 남아 있기 때문에 천신이 두루 보호하여 그대의 신이 감히 당해내지 못한 것입니다."

주인이 말했다.

"내가 비록 이 신을 섬겼으나 오래되어 싫증이 났습니다. 이제 부처님의 오계를 받들어 지니고자 합니다."

이로 인해 객으로부터 삼자귀(三自歸)*와 오계와 십선을 받아 일심으로 정진하여 감히 게으름을 피우지 않았다. 그러고는 물었다.

"부처님께서 계신 곳을 볼 수 있겠습니까?"

객이 말했다.

"부처님께서는 사위국 급고독원(給孤獨園)에 계시니 가서 뵐 수 있습니다."

주인이 그곳에 이르러 한 역말[亭]을 지나게 되었다. 어떤 한 여인이 단정하게 있었는데 바로 사람을 먹는 귀신의 부인이었다. 남자는 가야 할 길이 멀고 마침 해가 저물었으므로 여인을 따라 하룻밤 머물고자 하였다. 여인이 곧 대답하였다.

"부디 여기에 머무르지 마십시오. 서둘러 가는 것이 좋습니다."

남자가 물었다.

"무슨 이유 때문입니까. 무슨 뜻이 있습니까?"

여인이 대답하였다.

"내가 이미 그대에게 말했는데, 왜 다시 묻는 것입니까?"

남자가 스스로 생각했다.

'먼젓번 사위국 사람은 부처님의 네 가지 계만 완비하였으나 나의 신을 오히려 두렵게 만들었다. 나는 이미 삼자귀와 오계 십

---

* 불문에 처음 귀의할 때 하는 의식. 불(佛)·법(法)·승(僧)에 귀의함을 말함.

선을 받고 마음이 해태하지 않았으니 어찌 두려워하리오.'

그러고는 마침내 스스로 머물렀다. 사람을 잡아먹는 귀신은 계의 위엄을 호위하는 신이 그 곁을 배회하는 것을 보고는 역말에서 사십 리 떨어진 곳에서 하루를 묵고 돌아오지 않았다. 다음 날 남자가 길을 가는데 귀신이 먹은 사람의 해골이 어지러이 널려 있는 것을 보고는 털이 곤두서고 마음이 두려워 후회하며 물러나 스스로 생각했다.

'내가 본국에 있는 집에 있으면 의식이 매우 쾌적하고 풍부했을 텐데 공연히 이 사람이 부처님께서 사위국에 계시다는 말에 감화되어, 아직 기묘한 것은 보지도 못했는데 도리어 해골이 널려 있는 것을 보았으니 나쁜 마음이 다시 생기는구나. 스스로 생각하건대 돌아가는 것만 같지 않겠다. 저 여인을 본토로 데리고 돌아가 함께 살면 어떨까. 또한 즐겁지 않을까?'

그러고는 즉시 길을 돌려 다시 역말이 있는 곳에 이르렀다. 여인을 따라가 부탁하여 다시 머물러 묵겠다고 청하니, 여인이 남자에게 말했다.

"어째서 다시 돌아왔습니까?"

"갈 계획이 이루어지지 않았기 때문에 되돌아왔을 뿐입니다. 다시 하루 묵겠습니다."

여인이 말했다.

"그대는 죽을 것입니다. 나의 지아비는 바로 사람 먹는 귀신인데 오래지 않아 올 것이니, 그대는 빨리 가십시오."

이 남자는 믿지 않고 마침내 가지 않고 머물렀다. 마음이 다시 미혹되어 음욕의 뜻이 다시 생기고 부처님의 삼자귀의 덕과 오계 십선의 마음을 다시 믿지 않으니, 천신이 곧 가버리고 다시는 보호하지 않았다. 귀신이 돌아오게 되자 여인은 귀신이 이 남자를 먹을까 두려워하여, 불쌍히 여겨 항아리 안에 숨겨 주었다. 귀신이 사람 냄새를 맡고 아내에게 말했다.

"당신이 고기를 구해왔소? 그것을 먹고 싶구려."

아내가 말했다.

"나가지도 않았는데 어떻게 고기를 얻을 수 있겠어요?"

그러고는 아내가 귀신에게 물었다.

"당신은 어젯밤에 어째서 돌아오지 않았습니까?"

귀신이 말했다.

"당신이 행한 일과 연루되어 있으니, 집에 귀한 손님을 묵게 하였기에 내가 보고 달아났던 것이오."

그러나 항아리 안의 남자는 더욱더 무서워 삼자귀의 뜻을 다시 알지 못하였다.

아내가 말했다.

"당신은 어째서 고기를 얻지 못했습니까?"

귀신이 말했다.

"바로 당신이 집에 부처님 제자를 두었기 때문이오. 천신이 나를 사십 리 밖으로 쫓아내었기에, 추운 데서 자며 두려워 떨었고 지금까지 불안하오. 그래서 고기를 얻지 못하였소."

아내가 듣고는 속으로 기뻐하여 그 남편에게 물었다.

"부처님 계가 무엇이기에 모두 받들어 지닙니까?"

귀신이 말했다.

"나는 몹시 배가 고프니 빨리 고기나 내오시오. 그것은 물을 필요가 없소. 그것은 위없는 바르고 참된 계라서 내가 감히 설할 수 있는 것이 아니오."

아내가 말했다.

"나를 위해 설하여 주십시오. 내가 마땅히 당신에게 고기를 드리리다."

귀신이라고 하는 것들은 탐욕스럽고 잔인하며 먹고 싶은 욕망을 그칠 수가 없는데 아내가 재촉하여 묻자, 곧 그녀를 위해 삼자귀 오중계를 설하였으니, 첫째는 자비롭고 어질어서 죽이지 않으며, 둘째는 맑고 믿음이 있어 훔치지 않으며, 셋째는 정숙함을 지켜 음탕하지 않으며, 넷째는 입으로 망령된 말을 하지 않으며, 다섯째는 효순(孝順)하여 술에 취하지 않는 것이다.

귀신이 처음 하나의 계를 설하였을 때 아내가 문득 받았으니, 다섯 가지 계를 마음에 간직하고 입으로 외웠다. 남자가 항아리 안에서 오계를 알게 되어 따라서 받았다. 하늘의 제석이 이 두 사람이 마음으로 스스로 부처님께 귀의한 것을 알고, 곧 선신(善神) 50명을 뽑아 두 사람을 옹호하니, 귀신이 마침내 달아나버렸다. 다음 날이 되자 귀신의 아내가 남자에게 물었다.

"두려우셨습니까?"

"대단히 무서웠으나 당신의 은혜를 입어 마음으로 깨달아 부처님을 알았습니다."

귀신의 아내가 말했다.

"당신은 어제 왜 다시 돌아왔습니까?"

"나는 금방 죽었거나 죽은 지 오래 된 사람의 해골이 어지러이 널려 있는 것을 보고는 무섭고 두려웠기 때문에 뜻을 굽혀 되돌아왔을 뿐입니다."

귀신의 아내가 말했다.

"뼈는 바로 제가 버린 것입니다. 저는 본래 양가집 딸이었는데 귀신에게 납치되었고, 귀신이 저를 아내로 삼았으나 슬픔을 끝내 하소연할 곳이 없었습니다. 이제 어진 이의 은혜를 입어 부처님의 계를 듣고 이 귀신을 떠날 수 있게 되었습니다."

귀신의 아내가 말했다.

"현자(賢者)이시여, 이제 어디로 가고자 하십니까?"

남자가 대답하여 말했다.

"나는 사위국에 가서 부처님을 뵙고자 합니다."

귀신의 아내가 말했다.

"좋습니다. 저는 고향과 부모님은 그만두고 현자를 따라 부처님을 뵙겠습니다."

곧 함께 길을 나섰다가 498명의 사람들을 만났으니, 서로 물었다.

"여러 현자께서는 어디서 오셔서 어디로 가고자 합니까?"

"우리들은 부처님 계신 곳에서 왔습니다."

"당신들은 이미 부처님을 뵈었는데 어찌하여 다시 갑니까?"

"부처님께서 경을 설하심에 마음 속이 아득하여 오히려 이해하지 못하니, 이제 고향으로 돌아가는 것입니다."

두 사람의 현자가 갖추어서 본말(本末)을 설하여 귀신이 계가 높은 수행자를 두려워한다고 하니, 마음이 열리어 알게 되었다. 모두 부처님을 뵈려고 돌아가니, 부처님께서 멀리서 보시고는 곧 웃으시며 입안에서 오색의 빛을 놓으셨다.

아난이 몸을 펴서 무릎을 꿇고 예를 올리니, 부처님께서 웃음을 거두시고 장차 설하시고자 하셨다. 부처님께서 아난에게 말씀하셨다.

"너는 이 498명이 돌아오는 것이 보이느냐?"

"봅니다."

부처님께서 말씀하셨다.

"이 498명은 이제 그들의 본래 스승을 얻었으니, 와서 부처를 보는 자는 모두 마땅히 도를 얻게 될 것이다."

5백 명은 부처님 처소에 이르러 먼저 부처님께 예를 올리고 한마음으로 경을 들어 마음이 열리고 뜻이 이해되어 모두 사문이 되어 아라한의 도를 얻었다.

부처님께서 말씀하셨다.

"술 마시지 말라는 계를 범한 자, 즉 이 객사의 주인과 여인은 여러 생 동안 형제였다. 그리고 이 두 사람은 바로 498명의 전생의 스승이었다. 세상 사람이 도를 구할 때에는 반드시 그들의 본래 스승과 좋은 벗을 얻어야 하니, 너희들은 이것을 잘 알아야 한다." 부처님께서 경 설하는 것을 마치시니, 여러 비구가 모두 크게 기뻐하고 앞으로 나아가 부처님께 예를 올리고 떠나갔다.

편저. 원영

조계종 교수아사리계율과 불교윤리 분야. 운문사승가대학을 졸업하고 선원 안거후 유학하여 일본 하나조노花園대학 대학원에서 「대승계와 남산율종大乘戒と南山律宗」으로 박사학위를 취득하였다. 저서로 『부처님과 제자들은 어떻게 살았을까』 『계율과 불교윤리(공저)』 『불교개론(공저)』과 역서 『출가, 세속의 번뇌를 놓다』 『일일시수행』이 있으며, 논문으로 「범망경 자서수계에 관하여」 「계단축조에 관한 소고」 등이 있다. 최근에는 '실천불교윤리' 분야에 관심을 기울이고 있다.

대승계의 세계

1판 1쇄 펴냄 2012년 11월 26일
편역 원영

펴낸이 **이자승**
펴낸곳 ㈜**조계종출판사**

출판등록 제300-2007-78호 **등록일자** 2007년 5월 1일
주소 서울시 종로구 견지동 13번지 대한불교조계종 전법회관 7층
전화 02.720.6107~9 **팩스** 02.733.6708
구입문의 불교전문서점 02.2031.2070~3 www.jbbook.co.kr

디자인 남미영 010.4437.0747

ⓒ 원영, 2012
ISBN 978-89-93629-90-3 93220

책값은 뒤표지에 있습니다.
저작권법에 의하여 보호를 받는 저작물이므로 무단으로
복사, 전재하거나 변형하여 사용할 수 없습니다.

◎ 이 도서의 국립중앙도서관 출판시도서목록(CIP)은 e-CIP홈페이지(http://www.nl.go.kr/ecip)와 국가자료공동목록시스템(http://www.nl.go.kr/kolisnet)에서 이용하실 수 있습니다.(CIP제어번호: CIP2012005141)